湛庐CHEERS

与最聪明的人共同进化

HERE COMES EVERYBODY

千面英雄

THE HERO WITH A THOUSAND FACES

[美] 约瑟夫·坎贝尔 JOSEPH CAMPBELL 著

黄珏苹 译

JOSEPH CAMPBELL FOUNDATION

浙江人民出版社
ZHEJIANG PEOPLE'S PUBLISHING HOUSE

约瑟夫·坎贝尔

20世纪伟大的神话学大师

Joseph Campbell

- 让远古神话与现代人再度对话的思想大师
- 拯救人类心灵的哲学家与心理学家
- 西方流行文化的一代宗师

约瑟夫·坎贝尔传奇的一生有如其著作中的探险英雄，在启程——启蒙——考验——归来这样一种仪式性的四阶段之后，完成一种向上的循环，画出了一个首尾相贯的圆。

启程（DEPARTURE）

神话的召唤

约瑟夫·坎贝尔 1904 年生于美国纽约一个生活严谨的天主教家庭，这个距神话时代最为遥远的现代化繁华大都市，却造就了美国当代最著名的神话学家。孩提时代，坎贝尔跟随父亲去参观自然历史博物馆，他在那里看到了林林总总的原始图腾，这使他开始对印第安人的生活与文化产生兴趣。7 岁时，父亲带坎贝尔和他的弟弟去看当时非常流行的“野牛比尔”西部秀，尽管牛仔是演出的主角，但坎贝尔后来在书中写道，他完全“被印第安人的形象迷住了”。10 岁时，坎贝尔读完了当地图书馆儿童区所有关于印第安人的书，并被特许进入成人区阅读。直觉告诉他，了解神话是通往人类心灵奥秘最直接的道路，而这也许是坎贝尔日后对民族学、人类学产生关注与研究的基础。

启蒙（INITIATION）

来自灵性大师的第一次启蒙

19 岁的坎贝尔跟家人一起游历欧洲时，途中经历了一次有趣的人生奇遇。他在甲板上看到三位深棕肤色的人，其中之一就是印度传奇哲学家克里希那穆提。在一位年轻女士的引荐下，坎贝尔认识了这位伟大的东方哲学家。这次经历让他醍醐灌顶，并成为他认识印度和亚洲世界的开始。

大文豪乔伊斯为他引路

在哥伦比亚大学获得文学硕士学位后，1927 年，坎贝尔来到巴黎继续深造。在这里他深受欧洲当代艺术的影响。一次偶然的机会，坎贝尔发现巴黎所有的书店里都有詹姆斯·乔伊斯的著作《尤利西斯》，而这本书在美国是禁书，无处可寻。坎贝尔对乔伊斯的作品非常着迷，甚至在他新婚期间，乔伊斯和妻子都占有同样的分量。坎贝尔经常一手挽着太太，一手拿着乔伊斯的作品《芬尼根的守灵夜》。乔伊斯的出现，引导坎贝尔走向了“大发现”的世界，而在这之前，他一直走在一条狭窄笔直的学术道路上。

与荣格等心理学大师共事

坎贝尔结束在巴黎的学习后，前往慕尼黑大学重拾对中世纪文学的研究。在这段时间里，他结识了众多现代主义大师，这些人都是当时在美国闻所未闻的大人物：心理学大师弗洛伊德、荣格，法国雕塑家安托万·布德尔，著名画家毕加索，以及德国大文豪、诺贝尔文学奖得主托马斯·曼。弗洛伊德和荣格让坎贝尔认识到神话与心理学的关联，并让他发现神话能够激发和活化人们的心灵。而与荣格的缘分，也一直延续到坎贝尔的花甲之年。

考验（TRIALS）

历经考验铸就《千面英雄》

1929 年，坎贝尔从欧洲返回纽约后，立刻向他的导师和朋友们分享了神话的潜能和魅力，但没有人能够真正理解他，这让他放弃了博士项目。他曾尝试创作小说，取得了一定的成功，但最终也放弃了。

坎贝尔唯一没有舍弃的就是阅读，几年之内，他涉猎了大量美国现代文学、哲学和心理学作品，也搜集了各种文化下的神话传说。5 年后，坎贝尔被萨拉·劳伦斯学院（Sarah Lawrence College）聘为教授，他的课程因为引入了自己的神话学研究而大受欢迎。

抱着教会人们如何阅读神话的目的，坎贝尔耗时 5 年，写下了奠定自己神话学权威地位的巨著《千面英雄》。这本书于 1949 年一经出版，便广受读者追捧，销量一路领先，很难相信，它曾经被两家出版社拒之门外。

坎贝尔在萨拉·劳伦斯学院执教了 38 年，当时，该学院还是一所只招收女性的高校。执教生涯里，坎贝尔一直在向学生们讲授神话学。同时，他也告诉学生，关于神话，他讲授的一切都是男性所说和经历的，女性应当从自己的角度告诉世界，女性未来的可能性是什么。坎贝尔十分有先见之明地预言：世界尚未真正认识到女性的力量，这种力量一定会呈现出来，我们只需拭目以待。

每个人都拥有自己的蕴藏强大能量的梦中万神殿。英雄必须一次又一次地通过艰难的障碍。

——坎贝尔

归来
（RETURN）

乔治·卢卡斯终生追随的精神导师

好莱坞导演乔治·卢卡斯读到坎贝尔的《千面英雄》后大为震惊，他发现坎贝尔在书中表达出的很多想法都和自己不谋而合，卢卡斯也因此迷上了对神话历程的分析。后来，《千面英雄》成为《星球大战》的重要灵感来源，坎贝尔也成了卢卡斯终生追随的精神导师。卢卡斯称坎贝尔是“一位了不起的学者，一位了不起的人”，并将坎贝尔视为自己的精神导师。坎贝尔的作品亦是无数好莱坞大片成功的基础，被好莱坞众人列为必读书目。

影响奥巴马、乔布斯的当代神话学巨擘

20 世纪 60 年代，坎贝尔成为嬉皮士创作灵感的重要源泉，“苹果教父”史蒂夫·乔布斯也深受其浸染。除了乔布斯，美国总统奥巴马及其母亲都是坎贝尔的忠实粉丝，“哈利·波特系列”图书的作者 J.K. 罗琳也多次提到坎贝尔及其作品，坦陈自己的小说创作深受坎贝尔的影响。美国前总统肯尼迪的夫人杰奎琳更是担当坎贝尔《神话的力量》一书的编辑，并将其视为最引以为傲的成就。

结 语

20 世纪 80 年代，“坎贝尔热”席卷全美，“感恩而死”摇滚乐队不断从中发现音乐创作的灵感，更有无数的艺术家，甚至游戏编程人员对他顶礼膜拜。1985 年，坎贝尔被授予美国国家艺术协会文学创作荣誉金奖。在颁奖典礼上，知名心理学家、荣格学派代表人物詹姆斯·希尔曼说：“在这个世纪里，没有人能像坎贝尔一样，将世界及神话人物角色的深邃意义，带回到我们的意识中。”约瑟夫·坎贝尔在 1987 年因癌症去世。《新闻周刊》上悼曰：“英雄已去，信念长存。”

他就是约瑟夫·坎贝尔，是当代神话学巨擘，才华横溢的心理学家，思维独特的哲学家和作家，极具启发性的心灵导师、演说家和思想家，是影响西方流行文化的一代宗师。

坎贝尔神话系列作品

《千面英雄》

- 神话学大师坎贝尔享誉世界的代表作
- 现代人寻求内在觉醒的“圣经”

《千面女神》

- 坎贝尔致敬女性之作
- 女性如何孕育整个人类的精神家园

《指引生命的神话》

- 坎贝尔自选集，献给迷茫时代的答案之书
- 用永恒的神话智慧应对当下和未来

《追随直觉之路》

- 献给每一位生命旅者的灵性觉醒之书
- 书写属于你自己的神话，追随喜悦、发现自我、完善人格

《生命的狂喜》

- 坎贝尔遗世之作，献给舞蹈家妻子的一封情书
- 将生活当作一场舞蹈，调动内心潜藏的力量

《梦境的象征》

- 坎贝尔辉映《梦的解析》之作
- 揭示神话意象与梦境的关系

《解读乔伊斯的艺术》

- 坎贝尔关于乔伊斯文学研究的毕生成果结集
- 全景式解读乔伊斯的创作理念与脉络，揭示关于人类普遍经验的寓言

《英雄之旅》

- 坎贝尔亲述他的生活与工作
- 与世界各领域精英的灵魂对话

《神话的力量》

- 坎贝尔写给大众的心灵启蒙之作
- 在诸神与英雄的世界中发现自我

《坎贝尔生活美学》

- 神话学大师坎贝尔箴言录
- 用超世俗的精神指引现世生活

《众神的面具》系列（共 4 卷）

- 坎贝尔传世巨作，十年磨一剑的宏篇巨著
- 人类古今神话的全面考察与阐述，理解了面具，就理解了神话

《心灵的宇宙》

- 坎贝尔哲思精华之作
- 参透天人合一的“心学”，在神话中探索自我心灵的深邃与浩瀚

《光之世界》

- 坎贝尔本人挚爱之作，献给东方的一份礼物
- 探寻东方神话中的智慧与奥义

《解读 < 芬尼根的守灵夜 >》

- 坎贝尔锋芒初露的处女作
- 一把解读天书的钥匙，用神话攀登后现代文学的极峰

神话的复活

约瑟夫·坎贝尔（1904—1987）是美国杰出的文学及比较神话学者。他的很多同行仅专攻某种单一文化的神话，探究什么使得那个社会的基本故事如此独特，而坎贝尔不止于此，令他同样十分着迷的还有每个神话描述的被他称作“人类同一个伟大故事”的方式。虽然坎贝尔进行了 60 多年人类超自然传说的研究、写作和演讲，但在研究宗教神话（“神话即人的另一个宗教”）时，他没有聚焦于“那里有什么”这类神学问题，而是对“为什么我们要讲述关于那些事物的故事（无论它们是什么）”做出了解答。

年轻时，坎贝尔曾在哥伦比亚大学学习中世纪文学，专门研究英国亚瑟王与他的圆桌骑士的故事。由于这些所谓的“骑士故事”最早是用古老的法语和古老的德语写成的，因此他申请并获得了巴黎第四大学的奖学金。1927 年他来到巴黎这座“光之城”——当时最时髦的文化与新观念的中心，他看到了一系列非常现代且具有完整神话主题的作品：詹姆斯·乔伊斯（James Joyce）和托马斯·曼（Thomas Mann）的突破性小说，巴勃罗·毕加索（Pablo Picasso）、安托万·布德尔（Antoine Bourdelle）和保罗·克利（Paul Klee）

激进的创作。随后，坎贝尔在德国慕尼黑大学继续他的学习，在那里他接触到了西格蒙德·弗洛伊德和卡尔·荣格革命性的心理学观点。这使他获得了顿悟，后来他将其表达为“神话是公开的梦，梦是私人的神话”[①]。此外，正是在欧洲游学的这段重要时光里，他第一次了解到印度和中国的伟大传说。

年轻的坎贝尔越来越清楚地认识到他所了解到的一切——从当代艺术家（“现代神话创作者”）、现代科学家到古代精神典籍、亚瑟王和他的骑士的传奇，似乎都采用的是相同的语言：神话的语言。1929 年他返回纽约，兴奋地把他的收获告诉了他的博士导师：

> 在距离发生华尔街股灾大约两周的时候我回到了纽约。那时人们根本找不到工作。我回到哥伦比亚大学继续我的博士研究并告诉我的同窗：“一切都迎刃而解了。”“哦，不，”他们说，“你不明白。这里和你去欧洲之前没有什么改变。”好吧，我说：“见鬼去吧。”

他放弃了博士项目。

全球经济灾难（在美国被称为“大萧条”）持续了整个 20 世纪 30 年代，像很多人一样，坎贝尔失业了，他连续五年找不到工作，于是选择了看书。在闲暇时他学习了博士委员会想让他忘记的一切——现代文学、历史、哲学、亚洲宗教、心理学、凯尔特传说、美洲印第安传说、非洲传说和社会学。

1934 年，他在莎拉·劳伦斯学院（Sarah Lawrence College）找到了一份教书工作，当时这是一所新成立的女子人文学院。他被聘为文学教授，但他在所有课程中都会引入他的神话学研究，很快他的“神话学导论”课程变成了学院里最受欢迎的课程之一。他在莎拉·劳伦斯学院一直待到 1972 年，直至退休。

---

① 出自坎贝尔的著作《指引生命的神话》（*Myths to Live By*），他在本书中告诉我们，生命的目标在于使身体脉动契合宇宙的脉动，使自己的本性契合大自然。本书已由湛庐文化策划，浙江人民出版社出版。——编者注

坎贝尔从事教学的十年后，纽约一家重要的出版社邀请他写一本神话集——“现代版的《布尔芬奇的神话》(*Bullfinch*)”[①]。

> 我说：“我不愿做这件事。”
>
> 他们说：“你想做什么？”
>
> 我说：“我想写一本关于如何阅读神话的书。”

他用了五年时间写这本书，把他对全世界各种神话传说和现代心理学的研究都纳入其中。在写作时，他开始聚焦于英雄历险的故事，这些故事似乎无处不在，反复出现在最古老的苏美尔史诗中、太平洋岛屿、西伯利亚森林和非洲大草原的民间故事里、悉达多·乔达摩和耶稣等伟大宗教英雄的生活中、精神病患者的病例记录中，在乔伊斯和曼这类作家的现代小说里。坎贝尔对这个普遍存在的故事进行了如下描述：

> 一位英雄从日常的世界勇敢地进入超自然的神奇区域：在那里遇到了传奇般的力量，取得了决定性的胜利：英雄带着这种力量从神秘的历险之旅中归来，赐福于他的人民。

由于坎贝尔描述的英雄是每一个英雄，从心理学角度来看就是每一个个体，因此他把书名定为《千面英雄》。

自1949年出版以来，这本书在英国不断被重印，并被翻译成20多种语言，销量超过100万册。《时代周刊》将《千面英雄》评为“20世纪最重要的100本书之一”。

虽然《千面英雄》的学术性很强，而且当时这个主题的作品几乎都是诗歌形式的，但它依然很受欢迎，其中一部分原因在于它的主题——我们最熟悉的古代故事的基础，几乎令每个人着迷，它具有普遍的吸引力。《千面英雄》的

①《布尔芬奇的神话》是著名的英国神话集，收集了希腊、罗马和中世纪欧洲的神话传说，作者是伦敦的托马斯·布尔芬奇，该书于1867年出版。

持久魅力还在于它不断被富有创意的艺术家当作指南，用来塑造各种深奥又变幻离奇的体验。坎贝尔主张“艺术家是现代的神话创作者”。自从这本书出版之后，许许多多艺术家——小说家、电影制作人、作曲家、歌曲作家、画家、游戏设计师、过山车设计师以及无数其他类型的艺术家，参考他的这部杰作，不只是为了学习如何阅读神话，而且学习如何创作神话。对《千面英雄》最著名的应用是美国导演乔治·卢卡斯（George Lucas）创作的《星球大战》（*Star Wars*）系列电影，他将它用作电影的蓝本：

> 我为这个作品写过很多草稿，后来无意中看到了《千面英雄》。我第一次真正开始有了焦点。一读到这本书我就对自己说，“这正是我一直在做的事情，就是它。”……《千面英雄》是第一本将我凭直觉一直在做的事情聚焦到一起的书。

因此当你阅读这本书时，当你与约瑟夫·坎贝尔一起探索世界各地永不过时、生生不息的神话时，请记住他相信任何存在人类想象的地方都存在着神话，正是人类的想象赋予了神话生命。正如他所说，

“俄狄浦斯最新的化身正站在第五大道和第42街的交叉口等红绿灯[①]，将续写美女与野兽的浪漫故事。”

约瑟夫·坎贝尔基金会

2015年11月

① 坎贝尔所描述的街角正好位于他最喜欢的建筑之一（纽约市中心的纽约公共图书馆）的外面。

1949 年版前言

西格蒙德·弗洛伊德写道：

> 宗教教义中包含的真理终究是非常扭曲的，并且被系统化地进行了伪装。很多人看不出那就是真理。这种情况类似于我们告诉孩子，新生的宝宝是鹳鸟衔来的。我们同样是把真理包裹在象征性的外衣里，因为我们知道大鸟象征着什么，但是孩子不知道。孩子听到的只是我们所说的扭曲的部分，他会觉得被骗了。这种印象使他们变得倔强执拗，开始不再信任大人。我们相信，在告诉孩子真理时最好避免象征性的伪装，不要对他们隐瞒符合他们智力水平的真实状况。[1]

本书的目的就是通过汇集大量不太难懂的例子，揭示出宗教与神话人物所掩饰的真理，让古老的意义自己显现出来。古代圣贤知道他们在说什么，一旦我们学会理解他们的象征性语言，不需要人类学家的解释我们就能听懂他们的教诲了。首先我们必须学会象征性语言的语法，据我所知，精神分析是解开这个秘密的最好工具了。虽然在这个问题上还没有定论，但人们确实可以把精神分析作为一种方法。接下来的步骤是收集大量世界各地的神话和民间故事，让象征符号自己显现出它们的意义。象征符号的对应物会立即变得很明显，它们形成了许许多多恒定不变的基本真理。从在这个星球上生活开始，人类已经依赖这些基本真理生存了千万年。

有人可能会提出反对意见，因为我在提出相似性的时候忽略了东方神话、西方神话、现代神话、古代神话以及原始神话之间的差别。同样地，为了让读者对人类的身体有最基本的认识，我会忽略种族之间的差异，这样的教科书或解剖图可能也会引起异议。众多的神话与宗教之间的差异当然存在，但这本书主要探讨的是相似性。而且一旦了解到它们的相似性，我们会发现它们之间的差异并不像想象的那么大。我希望这种比较对目前可能还不太令人绝望的统一事业有所帮助，不是以某些基督教会或政治大国的名义进行的统一，而是在人类相互理解意义上的统一。正如《吠陀经》所说："真理只有一个，而圣人用各种不同的名字称呼它。"[2]

在写作本书的漫长过程中，我得到了很多人的帮助，我想感谢亨利·罗宾逊（Henry Morton Robinson）先生，他的建议在我写作的最初阶段和最终阶段对我帮助都很大；还要感谢彼得·盖革（Peter Geiger）、玛格丽特·温（Margaret Wing）和海伦·麦克马斯特（Helen McMaster），她们多次浏览我的手稿并提出了非常宝贵的建议。最后我要感谢我的妻子，她一直陪伴着我，听我诉说，阅读并修改我的手稿。

约瑟夫·坎贝尔

纽约市，1948 年 6 月 10 日

你了解神话中的英雄的历险吗？

扫码鉴别正版图书
获取您的专属福利

扫码获取全部测试题及答案，
一起了解有关英雄的神话和梦境

- 在西方，恋母情结又被称作“俄狄浦斯情结”吗？（　）

  A. 是

  B. 否

- 在神话传说和童话故事的开头，召唤冒险的场景通常是幽暗的森林、巨大的树木和汩汩流淌的泉水，而召唤者通常被描写成令人厌恶、被轻视的外表。这种典型的开场其实是对分娩时刻的重现吗？（　）

  A. 是

  B. 否

- 宇宙树是非常著名的神话型形象，它将整个世界描述成被一颗巨树所支撑。宇宙树最初来自（　）。

  A. 希腊神话

  B. 罗马神话

  C. 北欧神话

  D. 埃及神话

扫描左侧二维码查看本书更多测试题

THE HERO WITH A THOUSAND FACES

目 录

图1

美杜莎（意大利罗马的大理石雕像，年代不明）

开场

单一神话

神话与梦境

无论我们是带着超然的兴致倾听刚果某位红眼睛巫医如梦呓般的咒语，还是怀着满心的欢喜阅读老子深奥文字的浅显译文；无论是试图理解阿奎那（Aquinas）艰深的观点，还是试图领悟离奇的因纽特神话故事中的非凡意义，我们会发现，故事只有一个，虽然形式不断变化，但主题却亘古不变——我们需要去探索的远远超出了我们的所见所闻。

自古至今，只要是人类曾驻足的地方，人类的神话都经久不衰。人类身心活动的成果都源自神话的鼓舞和启发。可以说神话是一扇秘密的门扉，宇宙通过它将无尽的能量倾注到人类文化中。宗教、哲学、艺术、社会形态、历史人物、科学与技术的重要发现以及惊扰睡眠的梦境都源自神话的魔法指环。

令人吃惊的是，触及并启发深层创造力的核心之力就蕴藏在孩童的神话故事中，就像海洋的味道蕴藏在每一滴海水中，或像是整个生命的奥秘蕴藏在跳蚤的虫卵中一样。由于神话的象征符号不是制造出来的，因此它们无法被定制、被发明或永远被抑制。它们是心灵的自发产物，而且每一个象征符号都包含来自其源头的萌芽力量。

永恒幻象的秘密是什么？它源自心灵深处的什么地方？为什么在多种多样的外衣下，各地的神话本质上是相同的？ 它给予我们怎样的教诲？

如今，许多科学家都在致力于解析这个谜题。考古学家在研究伊拉克、中国河南、克里特岛和尤卡坦半岛的废墟。文化人类学者在探究鄂毕河的奥斯底亚克人（Ostiak）以及费尔南多波岛上的布比人（Boobie）。近一代东方学者让我们认识到了东方的宗教经典及《圣经》在希伯来人之前的起源。与此同时，许多从 19 世纪开始研究民族心理学的学者一直在尝试建立语言、神话、宗教、艺术发展和道德规范的心理学基础。

每个人都拥有他自己蕴藏强大能量的梦中的万神殿

然而，最值得注意的是来自临床心理学的新发现。精神分析学家具有划时代意义的大胆作品对神话学来说是不可或缺的。因为无论人们如何看待某些个案和问题的详尽的、有时矛盾的解释，弗洛伊德、荣格和他们的追随者都无可辩驳地证明，神话中的逻辑、英雄和行为在现代依然有生命力。在缺少普遍有效的神话的情况下，每个人都拥有他自己的、未被识别出来的、不成熟的，但蕴藏强大能量的梦中的万神殿。俄狄浦斯最新的化身正站在第五大道和第 42 街的交叉口等红绿灯，准备续写美女与野兽的浪漫故事。

一位美国年轻人这样写给联合报业的专栏作者：

我梦到自己在房顶重新铺木瓦，突然听到下面传来父亲的声音，他在叫我。我猛地转过身，想听得更清楚。就在这时，锤子从我手中滑落，沿着倾斜的屋顶向下滑，消失在屋顶的边缘。我听到砰的一声，好像是身体摔倒的声音。

我吓坏了，赶紧顺着梯子爬下来。父亲倒在地上，已经死了，满头是血。我伤心欲绝，一边啜泣一边喊我的母亲。她走出屋子，用胳膊抱住我。她说："不要紧，孩子，这完全是意外。我知道你会照顾我，虽然他已经死了。"当她吻我的时候，我醒了。

我是家里的长子，那时二十三岁。我和妻子曾分居一年，不知怎么回事，我们无法和睦相处。我非常爱我的父母，除了我父亲坚持让我回去和妻子同住，我和他从来没有意见不合。但是我和妻子在一起时并不快乐，所以我永远不会回去。[1]

图2 毗湿奴梦到了宇宙（印度石像，400—700 年）

这位婚姻不幸的丈夫表现得很无辜，他没有将精神能量引入爱情和婚姻问题，相反，他栖息在想象的幽深之处，想象中有着非常不合时宜的戏剧场景，他第一次也是唯一一次投入了情感。那是幼儿时期的三角恋悲喜剧——儿子为了对母亲的爱而对抗父亲。人类心灵中大多数恒久的秉性显然源自这样的事实，即在所有的动物中，人类在母亲怀抱中的时间最长。人类出生得太早，身心都还稚嫩，没有准备好应对这个世界。因此他们依靠母亲抵御危险，处于母亲的保护之下，在子宫内的时期被延长了。[2] 在灾难性的分娩之后，无法独立的宝宝和他们的妈妈在接下来的几个月里会组成二元单位，这种依赖不仅是身体上的，也是心理上的。[3] 父母长时间不在身边会导致婴儿紧张，之后会造成攻击的冲动。当母亲不得不阻止孩子时，同样会引起孩子的攻击性反应。因此孩子第一个敌意的对象便是他们第一个所爱的对象，他最初的理想就体现在圣母与圣子的二元单位中（之后这一直是所有真、善、美和幸福形象的潜意识基础）。[4]

这是对子宫中完美情境的再现，而不幸的父亲带着另一种现实秩序侵入到这种至福状态中，因此父亲会被认为是敌人。最初与“坏”母亲或失职的母亲联系在一起的罪名被转移给了父亲，而与充满关爱、给予保护、无时不在的“好”母亲联系在一起的渴望依然是母亲的。这种婴儿期对死亡冲动（自我毁灭的本能 [thanatos]: 破坏欲 [destrudo]）和爱的冲动（性本能 [eros]：力比多 [libido]）的分配构成了著名的俄狄浦斯情结的基础。大约五十年前，弗洛伊德提出了俄狄浦斯情结，并认为它是成年人做出不理性行为的主要原因。正如弗洛伊德所说:“俄狄浦斯国王杀死了他的父亲拉伊奥斯，娶了自己的母亲约卡斯塔。它只不过表现了我们童年愿望的实现。不过我们比俄狄浦斯幸运，成功地摆脱了对自己母亲的性冲动，忘记了对父亲的嫉妒，没有变成神经症患者。”①[5] 或者就像他所写的:“所有性生活方面的病理性失调都可以被看成是发展受到了抑制。”[6]

> 很多人在梦中看到自己娶了自己的母亲，
> 不在意这类事情的人，
> 便能活得悠然自在。[7]

① 有人指出父亲也可以被看成是保护者，而母亲是诱惑男人的妖妇。这样俄狄浦斯就变成了哈姆雷特。“哦，上帝啊，倘不是因为我总做噩梦，那么即使把我关在一个果壳里，我也会把自己当作一个拥有着无限空间的君主，”弗洛伊德写道，“所有神经病患者不是俄狄浦斯就是哈姆雷特。”

至于女儿（情况更复杂），以下的文字足以作为简略的解释。“昨天晚上我梦到爸爸刺中了妈妈的心脏，妈妈死了。我知道没有人会指责他这样做，尽管我哭得很伤心。梦境似乎变了，他和我一起开始了一段旅程，我很快乐。”这是一个 24 岁未婚女孩的梦境。

未知的阿拉丁洞穴埋藏着宝藏还住着危险的精灵

身为人妻，如果爱人的情感不成熟，依然被封闭在幼儿期的浪漫情怀中，那么通过妻子看似无厘头的梦境便可以了解她悲惨的困境了。在这里我们开始感到我们正在进入古代神话的领域，但这种转折却很奇特。

一位困惑的女子写道：

> 我梦到一匹高大的白马，无论我走到哪儿都始终跟着我。我感到害怕，于是把它推开。我回头看它是否还在跟着我，发现它变成了一个男人。我让他走进一家理发店，把鬃毛剃掉。他这样做了，当他从理发店走出来的时候，看起来就像一个男人，只是长着马的蹄子和马的脸，而且我到哪儿他跟到哪儿。他向我靠近，我醒了。
>
> 我是一个已婚女人，35 岁，有两个孩子。我结婚已经 14 年了，确信丈夫对我很忠诚。[8]

潜意识将各种幻想、古怪的东西、恐惧和具有迷惑性的想法送入意识，无论是在梦中、在日间，还是在疯狂的状态中。对于人类来说，在被我们称为意识的这片较为整洁的小住所下面延伸着未知的阿拉丁洞穴，那里不仅有珠宝，还住着危险的精灵：那是我们不愿面对或被我们抗拒的心理力量，我们不想或不敢将它们整合到我们的生活中。它们始终是未知的，然而不经意的话语、风景中的某种痕迹、茶水的味道或眼睛的一瞥可能会触及魔法般的源泉，接下来危险的信息开始出现在头脑中。这些信息很危险，因为它们威胁到我们为自己以及为家庭构建起来的安全架构。但是它们同样非常吸引人，因为它们携带着开启整个发现自我的历险领域的钥匙，这场历险既令人渴望，又令人畏惧。这将破坏我们构筑、生活在其中的世界，破坏这个世界中的自我，然而接下来是精彩的重建，重建更无畏、更干净、更开阔、更丰富的人生。这是来自神话王国的深夜来客带给我们的诱惑、希望和恐惧。

知晓超凡力量的所有秘密方式和语言的现代神话大师

精神分析，现代的释梦科学，教导我们要留意这些虚幻的意象，同时找到让它们发挥作用的方法。这样人们便可以在有经验的、熟悉梦的知识和语言的人的保护下渡过自我发展的危机，这些人在古代起着神秘教义传播者、灵魂向导或巫医的作用，他们在原始丛林的庇护所中主持试炼和入会仪式。这些心理医生是现代神话领域的大师，知晓超凡力量的所有秘密方式和语言。他们的作用就是神话故事中的智慧老人，他们的话语帮助英雄战胜奇异冒险中的考验和恐惧。他们指点英雄如何得到屠龙宝剑，告诉英雄等待他们的新娘和藏满珍宝的城堡在哪儿，在英雄致命的伤口上涂抹神奇药膏，最后当英雄完成了在被施魔法的黑暗世界中的历险之后，再把他们送回平凡世界。

当我们带着这些想法，思考原始部落和古代伟大文明中许许多多奇怪的仪式时，它们的目的和实际作用会变得很明显，那就是引导人们跨越困难的蜕变阈限，这不仅要求意识形式要发生改变，无意识生活也需要改变。所谓的“通过仪式”在原始社会的生活中占据重要的位置（出生礼、命名礼、成年礼、婚礼、葬礼等），它们通常很正式，有着严格的分隔仪式，从那时起要与过去的态度、情感和生活方式彻底一刀两断。①接下来是一段或长或短的退隐时期，在这个时期仪式设计的过程会展现出来，生命冒险者将形成新身份应有的形式和情感，最后在时机成熟之时，冒险者回到正常世界，被传授了奥义的冒险者就像获得了新生。[9]

最令人吃惊的是，仪式中的考验与形象与接受精神分析的病人在梦中看到的考验与形象是一样的。当病人开始放弃幼稚的固着，迈向未来时，在他们的梦中便会自动出现这些考验与形象。例如对于澳大利亚的土著来说，成人仪式的考验最主要的特点之一是割包皮仪式（通过这种仪式，青春期的男孩脱离母

① 在出生礼和葬礼这样的仪式中，影响最大的当然主要是父母和亲属。所有“通过仪式”不仅旨在影响当事人，同样旨在影响他生活圈子中的每一个人。

亲，进入社会，学习有关男人的秘密知识）。

> 当默宁人部落的小男孩要被割除包皮时，他的父亲和年长的男性会对他说："大蛇父亲闻到了包皮的气味，要来取走它。"男孩们信以为真，感到非常害怕。他们通常到母亲、祖母或其他最喜欢的女性亲属那里寻求庇护，因为他们知道男人已经联合起来，要把他们带到有大蛇正在咆哮的男人场地去。女人们会仪式化地为男孩恸哭，这样做是为了防止大蛇把男孩们吞掉。[10]

现在来说一说来自潜意识的对应物。荣格写道："我的一位病人梦到一条蛇从洞中蹿出，咬住他的生殖器。这个梦发生在病人开始相信精神分析中的真相，并将自己从恋母情结的束缚中解脱出来的时候。"[11]

神话和仪式是引领人类心灵前进的象征

神话和仪式的一个主要作用就是提供能够引领人类心灵前进的象征，与那些不断将心灵向后拖的人类幻想是对立的。事实上，当我们拒绝这类有效的心灵帮助时，神经质的发生率会非常高。我们固着在婴儿期未完成的意象上，不愿意成长为成年人。令人悲哀的是，美国强调的是一种逆向的发展：目的不是逐渐成熟变老，而是保持年轻；不是与母亲脱离，而是始终黏着母亲。因此，丈夫们依然在崇拜孩提时的神圣之物，成为父母希望他们成为的律师、商人或才子，而妻子们在结婚十四年，养育了两个孩子之后依然在寻找爱情——这只能来自半人马、精神病院、色情狂以及睡梦中的淫妖，他们要么像上文引用的第二个梦境中的那个男子，要么像现代银幕上的男主人公，化着妆，颇受女性青睐，位于淫秽性爱女神的神殿里。

最后精神分析师不得不再次重申经过锤炼的智慧，即戴着面具的驱魔舞者和实施割礼的巫医所教导的古老的、具有前瞻性的智慧。于是我们发现，正如在被蛇咬的梦境中，当病人解脱时，这种永恒的成人象征便自发地产生。显而易见，这些成人意象中包含着心灵所必需的东西，如果外界没有通过神话和仪式来提供，那么它们便会从内部通过梦境来彰显——否则我们的能量便会一直被闭锁在陈腐的、早已过时的游戏室里，深藏在心底。

男人和女人都会经历一系列标准的变化

弗洛伊德在他的著作中强调了人类生命周期前半部分（婴幼儿时期和青春期）的转变与困难，在这个时期我们如日中天。而另一方面，荣格强调了后半部分的危机。在这个时期，为了获得发展，明亮的太阳必须下沉，最后消失在坟墓的黑暗子宫中。在人生周期的下午，欲望与恐惧的象征符号开始转向它的反面，因为我们的挑战不再是生命，而是死亡。这时我们难以割舍的不是子宫，而是阴茎——除非已经对生命心生厌倦，那么死亡便可能带来极乐，就像之前爱情的诱惑。在从子宫的坟墓到坟墓的子宫这个完整的周期中，我们在物质世界中懵懵懂懂地走了一遭，这个世界很快会像梦中的事物一样渐渐消失。回顾我们自己独特的、不可预料且危险的历险之旅，最终我们会发现在有记载的人类历史中，在各种各样古怪的文化伪装下，男人和女人都会经历一系列标准的变化。

例如，据故事讲，克里特岛伟大的迈诺斯王在经济鼎盛时期聘请著名的艺术家兼工匠代达罗斯为自己设计并建造了一座迷宫，迷宫里藏着一个令人羞愧、令人害怕的东西——王后帕西法厄所生的怪物。当迈诺斯王忙着打仗以保护贸易线路时，帕西法厄被一头海里出生的雪白而健美的公牛诱奸。但再也没有比发生在迈诺斯王自己母亲身上的故事更糟糕的了。迈诺斯的母亲叫欧罗巴，众所周知，她被一头公牛带到了克里特岛。这头公牛本是宙斯，他们的结合产生了受人尊敬的儿子——迈诺斯王。帕西法厄怎么会知道她自己失检的行为产生的是一个怪物：她的儿子有人的身体，公牛的头和尾巴。

社会上对王后多有指责，但国王没有意识到自己也有责任。那头公牛是海神波塞冬很久以前送来的，当时迈诺斯正在和自己的兄弟争夺王位。迈诺斯认定依据神授的权力，王位非他莫属，并且祈祷神送给他一头海中出生的公牛作为信物，发誓得到公牛后会立即把它献祭，作为敬神的象征。公牛出现了，迈诺斯获得了王位，但他看到公牛非常俊美高贵，心想拥有这样一头公牛应该很有好处，于是决定狸猫换太子——他猜想神应该不会太计较。他把自己最好的白色公牛献上了波塞冬的祭坛，而把神送来的公牛藏在了自己的牛群中。

克里特王国在这位著名的立法者兼公德楷模明智的管辖之下，变得非常繁荣。首都克诺索斯成了奢华、高雅的中心，拥有文明世界中最重要的商业力量。克里特的船队来到地中海的每一个岛屿和港口，克里特的商品在巴比伦王国和古埃及广受赞誉。胆大无畏的小舰船甚至突破了赫拉克勒斯之门，进入开阔的海洋，然后沿海岸航行，向北获取爱尔兰的黄金和康沃尔的锡；[12] 向南绕过塞内加尔凸出的部分，来到遥远的约鲁巴里以及象牙、黄金和奴隶市场。[13]

图3 西勒尼与酒神的女祭司
（黑像式双耳壶，古希腊，
西西里岛，公元前500—前450年）

但是在国内，王后被波塞冬唆使，激起了对公牛不可控制的情欲。她说服了艺术家兼工匠，无与伦比的代达罗斯为她制作一头可以骗过公牛的木制母牛。她急不可耐地进入木制母牛，公牛果真上当了。她生了那个怪物，他长大到一定的时间后开始变得危险起来。代达罗斯再一次被召唤来，这次召唤他的是国王。国王让他建造一个巨大的迷宫，迷宫里有一些封死的通道，怪物就被藏在里面。代达罗斯的迷宫非常具有迷惑性，以至于在完成后，他自己差点没找到出来的路。怪物弥诺陶洛斯被安置在迷宫里，他吃掉了许多活生生的少男和少女，他们来自克里特领土中被征服的国家。[14]

按照古代的传说，主要过错不在王后，而在国王。他真的不应该指责她，因为他知道自己曾经做了什么。他把公众之物变成了个人利益，而他获得王位的全部意义在于他不再只能为了自己的私利。归还公牛的行为本应该象征着他绝对无私地履行国王的职责，而将公牛据为己有代表了以自我为中心的自我膨胀的冲动。因此承蒙天恩的国王变成了危险的自私自利的暴君。正如通过传统的仪式教导人们舍弃过去，在未来获得重生一样，授职仪式使他摆脱私人的身份，让他承担起天职。这是理想情况，无论那个人是工匠还是国王。拒绝这种仪式是亵渎神明的行为，个体作为一个小单元与整个社会的大单元割裂开。这样一个整体被分裂成许多个体，他们为了自己的利益而互相争斗，只有用武力才能够统治他们。

神话、民间传统、传说甚至噩梦中都存在暴君兼怪物的形象，而且无论在什么地方，他的特点在本质上是相同的。他将大众利益囤积起来，据为己有。他是怪物，贪婪地渴望私人的权利。神话和童话故事描写了他所制造的大破坏，在他的王国中，无处能幸免。受到破坏的可能不仅仅是他的家庭、他自己备受折磨的心灵、他的朋友和他帮助过的人，还包括他所触及的文明。暴君膨胀的自我是对他自己、对他所处世界的诅咒，无论他的事业看上去多兴旺繁荣。自我恐吓、萦绕不去的恐惧、四面楚歌、时刻准备迎击来自他所在环境的攻击，这些都是内心无法控制的贪婪冲动的反映。这种不受约束、自行其是的巨人预示着世界的灾难，尽管他可能还沾沾自喜于自己善意的初衷。无论他插手哪里，哪里便有呼号（如果不是公开的呼喊，那就是更悲惨的内心呼喊），呼唤能够拯救他们的英雄，英雄手持闪亮的宝剑，他的一举一动，他的存在将解放这片土地。

> 这里不能站、不能躺、不能坐，
> 甚至在山中也找不到寂静。
> 干打雷但没有雨落下，
> 甚至在山中也找不到隐居之所。
> 在龟裂的房屋的门口，
> 一张张愠怒的红色脸庞在冷笑，在咆哮。[15]

只有诞生能够征服死亡

英雄是自觉服从的人。但是他们服从于什么？那正是我们今天不得不问我们自己的问题，也是世界各地的英雄用主要的美德和历史性的行为已经解决了的问题。正如阿诺尔德·汤因比（Arnold J. Toynbee）教授在他研究文明产生与瓦解规律的六卷巨著中所指出的那样，[16]灵魂的分裂、社会主体的分裂无法通过回归旧日好时光的计划（拟古主义）来解决，同样无效的还包括保证实现理想未来的计划（未来主义），以及通过最现实、最冷静的努力来再次融合各种变质的要素。只有出生能够战胜死亡——不再是旧有的事物，而是新事物。在灵魂深处，在社会主体中，如果我们想要长久的人生，便必然存在连续的“反复出生”（轮回），以消解反复不断的死亡。因为，假如我们未曾获得新生，报复女神涅墨西斯便会通过我们自己的胜利来进行报复：死亡从我们的美德中破壳而出。由此，和平是圈套，战争是圈套，改变是圈套，永恒也是一个圈套。当我们临近死亡的胜利时，死亡便渐渐迫近，除了被钉在十字架上之外，我们什么也不能做——然后复活，被彻底分解成碎片，然后重生。

杀死弥诺陶洛斯的英雄提修斯从外面来到克里特岛，他是希腊新兴文化的象征和力量。但是重生的源泉也可以在暴君的王国中被找到。汤因比教授用“脱离”（detachment）和“变形”（transfiguration）来描述获得更高精神维度的危机，这使得创造过程得以重新开始。

第一步是脱离或退隐，其中包含重点的转变，从外部世界转向内部世界，从宏观世界转向微观世界，从荒原的绝望境地转向内心永恒王国的平静安宁。正如精神分析告诉我们的，这个王国是幼儿时期形成的潜意识，是我们在睡梦中进入的王国。我们永远把它放在心底。那里有我们幼年时期的所有吃人妖魔和神秘援助者，还有童年时的所有魔法。

更重要的是，潜意识中有我们从来不曾在成年期实现的生命潜能，那正是我们自我的其他部分，就像依然有生命力的金种子。如果这失落的整体中的一小部分能够被发掘出来，我们的力量便能获得惊人的扩展，那是生命充满活力的复兴。我们将变得高大伟岸。此外，如果不仅我们自己，整整一代人或者我们整个的文明也能够挖掘出一些被遗忘的东西，那么我们将成为恩赐者，成为时代的文化英雄——不仅是区域性的，也是全世界的历史性人物。

总之，英雄的首要工作是从次要的“果”的世界舞台退出，来到困难真正所在的“因”的心灵地带。在那里澄清困难，根除自己的困难（例如与当地文化中幼儿期的魔鬼战斗），突破束缚，获得未被扭曲的直接体验并实现荣格所说的“原型意象”的同化。[17] 对印度教教徒和佛教徒来说，这个过程被称为清辨（viveka），即辨别区分。

THE HERO WITH A THOUSAND FACES

正如荣格所指出的，原型的理论并不是他自己的发明。[18]

与尼采的理论进行比较：“在睡梦中，我们经历了早期人类的所有思想。我的意思是人们在睡梦中

的思维方式与他们几千年来清醒时的思维方式是一样的……梦境将我们带回了人类文化的早期阶段，为我们提供了更好地理解它的手段。”[19]

与阿道夫·巴斯蒂安（Adolf Bastian）的民族“基始观念”理论（Elementargedanken）比较：这些基本观念具有原始的精神特征，应该被视作精神的原始倾向性，整个社会结构便是从中有组织地发展起来的。因此，它们应该被用作归纳研究的基础。[20]

与弗朗茨·博厄斯（Franz Boas）的理论比较：“自从魏茨对人种统一问题进行了彻底的探讨以来，我们便不必怀疑世界各地的人基本上拥有相同的心理特征……巴斯蒂安首先提出，全球人类的基本观念具有惊人的单一性……在各种各样的文化中，我们可以识别出这些观念的特定模式。”[21]

与詹姆斯·弗雷泽（James G. Frazer）的理论比较：“通过古代和现代的一些探究者，我们可以认为西方人从东方古老文明中借鉴了死亡与复活神的概念，还借鉴了庄严的仪式。在仪式中，这个概念被戏剧性地呈现在崇拜者的眼前。东西方宗教在这方面的相似性不仅仅是我们通常所说的偶然巧合，尽管这种说法是不正确的，相似原因的结果在相似的人类思维构成的基础上以相同的方式发挥作用，尽管人们位于不同的国家，在不同的蓝天下生活。”[22]

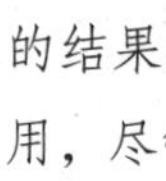

与弗洛伊德的理论比较：“我从一开始就意识到了梦境中存在象征意义。但那是一个渐进的过程，随着经验的增加，我最终充分了解了梦境的范围和重要性。我的研究工作受到了威廉·斯泰克尔（Wilhelm Stekel）的影响……斯泰克尔通过直觉获得了对象征符号的

解释，因为他具有直接理解象征符号的独特天赋……精神分析经验的发展使我们注意到一些病人，他们能够直接理解这类梦境的象征意义，理解程度令人吃惊……这种象征性质不是梦境所特有的，它是人类潜意识思维过程的特点，我们可以在民间传说、受人欢迎的神话、传奇故事、成语、谚语式的名言和流传的笑话中发现它，而且比梦境中的更完备。”[23]

荣格指出他的“原型”的概念借鉴了一些经典的出处：西塞罗（Cicero）、普林尼（Pliny）、古希腊著作《赫尔墨斯文集》、奥古斯丁（Augustine）等。[24]巴斯蒂安注意到他的“基本观念”理论与斯多葛学派“逻各斯的种子”（Logoi Spermatikoi）的概念是一致的。“主观已知形式”的传统事实上与神话的传统有着共同的范围，它是理解和运用神话意象的关键，这正如以下章节所大量呈现的。

在整个人类文化的记录中，正是这些需要被发现并被同化的原型激发出仪式、神话和幻想的基本意象。这些“梦境中的永恒者”[25]不会与出现在噩梦和疯狂状态中的被个人修改了的象征符号相混淆，后者仍然在折磨着人们。梦境是个人化的神话，神话是去个人化的梦境。梦境和神话都以相同的精神动力学方式来体现象征意义。然而在梦境中，做梦者的独特困扰改变了象征符号的形式，而神话中的问题和解决方法直接适用于整个人类。

因此英雄就是能够战胜个人的和当地的历史局限性的男人或女人，这些局限针对的是普遍有效的常规人类模式。英雄的愿景、观点和灵感来自人类生活与思想的原始动力。因此他们雄辩，具有说服力，他们表达的不是当下分裂的社会和精神，而是社会重生的永恒源泉。作为一个现代人，英雄已死，但作为一个不朽的人——更加完美、非特定的、普遍存在的人，他已经得到了重生。

图4 弥诺陶洛斯之战（红色酒樽上的画，古希腊，公元前 470 年）

因此英雄的第二项神圣任务与功绩是他们在改变模样后回到我们之中，传授他所学到的有关重生的经验与教训（正如汤因比所主张的，也正如所有人类神话所表明的那样）。

THE HERO WITH A THOUSAND FACES

读者一定会注意到，这有违汤因比教授的观点。他大肆宣扬基督教是唯一教导第二项任务的宗教，他严重误解了神话学。所有宗教、各地所有的神话和民间传说都能教导第二项任务。汤因比教授之所以会误解，是因为他采用了对涅槃、佛陀和菩萨这些东方概念的陈腐且错误的解释，然后在错误解释的基础上，将这些理想与基督教天堂的概念进行比较。这便导致了他的错误，认为目前世界状况的救赎之道在于回归到罗马天主教会的怀抱中。

一位现代女性这样描述她做过的一个梦：

我独自走在一个大城市的北部，穿过肮脏、泥泞的街道，街道两侧是粗陋的小房子，我不知道自己在哪儿，但我喜欢这样的探险。我选择了一条非常泥泞的街道，它穿过一个敞着口的阴沟。我沿着成排的简陋小屋向前走，发现在我和一片高而坚实的地面之间有一条小河，那片地面上有铺设好的街道。那条河非常清澈可爱，河水从河底的水草间流过。我没法过河，于是走向一幢小屋，想找一条船。屋里的一个男人对我说，他很乐意帮我过河。他取出一个小木箱子，把它放在河边。我立马看出来用这个箱子我可以轻松地跳过河。我知道危险都过去了，我想好好报答那个男人。

在回想这个梦的时候，我清楚地意识到我完全可以不走这条路，而选择一条舒服的、铺设好的街道。我之所以来到了这个肮脏、泥泞的区域，是因为我喜欢冒险，而且既然开始了，就不得不走下去……在梦中我那么固执地向前走，就好像我知道前面一定会出现美好的事情，比如那条绿草如茵的可爱小河，那条铺设好的、高高的、安全的道路。从这些角度来考虑，这个梦境就像是一个出生的决定，或者从某种精神意义上看，不如说是重生的决定。一些人在找到平静之河或通过灵魂目的地的大路之前，必然先经过黑暗而偏僻的小路。[26]

做梦的人是一位杰出的歌剧艺术家，就像所有追随隐约可闻的历险召唤（这些来自内部和外部的召唤传入了他们敞开的耳朵），而不是选择一条标志可靠的寻常大路的人一样，她不得不独自前行，克服罕见的困难，“穿过肮脏、泥泞的街道”。她知道灵魂的黑夜，即但丁所说的“我们人生之旅中的黑暗森林”以及地狱的悲痛之坑：

图5 神道的火仪式（约瑟夫·坎贝尔摄，日本，1956年）

这里是通往悲惨之城的道路，
这里是进入永恒悲哀的道路，
这里是成为迷失者的道路。[27]

值得注意的是，这个梦境细致地复制了神话故事中英雄冒险经历的普遍方式的基本轮廓。我们会发现这些有关危险、障碍和好运的重要主题在接下来的内容中变化为几百种形式。首先是跨过敞开的阴沟①，然后是流过青草的清澈河流②，在关键时刻出现了自愿的帮助者③，最后是高而坚实的地面（这是人世的天堂，约旦河彼岸的乐土）④。它们是灵魂冒险之歌中反复出现的主题，每一个敢于倾听并追随神秘召唤的人都知道这种孤独的转变过程是危险的：

① 与但丁笔下的"地狱"（第XIV章，76-84页）进行比较，"一条小溪，它的血红的颜色仍让我战栗……有罪的妇人分担它"。

② 与但丁笔下的"炼狱"（第XXVIII章，22-30页）进行比较，"一条河流……微微的波浪把河岸上的小草弯向左边。人世间最纯净的流水与这纤尘不染的河水比起来都好似混杂了什么东西"。

③ 但丁的诗《神曲》里的维吉尔（Virgil）。

④ "在古时候，那些歌唱黄金时代及其幸福景象的诗人们，说不定在帕纳塞斯山上梦想过这个地方：在这里人类的祖先是天真无邪的，这里永远是春天，永远果实累累，这就是人人称道的天上琼浆。"

难以越过那锋利的刀刃，
诗人说，这是一条艰难之路。[28]

这位梦者在小木箱的帮助下渡过了河，不过在这类梦境中，更常见的是小船或桥梁。这是她自己的天赋与美德的象征，她借助这些天赋与美德渡过了世界之河。做梦的人没有给我们解释她的联想，因此我们不知道这个箱子里装着什么，但它一定是某种潘多拉的盒子——那是诸神送给美丽女人的天赐礼物，其中装满了福与祸的种子，还有给予人们支持的美德和希望。梦者借助它抵达了彼岸。通过类似的奇迹，每一个努力完成自我发现、自我发展这项艰难而危险的任务的人都可以被运送到生命海洋的彼岸。

众多的男男女女选择不那么危险的道路，这是比较无意识的公民和部落的常规做法。然后这些探索者借助继承而来的社会象征符号，通过仪式、赐予恩典的圣餐来获得拯救，它们是救世主给予古代人类并经过千万年的传承。只有那些既听不到内在召唤，也不了解外在教义的人的困境才是真正令人绝望的，他们就是如今的大多数人，身处内心和外界的迷宫中。唉，向导，温柔多情的童贞女阿里阿德涅在哪里，她为我们提供简单的线索，给予我们迎击弥诺陶洛斯的勇气，当怪物被杀死时，她给予我们找到自由之路的方法。

当迈诺斯王的女儿阿里阿德涅看到英俊的提修斯从船上下来时，便爱上了他。这艘船装载着一群可怜的雅典少男少女，他们将被献给弥诺陶洛斯。她设法和提修斯交谈并且表明如果提修斯许诺带她离开克里特岛，并娶她为妻，她便会提供方法帮助他逃出迷宫。提修斯对她做出承诺。阿里阿德涅向代达罗斯寻求帮助，也就是设计建造迷宫的人，依靠他帮助阿里阿德涅的母亲生下迷宫里的怪物的工匠。代达罗斯给了她一卷麻线，英雄提修斯可以把它系在入口处，在走入迷宫时一点点解开麻线。我们需要的东西确实微不足道，但没有它，进入迷宫的冒险便没有成功的希望。

我们需要的小东西近在眼前。最令人奇怪的是，为罪恶的国王服务的科学家，也就是恐怖迷宫背后的智者很乐意帮助他们获得自由。不过他的身边必须有一位英雄。若干个世纪以来，代达罗斯一直代表艺术家兼科学家：他们对人类现象漠不关心，甚至是残忍的，超出了社会评判的正常界限，他们为之献身的不是他们那个时代的道德，而是献身于艺术。他是思维方式的英雄——专心致志，充满勇气和信念，一旦发现真理，他将使我们获得自由。

因此现在我们可以求助于他，就像阿里阿德涅那样。他制作麻线的亚麻是从人类想象的田野中收集而来。若干个世纪的耕种，几十年的挑选，无数头脑与双手进行栉梳、分拣和纺纱，终于制成了紧紧扭在一起的麻线。而且我们从来不是独自历险，之前有过许许多多的英雄，迷宫的奥秘已经被彻底揭开，我们只需要跟随英雄的麻线前行。在本以为会发现可憎之物的地方，我们看到了神祇；在本以为会杀死另一个人的地方，我们杀死了自己；在本以为会向外远游的地方，我们来到了自我存在的核心；在本以为会孑然一身的地方，我们却与全世界在一起。

悲剧与喜剧

“幸福的家庭都是一样的，不幸的家庭各有各的不幸。”列夫·托尔斯泰用这句预言性的话作为他小说的开篇，小说描写了女主人公安娜·卡列尼娜精神上的分崩离析。在这位意乱情迷的妻子、母亲兼充满盲目激情的情妇卧轨后（以一种象征她灵魂状况的姿态结束了她迷乱的悲剧人生），至今的七十年里，赞美浪漫爱情的文章、新闻报道和未被记录的痛苦传闻不断地喧嚣着，向迷宫中那牛头的魔鬼致敬：这是神愤怒发狂、具有破坏性的一面，而当同样的神变得温和仁慈时，他便是世界生机勃勃运转的原则。现代浪漫故事，就像古希腊的悲剧一样，赞美着肢解的秘密，那归根结底就是生命。幸福的结尾被嘲笑为一种歪曲，因为正如我们所知、所见，世界只有一种结尾：随着我们所爱的形式的消逝，我们的心会死亡、肢解、瓦解、被钉在十字架上。

“怜悯就是当面对不祥而持久的人类苦难时，攫住人们的思想并与受苦难者合为一体的情感。恐惧就是当面对不祥而持久的人类苦难时，攫住人们的思想并与神秘的原因合为一体的情感。”[29] 正如吉尔伯特·默里（Gilbert Murray）在因格拉姆·拜沃特（Ingram Bywater）翻译的亚里士多德的《诗学》[30]（*Poetics*）的前言中所指出的，悲剧的卡塔西斯（Katharsis）（例如，悲剧观众通过怜悯和恐惧的体验所获得情感上的净化或涤罪）类似于早期仪式中的卡塔西斯（洗除过去一年的污点和毒害，以及罪恶与死亡的不良影响，使社群得到净化），这是节日和神秘剧中肢解公牛神狄俄尼索斯（Dionysos）的功用。在神秘剧中，深思的头脑不是与将死的身体连在一起，而是与被身体占据了一段时间的持续的生命之源连在一起。在那段时间里，深思的头脑就是被包裹在幻影中的现实（既是受难者也是秘密的原因）。当摧毁了人们自信的悲剧[31] 撕裂、粉碎并分解我们的血肉之躯时，深入幻影中的根基，即我们的自我也会随之分解。

无论你的形状和姓名是什么，出现吧，出现吧，
哦，大山一样的公牛，一百个头的蛇，喷火的狮子！
哦，上帝、野兽和神秘之物，来吧！[32]

在时空世界中意外的逻辑承诺与情感承诺的消亡；在亲吻我们的毁灭中，对庆祝自己的胜利并因此兴奋不已的普遍生命的承认与重视；对死亡不可避免的命运的热爱，构成了悲剧艺术的体验——其中有喜悦和救赎的狂喜：

我的岁月流逝，作为仆人，
从初识伊达山的天神朱庇特开始，
我在扎格列欧斯午夜游荡之地游荡。

忍受他雷霆般的叫喊，
我完成了他流血的红色盛宴，
高举着圣母的山火，
我终于获得自由，
用披着铠甲的祭司巴克斯的名字来命名。[33]

现代文学在很大程度上致力于勇敢地且有辨别力地观察破碎得令人厌恶的事物轮廓，这些轮廓大量存在于我们的前面、周围和内部。在抱怨这种破坏的自然冲动被压抑的地方——不论是大声指责还是开出灵丹妙药，出现了一种比希腊悲剧更强有力的悲剧艺术：现实而深刻的、丰富有趣的民主悲剧。在这些悲剧中，神祇不只是在名门望族的灾难中被钉在十字架上，在普通人家的灾难也是如此（包括每一个受苦受难的人）。悲剧中没有虚构的天堂、未来的幸福和缓解巨大痛苦的补偿，只有彻底的黑暗、不满足的空虚，接纳并吞噬那些来自子宫并注定会失败的生命。

揭示从悲剧到喜剧这条黑暗的内心之路所隐藏的危险

与所有这一切相比较，我们获得成就的琐碎故事显得那么可怜。我们非常了解即使那些令世人嫉妒的人也会体味到失败、丧失和幻灭的痛苦，以及具有讽刺意味的一无所长的折磨。因此我们不愿意给喜剧赋予像悲剧一样高的地位。讽刺性的喜剧是可以接受的，它们是令人愉悦的逃避之所，但是“从此以后幸福地生活在一起”的童话故事无论如何无法让人认真对待。它属于幻想的儿童世界，避免儿童看到他们很快就会认清的现实。这就像写给老年人的“从此以后便进入天堂”的神话，他们即将结束生命之旅，他们的心必须准备好走过最后一个入口，进入漫漫黑夜——现代冷静的西方人对悲喜剧的评判建立在对童话故事、神话和救赎喜剧所描写的现实的彻底误解之上。在古代的世界中，童话故事、神话和救赎喜剧被认为比悲剧的地位更高，它们包含着更深奥的真理、更艰难的实现、更合乎逻辑的结构和更完整的启示。

童话故事、神话和有关神的灵魂喜剧的幸福结局应该被看成是对人类普遍悲剧的超越，而不是一种否认。客观世界依然如故，但由于主体内在的重点发生了转变，因此客观世界会被认为也发生了转变。之前生与死相互斗争的地方，现在出现了永久的存在——它对时间中的意外事件漠不关心，就像壶里的开水对气泡的命运、宇宙对星系的出现和消失漠不关心一样。悲剧打破了形式和我们对形式的依附，而喜剧体现了生命中不可战胜的取之不尽用之不竭的、野性而无忧无虑的乐趣。因此两者是同一神话主题与体验的两种表达方式，神话主题与体验包含这两者，同时它们构成了神话主题与体验的边界：下降和上升（希腊语是 kathodos 和 anodos），它们共同构成了全部的启示，那就是生命。如果个体想洗涤罪行（不服从神的意愿）和死亡（认同死的形式）的不良影响，就必须知道并热爱这个启示。

怪物驯服者

图6

（镶嵌的贝壳和青金石，苏美尔人，伊拉克，公元前 2650—前 2400 年）

“万物在改变，但不会消亡。灵魂一会儿游荡到这儿，一会儿游荡到那儿，占据它喜欢的任何形体……因为曾经存在的已不复存在，曾经不存在的变得存在了。因此整个运动的过程周而复始。”[34]

“据说只有身体是有终结的，而永恒不灭的、高深莫测的自我是它内在的精神。”[35]

神话和童话故事的任务就是揭示从悲剧到喜剧这条黑暗的内心之路所隐藏的危险，以及所需要的技巧。因此神话和童话故事中的事件非常荒诞离奇又“不真实”：它们代表心理上的胜利，而不是有形的胜利。即使是关于真实历史人物的传奇，胜利行为也并不是以逼近生活的形式呈现的，而类似于梦境。因为关键点不在于这种行为在现实中是否发生过，而在于这种行为发生之前，在我们都知道并且在梦中去过的迷宫里，必须发生另一件更重要、更基本的事情。神话中英雄的转变可能是外显的、偶然的，但本质上它发生在内心——为了实现世界的改变，英雄要在内心深处克服隐藏的阻碍，恢复长期遗失和被遗忘的力量。当完成这种行为后，生命不会再在无处不在的灾难的蹂躏下绝望地承受痛苦，不会再被时间和空间摧毁。虽然仍然会有恐惧，仍然会有纷乱喧闹的痛苦哭喊，但生命中会弥漫着支持一切的爱以及对自己不可征服的力量的了解。在混沌的深渊中燃烧着的光亮突然迸发出来，变得越来越喧闹。可怕的蹂躏因此看起来像是无处不在、永恒不灭的阴影，时间屈服于荣耀，世界唱出了奇妙的、天使般的，但最终也是单调的塞壬之歌。就像幸福的家庭一样，神话和被救赎的世界都是相似的。

英雄与神

神话中英雄历险之旅的标准道路是成长仪式准则的放大，即启程—启蒙—

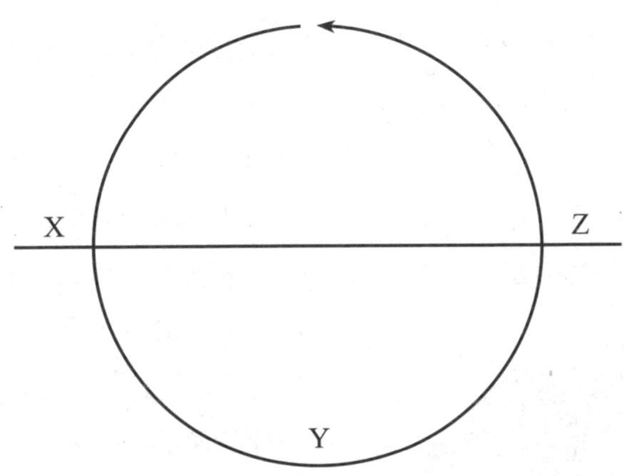

归来。这可以被命名为单一神话的核心单元。[36]

> 英雄从日常的世界勇敢地进入超自然的神奇区域（X）；在那里遇到了传奇般的力量，取得了决定性的胜利（Y）；英雄带着这种力量从神秘的冒险之旅中归来，赐福于他的人民（Z）。

佛陀成道的故事最能体现英雄任务的艰巨

普罗米修斯（Prometheus）上升到天国，盗取神的火后又回到尘世。伊阿宋（Jason）驾船驶过撞岩进入充满奇异事物的海洋，用计谋战胜了守卫金羊毛的毒龙，带回金羊毛，使他有能力从篡位者手中夺回王位。埃涅阿斯（Aeneas）进入冥府，渡过可怕的死亡之河，把面包扔给三个头的看门狗刻耳柏洛斯（Cerberus），最后终于和他死去父亲的幽灵相见，他明白了一切真相：灵魂的命运、他将建立的罗马的命运以及如何能避免或承受住所有的重负。[37]他通过象牙门回到了他的世界。

当英雄的任务被深入地理解并实施时，其困难性和崇高的意义才会体现出来，而佛祖历尽艰辛的传奇故事便是很好的代表。年轻的王子乔达摩·释迦牟尼偷偷骑上皇室的骏马犍陟，从他父亲的皇宫里出发，奇迹般地通过了守卫森严的大门，在两万四千个神祇为他用火把照明的夜色中穿行，轻松地跨过一条宽 1 128 肘尺[①]的大河，一剑割断了自己皇族的头发，剩下的头发大约只有两指宽，头发卷向右，紧贴在他的头上。他穿上僧侣的衣袍，以乞丐的身份游走于世界，在这些看似毫无目的的游荡中，他实现并超越了冥想的八个阶段。他放弃了王位的继承，在六年多的时间里进行极端的苦修，身体非常衰弱，看起来像是死了，但不久后恢复过来。之后他重新回归到不那么严格的修行生活。

图7 菩提树下的释迦牟尼（印度，片岩雕刻，公元 9 世纪晚期—公元 10 世纪早期）

一天他坐在一棵树下，凝视着世界的东方部分，他的光辉把大树照亮了。一位名叫苏耶妲的牧羊女走过来，把装在金碗里的乳糜呈献给他。当他把空碗抛入河中时，碗逆流漂走。这个迹象预示着他即将取得胜利。他站起来，沿着一条神祇装饰过的道路前行，这条路宽一千一百二十八肘尺。蛇、鸟和树林与田野中的诸神用鲜花和芳香向他表示敬意，天国的唱诗班洒下美妙的音乐，芳香、花环、和谐的欢呼声充满了整个世界，因为他正在走向悟道之树，即菩提树。在菩提树下，他将拯救宇宙。他以坚定的决心将自己置于固定不动之地，爱与死亡之神魔王玛拉（Kāma-Māra）径直向他走来。

这位危险之神有一千只手，每只手都持有武器，他骑着大象出现了。他的

① 1 肘尺相当于从肘到中指间的长度，约为 43 至 56 厘米。

军队围绕着他，前面、左面和右面的军队曼延了十二里格[①]，后面的军队远至世界的边界，上方的军队高达九里格。保护宇宙的神祇逃之夭夭，但未来的佛陀在菩提树下一动不动。接下来爱与死亡之神攻击他，试图摧毁他的定力。

旋风、岩石、雷电与火焰、有着锋利边缘且冒着烟的武器、燃烧的煤块、炙热的灰、沸腾的泥浆、灼热的沙子和层层的黑暗向救世主袭来，但是这些投射物都被乔达摩至高的完美力量转化为天国的鲜花和药膏。接下来魔王玛拉让他的女儿们上阵，她们是淫欲、爱欲和性欲，妖娆的侍女簇拥着他，但是伟大的乔达摩没有被分散注意力。最后魔王玛拉对乔达摩占据固定不动之地的权利发起挑战，愤怒地向他投掷锋利如剃刀的圆铁饼，并吩咐大批军队将大山的岩石碎块砸向他。但是未来的佛陀只是移动他的手，用手指尖触碰地面，让大地女神证明他有权坐在他所坐的地方。她发出成百上千、成千上万的怒吼来作证，以至于魔王玛拉骑乘的大象屈膝跪倒向未来的佛陀敬礼。军队立即散去，大千世界的众神撒下花环。

在日落之前征服者取得了初步胜利，初夜时分他知道了自己的前世；二更天时他的眼睛拥有了洞察一切的视力；到晨更的时候他理解了因缘法则；在破晓时分，他体验到了大彻大悟。

在接下来的第一个七天里，乔达摩，即现在开悟的佛陀一动不动地坐着，沉浸在极乐中。在第二个七天里，他站在旁边并凝视着他获得觉悟的地点。在第三个七天里，他在站的地方和坐的地方之间徘徊。在第四个七天里，他暂居在一个众神布置的亭子里，回顾有关因果与解脱的全部教义。在第五个七天里，他坐在少女苏耶妲用金碗送给他乳糜的树下，冥想着涅槃的美妙教义。他移坐到另一棵树下，一场狂风暴雨肆虐了七天，但蛇王从树根处出现，用他膨胀起来的头巾状颈部保护佛陀。最后佛陀在第四棵树下坐了七天，享受着解脱的美妙。之后他怀疑自己获得的启示能否传递给别人，他曾想把这些智慧保留

① 里格（league）：长度单位，通常指人步行一个小时的行走距离，约为 3 英里（4.8 千米）。——译者注

给自己，但梵天神从天而降，恳求他成为众神和众人的导师。佛陀被说服了，决定去宣扬成佛之路。他回到城市，在市民中游走，赐予他们无价的恩惠，那就是道的知识。[38]

《旧约全书》中的摩西传奇也记录了类似的英勇事迹。在他带领以色列人离开埃及的第三个月中，他们来到了荒野的西奈山。在那里以色列人正对着山扎起了帐篷。上帝在山上呼唤摩西，他向上帝走去。上帝把《十诫》赐予他，命令他带着《十诫》回到以色列人中间，他们是上帝的子民。[39]

犹太人的民间传说声称，在上帝赐予启示的那天，人们可以听见从西奈山传来的各种隆隆声。

> 闪电伴随着越来越响的号角声，人们吓坏了，不停地颤抖。上帝弄弯天空，移动大地，撼动世界的边界，深渊为之摇晃，众天神都害怕起来。上帝通过火、地震、暴风雨和冰雹四个大门发出了他的光辉。大地认为死亡者将要复活，对于它所吸收的被屠杀者的血，对于它所掩埋的被谋杀者的尸体，它必须做出解释。直到听见第一句摩西十诫，大地才平静下来。
>
> 天空打开，西奈山摆脱大地升到空中，它的顶峰高耸地插入天空，厚厚的云遮住了四面的山坡，和上帝王座的底部相连。上帝的一侧陪伴着两万两千个头戴利未人花冠的天使，利未人是唯一忠于上帝的部族，其他部族都崇拜金牛犊。上帝的另一侧是六万三千五百五十个天使，每个天使拿着送给所有以色列人的烈火冠冕。第三个侧面有比这个数量多一倍的天使，而第四个侧面的天使更是多得不计其数。因为上帝并不只出现在一个方向，而是同时出现在四面八方，然而这并不妨碍他的荣耀充满天空与大地。尽管西奈山上容纳了这么多人，但一点儿不拥挤，也没有骚乱，每个人都有容身之处。[40]

回归社会并与它重新融合

正如我们很快将会看到的，无论是在东方神话广阔的、几乎无边无际的形象中，还是在希腊神话充满力量的叙述中，或是在《圣经》壮美的传奇中，英雄的冒险经历通常遵循以上描述的核心模式：离开凡人的世界，进入某种力量之源，然后返回凡人的世界，生命得到了提升。释迦牟尼带回来的恩赐曾保佑着整个东方世界，那是关于佛法的美妙教义，就像摩西的十诫保佑着西方世界。希腊人认为火是人类文化最早的证据，这应该归功于普罗米修斯超越世俗的行为。罗马人则把支持整个世界的城市的建立归功于埃涅阿斯，他离开了沦陷的特洛伊城，来到可怕的地下死亡世界。在任何地方，无论在什么兴趣领域中（无论在宗教、政治还是个人领域中），真正富有创造力的行为都被描绘成来自某种死亡状态的行为，都是在英雄的无名期发生的事情。因此英雄的回归就像重生，他变得伟大而且充满了创造性的力量，人类也一致拥护他。因此，为了反复认识到其中的启示，我们应该跟随许多英雄人物经历冒险的经典阶段。这不仅有助于我们理解这些形象对当代生活的意义，而且有助于理解人类心灵在渴望、力量、变迁和智慧等方面的同一性。

以下的内容将以一段冒险经历的形式呈现，它是由一些人类命运的象征性承载者的故事混合而成。第一部分第 1 章将呈现第一个阶段，即分离或启程，其中包含五个子部分：

（1）“历险的召唤”，即英雄使命的迹象；

（2）“拒绝召唤”，即逃离神祇的愚蠢行为；

（3）“超自然的援助”，即历险者所获得的意外帮助；

（4）“跨越第一个阈限”；

（5）“鲸鱼之腹”，即进入黑暗王国的通道。

第 2 章呈现的是“启蒙过程中的考验与胜利”阶段，其中包含六个子部分：

（1）“考验之路”，即众神危险的一面；

（2）“遇到女神（玛格那玛特）”，即婴儿重新获得幸福；

（3）“妖妇的诱惑”，即俄狄浦斯的领悟与苦恼；

（4）“与天父重新和好”；

（5）“奉若神明”；

（6）“最终的恩赐”。

“回归并与社会重新融合”是灵性能量在俗世中不断地循环所必不可少的，而且从社群的立足点来看，这使得英雄的长期隐退有了合理的理由。英雄自己可能会觉得这是所有阶段中最困难的。因为如果他像佛陀一样克服难关，实现了大彻大悟后的深层平静，那么众生的悲苦以及对他们的关心或希望都会彻底湮灭这种平静体验带来的极乐。或者启发被经济问题困扰的众生似乎是一个艰巨得无法解决的难题。另一个方面，如果像普罗米修斯一样，英雄没有承受所有启蒙的考验，只是直奔目标（通过暴力、花招或运气），攫取他意欲得到的恩惠，那么他所不能平衡的力量便会做出剧烈的反应，从内部和外部将他摧毁，就像普罗米修斯被岩石所困，岩石代表他那被玷污的潜意识。在第三种情况下，如果英雄没有经历艰险，也愿意回到世人中间，他可能会遭遇严重的误解，被他打算帮助的人轻视，以至于事业落空。第 3 章将通过六个子部分来探讨这些可能发生的情况：

（1）“拒绝回归”，即摒弃世人；

（2）“借助魔法逃脱”，即普罗米修斯的逃脱；

（3）“来自外界的解救”；

（4）“跨越归来的阈限”，即回归平凡的俗世；

（5）“两个世界的主宰”；

（6）“生活的自由”，即终极幸福的性质和作用。

THE HERO WITH A THOUSAND FACES

在以洪水泛滥为主题的故事中，英雄轮回式的冒险历程会以相反的形式出现。在这类故事中，并非英雄求助于神力，而是神力与英雄作对，然后重归平息状态。地球上任何地方都发生过洪水泛滥的故事。它们构成了世界历史中原型神话不可缺少的一部分，因此第二部分“宇宙创世的周期”对此进行了探讨。洪水中的英雄是人类原始生命力的象征，即使在最严重的灾难与罪恶的紧要关头，人们也能存活下来。

单一神话中复合而成的英雄是具有卓越天赋的人物。他通常受到他所在社会的尊重，也常常不被认可或受到鄙视。他发现他和/或他所处的世界缺少一种象征性的东西。在童年故事里，缺乏的可能是像某种金戒指那样不重要的东西，然而在预示大灾难的幻象中，整个人世的物质与精神生活变得崩溃或濒临崩溃。

一般来说，童话故事中的英雄能够获得国家的、微观的胜利，而神话中的英雄获得的是全世界的、历史性的宏观胜利。前者——最年幼或让人看不起的孩子会成为具有非凡力量的大师，战胜压迫他的人，而后者则会从冒险经历中带回来使整个社会获得重生的方法。部族的或当地的英雄，比如黄帝、摩西、阿兹特克人的特斯卡特利波卡（Tezcatlipoca）把恩惠带给一个民族，而全世界的英雄，比如穆罕默德、耶稣、佛陀，给整个世界带来启示。

无论英雄是荒诞可笑的还是令人崇敬的，是希腊人还是野蛮人，是异教徒还是犹太人，他的旅程在基本结构上没有什么差别。民间故事更多描绘的是英雄有形的行为，而更高层次的宗教呈现的则是精神上的行为，然而我们会吃惊地发现，在冒险的形态、人物的作用以及取得的胜利方面，两者几乎没有差异。如果某个童话故事、传说、仪式或神话省略了原型模式中的某个基本要素，那么这个要素会以某种方式或其他方式被暗示出来——被省略的部分本身便能够充分说明这个例子的历史与反常情况，正如我们一会儿将看到的。

第二部分“宇宙创世的周期”展现了世界被创造与破坏的宏伟想象，这是赐予英雄的启示。第 5 章“产生”探讨了宇宙如何凭空形成。第 6 章“童贞女得子”描述了女性力量创造性的救赎作用，首先描述的是宇宙规模上的宇宙之母，接下来在人类星球上再一次探讨英雄的母亲。第 7 章“英雄的蜕变”通过一些典型阶段，追溯了人类历史的传奇进程，根据不同民族的不同需要，英雄会以各种形式登上历史舞台。第 8 章“消解”讲述了曾被预言过的结局，首先是英雄的结局，然后是世界的结局。

在各大洲宗教作品中，宇宙创世的周期具有惊人的一致性。[41] 这使得英雄的冒险历程有了一个有趣的新变化，因为现在危险的旅程不是为了获得，而是为了重新获得；不是为了发现，而是为了重新发现。这说明英雄历尽艰险寻找并赢得的神圣力量一直存在于他的心中。他是“国王的儿子”，逐渐认识到自己真正的身份，于是开始行使自己作为“上帝之子”的权力，他终于知道这个称谓有多么重要。从这个视角看，英雄是我们每个人内心都隐藏着的创造与救赎的神圣形象的象征，只是等待我们去认识它，使它呈现出生命而已。

年轻的圣徒西缅（Symeon，949—1022）这样写道：

> 变成许多部分的上帝依然是完整的上帝，但每一部分都是基督的全部。我看到他在我家里，他出人意料地出现在所有的那些日常事物中，以难以言表的方式与我融合在一起，向我跳过来，我们之间似乎什么都没有，就像火之于铁，光之于玻璃。他使我像火，像光。我成

了以前从很远的地方看到的东西。我不知道如何将这个奇迹与你联系起来……我生来是个人，而上帝的恩典使我成为上帝。[42]

伪福音《夏娃福音》（*Gospel of Eve*）描述了类似的幻想：

我站在高高的山上，看见一个巨人和一个矮人。我仿佛听到一声雷鸣，于是走近些倾听。他对我说：我是你，你是我，无论你在哪里，我都在你那里。我分散在万物之中，只要你愿意，你便可以把我汇聚在一起，汇聚我等于汇聚你自己。[43]

因此我们可以把这两者——英雄和他最终的神，探求者和被找到者，理解为单一的自我反映这一奥秘的内在和外在，这与世界的奥秘完全相同。超级英雄的伟大事迹就是逐渐在各种各样的情况下认识到这种统一性并将它传播给其他人。

世界的中心

英雄成功的冒险历程将生命之流重新释放到世界的身体中。生命之流的神奇可以用营养物质的循环，能量的动态流动或恩典在精神上的显现来代表。这种形象的多样性便于交替使用，分别代表生命力的三种浓缩程度。丰收是神的恩典，神的恩典是灵魂的食粮。电闪雷鸣是雨水的先兆，雨水会让土地变得肥沃，同时它也彰显了神释放的能量。恩典、营养物质和能量，它们被倾注到有生命的世界中，在它们难以发挥功效的地方，生命就会死亡。

生命之流来自不可见的源头，进入点就是象征宇宙的圆形中心，也就是佛陀传说中不可移动之点，[44] 据说世界围绕着这个点旋转。在这个点的下面是支

图8 宇宙树（蚀刻版画，斯堪的纳维亚，19世纪早期）

撑大地的宇宙之蛇，即龙的头，它象征着深渊之水。深渊之水是创造生命的神圣能量，是造物主的本质。[45]生命之树，也就是宇宙本身，便是从这个点生长出来的。它扎根在具有支持作用的黑暗中，金色的太阳鸟栖息在生命之树的最高点，一口永不枯竭的泉水在树根部汩汩地喷涌。它还可以呈现宇宙之山的形象，山上有众神之城，就像山顶上由光构成的莲花。在它中空的部分有群魔之城，由各种宝石照明。另外，它还可以是宇宙男人或女人的形象（比如佛陀或跳舞的印度女神卡莉），他们坐在或站在这个点上，甚至被固定在树上（阿提斯、耶稣、沃坦），因为作为神的化身，英雄本身就是世界的中心，永恒能量通过它进入时间的中心点。因此世界的中心是不断创造的象征：万事万物中不断涌出的赋予生命的奇迹使世界得以保持的秘密。

在堪萨斯州北部和内布拉斯加州南部波尼族人举行的哈冠（Hako）仪式中，祭司会用脚趾画一个圆。一位祭司曾说：

> 这个圆代表鸟巢。我之所以用脚趾画圆是因为老鹰也用它的爪筑巢。尽管我们在模仿鸟类筑巢，但这个行为还有另外一种含义：我们在思考蒂拉瓦创造的人类得以生活在其中的世界。如果你登上高山，环顾四周，会看到天空的各处与大地相连，人们生活在这个圆形的围场中。因此我们画的圆并不只代表鸟巢，还代表蒂拉瓦为所有人创造的居住地。这个圆形还代表亲属、氏族和部落。[46]

天空的穹顶被放置在大地的四个角上，有时由四根象柱支撑，柱子的形状可能是国王、巨人、矮人、大象或乌龟。因此从传统上看，圆形求面积的数学问题很重要：它包含着从天空形式转化为大地形式的秘密。家中的炉灶和寺庙的祭坛是大地之轮的轮毂，是宇宙之母的子宫，其中的火便是生命之火。房屋、皇冠、山峰或灯笼顶部的开口是天空的毂或中心，灵魂通过它从永恒中归来，就像在生命之火中焚烧的祭品，上升的烟就像车轴，将祭品的气味从大地的轮毂托举到天空之轮的轮毂。[47]

它们填满了神的饭碗，也就是太阳，这是取之不尽、用之不竭的圣杯，承载着丰富的祭品物质，祭品的肉确实就是肉，祭品的血确实就是血。[48]太阳同时也是人类的供养者。点燃炉灶的太阳光象征着被传递到世界子宫的神的能量——它也是连接并转动两个轮子的轮轴。通过太阳之门，能量的流动持续不断。神通过它降临大地，人通过它升入天空。“我是门：任何通过我进入的人能够得到拯救并能自由出入，发现牧场找到牧草。”[49]“他吃我的肉，饮我的血，住在我的里面，而我也在他的里面。”[50]

对于依然从神话中获取营养的文化来说，象征性的暗示使得人类存在的景象和每一个阶段都充满了生机与活力。超自然的保护者保护着山丘和小树林，它们与有关创世的当地历史中众所周知的事件存在联系。此外，到处都是特殊的圣地。只要是英雄出生、历练或重返虚空的地方，都会被记录下来并被神圣化。庙宇被建造起来，用以表明它完美的中心性并激发出它的奇迹，因为这里是进入丰饶的突破点。有的人在这个点找到了永恒。因此这个地点可以帮助人们进行有益的冥想。设计这类庙宇的一个规则是模拟地平圈的四个方向，位于中心的神龛或祭坛象征无穷尽之点。进入庙宇群并来到祭坛的人是在模仿最初英雄的行为。他的目的是重演这种普遍的模式，以此唤起他心中聚集生命、恢复生命的记忆。

古代城市修建得像个庙宇，四个方向上有大门，中心位置是城市创建者的主要圣祠。市民在这个象征物的范围内生活劳作。全国和世界的宗教区域本着同样的精神，是以某座母城为中心的，比如西方基督教以罗马为中心，伊斯兰教以麦加为中心。全世界的穆斯林每天三次朝着克尔白礼拜，这就像是在世界那么大的一个轮子里，轮辐都指向了克尔白这个中心。它构成了所有人都“服从”阿拉意志的象征。我们在《古兰经》中可以读到：“因为正是阿拉将告诉你一切行为的真理。”[51] 或者宏伟的庙宇可以被建立在任何地方，因为最终整个宇宙无处不在，任何地方都可以成为力量的所在。在神话中任何一片草叶都承担起救世主的形象，引导上下求索的流浪者进入他自己内心的至圣所。

因此世界的中心无处不在。它是所有存在物之源，它产生了世界上形形色色的善与恶、丑与美、罪行与美德、快乐与痛苦。希腊哲学家赫拉克利特指出：“对神来说，万物都是公平、美好而正确的，但人认为某些事物是正确的，某些则是错误的。”[52] 因此在世界各地庙宇中受人膜拜的形象绝不会都是美丽的、仁慈的，甚至也不一定道德高尚。比如《约伯记》中的神祇，他们远远超出了人类价值观的范围。与之类似，神话中最伟大的英雄也不都是品行正直的人。美德只是教学法上达到最终领悟的前奏，这种领悟超越了所有成对的对立物。美德战胜了以自我为中心的自我，使得超越个人的中心性成为可能。但是当超越这种中心性时，快乐或痛苦、邪恶或美德、我们自己的自我或其他任何人的自我还有什么意义呢？我们通过万事万物感知到这种超越的力量，它存在于万事万物中，在所有事物中它都是美妙的、有价值的，我们应该对其表示深深的敬意。

因为赫拉克利特曾经主张：“不相似的事物结合在一起，会从差异中产生出最美好的和谐，一切事物产生于冲突。”[53] 或者正如诗人布莱克（William Blake）告诉我们的：“狮子的怒吼、狼的嚎叫、汹涌的大海的狂暴和具有破坏性的利剑，都是永恒的一部分，凡人无法认清它们。”[54]

约鲁巴的一则轶事生动地解释了这个观点，这段轶事是关于恶作剧之神埃德舒（Edshu）的。

一天，这位古怪的神沿着两块田地之间的小路前行。他看到两块田地里各有一位农夫在耕作，于是决定和他们开个玩笑。他戴着一顶一侧是红色，另一侧是白色，前面是绿色，后面是黑色的帽子（它们是世界四个方向的颜色，也就是说埃德舒成了世界中心的化身）。两位友好的农夫在回村时，其中一个对另一个说："今天你有没有看到一个戴白帽子的老人经过？"另一个人回答说："什么，明明戴的是红帽子。"第一个人反驳道："不对，就是白帽子。"他的朋友坚持说："那是一顶红帽子。我亲眼所见，你一定瞎了。"第一个人反驳道："你一定是喝醉了。"他们的争吵发展成了打闹，他们开始互相动刀子，邻居把他们带到酋长面前，让酋长做评判。在审判现场，埃德舒也在人群中。当酋长很为难，不知道怎样判才公平时，这位老恶作剧之神现了身，把他的玩笑告诉大家，给人们看他的帽子。他说："这两个人忍不住争吵起来，这正是我希望的。制造冲突是我最大的乐趣。"[55]

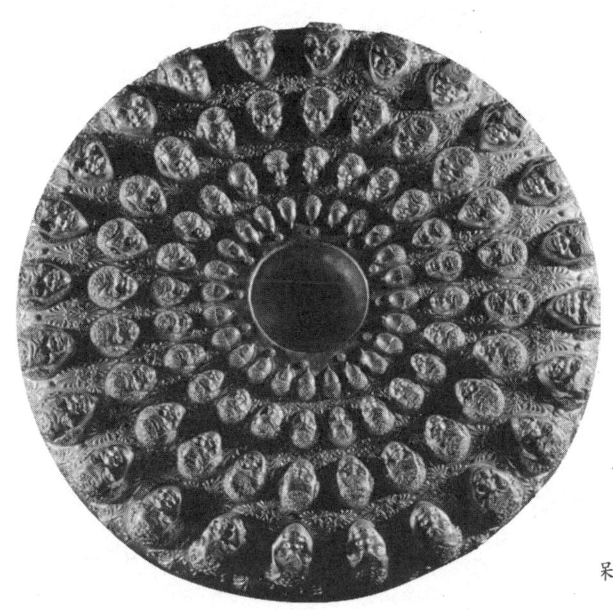

图9 圆锥形神石
（黄金的小瓶子，色雷斯人，保加利亚，公元前4世纪—前3世纪）

在道德家义愤填膺时，在悲剧诗人遗憾与恐惧时，神话把完整的人生变成了一出宏大而可怕的神的喜剧。奥林匹斯山神的笑声至少不是逃避现实，而是冷酷无情，它具有生活本身的冷酷性，我可以把这看成是造物主的冷酷无情。从这方面来看，神话使得悲剧性的态度看起来多少有些滑稽可笑，简单的道德判断显然是目光短浅的。然而一种信念可以抵消这种冷酷无情，那就是相信我们看到的一切都反映了持久的且不会受到痛苦影响的力量。因此这些故事既冷酷无情又无所恐惧，它们充满了超然的匿名性的快乐，这种匿名性存在于所有在时间中出生、在时间中死亡、以自我为中心、战斗着的自我中。

图10

塞姬走进丘比特的花园（布面油画，英格兰，1903 年）

I fied Him,

down the nights and sown the days;

I fied Him,

down the arches of the years;

I fied Him,

down the labyrinthine ways

of my own mind; and in the mist of tears

I hid from Him,

and under running laughter.

THE HERO WITH A THOUSAND FACES

第一部分

英雄的历险

THE HERO WITH A THOUSAND FACES

01

启 程

很久很久以前，当人们许下的愿望还能够实现时，
有一位国王。

历险的召唤

很久很久以前，当人们许下的愿望还能够实现时，有一位国王。国王的女儿们都很美丽，小女儿的美貌尤为出众，就连见多识广的太阳每次照耀她的脸庞时也会为之惊叹。在国王的城堡附近有一大片幽暗的森林，森林中一棵老酸橙树下有一眼泉水。当天气很热的时候，国王的小女儿会走进森林，坐在凉爽的泉水边乘凉。为了打发时光，她会带着一个金色的球，把它抛起来再接住，这是她最喜欢的玩具。

一天，公主的金球没有落入她伸向空中的小手里，公主没有接住球，球在地上弹了一下，直接滚入泉水中。公主的目光一直追随着球，但球消失在泉水里，泉水很深，深不见底。她开始哭泣，哭声越来越大，什么也不能让她得到安慰。正当她哭泣时，她听到有人在叫她："公主，出了什么事？你哭得这么伤心，连石头也要同情你了。"她向四下里张望，想看一看声音来自哪里。她看到一只青蛙从水里伸出它那肥胖而丑陋的脑袋。"哦，是你吗，扑通扑通跳水的老家伙，"她说，"我在为我的金球哭泣，它掉到泉水里了。""别着急，不要哭，"青蛙回答道，"我可以帮助你，可是如果我帮你取回了玩具，你将怎么报答我？”“任何你想得到的东西，亲爱的青蛙，”她说，“我的衣服、我的珠宝，甚至我戴的金冠。”青蛙回答说：“我不想要你的衣服、你的珠宝和你的金冠，如果你真的喜欢我，那就让我成为你的玩伴，陪着你；在你吃饭时让我坐在你旁边，吃你小金盘子里的食物，喝你小杯子里的水，睡在你的小床里。如果你向我做出这样的保证，我会下去取回你的金球。”“好的，”她说，“我保证你会得到你想要的一切，只要你把球找回来。”但是她心里想：“那只愚蠢的青蛙真啰唆！它应该和它的同类待在水里，永远也不能与人类为伴。”

青蛙得到她的保证后，把头扎入水里，沉了下去，过了一会儿它浮了上来，嘴里衔着金球。它把球抛在草地上。当公主看到自己可爱的玩具时，她站起身，捡起球，然后飞快地跑走了。“等一等，等一等，”青蛙大叫，“带上我，我不能像你那样奔跑。”可是这样做有什么用呢？虽然它使劲地呱呱叫，但公主完全不理会，赶紧跑回了家，很快便彻底忘记了那只可怜的青蛙——它一定又跳回泉水里了。[1]

这个故事说明历险是如何开始的。一个失误——显然完全出于偶然，揭晓了一个未知的世界，个体与他还不太了解的力量之间发生了关系。正如弗洛伊德曾说过，[2]失误并非出于偶然。它们是被压抑的欲望冲突的结果。它们是无知的泉水在生活表面形成的涟漪。泉水可能很深，就像灵魂本身一样。这个失误可以被看成是命运的开端。因此在童话故事中，金球的消失是公主命运的第一个征兆，青蛙是第二个征兆，被忽视的承诺是第三个征兆。

作为突然开始发挥作用的力量的初步表现，青蛙奇迹般的出现可以被当成是“先兆”，导致它出现的危机则是“历险的召唤”。先兆的召唤可能是生，比如在当下的事例中；也可能是死，比如在生命的晚期。有些召唤意味着崇高的历史性事业，有些召唤标志着宗教启蒙的发端。正如神秘主义者所领会的，它们预示着所谓的“自我的觉醒”[3]。而童话故事中那位公主，它只不过预示着青春期的降临。但是无论召唤是否重要，无论处于人生进程的哪个阶段，召唤总是以变形的神迹拉开序幕，即灵魂发生转变的仪式或时刻，当完成它们时，便意味着死亡和出生。熟悉的生命范围被突破，旧有的概念、理想和情感模式不再适用，超越阈限的时刻即将到来。

图11 变成公牛样子的阿庇斯将已死的人作为奥西里斯运送到阴间（木雕，埃及，公元前700—前650年）

召唤的典型情境是幽暗的森林、巨大的树木、汩汩流淌的泉水和命运之力携带者令人厌恶、被轻视的外表。我们可以从中识别出世界中心的象征。在幼儿故事中，地下世界中用头支撑大地的蛇的对应物就是青蛙和小龙，地下世界中的蛇以头支撑着地球，代表着深渊繁育生命、创造世界的力量。它带着代表太阳的金球从水中冒出，而金球刚刚沉没在青蛙所生活的幽深泉水中。此时，青蛙就类似于从口中喷吐出冉冉升起的太阳的中国巨龙，或者类似于头上骑着年轻英俊、永生不老的韩湘子的青蛙，青蛙头上的韩湘子还手提一篮吃了可以长生不老的仙桃。弗洛伊德曾提出，所有焦虑的时刻都会重现与母亲的第一次分离，也就是分娩时令人痛苦的感受——呼吸困难、充血等。[4] 反过来，所有分离和新生的时刻都会产生焦虑。无论是国王的孩子将离开父王，结束原来幸福的二元统一体，还是上帝的女儿夏娃长大成熟，将要离开田园牧歌式的伊甸园，或者是心无旁骛的未来佛陀超越人世的最后层次，相同的原型形象都会被激活，都象征危险、保证、考验、转变和出生之谜的神圣性。

童话故事里被人厌弃的青蛙或龙衔着太阳之球。青蛙、蛇、被拒绝的东西代表了潜意识的深处（“深不见底的深”），在那里贮藏着所有被拒绝的、不被承认的、未知的或不成熟的因素、原则和存在要素。在神话传说中，它们是女水妖、海神及江河湖海守护神水下宫殿中的珍珠，是地狱中给魔鬼之城照明的宝石，是支撑大地并像蛇一样环绕着大地的不朽之海中的火种，是永恒黑夜的最深处的星辰。它们是巨龙看守的黄金宝藏中的天然金块，是金苹果园中被守护的苹果，是金羊毛的细丝。因此历险的预言者或宣布者往往被尘世认定为是凶恶、可怕、令人厌恶或邪恶的。但是如果能跟随它们，那么便能穿过生命围墙进入宝石闪闪发光的阴曹地府。预言者还可能是一头野兽（就像童话故事里那样），它代表的是我们自己内心深处被压抑的本能的繁殖力，或者可能是一个蒙着面纱的神秘人物——未知的人物。

下面这个故事讲述了亚瑟王是如何做好准备和骑士们一起去骑马打猎的：

> 亚瑟王一来到森林中，便看到面前有一头巨大的公鹿。亚瑟王说：“我要追这头公鹿。”于是他催马向前，追了很远。亚瑟王本可以通过武力杀死公鹿，但他追了很久，他的马累得喘不过气来，倒地死掉了。一个仆人给亚瑟王牵来另一匹马。亚瑟王看到公鹿藏进了灌木丛，而他的马死了。他坐在泉水边陷入了沉思。当他这样坐着的时候，他认为自己听到了猎狗的叫声，它们的数量多达三十对。顺着声音，亚瑟王看到一种奇怪的野兽向他走来，那是他所见过和所听说过的最奇怪的野兽。野兽来到泉水边喝水，肚子里发出三十对猎狗在追踪搜索时的声音。但是当这只纯白的野兽不停地喝水时，肚子里便没有了声音。随后这只野兽在巨大的声响中离开，亚瑟王感到非常吃惊。[5]

图12 变成老鹰的伊西斯在阴间与奥西里斯做伴（石雕，托勒密王朝，埃及，公元1世纪）

其他地区也存在着相似的神话故事——北美平原的阿拉巴霍女孩就是其中一个例子。

> 她在一棵棉白杨树旁暗中监视一只豪猪，试图射中它，但它跑到了树后并开始爬树。女孩追赶，想抓住豪猪，但豪猪继续往上爬，直到女孩都够不着它了。女孩说："好吧！我要继续爬，因为我想抓住豪猪，我想得到它的刚毛。如果有必要，就算爬到树的最高处我也奉陪。"豪猪真的爬到了树的最高处，但当女孩的手正要碰到豪猪时，棉白杨树突然长高了，豪猪又继续向上爬。女孩向下看了一眼，朋友们在扯着脖子喊她下来。但是在豪猪的吸引下，她不再顾及离地面越来越远所感到的恐惧，而是继续向上爬，直到从地面上看，她已经成了小黑点。最终她和豪猪都抵达了天界。[6]

下面还有两个梦境的例子，足以说明预言者的形象是自发出现的，预示着当事人的心灵已经成熟到可以发生蜕变的程度了。第一个是一位年轻人的梦，他正在寻找适应世界的新方法：

“我在一片草地上，许多绵羊在这里吃草。这是‘绵羊之地’。一个陌生的女人站在绵羊之地，指着那条路。”[7]

第二个是一位年轻女孩的梦，她的同伴最近死于肺痨，她害怕自己也会患上这种病。

“我在一个开满鲜花的花园里，残阳如血。这时在我面前出现了一位高贵的黑骑士，他用严肃、低沉得令人害怕的声音对我说，‘你愿意跟我走吗？’还没得到我的回答，他就拉着我的手，把我带走了。”[8]

无论是梦境还是神话，在这些历险中，作为引路者而突然出现的形象具有一种无法抗拒的吸引力，它标志着新的人生阶段和时期。这个必须被面对并且在潜意识中具有某种熟悉性的事物（尽管在意识中它是陌生的、令人吃惊的甚至令人害怕的）显现之后，之前有意义的事情现在变得毫无价值，就像那位国王的女儿的世界，突然消失在泉水里。虽然英雄会暂时回归他熟悉的领域，但暂时的回归也是徒劳无益的。接下来会出现一系列力量不断增加的征兆，直到像下面的传说“四个征兆”中一样（这是世界文学中最著名的历险召唤的故事），冒险的召唤再也无法被忽视。

年幼的王子乔达摩·释迦牟尼，也就是未来的佛陀，受到他父亲的保护，对有关年老、疾病、死亡或僧侣一无所知，父亲唯恐他受到遁世想法的影响。因为在乔达摩出生时，有人预言他要么成为世界之王，要么成为佛陀。偏爱王室使命的国王为儿子提供了三座宫殿和四万名舞女，目的是让他的心依恋俗世。但是这些事物只是推动王子向着不可避免的方向发展，王子年纪轻轻就已经厌倦了声色犬马的生活，他变得成熟起来，等待着去迎接另一种体验。在他做好准备的时刻，征兆自动出现了：

某一天未来的佛陀想去游览园林，他让驾车的仆人准备好马车。

仆人准备了一辆奢华而精美的马车，它被装饰得很华丽。仆人驾着像白莲花一样雪白的四匹仙陀婆（Sindhava）种御马来到未来的佛陀面前，并向他禀报一切都已准备妥当。未来的佛陀登上像神的宫殿般华丽的马车，朝着园林驶去。

“悉达多王子开悟的时刻来临了，”众神想道，“我们必须给他一个征兆。”他们把其中一位神变成老朽不堪的老人，牙齿残缺，头发灰白，身体扭曲佝偻，倚着竿子颤抖着。神祇将老人呈现在未来佛陀的面前，但只有佛陀和他的马车夫仆人能够看见。

未来的佛陀对马车夫说：“朋友，恳请你告诉我，那个人是谁？他的头发和其他人的头发不一样。”听到解答后，他说：“可叹人生在世，出生后老年便必然会来临。”他的内心受到了搅动，于是返回到宫中。

“我的儿子为什么这么快就回来了？”国王问道。

“陛下，他看到一位老人，”仆人回答道，“因为看到了老人，所以他打算遁世归隐。”

“你说那样的话，难道想要我的命吗？赶快准备一些杂耍戏剧，表演给我的儿子看。如果我们能让他享受欢愉，他就不会去想遁世归隐的事情了。”然后国王将宫殿每个方向上的守卫都增加了半里格。

某一天，未来的佛陀再一次走进园林，他看到一个神祇变成的病人，并且再一次询问仆人。他的内心再一次受到了搅动，于是返回到宫中。

国王问了相同的问题，下达了像之前一样的命令，再一次增加守卫，在四周布置了四分之三里格的卫兵。

某天未来的佛陀又一次走进园林，他看到一个神祇变成的死人，并且再一次询问仆人。他的内心受到了搅动，于是返回到宫中。

国王问了相同的问题，下达了像之前一样的命令，再一次增加守卫，在四周布置了一里格的卫兵。

某天未来的佛陀又一次走进园林，他看到一个神祇变成的僧侣，他的穿着简朴而庄重。王子问马车夫："恳请你告诉我，那个人是谁？""王子，那是一个出家人。"随即马车夫对遁世归隐进行了一番赞叹。出家的想法让未来的佛陀感到愉快。[9]

神话之旅的第一个阶段，即我们所说的"历险的召唤"标志着命运对英雄发出了召唤，将他精神的重心从英雄所处的暗淡无力的社会转向了未知的区域。表现这个充满珍宝与危险的决定性区域的方式各不相同，可能是一片遥远的土地，一片森林，一个地下的、水下的或空中的王国，一个神秘的岛屿，高耸的山顶或深沉的梦境，但那始终是这样一个奇异的地方，有着多种形态的流动的存在、无法想象的折磨与痛苦、超人类的行为和终极的喜悦。英雄可以凭借自己的意志力，完成历险，正如提修斯进入他父亲的城市雅典，听到有关弥诺陶洛斯的可怕来历时所做的，他可以被某种善意或恶意的力量送往国外，在愤怒的海神波塞冬之风的驱策下，在地中海上漂流。历险开始时可能仅仅是一个失误，就像童话故事里的公主不小心掉落了金球，或者英雄可能在毫无目的地漫步时，某种现象引起了他的注意，诱惑他离开了人们常走的道路。这样的例子非常多，无穷无尽，遍及世界每个角落。

在以上的部分和接下来的内容中，我不会尝试穷尽各种证据。这样做（例如模仿弗雷泽在《金枝》中的做法）会使篇幅变得非常庞大，却不能使神话学的主线变得更清晰。相反，在每个部分中我会提供几个典型的例子，它们来自分布

> 广泛且具有代表性的文化传统。在写作过程中，我会逐渐更改我的资料，因此读者能够体味到各种风格的独特性质。读到最后时，读者将浏览大量的神话。如果读者想知道单一神话的每一部分都引用了哪些神话，他只需要查看注释中列举的一些来源，并随意看一看其中的一些故事。

拒绝召唤

在现实生活中，我们常常会遇到召唤得不到响应的情况，这在神话和广受欢迎的故事中也并不少见。因为人们始终有可能对其他事情感兴趣。对召唤的拒绝将冒险转变为它的消极面。主体被禁锢在令人厌烦的事物、辛苦的劳作或“文化”中，失去了重要的积极行为的力量，成了需要被拯救的受害者。开满鲜花的世界变成了遍地石头的不毛之地，他感到生活没有意义，即使像迈诺斯国王那样，通过巨大的努力成功建立起声名显赫的王国。无论他建立什么家族，都将是死亡的家族：他把弥诺陶洛斯藏在巨石围墙组成的迷宫里，掩人耳目。他的所作所为只能造成新的问题，只能干等着毁灭逐步向他逼近。

“我召唤，而你拒绝了……我还会嘲笑你的不幸。当你感到恐惧时，当你的恐惧如同荒凉一样降临时，当你的毁灭如同龙卷风一样降临时，当你感到悲伤痛苦时，我会嘲笑……因为愚昧人背道，必杀己身；愚顽人安逸，必害己命。”[10]

“基督一去不复返。”[11]

全世界的神话和童话故事都清楚地表明这种拒绝本质上就是拒绝放弃个人利益。他们没有把未来看成是连续不断的出生与死亡，在他们眼里，目前的理想、德行、目标和优势的系统将会固定不变，稳固可靠。当祭品本应象征服从神祇的意志时，迈诺斯国王把神圣的公牛留了下来，因为他宁可选择自认为属于自己的经济利益。因此他没有承担他本应承担的人生职责，而且我们看到了这导致了怎样的灾难性后果。神本身成为他所恐惧的东西，因为显而易见，如果某人是他自己的神，崇拜他自己，那么神的意志，即破坏他以自我为中心的系统的力量便会变成怪物。

> 我逃离了他，夜以继日；
> 我逃离了他，年复一年；
> 我逃离了他，沿着我自己心灵迷宫中的道路；
> 我躲避他，泪眼迷离，伴随着一连串的笑声。[12]

迷失方向的心灵就像迷宫，它将以自我形象出现的神圣存在闭锁在其中，这个神圣存在夜以继日地侵扰着人们。所有通往出口的路都消失不见了。人们只能像撒旦一样紧紧地抓住自己，陷入地狱；或者最终被上帝消灭。

> 啊，愚蠢、盲目、软弱，
> 我就是他要寻找的人！
> 如果你赶走你的爱，就是赶走我。[13]

被禁锢于童年的“围墙”中

当希腊神祇阿波罗在平原上追赶逃跑的佩纽斯河之女，少女达芙妮时，我们可以在他的呼唤中听到同样悲痛、神秘的声音。“哦，女神，佩纽斯的女儿，留下来！”阿波罗呼唤着她，就像童话故事里的青蛙呼唤着公主。

> “追赶你的我不是你的敌人。你不知道自己在逃避谁，也不知道自己为什么逃跑。我恳求你不要跑得那么快，不要再逃了。我也会放慢速度跟着你，而且还会让你停下，问一问你的情人是谁。”

他本来会说更多的话，但没等他把话说完，他就把追赶的少女吓跑了。即使是逃跑，少女看起来也很美丽。风使她的四肢裸露出来，在她跑动时，迎面而来的微风使她的衣袂飘动。清风吹拂她的秀发，在身后飞扬。奔逃更平添了她的姿色。然而追踪即将结束，因为年轻的神不想再在甜言蜜语上浪费时间，在爱的驱策下，他以最快的速度追赶。就像高卢猎犬看到一只在开阔平原上的兔子时，会飞跑追逐猎物一样，而兔子是安全的。他就要抓住她了，甚至以为已经抓住他了，用他突出的鼻子碰到了她的脚后跟，但是她不知道自己是否被抓住了。她好不容易才逃脱了那锋利的尖牙，把差点儿咬住她的猎狗甩在身后：神祇与少女就这样跑着，希望驱动着他，而恐惧驱动着她。然而插上爱的翅膀后，他跑得更快了，完全不给她喘息的时间。他的手搭在她的肩膀上，呼吸吹进她披散在脖子上的头发里。此时她完全没有力气了，恐惧使她面色苍白，拼命逃跑把她累坏了。当看到父亲河的河水就在近旁时，她大喊："哦，父亲，救命！如果你的河水具有神性，请改变并摧毁我所喜爱的美貌吧。"她还没说完她的恳求，四肢便开始出现向下的麻木感，她柔软的身体被薄薄的树皮围了起来。她的头发变成了树叶，手臂变成了树枝。她的脚迅速地长出无法活动的树根，她的头变成了树梢。只有她耀眼的美丽保留了下来。[14]

这的确是一个乏味且毫无收获的结果。时间与成熟的主宰太阳神阿波罗，不再坚持他那可怕的求爱，而是把月桂树指定为他最喜欢的树，而且还颇有讽刺意味地推荐裁缝用月桂树叶做胜利的花环。少女退避到父母的象征中寻求保护，就像不成功的丈夫会梦到保护他免受与妻子关系破裂的伤害的母亲的爱。[15]

精神分析的著作中有很多描写这类不顾一切的执着的例子。它们说明了摆脱婴儿期的自我以及相应的情感关系的范围与理想是多么重要。有的人被童年的"围墙"所禁锢，父母就像阈限的守卫者，这些胆怯的灵魂因为害怕某些惩

阿波罗和达芙妮 
（象牙雕，科普特人，埃及，公元5世纪）

罚①，无法通过大门，在外面的世界中获得重生。

荣格描述过一个非常类似于达芙妮神话的梦。做梦的人同样是一位年轻男性，他梦到自己在绵羊之地，也就是非独立的土地。他内心的声音在说："我首先必须摆脱父亲。"几天之后的一个晚上，"一条蛇在做梦者周围画了一个圈，他像一棵树那样站着，牢牢地扎根在土地上"。[16] 过分依赖父母的力量像龙一样在人格周围画成了这个具有魔力的圆。②同样，布伦希尔德（Brynhild）被众神之父沃坦的一圈火禁锢在她的童贞女身份中，多年保持着女儿的状态。她在无始无终中沉睡，直到齐格弗里德（Siegfried）出现。

一个嫉妒的女巫（潜意识中充满嫉妒的母亲形象）使睡美人陷入了沉睡中，

① 参见弗洛伊德有关阉割情结的论述。

② 蛇（在神话中象征人世间的大片水域）相当于达芙妮的父亲，佩纽斯河。

不仅是睡美人，整个世界都睡着了，但是最后“很多很多年之后”，一位王子唤醒了她。

> 刚刚回到家，走进大厅的国王和王后（意识中的好父母形象）也睡着了，整个城堡都睡了。马儿睡在马厩里；狗睡在院子里；鸽子睡在屋顶上；苍蝇趴在墙上睡着了；是啊，连灶台上的火都静止不动了，万物走向蛰伏；烤肉不再嗞嗞地冒热气。厨师正要去拉扯洗碗男孩的头发，因为他忘了该做的事情，这时他松开了男孩，陷入沉睡。风停了，树叶一动不动。围绕城堡的荆棘篱笆开始生长，一年比一年高，最后将整个城堡与外界隔绝了。它长得比城堡还高，于是什么都看不到了，甚至屋顶的风向标也被遮住了。[17]

波斯的一座城市曾经被石化，国王、王后、士兵、居民，所有的一切都变成了石头，因为市民拒绝了真主的召唤。[18]罗得的妻子在被耶和华召唤离开她们的城市时，因为回头看而变成了盐柱。[19]在一个关于流浪的犹太人的故事中，这个被诅咒的犹太人要始终留在人间，直到审判日到来，因为当基督背负十字架从他身边经过时，这个人和其他人一起站在路边喊道：“走快点！加快点速度！”受到侮辱且未被认出来的救世主转过头对他说：“我走，但当我回来时，你会一直在这里等着我。”[20]

有些受害者会永远被咒语镇住（至少，我们是这样被告知的），但其他人注定会被救赎。布伦希尔德得到保护，等待她的英雄；睡美人被王子拯救。同样的，梦到自己变成树的年轻人后来得到一位陌生女人的指引，作为神秘的向导，她给他指了未知的道路。[21]并非所有犹豫的人都会迷失。心灵中储存着许多秘密，除非有需要，它们不会被揭示出来。因此有时固执地拒绝召唤所带来的困境被证明是上天揭示某些出乎意料的原则的场合。

驱动精神能量进入内心深处

事实上，意志坚定的内向性是富有创造力的天才所采用的典型手段之一，它可以被有意识地使用。它驱动精神能量进入内心深处，激活潜意识的婴儿期意象和原型意象，它们就像失落的大陆。当然结果可能是或多或少的意识分裂（神经症、精神病：被咒语镇住的达芙妮的困境）。但另一方面，如果人格能够吸收并整合新的力量，那么人们就能体验到一种几乎超人类的自我意识程度和控制力。这是印度瑜伽训练的基本原则，也是西方许多富有创造力的人所采用的方式。[22] 它不应该被描述为对特定召唤的回应。相反，它是一种蓄意而可怕的拒绝，拒绝一切，除了对空虚的内心中至今未知的要求做出的最深沉、最崇高、最丰富的应答：是对被提出的生命条件的彻底打击或拒绝，因此某种转变的力量将问题带入一个新水平，在这个水平上问题最终会突然得到解决。

《一千零一夜》中的阿札曼王子和布杜尔公主神奇的冒险故事就说明了英雄层面的问题。波斯国王沙里曼的独子、年轻英俊的王子始终拒绝父亲反复提出的建议、要求和命令，即他应该循规蹈矩，娶一位妻子。当这件事第一次被提出来时，小伙子回答说："哦，我的父亲，您知道我没有结婚的欲望，我的灵魂也不喜爱女人，因为我在很多书中读到过她们的诡计和不忠，也听过很多这样的说法，甚至诗人也这么说。

> 如果你问到女人，我的回答是：
> 对于她们的事，我非常精通！
> 当男人的头发变得灰白，钱财减少时，
> 她们的爱就会荡然无存。

另一个诗人这样写道：

> 拒绝女人你才能更好地侍奉真主；
> 把控制权交给女人的青年一定没有高升的希望。

她们会找到新奇的方法阻碍他，
即使他寒窗苦读，学识渊博。

王子背完这些诗句后又接着说：“哦，我的父亲，我永远不会答应结婚，永远不，那还不如让我饮一杯致命的毒药。”

当沙里曼国王听到儿子说出这样一番话时，他的眼前变得一片黑暗，心中充满了悲伤。但是他非常爱王子，因此不愿意再重复自己的愿望，也没有发怒，而是尽显慈爱。

> 一年后，父亲再次提出这个问题，但年轻人依然拒绝，又引用了一节诗歌。国王和他的元老们商量，大臣建议道：“哦，国王，再等待一年吧，一年后如果你想和王子谈起婚姻问题，不要私下里和他说，而是在国庆日，当所有王公大臣都在场，全部军队站在你面前时和他说。当文武百官和士兵都聚集起来后，你派人去找阿札曼王子。等他来到后，当着皇亲国戚和文武百官的面向他提出结婚的问题，他们的在场会使王子难为情，有所顾忌，不敢违背您的意愿。”

当这样的时刻来到时，沙里曼国王当众提出了他的命令，然而王子低头沉默了一会儿，然后抬起头面对父亲，年轻人的荒唐和孩子气的顽愚促使他回答道：“从我自己的角度来看，我永远不想结婚，那还不如饮下一杯致命的毒药。就您而言，年纪越来越大，脑子越来越不好使：在此之前您已经跟我提过两次结婚的问题，我不是都表示不同意吗？您真的年老昏聩得连管理一群羊也不配！”阿札曼王子一边说一边在他父亲面前松开扣在背后的双手，把袖子卷到胳膊肘上面，以显示他的暴怒。此外，他还对父亲说了很多不敬的话，在情绪正常的时候他是不会那样说的。

国王感到狼狈而丢脸，因为在这个重要的节日、国家性的活动上，当着皇亲国戚和文武百官的面发生了这样的事情，但他很快恢复了国王的威严，对王子怒吼起来，吓得王子直发抖。然后他命令面前的卫兵：“抓住他！”他们上前抓住王子，把他捆绑起来，带到国王面前。国王命令他们把王子的手臂捆在背后，让他就这样站着。王子恐惧地低着头，感到万分羞愧与困惑他的额头和脸上冒出了亮晶晶的汗珠。紧接着他的父亲辱骂并斥责他，吼叫着说：“我要让你吃尽苦头，你这个逆子，丢人现眼的东西！你怎么敢在官员和士兵面前这样跟我说话？至今为止你还没有受到过任何惩罚。难道你不知道即使是最卑下的臣民做了这样的事情，也会声名狼藉吗？”国王命令奴隶兵给王子松绑，然后把他关进了城堡中的一间棱堡里。

那座古老的棱堡里有一个废弃的大厅，大厅中央是一口荒废的水井。他们先进行了清扫，把地垫弄干净，在大厅里放了张长榻，长榻上放了个床垫、皮制的小毯子和一个靠垫。然后他们送来一个巨大的灯笼和一根蜡烛，因为这个地方即使在白天也很暗。最后奴隶兵把阿札曼王子带进来，派一名太监守在门口。当这一切结束之后，王子躺在长榻上，心情沉重，一边自责，一边懊悔对父亲的侮辱。

与此同时在遥远的中国，拥有许多岛屿、大海和七座宫殿的迦索国王的女儿也发生了类似情况。她的美貌远近闻名，邻国的国王纷纷派人来拜见她的父亲，向她求婚。迦索国王征求女儿的意见，但她非常讨厌结婚这个字眼儿。她答道：“哦，我的父亲，我一点儿都不想结婚。我是拥有最高权力的女人，是统治男人的女王。我不想让一个男人来支配我。”被她拒绝的求爱者越多，求爱者对她的渴求程度则越高，中国所有内陆海岛的小国都给她的父亲送来礼物、稀世珍品和求婚信。于是他一次一次用订婚的建议逼迫她，但她始终采取拒绝的态度，最后她对父亲发火了，她叫喊道：“哦，我的父亲，如果你再跟我提结婚的事，我就回我的房间去，把一把剑的剑柄放在地上，剑尖抵在我的腰上，然后我往下压，让剑从后背穿出来，把我自己杀死。”

国王听到这番话后，他两眼发黑，心急如焚，因为他唯恐女儿会自杀。他心乱如麻，不知如何处理女儿的婚事以及她的求婚者。于是他对她说："如果你决定不结婚，而且无可挽回的话，那么你就不要进进出出了。"然后他把她关在房间里，派了十位老妇人看管她，禁止她去那七座宫殿。此外，他还表现出对她很生气的样子，并发信给所有求婚的国王，让他们知道因为神怪施法，她已经疯了。[23]

男主人公和女主人公都采取了消极的方式，他们之间隔着亚洲大陆，要使命中注定会在一起的两个人相结合，需要奇迹的发生。何时才会出现一种力量，打破这种否认生命的符咒，消除两位父亲的怒气呢?

这个问题的答案在世界各地的所有神话中都是相同的。因为正如《古兰经》经常所写的那样："阿拉会拯救所有人。"唯一的问题是产生奇迹的方式是什么。在《一千零一夜》后续的内容中，这个秘密将被揭示出来。

超自然的援助

保护的力量永远存在于心灵庇护所中，甚至存在于不熟悉的世界中

对于没有拒绝召唤的英雄，在英雄之旅中他们最早遇到的人是保护者（通常是干瘪的丑老太婆或老头），他会送给历险者一些护身法宝，抵御将会遭遇的恶龙。

例如东非坦噶尼喀的瓦恰卡（Wachaga）部落流传着一个名叫卡辛巴（Kyazimba）的穷人的故事。他不顾一切地前往太阳升起之地。他走了很远，非常疲惫，站在那里绝望地看着他要去的方向，这时他听到身后有人向他走来。他转过身，看到一个瘦小老迈的妇人。她走过来问他在干什么。他把自己

的愿望告诉了老妇人，老妇人把自己的长袍裹在他身上，带他飞离地面，来到天空的最高点，就是正午时分太阳暂时停留的地方。接着他们听到一阵巨大的喧嚣，一群人从东面来到这里，在他们中间是一位英明出众的酋长。来到这里后，酋长杀了一头牛，坐下来和侍从们欢宴。老妇人请求他帮助卡辛巴。酋长祝福他并把他送回了家。据记载从此以后卡辛巴便过着富裕幸福的生活。[24]

美洲西南部的印第安人最喜欢的一个人物是温和仁慈的蜘蛛女，一位生活在地下的老祖母似的小老太太。纳瓦霍人（Navaho）的双生子战神前往他们的父亲的居所，即太阳的家，他们在刚刚离开自己家，沿着神圣的道路前行时，他们偶遇了这位慈祥的老太太。

> 两个男孩在神经过的路上快速前行，太阳出来后不久，在靠近迪斯那欧提（Dsilnaotil）的地方，他们看到地上升起了烟尘。他们来到冒烟的地方，发现烟来自地下房间的通风孔。一把被烟熏黑的梯子自通风孔伸进去。他们向房间里张望，看到一位老太太，就是蜘蛛女，她抬头望着他们说道："欢迎，孩子们，进来吧。你们是谁，你们从哪儿来的？"他们没有回答，但顺着梯子走了下来。当他们到达地面时，老太太又问他们："你们要去哪儿？"他们回答说："没有什么目标，我们之所以来到这里就是因为我们没有其他地方可去。"她问了四次这个问题，每次得到的回答都差不多。接下来她说："或许你们在找你们的父亲吧？"他们回答："是啊，但愿我们知道通往他住所的路。"老太太说："啊！去你们父亲家的路又远又危险，其间有很多怪物。当你们到那儿时，你们的父亲可能不愿意见你们，可能还会因为你们来找他而惩罚你们。你们将经过四个危险的地方——能压扁过路者的大岩石、能把人削成碎片的芦苇、能把人撕碎的蛇鳞柱①、能把人淹没的滚烫的沙子。不过我可以给你们一样能制服你们敌人的东西，以保住性命。"她给他们一个叫"异族神羽毛"的护身符，那是

① 仙人掌属植物，有叶棘，保护植物不被食草动物食用，原产南美洲。——译者注

一个系着三根羽毛的圆环，其中有两根羽毛具有生命（从活老鹰的身上拔下来的），另外一根羽毛用来保护护身符。她还教给他们具有魔法的咒语，如果对着敌人重复这些咒语，敌人的怒气就会被压制住："用花粉把你的脚放下。用花粉把你的手放下。让花粉使你低下头。然后你的脚就是花粉，你的手是花粉，你的身体是花粉，你的头是花粉，你的声音是花粉。小路很美丽。静止不动。①"[25]

图14 压垮人的石头，切割人的芦苇（沙画，纳瓦霍族，北美洲，1943年）

在欧洲童话故事中，提供帮助的干瘪丑老太婆和神仙教母是很常见的人物，而在基督教圣徒的传奇中，这个角色通常由圣母玛利亚担任。圣母玛利亚代人祈求祷告，为人类求得上帝的慈悲；蜘蛛女能够利用她的网控制太阳的活动；宇宙之母保护英雄不受到伤害；阿里阿德涅的麻线带着提修斯安全地走出了迷宫。这种引导力量在但丁作品中的女性人物身上有所体现，比如贝雅特丽齐（Beatrice）和圣母玛利亚；还相继体现在歌德的作品《浮士德》（*Faust*）中格雷琴（Gretchen）、特洛伊城的海伦和圣母玛利亚身上。"你是希望的活源泉，"当但丁安全通过地狱、炼狱及天堂这三个世界后，他祈祷，"圣母啊，你如此伟大，对人如此有帮助。任何想得到恩典，而不求助于你的人，就像让愿望飞翔却没有翅膀一样。你的仁慈不只限于救助那些求助者，也常常在他们

① 对美洲西南部的印第安人来说，花粉是精神力量的象征。它被大量用于各种仪式，既可以驱走灾祸，又可以指出象征性的人生道路。

尚未开口前就提供帮助。你汇集了慈悲、怜悯、高尚和一切美德。”[26]

这样一个形象所代表的是保护命运的仁慈力量。幻想出来的保护力量是一种保障——它承诺天堂的安宁永不逝去，天堂在一开始就是母亲的子宫。保护力量不仅支持着现在，而且存在于未来和过去（它是结局也是开端）；保护力量虽然无所不能，但英雄对阈限的跨越和对生命的唤醒似乎会危及它。保护的力量永远存在于心灵庇护所中，甚至存在于不熟悉的世界中。人们必须知道并相信长生不老的保护者将会出现。当英雄响应了对自己的召唤并随着后续的发展充满勇气地继续前进时，他会发现，所有潜意识的力量都站在他这一边。大自然本身会支持这种非凡的使命。如果英雄的行为与社会为之做好准备的行为恰好一致，那么他似乎顺应了历史进程的节奏。拿破仑在对俄罗斯开战时说："我感到自己被驱使着奔向一个我尚不知晓的终点。一旦抵达那个终点，一旦我变得不再是必不可少的，那么一个原子便足以粉碎我。在那之前，人类所有的力量都无法与我对抗。"[27]

会有帮助者出现在其面前的英雄一般是响应召唤的人

超自然的帮助者经常也会以男性形象出现。在童话故事中，他们可能是树林里的小矮人、巫师、隐士、牧羊人或铁匠，他们出现并提供英雄所需的护身符和忠告。在更高级的神话中，引路人的角色可能由老师、摆渡者或将灵魂带入阴间的向导来担任。在经典神话中，这个角色通常是赫耳墨斯（Hermes-Mercury，罗马人以墨丘利的名字敬奉他）；在埃及神话中是托特（Thoth，朱鹮首男人身或狒狒形象的神）；在基督教神话中则是圣灵。[28]歌德在《浮士德》里呈现了一个男性引路人梅菲斯特（Mephistopheles），而且时不时强调这个"反复无常的"人物的危险性，因为他引诱单纯的灵魂进入苦难之境。在但丁的《神曲》中，这个角色是由维吉尔扮演的，在天堂的入口他把这个角色交给了贝雅特丽齐。这种超自然的守护与指导原则既具有保护性，又具有危险性；既具有母性，又具有父性，它将潜意识的所有模糊性整合起来，这意味着另一个更大的系统支持有意识的人格，这也意味着我们所追寻的指引是神秘难解的。

图15 维吉尔引领但丁（牛皮纸墨水画，意大利，14世纪）

THE HERO WITH A THOUSAND FACES

以下的梦境提供了一个在潜意识中相反事物互相融合的例子："我梦到自己走在红灯区，并且向一个妓女走去。当我进入房间时，她变成了一个男人，半裸地躺在沙发上。他说：'这并不让你恼火吧（我现在是个男人）？'他看起来年纪挺大，鬓角的头发都白了。他让我想起父亲的一个好朋友，某位重要的林业专家。"[29] 斯泰克尔博士说："所有的梦都具有双性倾向。如果无法感觉到双性倾向，那么它一定隐藏在梦的隐性内容中。"[30]

会有帮助者出现在其面前的英雄一般是响应召唤的人。事实上，召唤是指点迷津的神的仆人即将出现的第一个预告。即使对于那些已经变得麻木不仁的人，超自然的守护者依然会出现，正如我们看到的："阿拉会拯救所有人。"

因此这种看似偶然的事情发生了，在波斯王子阿札曼就寝的荒废古棱堡中有一口罗马人的古井①，在井里住着被诅咒的名叫梅蒙娜（Maymunah）的恶魔之女，她是著名的神怪之王阿迪米里亚特（Al–Dimiryat）的女儿。

THE HERO WITH A THOUSAND FACES

让我们来比较一下神灵梅蒙娜和童话故事里的青蛙。在伊斯兰教创立以前的阿拉伯国家，神灵是在沙漠与荒野中游荡的魔鬼。他们长着很多毛，奇形怪状，或者有着动物的外形，比如鸵鸟或蛇。对于没有得到庇护的人来说他们是非常危险的。预言者穆罕默德承认确实存在着这些异教徒的鬼怪，[31] 并将他们纳入伊斯兰教的体系，在阿拉之下识别出了三种被创造出来的有智慧的生物：由光组成的天使、由难以捉摸的火构成的神怪以及世间由土构成的人。伊斯兰教的神怪具有想变成什么就变成什么的神力，但不像火和烟那样肉眼可见，因此他们可以让人类看不到他们。以下是神怪的三个等级：飞行者、行走者和潜水者。人们认为伊斯兰教的很多神怪接受了真正的信仰，一些神怪被认为是善良的，其余则是邪恶的。后者与堕落天使的关系密切，堕落天使的首领就是恶魔易卜劣斯（"令人绝望者"）。

当阿札曼王子睡了三分之一的夜晚时间后，梅蒙娜从罗马井中钻出来，想到天上偷听天使们的谈话。当她来到井口时，发现情况与平常不一样，棱堡的

① 这口井象征潜意识，与童话故事中青蛙国王的井进行比较。

房间中有闪烁的光亮。她大吃一惊，走进房门，看到长榻上躺着一个人，头顶的位置燃着一根蜡烛，脚下点着灯笼。她收起翅膀站在床边，掀起床幔，看到了阿札曼王子的面孔。爱慕与惊叹让她一动不动地站了整整一个小时。“感谢真主，”当她终于缓过神来时感叹道，“万能的造物主啊！”她是信奉阿拉的神怪。

然后她向自己保证一定不会伤害阿札曼王子，并且开始担心在这个废弃的地方，她的一个亲戚马里德斯（Marids）可能会杀死阿札曼王子。①梅蒙娜弯下腰，亲吻王子的眉心，再次将床幔盖在他脸上。过了一会儿，她展开翅膀向上飞，一直飞到靠近天国的最下层。

这时因为命运或机缘，翱翔在天空中的梅蒙娜突然听到身边有拍动翅膀的声音。顺着声音她看到一个名叫达赫纳什（Dahnash）的伊夫利特②。于是她像食雀鹰一样向他猛扑过来，达赫纳什看到了她，知道她是神怪之王的女儿梅蒙娜。他非常害怕，身体两侧的肌肉都在颤抖。他请求梅蒙娜放过他。于是她质问达赫纳什三更半夜从什么地方而来。他回答说刚从中国内海的岛屿回来，那里是迦索国王的王国，他拥有许多岛屿、海洋和七座宫殿。

他说：“在那里我看到了他的女儿，她是阿拉创造出来的最美丽的人。”然后他开始赞美布杜尔公主，他说：

> 她的鼻子就像光洁的刀刃那样挺拔；她的面颊就像紫葡萄酒或银莲花那样鲜红；她的嘴唇就像珊瑚和红玉髓那样闪亮；她的唾液比陈酿还要甘甜，能够缓解地狱之火灼烧的痛苦。她的言语机智巧妙；她的酥胸令所有看到的人神魂颠倒（赞美创造她的真主）；连着胸部的上臂光滑圆润，就像诗人阿瓦拉汉（Al-Walahan）对她的描绘：

① 马里德斯属于非常危险、非常强大的一类神怪。

② 阿拉伯传说中的神怪，神力强大，在人类被创造出来以前就存在于天地之间，据说是真主从黑色的无烟火焰中创造出来的。——译者注

她的手腕，如果没有手镯的遏制，
会像银雨一样从袖子里滑出。

达赫纳什还在继续赞美布杜尔公主的美丽，而梅蒙娜一言不发地听着，感到非常吃惊。达赫纳什接着描述了公主的父亲，强大而有势力的国王，描述了他的财富、七座宫殿以及公主拒绝结婚的经过。他说："哦，我的夫人，我每天晚上都去看她，饱饱我的眼福，亲吻她的眉心。这样做是出于我对她的爱，我不会伤害她。"他希望梅蒙娜和他一起飞到中国去，看一看公主美丽、可爱和完美的身材。他说："看过之后，如果你想责罚我或奴役我，那就悉听尊便。"

在刚刚窥视过阿札曼王子之后，梅蒙娜对有人竟敢赞美世间的其他人而愤愤不平。"呸，呸。"她大喊。她嘲笑达赫纳什，朝他脸上吐口水。"今天晚上我刚刚看到一个年轻人，"她说，"即使你在梦中看到他，你也会爱慕得浑身无力，嘴里流出口水。"她描述了阿札曼王子的情况，达赫纳什不相信有人会比布杜尔公主还漂亮，梅蒙娜命令他和她一起飞下去看一看。

"遵命。"达赫纳什说。

于是他们飞落到棱堡的大厅里。梅蒙娜让达赫纳什站在床边，然后伸出手掀起盖在阿札曼王子脸上的丝绸床幔，他的脸像升起的太阳一样闪耀着光芒。她盯着他看了一会儿，然后突然转过身对达赫纳什说："看看，哦，你这个该死的家伙，卑贱的疯子。我还是一个处女，但他已经俘获了我的心。"

"阿拉在上，哦，我的女士，你言之有理，"达赫纳什说道，"但是有另外一件事值得考虑，那就是女人不同于男人。阿拉在上，你所爱的人与我爱的女子具有相同的美丽、可爱、优雅和完美，就好像他们是一个模子浇铸出来的。"

听到这些话时，梅蒙娜的脸阴沉了下来，她用翅膀狠狠地连续猛击达赫纳什的脑袋，几乎要了他的小命。她命令道："凭我所爱的人耀眼的美貌，我要求你马上去把你爱得如此深沉，如此愚蠢的情人带到这里，我们可以让他们并排躺在这里，同时看着睡梦中的两个人，这样谁更美丽、谁更漂亮就一目了然了。”

因此在阿札曼王子完全无意识的情况下意外地发生了一些事情，他的命运开始自行展开，并不受他意志的控制。[32]

跨越第一个阈限

在命运化身的指引与帮助下，英雄开始了他的冒险，直到在力量增强的区域入口遇到了“阈限守护者”。这些守护者限定了四个方向以及上下的边界，这代表英雄目前的环境或生活范围的界限。超出这些界限将会迎来黑暗、未知和危险，就像对婴儿来说超出父母的看护范围是危险的，对部落成员来说超出社群的保护是危险的。普通人对停留在指定的界限内不仅感到满意，甚至感到骄傲。普遍的信念使他有理由认为哪怕向着未知领域迈出一步也是令人恐惧的。因此哥伦布探险船上的水手便突破了中世纪思维的界限，驶入了围绕着宇宙的不朽存在的无尽海洋，就像神话中咬住自己尾巴、构成环状的蛇。[33] 必须像对待小孩那样哄骗、引诱这些水手，因为他们害怕传说中深海里的那些海怪、美人鱼、龙王以及其他怪物。

未知的地区是投射潜意识内容的自由天地

在民间神话中，在村庄交通通畅地段以外的荒凉地区总会出现阴险狡猾和危险的东西。例如霍屯督人（Hottentots）描绘了在灌木丛和沙丘中人们偶尔会遇到的食人魔鬼。他的眼睛长在脚背上，因此为了看清正在发生什么事情，他必须用手和膝盖支撑身体，趴在地上，举起一只脚。这样他的眼睛就能看到后面了，否则只能一直望着天。这种怪物捕食人类，他用像手指一样长的尖牙把人撕成碎片。据说这种怪物成群觅食。[34]霍屯督人的另一个鬼怪海尤瑞（Hai-uri）用跳的方式经过一片片灌木丛，而不是绕过它们。[35]它是只有一条腿、一条手臂和一半身体的半人，很危险，如果从另一边看，它是看不见的。在地球上很多地方都会碰到这种怪物。据说在非洲中部这样的半人会对遇到他的人说："既然你碰到了我，那么让咱们打一架吧。"如果被打败，他会恳求道："不要杀死我，我会告诉你很多药材。"然后这个幸运的人就会成为精湛的医生。如果半人赢了，被打败的人就会丧命。[36]

图16 奥德修斯与塞壬（白色细颈长瓶上的彩色图形，希腊，公元前5世纪）

未知的地区（沙漠、丛林、深海、异域等）是投射潜意识内容的自由天地。乱伦的性欲和弑父的破坏本能以暗示性的暴力威胁和想象的危险乐趣的形式，反射到个体和个体所在的社群。这些形式不仅有可怕的食人魔，也有塞壬这样勾引人的、令人思乡的美女。例如在俄罗斯的农民中流传着栖居森林中的"野女人"的故事。她们以山洞为家，就像人类以房屋为家一样。她们长得很漂亮，有好看的方脑袋，浓密的头发和毛茸茸的身体。当她们奔跑和照顾孩子时，会把乳房甩在肩膀上。她们成群结队，涂上树根制成的软膏后，她们就能让自己隐形。她们喜欢跳舞，喜欢挠独自在森林里漫步的外来者，直到他们痒死。任何意外遇到她们的隐形舞会的人都会丧命。另一方面，"野女人"会帮助给她们送去食物的人收割谷物、纺纱、照料孩子、打扫房间。如果女孩帮她们挑选用来纺纱的大麻，她们便会给女孩一些能变成金子的树叶。她们喜欢选择人类做自己的爱人，常常嫁给乡村的小伙子，并且成为出了名的好妻子。不过像所有超自然的新娘一样，如果丈夫稍有违背她们制订的关于夫妻行为的古怪规矩，她们就会消失得毫无踪迹。[37]

另一个可以说明危险而顽皮的食人魔与引诱的性欲有关联的例子是俄罗斯的“水爷爷”。他非常善于变形，据说会把在半夜和正午游泳的人淹死，他和被淹死的或被剥夺继承权的女孩结婚。他非常善于哄骗不幸的女人进入他的圈套。他喜欢在有月光的夜晚跳舞。每当他的妻子要生孩子时，他就会到村子里找接生婆。他袍子边缘渗出的水会让人们发现他是水爷爷。他秃头，啤酒肚，面颊肥胖，穿着绿衣服，戴着高高的芦苇做的帽子。不过他也可以变成富有魅力的年轻人或社区里某些著名人物。水爷爷在岸上时就不太强大了，但在他自己的环境中却是霸主。他居住在河流、小溪和池塘的深处，偏爱靠近磨坊的地方。白天他会躲藏起来，就像一条老鳟鱼或鲑鱼。晚上他会浮出水面，像鱼一样泼溅、拍打着水，驱赶着下水的牛羊和马上岸吃草，或者栖息在磨坊的水车轮上，安静地梳理他长长的绿色头发和胡子。春天，当他从长时间的冬眠中醒来后，他会用力打碎河面上的冰，把冰块堆起来。他觉得破坏水车轮很有趣，不过在脾气好的时候，他会把他的鱼群赶进渔夫的网里，或者发出洪水要到来的警告。他会慷慨地付给帮忙接生的接生婆很多黄金和白银。他的女儿们很漂亮，个子高高，皮肤苍白，带着忧伤的气质，穿着绿色的透明衣服，她们喜欢折磨被淹死的人，还喜欢在树上摇摆，唱着优美的歌曲。[38]

阿卡迪亚人的牧神潘（Pan）是生活在村庄保护区以外的危险神怪的典型代表。在拉丁文化中，与他相似的神是西尔瓦努斯（Sylvanus）和福纳斯（Faunus）①。他发明了牧羊人的吹笛，会在仙女们跳舞时演奏，好色之徒就是

① 在亚历山大大帝时期，潘被认为等同于猥亵的埃及神祇敏（Min），除了其他作用之外，他还守护着荒凉的小路。

他在男人中的体现。[①]对于意外地冒险进入他的地盘的人类，他会给他们灌输惊恐的情绪，即突然的、毫无理由的害怕。然后任何微不足道的原因，比如小树枝的折断、树叶的飘动，都会使人心头涌上想象的危险，疯狂地想要逃离自己被唤醒的潜意识，受害者就在这种恐惧的逃跑中丢掉了性命。然而潘对膜拜他的人很仁慈，他赐予他们大自然神圣的保健法：对把首批收成奉献给他的农夫、牧人和渔夫，他是慷慨大方的，对那些抱着诚心来到他的疗愈神殿的人他把健康赐予他们。他还可以赐予人智慧，宇宙中心的智慧，因为跨越第一个阈限是进入宇宙资源神圣区域的第一步。在立凯恩（Lykaion），有一座潘所启发的女神厄拉托（Erato）掌管的神殿，就像在德尔斐（Delphi）阿波罗启发女先知一样。希腊历史学家普卢塔克（Plutarch）把潘的狂欢仪式的狂喜与库柏勒（Cybele）的狂喜、酒神狄俄尼索斯的极度兴奋、缪斯女神（Muses）所激发的充满诗意的兴奋、战神阿瑞斯（Arcs）所激发的战斗的兴奋以及最强烈的爱的狂喜归为一类，以此说明摧毁理性并释放出破坏及创造性黑暗力量的神圣的“热情”。

超越边界，个体才能够进入经验的新领域，或生或死

一位已婚中年男士说：“我梦到我想进入一个美丽的花园，但看门的人不让我进去。我看到我的朋友芙瑞莉·埃尔莎在里面，她把手伸出大门想够到我，但看门人横加阻拦，他拉着我的胳膊，把我领回了家。‘做事前先动点脑子，’他说，‘你知道你千万不能那样做。’”[②][39]

这个梦引出了阈限守护者的第一层意义，也就是保护性方面的意义。人们最好不要挑战看守已经确立的边界。然而正是通过超越这些边界，激发相同力

① 与狄俄尼索斯进行比较，他是色雷斯文化中与潘相似的神。

② 根据威廉·斯泰克尔的观点，“看门人象征着意识，或者如果你喜欢，也可以把它看成是意识中道德规范与限制的总和”。斯泰克尔博士继续说道：“弗洛伊德会把看门人说成‘超我’，但其实它只是‘内我’。意识阻止人们实施危险的愿望和不道德的行为。这就是对梦中的看门人、警察和官员通常的解释。”

量的另一破坏性方面，个体才能够进入经验的新领域，或生或死。在安达曼群岛俾格米人的语言中，“做梦者”或“根据梦说话的人”指的是非常受尊重、令人敬畏的人，他们与众不同，因为他们拥有只有通过遇见精灵才能获得的超自然才能，人们可能直接在丛林里遇到这些精灵，它们也可能通过非凡的梦境或通过死而复生的方式出现。[40] 无论何时何地，冒险都是指超越已知，进入未知，而看守边界的力量是危险的。应对它们很危险，但对有能力、有勇气的人而言，危险会消失。

在新赫布里底（New Hebrides）的班克斯群岛（Banks Islands），如果一位在礁石上钓鱼的年轻人在日落时往家走，他碰巧会看到：

> 一个头上装饰着鲜花的姑娘，姑娘在悬崖的斜坡上向他打招呼，而年轻人走的路便通往悬崖。他认得自己村子和邻村的一些姑娘，他站在那儿犹豫着，认为那个姑娘一定是“梅”①。他走近仔细观察，发现她的肘部和膝盖弯曲的方向不对。这说明了她的真实身份，年轻人赶紧逃跑。如果年轻人能用龙血树的树叶击打妖女，那么她就会变回蛇的原形，然后溜走。

但是人们非常害怕这些蛇，也就是梅，而且相信和她们性交的人会变成听她们使唤的妖怪。[41] 这类魔鬼很危险，同时又是神奇力量的赋予者，每位稍微超越传统的英雄都一定会遇到他们。

以下两则东方的故事生动形象地说明了这种令人困惑的模棱两可性，它们让我们了解到，尽管充分的心理准备能够减少恐惧，但过于大胆的冒险者有可能被无情地毁灭。

第一个故事与贝拿勒斯（Benares）的商队首领有关。他勇敢地带领一支装载着大量货物、由五百辆牛车组成的商队进入了没有水且魔鬼出没的荒野地

---

① 一种水陆两栖的海蛇，身上有着暗色与亮色相间的条纹，无论何时看到它，人们都会感到害怕。

带。他事先得到了危险的警告，因此采取了预防措施，在车里装了一些存满水的罐子，这样可以合理地认为，他能够安全地通过这不到60里格的荒野之地。当他走了一半时，居住在荒野中的食人魔想："我要让他们扔掉他们带来的水。"于是他创造了一辆会让商队欢欣鼓舞的牛车，拉车的是一头纯白色的公牛。它沿着相反的方向走在这条路上，轮子被泥弄脏了。装扮成随行人员的魔鬼走在食人魔的前面和后面，他们的头和衣袍都是湿的，装饰着由蓝色和白色睡莲编成的花环，手里拿着红色和白色荷花组成的花束，嘴里嚼着睡莲富含纤维的花柄，花柄上流着水滴和泥珠。当商队和魔鬼的随从在路边互相让路的时候，食人魔友好地和商队首领打招呼，礼貌地问："你们要去哪儿？"商队首领回答说："先生，我们来自贝拿勒斯。你们装饰着蓝色和白色睡莲，手里拿着红色和白色荷花，嘴里嚼着睡莲富含纤维的花柄，轮子上沾着淤泥，身上湿漉漉地滴着水。难道你们来的路上下雨了吗？难道湖里长满了蓝白色睡莲和红白色荷花？"

食人魔说："你看到一条深绿的森林带了吗，过了那片森林是一大片水域，那里总是下雨，坑洼处积满了水，到处都是长着红色和白色荷花的湖泊。"随着牛车一辆一辆地经过，他问道："你在车上装了什么货物？最后那辆车前进得很吃力，里面装了什么？""我们在里面装着水，"首领回答道，"到目前为止千里迢迢地带着水是明智之举，不过过了这里你就没有理由那么累了。把罐子打碎，倒掉水，你们会行进得更轻松。"食人魔继续赶路，当商队看不到他时，他又回到了自己的魔鬼之城。

图17 拿着雷电长矛的太阳神（*石灰石石碑，亚述，公元前15—前13世纪*）

商队首领愚蠢地采纳了食人魔的建议，打破了罐子，然后驱赶牛车继续前进。可是前方连点水的影子都没有。因为没水喝，人们变得很疲惫。他们一直走到日落才停下来，然后卸下牛的套具，让它们聚成一圈，把牛拴在车轮上。牛没有水喝，人没有稀粥和米饭吃。虚弱的人们东倒西歪地躺着睡着了。午夜时分，食人魔从魔鬼之城出来，杀死了所有人和牛，吃掉他们的肉，只剩下光秃秃的骨头，然后离开了。他们的骨头遗撒得到处都是，五百辆车至今还停在那里。[42]

第二个故事的风格有些不同。一位年轻的王子师从世界闻名的老师，刚刚完成了军事学习，作为荣誉的象征，他被授予“五兵王子”的称号。他接受了老师给他的五样武器。他向老师鞠躬，带着新武器，开始上路返回父亲的城市。在路上他遇到一片森林，森林入口的人们警告他：“王子殿下，森林里住着名叫‘粘头发’的食人魔，他见谁杀谁。”

然而王子像人中雄狮一样无所畏惧，充满自信。他走进了森林。当来到森林中心时，食人魔出现了。他变得像棕榈树一样高，脑袋像夏季避暑房屋一样大，头顶凸起一个像钟一样的尖顶。眼睛大如钵盂，两颗獠牙像球茎或花蕾一样粗大。他长着老鹰的尖喙，肚子上长满了疙瘩。他的手和脚是墨绿色的。“你要去哪儿，”他问，“停住，你是我的猎物！”

五兵王子毫不畏惧，对自己所学的技艺充满信心。他说：“食人魔，在进入这片森林的时候我就知道会遇到什么。你攻击我的时候最好小心点，因为我会把蘸过毒药的箭射到你的肉里，让你死无葬身之地！”

威胁了食人魔之后，王子拉弓射箭，有毒的箭正好被射进食人魔的头发里。然后王子连续射出了五十支箭。所有的箭都粘在了食人魔的头发上。食人魔抖落这些箭，箭都掉在了他的脚边，他向年轻的王子逼近。

五兵王子再次威胁食人魔并拔出了他的宝剑，发出了技艺高超的一击。但这把八十多厘米长的剑被食人魔的头发黏住。然后王子用长矛攻击食人魔，长矛也被他的头发黏住了。在长矛被黏住后，王子改用棍棒攻击，它同样黏在了食人魔的头发上。

看到棍棒被黏住时，王子说:“魔鬼，你以前从来没有听说过我。我是五兵王子。在进入这片你出没的森林时，我并没有打算依靠弓箭这类武器，我想依靠我自己。现在我要把你打得粉碎！”在宣布了自己的决定之后，王子大叫一声用右手猛击食人魔。他的手被食人魔的头发黏住了。他又用左手攻击，也被黏住了。他用右脚猛踢食人魔，被黏住了；又用左脚猛踢，也被黏住了。王子想:“我要用我的头撞你，把你打得满地找牙！”于是他用头去撞食人魔，正好被食人魔的头发黏住。①

五兵王子攻击了五次，被牢牢地粘住了五处，整个人吊在食人魔的身上。尽管如此，他却一点儿都不害怕，不屈不挠。而食人魔则想:“这个人是人中雄狮，出身高贵，不是普通人！虽然被我这样的食人魔抓住了，但他没有吓得发抖。从我在这条路上劫掠以来，从未见过可以和他相比的人。为什么他不害怕？”食人魔没有吃王子，而是问他:“年轻人，你为什么不害怕？为什么死亡的恐惧没有吓到你？”

“食人魔，为什么我应该害怕？有生就必有死。而且我的肚子里藏着一个可以被当作武器的雷电。如果你吃我，你肯定消化不了那个武器。雷电会把你的内脏炸成碎片，你会死掉。这样我们就同归于尽了。那就是为什么我不害怕的原因。”

读者一定知道五兵王子所说的雷电指的是他头脑中的知识武器。确实，这位年轻人正是未来佛陀早期的一个化身。

---

① 据说五兵王子的冒险故事是家喻户晓的民间传说“柏油娃娃”的最早范例。（见 Aurelio M. Espinosa: “Notes on the Origin and History of the Tar-Baby Story,” *Journal of American Folklore*, 43 [1930]: 129–209; “A New Classification of the Fundamental Elements of the Tar-Baby Story on the Basis of Two Hundred and Sixty-Seven Versions,” *Journal of American Folklore*, 56 [1943]: 31–37; and Ananda K. Coomaraswamy, “A Note on the Stick Fast Motif,” *Journal of American Folklore*, 57 [1944]: 128–131.）

THE HERO WITH A THOUSAND FACES

雷电是佛教传统形象中重要的象征物之一，它象征着佛性粉碎虚幻现实的（无坚不摧的觉悟）精神力量。在藏传佛教中，金刚总持（Vajra-Dhara）代表本初佛，即“持有金刚雷电的佛”。

在传承自古代美索不达米亚（Mesopotamia，苏美尔和古巴比伦阿卡德区，巴比伦和亚述）神的形象中，这些神与金刚具有相同的形式，雷电是一个显而易见的要素（见图62）。宙斯就继承了使用雷电的能力。

我们还知道原始的士兵会把他们的武器说成是雷电。愿你的旨意奉行在人间如同在天上：得到启蒙的战士是神的意志的代理人，他们受到的训练不仅包括身体技能，也包括精神技能。魔法的力量（雷电的超自然力量）、身体力量以及化学毒药使他们的攻击具有致命性。技艺完美的大师根本不需要使用有形的武器，咒语的力量便足够了。

五兵王子的故事说明的就是这个主题。它还告诉我们仅仅依赖经验、身体特征并且以此为傲的人已经被消灭了。库马拉斯瓦米博士写道：“我们拥有一位英雄的形象，他可以被纳入审美体验的构成中（“五点”即五感），但是凭借与生俱来的道德优越性，英雄能够解放他自己，甚至能够解放其他人。”[43]

“这个年轻人说的是真话，”食人魔想，死亡的威胁令他非常恐惧。“如果吃了这个人中雄狮，我的胃会连菜豆那么小的肉块都消化不了。我还是放走他吧！”于是他决定放走五兵王子。未来的佛陀向他宣讲教义，征服了他，让他自我否定，然后将食人魔变成了在森林中接受供品的精灵。告诫食人魔之后，这个年轻人离开了森林。在森林的入口处他把这个故事讲给人类听，然后离开了。[44]

粘头发是世界的象征，五感将我们与世界粘在一起，身体器官的行动也无法使我们摆脱这个世界。只有当未来的佛陀不再被来自他短暂的名声和身体特征的五种武器保护，而是诉诸无名的、看不见的第六种武器时，粘头发才被制服。第六种武器是超越物质世界的原则，也就是神的雷电，这些原则超越了名声和形式的现象领域。于是情况发生了改变，他不再被擒住，而是被释放，因为他现在想起来自己永远都是自由的。现象性魔鬼的力量被消除，他不得不进行自我否定。否定自我后，他就变成了神，成为接受供品的精灵，就像被认识的世界本身一样，那不是终极认识，而仅仅是超越事物的名称和形式，同时又存在于所有名称与形式中的认识。

库萨的尼古拉（Nicholas of Cusa）所描述的天堂之墙（使人类看不到上帝）由“对立物的共存”构成，看守大门的是最高理性精灵，他阻拦道路直到来者征服了他。[45] 成对的对立物（是与不是，生与死，美与丑，善良与邪恶，所有与希望、恐惧的身体功能联系起来的极端，所有与防御、获得的行为相联系的极端）就是要把行路人压扁的撞岩（叙姆普勒加得斯），但是英雄总能顺利通过。这是全世界都知道的主题。希腊人的撞岩是黑海（Euxine Sea）上两个岩石构成的岛屿，在风的吹动下，它们互相撞击。然而阿耳戈号（Argo）上的伊阿宋从中间穿行了过去，从那以后两个岛屿便分开不动了。[46] 在纳瓦霍的传说中，蜘蛛女警告孪生英雄他们也会遇到相同的障碍，但在象征道路的花粉和从太阳鸟身上拔下来的羽毛的保护下，他们可以顺利通过。[47]

当通过从太阳之门升起的焚烧供品的烟时，英雄出发了，他们从自我中解脱出来，穿过世界的围墙，留下的自我被黏在头发上，然后他们继续前进。

鲸鱼之腹

通过神秘的阈限便进入了重生之地

通过神秘的阈限便进入了重生之地。在全世界，鲸鱼的肚子这种子宫的化身象征重生之地。英雄没有征服或驯服阈限的力量，他们被吞到未知的事物中，几乎丧命。

> 米系－那海玛，鱼之国王，
> 他狂怒地向上猛冲，
> 噼里啪啦地跃入阳光中，
> 张开血盆大口吞下，
> 独木舟和海华沙。[48]

白令海峡的因纽特人流传着恶作剧英雄乌鸦的故事，说一天他在海滩上晾干衣服，看到一条雌鲸鱼庄重地游向海岸。他大喊道："亲爱的，下次你再上来透气时，记得张开嘴闭上眼睛。"然后他迅速地穿上乌黑的衣服，戴上乌黑的面具，把打火棒夹在胳膊下，飞到了水面上。鲸鱼上来换气，它按照乌鸦说的那样张开嘴闭着眼睛。乌鸦冲进它张开的大嘴，直接进入了它的食道。大吃一惊的雌鲸鱼马上闭上嘴巴，潜进海里。乌鸦站在鲸鱼肚子里四下张望。[49]

祖鲁人流传着两个孩子和他们的妈妈被一头大象吞进肚子里的故事。妈妈掉进大象的肚子里后，她看到了大片的森林、宽阔的河流、许多高地。一侧有很多岩石，人们已经在那里建起了村庄，还有许多狗和牛，所有这些都在大象的肚子里。[50]

爱尔兰的英雄芬恩·麦克库尔（Finn MacCool）被没有固定形状的怪物吞到肚子里，这种怪物被凯尔特人称为皮耶斯特（peist）。波利尼西亚人最喜欢的英雄毛伊（Maui）被他的曾曾祖母海因努伊特波（Hine-nui-te-po）吞到肚子里。希腊众神，除了宙斯，全部被他的父亲克隆那斯（Kronos）吞掉。

萨杜恩正在吞食他的孩子（石膏油画局部，西班牙，1819年） 图18

希腊英雄赫拉克勒斯（Herakles）携带着阿玛宗女王的腰带返回家园，途中在特洛伊城暂停。他发现这座城市被一个怪物侵扰，它是海神波塞冬派来的。这只怪兽会来到岸上，吃掉在旷野中行走的人。国王的女儿，美丽的赫西俄涅（Hesione）被她的父亲绑在礁石上，作为安抚怪物的祭品。路经此地的

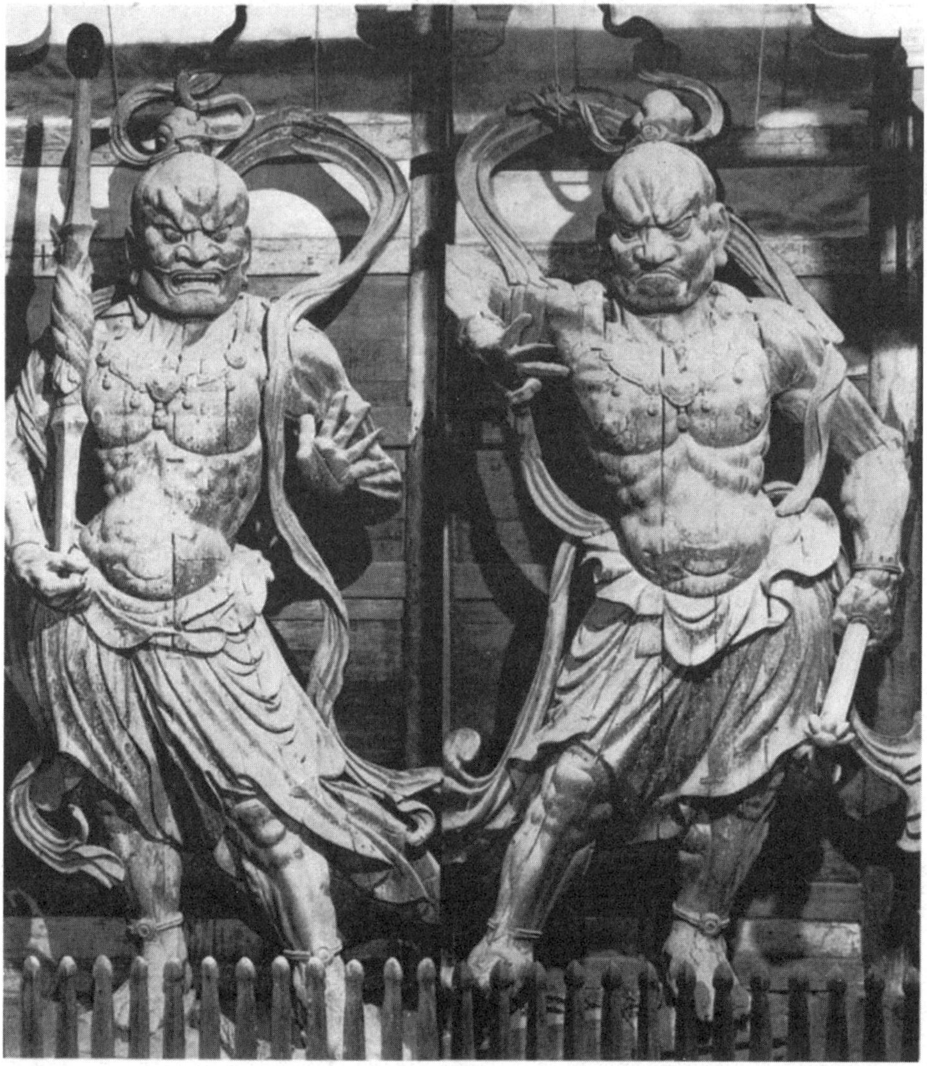

图19

手持雷电的阈限守护者（涂漆木雕，日本，1203 年）

英雄赫拉克勒斯答应接受赏金，拯救赫西俄涅。怪物按时破水而出，张开它巨大的嘴巴。赫拉克勒斯纵身跃入怪物的喉咙，切开它的肚子，杀死了怪物。

这个普遍的主题强调通过阈限是自我毁灭的一种形式。它与撞岩岛的冒险显然很类似。但是这里英雄不是向外超越可见世界的限制，而是向内通过阈限，实现重生。这种消失与敬拜者进入庙宇是一样的——在那里他想起来自己是谁，自己是什么，也就是除非获得永生，否则他就是尘土与灰烬，由此敬拜者实现重生。寺庙的内部、鲸鱼的肚子以及世界边界之外、之上和之下的天国都是一样的。这就是为什么庙宇的通路和入口两侧把守着庞大的怪兽：龙、狮子、挥舞着剑的屠魔者、愤怒的矮人和长着翅膀的公牛。这些阈限守卫者将所有不能面对庙宇内高层次静默的人挡在外面。它们是鬼怪危险性的初步体现，等同于神话中守卫传统世界边界的食人魔或者鲸鱼的两排牙齿。它们说明此刻进入庙宇的信徒在经历蜕变。他世俗的特征被留在外面，就像蛇蜕掉它的皮。一旦进入庙宇，他就好像在时间领域中死去了，重新回到世界的子宫、世界的中心，也就是人世间的天堂。虽然任何人都可以经过庙宇的守护者，但这并不会使它们失去重要性，因为如果闯入者无法包围庙宇，那么他实际上依然在庙宇之外。任何不能理解神的人把神视为魔鬼，因此都会被拒绝靠近。从比喻的角度看，进入庙宇和英雄冲入鲸鱼的大嘴都是同样的冒险，用形象的语言来说，它们都代表着以生活为中心、复兴生活的行为。

消除英雄的肉身

阿南达·库马拉斯瓦米写道："如果不经历死亡，任何生物都无法来获得更高等级的性质。"[51] 确实，英雄的肉身可能被杀死、被肢解、被抛撒在大地或海洋里，就像埃及神话中的拯救者奥西里斯（Osiris）：他被弟弟赛特（Set）扔进石棺①，沉入尼罗河。当他复活后，他弟弟再次杀死他，把尸体撕成14块，

① 石棺或棺材是鲸鱼肚子的替代物。与芦苇丛中的摩西进行比较。

分散地扔在大地上。纳瓦霍人的孪生英雄不仅必须通过撞岩，还要通过会把行路人切成碎片的芦苇，能把人淹没的滚烫沙子。当英雄来回穿越世界的边界，从龙的身体中进进出出，容易得就像国王在他的各个房间之间穿行一样时，他与自我的连接便已经被摧毁了，其中存在着他的救赎力量，因为他的超越和返回证明通过现象性所有的对立面，不生不灭之物被保留下来，而且没有什么可害怕的。

因此在全世界，英雄的作用就是将可以使生命收获丰富成果的秘密公之于世，他们用自己的身体做出了具有象征意义的行为，为了世界的更新，他们像奥西里斯一样，将自己的肉体分散地抛撒。例如，在弗里吉亚（Phrygia），为了纪念被钉在十字架上然后又复活的阿提斯（Attis），每年 3 月 22 日人们会砍一棵松树并把它带到母神库柏勒的神殿。松树像是被羊毛布条裹起来的尸体，并用紫罗兰的花环做装饰。一个年轻人的雕像被捆在树干中间。第二天人们会举行哀悼仪式并吹奏喇叭。3 月 24 日被称为血日：大祭司从自己的胳膊上抽血，以此作为祭品。次要的祭司在鼓、号角、笛子和铜钹的伴奏中旋转着跳着托钵僧舞，直到他沉迷在狂喜中，用刀在身体上划开又深又长的口子，把血溅在祭坛和树上。新祭司则模仿他们正在纪念的死而复生的阿提斯，阉割自己然后晕厥过去。[52]

THE HERO WITH A THOUSAND FACES

当迈诺斯国王没有把波塞冬送的公牛献祭时，他拒绝了把阿提斯的阉割作为祭品。弗雷泽指出，古代的弑君仪式是普遍的传统。他写道："在印度南部，当木星围绕太阳旋转时，国王的统治和生命便会结束。在希腊，国王的命运在八年结束后似乎还不能确定……我们可以推测雅典人每八年送给迈诺斯国王的七个童男和七个童女与国王重新开始另一个八年周期有关，而且这种推测并不算过分轻率。"[53] 要求迈诺斯国王用公牛献祭暗示着根据继承下来的传统，在临近八年任期结束时他应该拿自己献祭。但是他似乎把雅典的童男

> 童女用作替代品。这或许就是敬神的迈诺斯如何变成了怪物弥诺陶洛斯，自我废除的国王变成了紧紧抓住权力不放的暴君，履行各自责任的僧侣之国变成了人人为己的商业王国的原因。在公元前3000—前2000年时，也就是早期僧侣国家的伟大时期结束时，这种找替代品的做法似乎在整个古代世界变得普遍起来。

本着同样的精神，印度南部奎拉卡尔省（Quilacare）的国王在结束第十二年的统治时，在某个庄严的节日，让人搭建了一个木制的架子，架子上铺满丝绸的挂饰。当他在音乐声中行完洗礼后，便来到他以前敬拜神灵的庙宇。然后他登上架子，在人民面前拿起一把非常锋利的刀，开始割掉自己的鼻子、耳朵、嘴唇等，尽可能多地割掉自己的肉。他把这些肉四下抛撒，直到失血过多将要晕倒时，便立即割断自己的喉咙。[54]

图20

伊阿宋的归来（红彩陶器，伊特鲁里亚人，意大利，公元前 470 年）

图21

圣安东尼的诱惑（铜版画，德国，1470 年）

THE HERO
WITH A
THOUSAND
FACES

02

启蒙

一旦穿越阈限，英雄便进入了变幻不定、
难以捉摸的梦一样的地方，在这里他必须经受住
一系列的考验。

考验之路

一旦穿越阈限，英雄便进入了变幻不定、难以捉摸的秘境

一旦穿越阈限，英雄便进入了变幻不定、难以捉摸的梦一样的地方，在这里他必须经受住一系列的考验。这是神话冒险中最受人喜爱的部分。这里产生了描写奇迹般考验与折磨的世界文学。在进入这个地带之前，英雄便得到了超自然帮助者的暗中协助，获取了建议、护身符和秘密的手段。英雄也可能在这里第一次发现到处都存在着的仁慈力量，它始终支持他完成超人类的进程。

在“艰难任务”这个主题中，最著名、最迷人的一个例子是塞姬（Psyche）寻找她失去的情人丘比特的故事。[1] 在这个故事中所有的角色都是反的：不是情郎努力赢得他的新娘，而是新娘设法赢得她的情郎。不是无情的父亲阻止女儿和情郎相见，而是嫉妒的母亲维纳斯把儿子丘比特藏了起来，不让新娘见到他。当塞姬恳求维纳斯时，这位女神粗暴地抓着她的头发，把她的头使劲往地上撞，然后把许多小麦、大麦、小米、罂粟籽、豌豆、小扁豆和蚕豆混成一堆，命令这个女孩在夜晚降临之前把它们分拣清楚。塞姬得到了一群蚂蚁的帮

助。接下来维纳斯让她去取一种危险的野绵羊的金羊毛，这种野绵羊长着锋利的羊角，生活在一个无法进入的山谷的危险森林中，被它咬到的人会中毒。然而一根绿色的芦苇指导她如何从周围的芦苇中收集绵羊经过时脱落的金羊毛。现在女神又让塞姬去冰冷彻骨的泉水里取一瓶水，泉水在高耸的岩石上，有不眠不休的龙看守。一只鹰飞到泉水边，完成了这个非凡的任务。最后女神命令塞姬去阴间的深渊中取充满超自然之美的盒子。一个像塔一样高大魁梧的人告诉她如何下到阴间，并给她一些可以支付冥府渡神的硬币和喂给冥府看门狗的面包片。

塞姬的地狱之旅只是神话和童话故事中英雄经历的无数历险中的一个。其中最危险的当属最北部（拉普人、西伯利亚人、因纽特人和一些美国印第安部落）的萨满所经历的历险，他们出去寻找并恢复病人遗失的或被劫持的灵魂。西伯利亚人的萨满为了历险会穿上代表鸟或驯鹿的巫术服装，这暗示萨满自己的本性和他灵魂的外形。他的鼓就是他的牲畜——他的鹰、驯鹿或马，据说他乘着它们飞翔或奔跑。他拿着的棍子是他的另一种辅助手段。还有许许多多看不见的精灵在帮助他。

塞姬与冥府渡神
（帆布油画，英格兰，1873 年）

图22

有位早期深入拉普人社会的航行者留下了一段生动的描述，描述的是进入死者王国的使者的奇怪行为。[2] 由于另一个世界永远是夜晚，因此萨满的仪式不得不在天黑之后进行。朋友和邻居聚集在病人光线闪烁昏暗的小屋里，专心致志地看着巫师的手势。首先他召唤能提供帮助的精灵，它们来了，除了他其他人都看不见这些精灵。协助萨满的有两个穿着仪式服装、没系腰带、没戴亚麻兜帽的女人，一个没戴兜帽、没系腰带的男人和一个未成年的女孩。

萨满掀掉兜帽，松开腰带和鞋带，用手遮着脸，开始以各种形式转圈。突然他做出非常猛烈的手势并喊道："套好驯鹿！准备上船！" 他猛地抓起一把斧子，开始用斧子敲打膝盖周围，然后向三位女性的方向挥舞斧子。他赤手从火堆中拽出正在燃烧的木头。他绕着每位女性飞奔三圈，最后像死人一样倒在地上。在此期间，不许有人触碰他。他在恍恍惚惚地休息，人们非常仔细地看护他，连一只苍蝇都不让落在他身上。他的灵魂已经离开，他正在和居住在圣山的神一起查看圣山。照顾他的女人们窃窃私语，试图猜出他现在可能在另一个世界的什么地方。

THE HERO WITH A THOUSAND FACES

女人们可能无法确定萨满在另一个世界中的位置，在这种情况下，萨满的灵魂便不能回到他的身体上。或者到处游荡的敌对灵魂会和他开战，或者将他引入歧途。据说很多萨满没能回来。[3]

如果她们提到了正确的圣山，萨满的一只手或一只脚就会抖动。最后他开始返回。他以微弱的声音说出他在另一个世界听到的话。然后女人们开始唱歌。萨满慢慢醒过来，宣布病人生病的原因、需要献祭的方式，以及病人康复所需的时间。

另一位观察者说：

> 在他艰苦的旅程中，萨满会遇到一些不得不去克服的障碍，这些各异的障碍并不总是容易克服的。他在黑暗的森林中穿行，爬过连绵起伏的山脉，在那里他时不时会看到其他萨满和他们牲畜的骸骨，他们死在爬山的路途中，然后他来到地上的一个洞口。现在整个冒险最困难的阶段开始了，阴间的深渊和其中奇异的鬼魂展现在他面前……在安抚了冥府的看守者并经过许许多多危险之后，他最终见到了冥界之工埃利刻（Erlik）。埃利刻向他扑过来，发出令人恐惧的怒吼，但是如果萨满技艺高超，他可以安抚这个怪物，让他退回去，承诺献给他丰盛的供品。与埃利刻对话的时刻是仪式中的决定性时刻。萨满进入一种恍惚的状态。[4]

吉扎·罗海姆（Géza Róheim）博士写道："在每一个原始部落中我们都发现巫医处于社会的中心，这很容易说明巫医要么是神经症，要么是精神病，至少他的医术所基于的机制与神经症或精神病没什么两样。人类群体受到群体理想的激励，而这些理想总是基于幼儿期的情况。"[5]"成熟过程会改变或逆转婴幼儿时期的情况，对现实必要的适应也会使其发生改变，但它就在那里，提供了那些看不见的本能纽带，没有它们人类群体便无法存在。"[6]因此巫医只是将象征性的幻想系统在公众面前显现出来，这些幻想其实存在于社会成员每个成年人的心灵中。"他们是这种婴幼儿游戏的引导者，是大众焦虑的避雷针。他们与魔鬼战斗，这样其他人便能打猎，与现实作斗争。"[7]

"净化自我"阶段是终止、超越或改变我们过去婴幼儿时期意象的过程

因此无论什么社会中的人，如果碰巧踏上了进入黑暗的危险之旅，有意识或无意识地下沉到自己心灵迷宫曲曲折折的小径上，他很快会发现自己身处一个由象征性形象（其中任何一个都可能吞没他）组成的景观中，这些形象像荒

凉的西伯利亚险阻和圣山一样令人惊叹。用神秘主义者的话来说，这是“净化自我”的第二个阶段，此时感觉被净化、被贬低，能量和兴趣被集中在超自然的事情上。[8]用更现代的语言来说，这是终止、超越或改变我们过去婴幼儿时期意象的过程。在梦境中我们仍会遇到永远存在的危险、相貌古怪的人、考验、神秘帮助者和给予我们指导的人物。它们在我们眼中的形式不仅反映了我们目前的整体状况，而且反映了我们必须做什么才能获得拯救。

“我站在一个黑漆漆的洞口，想要进去，”这是一位病人在开始精神分析时的梦境，“这个想法让我不寒而栗，我有可能找不到回来的路。”[9]伊曼纽·斯威登堡（Emanuel Swedenborg）在他有关梦的书中记录了自己 1744 年 10 月 19—20 日晚上的梦境：“我看到一只接一只的野兽，它们展开翅膀，它们是龙。我正在它们的上方飞翔，其中一只在支撑着我。”[①][10]戏剧家弗里德里希·黑贝尔（Friedrich Hebbel）一个世纪后（1844 年 4 月 13 日）记录道：“在梦中我被一股巨大的力量拉着，穿过人海，那里有令人胆战心惊的深渊，时不时会有一块可以抓握的石头。”[11]地米斯托克利（Themistocles）梦到一条蛇盘着他的身体，然后向上爬到他的脖子部位，当蛇碰到地米斯托克利的脸时，它变成了一只鹰，用鹰爪抓着他，带着他飞起来，飞了很长一段距离后，鹰把他放在一个突然出现的传令官的金权杖上，安安全全地着陆了，他一下子从强烈的焦虑与恐惧中解脱出来。[12]

做梦者特定的心理问题经常会以动人的、简单而有力量的方式展现出来：

“我不得不爬上一座山，路上有各种各样的障碍。现在我必须跳过一个沟，现在我不得不跨过一段篱笆，最后我必须静止不动地站着，因为我喘不过气来。”这是一位口吃者的梦境。[13]

“我站在湖边，湖水看起来完全静止不动。突然一阵风暴刮来，卷起了高

① 斯威登堡自己对这段梦境的解释是这样的：“这是一种只有你看到它们的翅膀，它们才将模样显现的龙，它象征着错误的爱情。我现在的写作正是关于这个主题的。”

高的水浪，我的脸全被溅湿了。”这是一个害怕自己会脸红的女孩的梦境，她脸红时，脸上会因为出汗而变得湿漉漉的。[14]

“我沿着昏暗的街道跟着一个女孩向前走。我只能看到她的背面，很羡慕她美好的身材。我突然被一股强烈的欲望抓住，我开始追赶她。突然一根又长又大的木头横在路上，挡住了去路，它就像是被弹簧弹出来的。我惊醒了，心脏在狂跳。”这位病人是一个同性恋者，横着路上的木头象征男性生殖器。[15]

“我坐进一辆车，但不知道怎么开车。坐在身后的一个男人指导我如何操控车子。最后情况进展得很顺利，我们来到了广场，那里站着一些女人。我未婚妻的妈妈兴高采烈地迎接我。”这个男人患有阳痿，他把精神分析师看成他的指导者。[16]

“一块石头打碎了我的挡风玻璃，现在我暴露在暴风雨中。我的眼里涌出了泪水。我能开着这辆车抵达目的地吗？”做梦的人是一个失去童贞的年轻女人，她无法忘却这件事。[17]

“我看到半匹马躺在地上。它只有一只翅膀，正在试图站起来，但做不到。”这位病人是一个诗人，他不得不靠做记者来勉强维生。[18]

“我被一个婴儿咬了。”做梦的人患有性心理幼稚症。[19]

“我被自己的哥哥锁在一间黑屋子里。他手里拿着一把大刀，我害怕他。‘你会把我逼疯的，带我去精神病院。’我对他说。他带着邪恶的喜悦，大笑着答道：‘你总是会被我抓到。咱俩被一条链子拴着。’我注视着我的腿，第一次注意到把我和我哥哥拴在一起的粗铁链。”斯泰克尔博士解释说那位哥哥就是这个病人的心病。[20]

“我正在过一座窄桥，”一个十六岁的女孩正描述着她的梦境，“突然桥断裂了，我落入水中。一位警官跟着我跳入水中，他用他那强壮的胳膊把我带到岸边。那时我突然觉得自己是一具死尸。警官也面色苍白，就像尸体一样。”①[21]

“做梦的人绝对被遗弃了，独自待在深洞一样的地下室里。房间的墙壁变得越来越窄，以至于他无法移动。”这个意象中结合了母亲子宫、囚禁、牢房和坟墓的概念。[22]

“我梦到自己不得不走过没有尽头的走廊。然后我长时间地待在一个小房间里，它看起来就像公共浴室里的浴池。他们强迫我离开浴池，我不得不再次通过又湿又滑的通道，直到我走过一扇小格子门，来到开阔的地方。我觉得好像获得了新生，我想：‘我自己分析这对我意味着精神上的重生。’”[23]

英雄必须一次又一次地通过艰难的障碍

毫无疑问，先辈们可以用神话与宗教传统的象征物和灵性练习来引导他们战胜心理上的危险，而今天我们（我们不信仰宗教，即使信仰宗教，我们所继承的信念也无法体现当代生活中真实的问题）必须独自面对，在最好的情况下也只有尝试性的、暂时的，往往不是有效的引导。作为现代人，这是我们的问题，对“有知识的”个体来说，理性已经排除了神鬼的存在。②然后在许多被保存下来的或从地球各个角落收集到的神话和传说中，我们能看到某些被描绘出来的人类进程。然而为了听到并从中受益，人们不得不在某种程度上净化并放弃自己。那是我们的问题的一部分，也就是如何净化并放弃自己。“或者你认为自己可以不用像前人那样，不用经历这样的考验便能进入极乐园？”[24]

① 斯泰克尔博士写道：“在这里‘死去’当然意味着‘活着’。她开始生活，那位警官和她一起生活。他们一起死去。这很好地解释了殉情这个很普遍的幻想。”我们还应该注意到这个梦包含着非常普遍的神话形象，也就是剑一样的桥（刀刃），这个形象曾出现在兰斯洛特爵士（Lancelot）从死神的城堡中拯救桂妮薇儿（Guinevere）王后的浪漫故事中。

② 荣格写道：“这并不是新问题。因为我们之前的各代人都相信这样或那样的神灵。只有象征主义的空前枯竭才能使我们重新发现神是精神因素，也就是潜意识的原型……天国对我们来说已经变成了物理学家的宇宙空间，神圣的天国已经成了过去的美好记忆。但是‘心在发光’，神秘的不安与焦虑在我们本性的根部噬咬。”

最早对通过蜕变之门有记录是苏美尔人有关女神伊南娜（Inanna）降入阴间的神话。

她身在“天堂”，心里想着“地狱”，
女神，她身在“天堂”，心里想着“地狱”，
伊南娜，她身在“天堂”，心里想着“地狱”。
我的女神离开天堂，离开人间，
降临到阴间，
伊南娜离开天堂，离开人间，
降临到阴间，
放弃尊贵的身份，放弃夫人的身份，
降临到阴间。

她穿着女王般的长袍，戴着珠宝，把自己装扮得很美丽，并在腰带上系着七个神的旨意。她准备进入“无返之地”，也就是由她的敌人和姐姐埃列什吉伽尔（Ereshkigal）主宰的死亡与黑暗的冥府。伊南娜唯恐她的姐姐会害死她，于是吩咐她的信使宁舒布尔（Ninshubur），如果三天后她还没有回来，就去天国众神集会的大厅里为她申诉。

伊南娜降到阴间，她向由青金石建成的神殿走去，在大门外她遇到了看门人的头目奈提（Neti），他问她是谁，为什么来这里。伊南娜答道：“我是天堂，也就是太阳升起的地方的女王。”“如果你是天堂中的女王，”他说，“来自太阳升起的地方，那为什么你要来这个无返之地？你的心如何把你引到了这条不归路上？”伊南娜说她来参加她姐姐的丈夫古伽兰那（Gugalanna）的葬礼。看门人奈提让她留在原地等着，他去通报埃列什吉伽尔。埃列什吉伽尔指示奈提为天堂女王打开七道大门，但必须遵守习俗，在每个门口除去她服饰的一部分。

他对纯洁的伊南娜说：
“来吧，伊南娜，进来吧。”

当她进入第一道门时，
她头上“平原的皇冠”被摘掉了。
“请问这是为什么？”
“哦，伊南娜，这是阴间完美的法令，
哦，伊南娜，不要质疑阴间的仪式。”
当她进入第二道门时，
她的青金石权杖被拿掉了。
“请问这是为什么？”
“哦，伊南娜，这是阴间完美的法令，
哦，伊南娜，不要质疑阴间的仪式。”
当她进入第三道门时，
她脖子上戴的小青金石被摘掉了。
“请问这是为什么？”
“哦，伊南娜，这是阴间完美的法令，
哦，伊南娜，不要质疑阴间的仪式。”
当她进入第四道门时，
她胸前闪闪发光的石头被拿掉了。
“请问这是为什么？”
“哦，伊南娜，这是阴间完美的法令，
哦，伊南娜，不要质疑阴间的仪式。”
当她进入第五道门时，
她手上戴的金指环被摘掉了。
“请问这是为什么？”
“哦，伊南娜，这是阴间完美的法令，
哦，伊南娜，不要质疑阴间的仪式。”
当她进入第六道门时，
她胸前的胸铠被拿掉了。

“请问这是为什么？”
“哦，伊南娜，这是阴间完美的法令，
哦，伊南娜，不要质疑阴间的仪式。”
当她进入第七道门时，
她身上的所有衣服都被脱掉了。
“请问这是为什么？”
“哦，伊南娜，这是阴间完美的法令，
哦，伊南娜，不要质疑阴间的仪式。”

她赤身裸体地被带到王座前，她深深地鞠躬。阴间七位阿努纳奇（Anunnaki）判官坐在埃列什吉伽尔的王座前面。他们用死亡的眼睛盯着伊南娜。

他们的言语折磨着灵魂，
他们的言语会让生病的女人变成死尸，
尸体被悬挂在木桩上。[25]

伊南娜和埃列什吉伽尔这两姐妹，一个光明一个黑暗，根据古代的符号表示，她们代表一位女神的两个方面，她们的对抗是各种艰难考验的缩影。英雄，无论男神还是女神，男人还是女人，神话中的人物还是做梦的人，通过吞掉自己的反面或被吞掉，发现并摧毁了自己的反面（即自己未知的自我），阻抗一个接一个地被破除。他必须把自己的骄傲、美德、美丽和生命放在一边，屈服于令人非常难以忍受的东西。然后他发现他和自己的反面并非不同的种类，而是一体的。①

折磨考验是第一道阈限的问题的深化，而以下这个问题依然未见分晓：自我能置自己于死地吗？因为自我就像九头蛇的许多头，砍掉一个，又冒出两个，除非在残根上涂抹适当的腐蚀剂。出发并进入考验之地只意味着漫长而危

① 或者正如詹姆斯·乔伊斯（James Joyce）所说：“同等的对立面由本性或灵魂中相同的力量逐渐演化而成，就像显现其正反两方面的单一条件和方法，同时联合它们不相容的方面会导致极化。”

图23 众神之母
（木雕，埃格巴-约鲁巴人，尼日利亚，日期不明）

险的获得启蒙与解释之旅的开始。恶龙必须被杀死，英雄必须一次又一次地通过艰难的障碍。同时英雄也会获得许多初步的胜利、无法抑制的狂喜以及对缤纷乐园的短暂一瞥。

遇到女神

她是母亲、姐妹、情人、新娘，任何可能带来快乐的事物都预示着她的存在

当所有的障碍和食人魔都被战胜后，最终的冒险通常表现为凯旋的英雄与女王的神秘婚姻。这是在最低点、最高点、地球的最边缘、宇宙的中心、庙宇的神龛或者在心灵最深处发生的关键阶段。

爱尔兰西部仍流传着荒岛王子（Lonesome Isle）和火井夫人（Tubber Tintye）的故事。为了治愈爱尔兰（Erin）女王，英勇的年轻人不得不从燃烧的仙井中取三瓶水。他在路上遇到了超自然的妇人并听从了她的建议，骑着妇人给他的一匹肮脏、瘦小、鬃毛粗而蓬乱的马，穿过火焰河并逃出了一片有毒的树林。这匹马以风的速度穿过火井城堡的界限，王子从马背上跳进一扇敞开的窗户，安然无恙地进入了城堡。

> 巨大的城堡，到处都是沉睡的海洋中和陆地上的庞然大物或怪物——巨大的鲸鱼、又长又滑的鳗鱼、熊以及各种各样的野兽。王子从它们身边和头顶经过，来到巨大的楼梯前。在楼梯的尽头他走进一个房间，在那里他发现一位他所见过的最美丽的女子躺在沙发上睡着

了。“我没有什么要跟你说的。”他想，于是去了另一个房间，就这样他查看了十二个房间。在每个房间里都有一个比前一个房间中的女子更美丽的女子。当他来到第十三个房间并打开门时，金子的光芒差点闪瞎了他的眼睛。他一动不动地站了一会儿，等视力恢复后他走进房间。在这个又大又明亮的房间里有一个放在黄金轮子上的金卧榻。轮子不停地转，沙发也跟着一圈又一圈地旋转，昼夜不停。在卧榻上躺着的是火井女王。如果说火井女王的十二个侍女非常美丽，那么她们的美丽与火井女王的美丽相去甚远。卧榻的底座便是燃烧的仙井，它和女王的卧榻一起不停地旋转。

王子说：“说实在话，我要在这里休息一会儿。”他登上卧榻，休息了六天六夜都没有离开。[26]

在童年故事和神话中，寝室里的沉睡女子是人们所熟悉的人物。我们已经在布琳希尔德和睡美人的故事中讲到过她了。[27]她是美人中的极品，能够满足所有的愿望，是每位英雄所追求的尘世的和超自然的天赐之福。她是母亲、姐妹、情人、新娘。世界上任何充满诱惑的东西，任何可能带来快乐的事物都预示着她的存在——存在于深沉的睡梦中。由于她是完美的化身，是灵魂的保证，保证灵魂在不完美的世界中的放逐将要结束时，能够再次感知到曾经感知过的幸福，再次感知我们在遥远的过去曾经感知过，甚至体验过的“好”母亲，她年轻美丽，给予我们安慰和滋养。时间将她与我们隔离，但是她依然存在，就好像沉睡在超越时间的海洋最深处。

回想起来的形象不只包括“好”母亲，还包括“坏”母亲：（1）失职的、可望而不可即的母亲，我们对她会产生攻击性的幻想并且害怕受到她的反击；（2）以妨碍、禁止和惩罚为教育中心的母亲；（3）不肯放手的母亲，紧抓着已经长大成人、想要摆脱她的孩子；（4）想被得到但不准被得到的母亲（俄狄浦斯情结），她的存在是一种危险欲望的诱惑（阉割情结）——始终存在于成年人对婴幼儿时期的回忆中，这是一个隐秘之地，有时它具有更强大的力量。她是这类可望而不可即的女神形象的根源，就像既端庄又可怕的狄安娜。她对年轻狩猎者阿克泰翁（Actaeon）的彻底毁灭说明在这种被阻碍的心灵与肉体欲望的象征中包含着巨大的恐惧。

阿克泰翁碰巧在正午时看到了这位危险女神，这一时刻是决定性的，太阳破坏了这位年轻人充满活力的上升之势，他开始向着死亡剧烈地下沉。在追逐了一上午猎物后，阿克泰翁留下他的同伴和几只纯种猎犬休息，自己则毫无目的地漫步，离开了经常在其中狩猎的树林和田野，在旁边的树林中探索。他发现了一个长着茂密的松柏的溪谷。他好奇地钻进密林深处，那里有一个洞穴，流出一股潺潺的泉水，泉水汇聚成一个长满青翠水草的池塘。这个隐蔽的地方是女神狄安娜的休养胜地，此时她正全身赤裸地和她的仙女们洗浴。她把她的长矛、箭袋、没有上紧弦的弓，还有她的长袍和凉鞋放在一边。一个赤身裸体的仙女把她的头发挽成发髻，还有一些仙女在用大瓮倒水。

当四处漫游的阿克泰翁闯入时，一个仙女惊恐地尖叫了一声，所有仙女都聚集在她们女主人的身边，试图躲避开他亵渎的眼睛。狄安娜站得比其他仙女高，露出了头和肩膀。这个年轻人看到了狄安娜，而且没有挪开视线。狄安娜瞟了一眼她的弓箭，但够不着它，她只好捧起水泼到阿克泰翁的脸上。她愤怒地对他喊叫：“现在如果你尚能说话，你可以去跟他们说你看到了赤裸的女神。”

阿克泰翁的头上长出了鹿角，他的脖子变得又粗又长，耳朵末端变尖了。他的胳膊变长了，到了腿的位置，手和脚变成了蹄子。他非常害怕，跳起来奔跑，并吃惊地发现自己跑得非常快。但是当他停下来喘息，在清澈的水池里饮水并看到自己的样子时，他吓得连连倒退。

接下来，可怕的命运降临到阿克泰翁身上。他的猎犬闻到了牡鹿的气味，吠叫着穿过树林。在听到它们的叫声时，阿克泰翁一度开心地停下来，但马上开始害怕地奔逃。猎犬们跟着他追赶而来，眼看就要追上了。猎犬追上了他，当第一只猎犬猛烈攻击他的侧面时，他试图喊出它们的名字，但他喉咙发出的不是人类的声音。它们用尖牙死死咬住他，他倒在地上。和他一起打猎的同伴大声鼓励猎犬并及时赶到，给了他致命一击。狄安娜奇迹般地知道了阿克泰翁奔逃和丧命事实，现在她可以平息怒气了。[28]

狄安娜与阿克泰翁
（古希腊的大理石墙面，西西里岛，公元前460年）

图24

神话中宇宙之母的形象将女性最早的养育与保护特点归于宇宙。最初这种幻觉是自发的，因为年幼的孩子对自己母亲的态度和成年人对周围物质世界的态度之间存在着明显的一致性。[29] 不过其中也存在大量宗教传统，它们有意地控制这种原型形象的教育作用，目的是净化、平衡并引导人们的心灵，以领悟到可见世界的本质。

在中世纪和现代印度的密宗书籍中，女神的住所被称为如意珠宝之岛（Mani-dvipa）。她的卧榻兼宝座就在如意树丛中。岛上的海滩都是金沙铺成的。仙酒之海的海水冲刷着金沙。生命之焰使女神看起来是红色的，太阳系以及遥远太空的星系都存在于她的子宫中，因为她是世界的创造者，是永恒的母亲、永恒的童贞女。她促成促成者，滋养滋养者，是所有生物的生命。

THE HERO WITH A THOUSAND FACES

印度教的宗教经典分为四类：(1)《天启书》(*Sruti*)，被认为是神的直接启示，包括四部吠陀本集（古代圣诗经典）和《奥义书》(古代哲学经典)；(2)《圣传书》(*Smṛti*)，其中包括正统圣人的传统教义、对本国仪式的标准指导、世俗法律和宗教法律的某些著作以及伟大的印度教史诗《摩诃婆罗多》(*Mahābhārata*)，当然它其中的《薄伽梵歌》(*Bhagavad Gītā*)也包含在内；(3)《往世书》(*Purāna*)，它们是最卓越的印度教神话著作和叙事诗，涉及天体演化、神学、天文学和物理学知识；(4)《坦陀罗》(*Tantra*)描述的是敬拜神灵、获得超自然力量的技术和仪式。其中有一类特别重要的经文被称为《阿含经》(*Āgamas*)，被认为是主神湿婆神和他的妻子雪山女神直接给予的启示（因此它被称为“第五部吠陀本集”)。这些支持了一个被称为“坦陀罗密教”的神秘传统，它对后来印度教和佛教画像的形式产生了普遍的影响。密宗的象征符号体系被中世纪的佛教带出印度，进入中国和日本。

她也是所有死亡事物的死亡。存在物的完整周期在她的支配下完成，从出生，到青春期、成熟和衰老，直到进入坟墓。她既是子宫，又是坟墓：她是吃掉自己小猪的母猪。因此她将“好”与“坏”结合在一起，展现出记忆中母亲的两种模式，不是个人意义上的母亲，而是普遍意义上的母亲。信徒对这两个方面应该同样安之若素。通过这种练习，他灵魂中幼稚而不恰当的多愁善感和怨恨会被净化，他的心灵对神秘的存在敞开。这种存在不是为了人类的方便，非常孩子气的“好”与“坏”或福与祸，而是生命本质的法则与象征。

19世纪伟大的印度神秘主义者罗摩克里希纳（Ramakrishna，1836—1886）是一座新修建起来的供奉宇宙之母的寺庙中的僧侣。寺庙位于加尔各答郊区的达克希什瓦（Dakshineswar）。寺庙中的塑像同时体现了宇宙之母的两个方面：可怕与仁慈。她的四条胳膊展示了她的万能力量：左上的手挥舞着血淋淋的刀，左下的手抓着一个被砍下来的人头的头发，右上的手摆出“施无畏印”的手势，右下的手伸展，赐予恩惠。她戴的项链是由人头组成的花环，她的短裙是围成一圈的人的手臂，她的长舌头伸出来舔吸血液。她是宇宙的力量，宇宙的全部，所有成对的对立物的和谐，将对彻底毁灭的恐惧与非个人的但富含母性的安慰很好地结合在一起。在时间长河以及生命之流的改变中，宇宙之母既创造、保护，同时又破坏。她就是卡莉女神，黑色的宇宙之母，被称为“跨越生存之海的渡船”。[30]

一个安静的下午，罗摩克里希纳看到一个美丽的妇人从恒河里走上来，走向他正在其中冥想的小树林。他看出那个女人将要分娩。过了一会儿婴儿出生了，她温柔地给他喂奶。但不久她呈现出可怕的一面，把孩子送进她丑陋的血盆大口中，把孩子咬碎并咀嚼，然后咽了下去，她再一次回到恒河里，消失了。[31]

毁灭性的卡莉女神（木雕，尼泊尔，18—19 世纪）

图25

只有大彻大悟、天资过人的人才能承受得住这位女神庄严的启示。因为对于天资较差的人，她会降低自己的光辉，以符合他们较低的能力。对于灵性上还没有准备好的人来说，看到女神完整的形象都会是一件可怕的事情，就像看到年轻好色的阿克泰翁所发生的不幸状况。他不是圣人，只是一个狩猎者，他毫无准备地看到了必须抛弃正常人类（也就是婴幼儿的）的欲望、惊奇和恐惧才可以看的启示形式。

她永远不能比他更伟大，尽管她所能预示的总会比他所能理解的多

在神话学的图像语言中，女性代表所能知道的事情的全部。英雄就是逐渐知道这些事情的人。在他获得启示的缓慢过程中（也就是生命过程），对他来说女神的形式会经历一系列改变：她永远不能比他更伟大，尽管她所能预示的总会比他所能理解的多。她诱惑、引导、命令他突破自己的羁绊。如果他能配合她的启蒙，那么两个人——求知者和知晓者都能摆脱各种局限。女性是达到感官冒险巅峰的向导。在不完善的人眼中，她被贬低为劣等低下的；在无知邪恶的人眼中，她被符咒镇在平庸与丑陋中；但在理解者的眼中，她会得到救赎。能够以她所需的仁慈与镇定的态度接纳她，不会过分激动与混乱的英雄将成为她所创造的世界的国王，也就是神的化身。

例如有一个故事与爱尔兰奥凯德国王的五个儿子有关。一天，他们出去打猎，发现他们迷路了，各个方向都走不通。他们非常口渴，于是一个接一个地去找水。第一个出发的是费格斯。

> 他偶然发现了一口井，看到一位老妇人站在那里看守井。这个丑老太婆的模样是这样的：她从头到脚的每个关节、每个部分比煤还要黑。金属丝般的灰色头发像野马的尾巴一样从她头皮的表面刺出来。淡绿色镰刀一样的獠牙一直弯到她耳朵的位置，她可以用獠牙砍

下茂密的橡树林的嫩枝。她的眼睛被熏黑了，模糊不清。她的鼻子是歪斜的，鼻孔很大。肚子上的皮肤皱皱巴巴，长满了雀斑。包裹着的小腿是畸形的，脚踝巨大，还有一双铁铲一样的大脚。她的膝盖长着节疤，她的指甲是铅灰色的。事实上，丑老太婆的整个样子令人作呕。“在这里取水，对吗？”小伙子问。老太婆回答说：“正是在这里。”他问：“你是在看守这口井吗？”“是的。”她答道。“你能允许我取走一些水吗？”“可以，只要你亲吻了我的面颊。”小伙子说：“不行。”“那我就不给你水。”“我发誓我宁可渴死，也不会吻你。”然后年轻人离开这里，回去找他的兄弟们，告诉他们他没弄到水。

奥利欧尔、布莱恩和费科厄的情况也差不多，他们出发去找水，来到同一口井边。每个人都恳求丑老太婆给他一些水，但都拒绝吻她。

最后去找水的是尼尔，他也来到那口井边。

“女士，让我取些水！”他大喊道。老太婆说：“我会给你水，只要你吻我。”他回答道：“我不仅会吻你，还要拥抱你！”然后他弯下腰拥抱老太婆并亲吻她。做完这些事情后，当他再看她时，他发现全世界没有哪个人比眼前的这位少女步态更优雅，更美丽：她从头到脚的肌肤像刚落下的白雪一样白皙。她长着王后般丰满的前臂，十指纤纤，两条腿笔直修长。她柔软光滑的脚上穿着一双白色青铜材质的凉鞋。她身上披着上等羊毛制成的深红色斗篷，衣服上别着白银的胸针。她的贝齿闪着光泽，眼睛中流露出庄严，嘴唇像花楸浆果一样鲜红。“嘿，你集所有的魅力于一身，”这位年轻人说，“千真万确，但你是谁？”“我是‘王国法则’。”她答道，接着她又说：

“塔拉国王，我是‘王国法则’……”

她说：“现在带着水回到你兄弟那儿去。此外，你和你的子孙将永远统治这个王国，享有至高无上的权力……而且正如你一开始看到的是丑陋、粗野、令人讨厌的我，最后看到了美丽的我一样，王国的法则也是如此：没有战争、没有野蛮的冲突，便可能没有胜利，但认为外在的美丽和标致并不重要的人最终会成为国王。”[32]

这就是王国的法则吗？这就是生命本身。守护永不枯竭之井的女神要求英雄天生具有行吟诗人和吟游歌手所说的“温柔的心”，无论她们是像费格斯看到的样子，还是像阿克泰翁、荒岛王子看到的样子。只有通过温柔，英雄才能理解并恰当地为她服务，而阿克泰翁那种兽性的欲望以及费格斯那种挑剔的反感都是不可取的。在 10~12 世纪日本文雅的情诗中，这种温柔被称为“敏感”（即温柔的同情）。

爱将自己隐藏在温柔的心里，
就像树林的绿荫丛中的小鸟。
按照大自然的规律，爱情不会出现在温柔的心之前，
温柔的心也不会出现在爱情之前。
因为太阳一出来，阳光也马上突然迸出，
它也不会出现在太阳升起之前。
爱情的作用存在于本性的温柔之中，
就像在火的中心，温度最高。[33]

与女神（她体现在每一位女性身上）的相遇是对英雄的最后考验，考验他是否具有赢得爱的恩惠（命运之爱）的能力。爱的恩惠就是生命本身，当感觉生命是被封装起来的永恒时，我们就能享受到爱的恩惠。

在这种背景中，如果冒险者不是一个小伙子，而是一位少女，那么凭借她的品质、美貌或思慕，她就是适合做神的配偶的人。接下来天国的丈夫降临到她身边，将她带上他的床，无论她是否愿意。如果她回避他，那便是她眼拙；如果她追求他，那么她的欲望将获得满足。

追踪豪猪的阿拉巴霍女孩爬上不断长高的树，被引诱到天国居民的营地。在那里她成为一位天国青年的妻子。正是这位青年变成豪猪的样子，引诱她来到他超自然的家。

童话故事中国王的女儿在发生了井边冒险的第二天，听到有人砰砰地敲城堡的大门：青蛙来要求她履行约定。青蛙不管公主的厌恶，跟着她来到餐桌的椅子上，和她一起用她的小金盘子和杯子吃饭喝水，甚至坚持要和她一起在她柔软光滑的小床上睡觉。公主气愤地把青蛙从地上扯起来，使劲往墙上扔。当青蛙落地时，他不再是青蛙，而变成了一位王子，有着善良漂亮的眼睛。然后他们结婚了，驾着华丽的马车回到期盼王子归来的王国，在那里他们成了国王和王后。

或者当塞姬完成了所有困难的任务后，朱庇特亲自给了她一剂长生不老药，这样她便可以永远和她所爱的丘比特一起生活在完美的天堂中了。

希腊东正教教会和罗马天主教教会都会庆祝圣母蒙召升天的神迹：

“圣母玛利亚被带到天国的新房里，在那里万王之王坐在他星光闪耀的宝座上。”

“哦，最谨慎的童贞女，像晨光一样明亮，你要去哪里？哦，天国的女儿，你是那么美丽、甜蜜，像月亮一样美丽，像太阳一样卓越。”[34]

妖妇的诱惑

懊悔遗憾是迟来的启示

与女神王后的神秘婚姻代表英雄对生命的完全掌控，因为女性就是生命，

图26 打开的童贞女（多彩木雕，法国，15世纪）

英雄不仅了解生命，而且能够掌控它。英雄经历的这些考验，对他最终的体验和行为来说是预备性的，象征着获得领悟的关键时刻，借助这些领悟，英雄的意识被放大了，这样他便能完全接受自己命中注定的新娘，也就是母亲兼破坏者。由此他知道他和自己的父亲是一体的：他取代了他的父亲。

用极端的措辞来表达，这个问题听起来与普通人的生活离得非常远。然而对生活情境中每一个失误的应对最终必然会造成意识的限制。战争和发脾气是无知愚昧的表现；懊悔遗憾是来得太迟的启示。普遍存在的有关英雄冒险的神话的整体意义在于，它将被作为男人和女人的普遍模式，无论他们位于这个衡量标准的什么位置。因此阐述它时采用了非常宽泛的措辞。个体可以参考这个普遍的人类公式来找到自己的位置，然后让它来帮助他跨越限制自己的藩篱。他的食人魔是谁，在什么地方？它们反映了他自己人性中尚未解决的谜题。他的理想是什么？它们是他掌控生命的征兆。

在现代精神分析师的办公室里，英雄历险的各个阶段再次出现在病人的梦境和幻想中。精神分析师扮演帮助者的角色，也就是启蒙性的祭司角色，和病人一起追根究底地洞察对自我的无知。在刚开始的激动兴奋过后，历险通常会演变成黑暗、震惊、厌恶和幻想的恐惧之旅。

困难的症结在于，我们对生活应该是怎样的这种有意识的看法很少符合现实的生活。在我们自己的内心或者对朋友，我们通常不会完全承认我们是爱出风头的、自我防御的、令人反感的、嗜血的、好色的，虽然它们正是有机体的本性。相反，我们倾向于对此进行粉饰和重新解释，同时想象所有油膏中落入的苍蝇、汤中掉进的头发都是其他某些令人不愉快的人的过错。

但是当我们突然明白或被迫注意到，我们所想所做的每一件事必然沾染了人性的气味时，便常常会感到一阵厌恶：生命、生命的行为、生命的器官，尤其是作为伟大生命象征的女性，对非常纯洁的灵魂来说会变得无法忍受。

啊，但愿这个太坚实的肉体会融解，
消散化成一堆露水！
或者那永生的真神！
未曾制定禁止自杀的律法！上帝啊！上帝啊！

那个时代的伟大代言人哈姆雷特这样感叹道：

人世间的一切，
在我看来是多么可厌、陈腐、乏味而无聊！
哼！哼！那是一个荒芜不治的花园，
长满了恶毒的莠草。
想不到居然会有这种事情！[35]

当俄狄浦斯知道他的王后是谁时，他第一次占有她时的单纯快乐变成了精神上的创痛。像哈姆雷特一样，他被父亲的道德形象所困扰，他抛弃了世界的美好，开始寻找比这个充斥着乱伦、通奸、放纵和不可救药的母亲的世界更高尚的世界。寻找超越生命的生命追求者一定要摆脱她，抗拒她的诱惑，上升到完美无瑕的天国。

> 一个神召唤他，召唤了很多次。
> 同时从四面八方召唤："嗨，俄狄浦斯，
> 你，俄狄浦斯，我们为什么逗留？[36]
> 你停留的时间太长了，来吧！"

只要这种俄狄浦斯—哈姆雷特式的厌恶依然困扰着灵魂，世界、身体，尤其是女人就会变成失败的象征，而不是胜利的象征。僧侣及清教徒式的、否定世界的道德体系会立即彻底地改变所有的神话形象。英雄再也不能清白无辜地接受肉欲女神，因为她已成为罪恶女王。

印度教僧侣商羯罗大师（*Saṅkarāchārya*）写道：

> 只要人重视这种像尸体一样的身体，那么他就是不纯洁的，将受到他的敌人以及生老病死的折磨。但是当他认为自己是纯洁的，拥有善良与坚定的本质，他就获得了自由……抛弃本质上污秽、无活力的肉体的限制，不再关注它。因为曾经引起你呕吐的东西（就像身体应该令你呕吐）会使你在回想起它时再次激起你的厌恶感。[37]

在西方圣徒的生活和文字中，我们可以看到这个熟悉的观点。

> 圣彼得看到自己的女儿佩德罗尼拉（Petronilla）太过美丽时，他认为女儿应该生病发烧并得到上帝的恩准。一天，当他的门徒们与他在一起时，提图斯（Titus）问他："你能够治愈所有的疾患，为什么不把佩德罗尼拉的病治好，让她可以下床呢？"彼得回答说："因为我对她现在的情况很满意。"这绝不是说他没有能力治愈她，因为他马上对女儿说："起来，佩德罗尼拉，赶紧来服侍我们。"这个年轻的

女孩病好了，从床上起来服侍他们。当她服侍完后，她父亲对她说："佩德罗尼拉，回到你床上去！"她回到床上，再一次发起烧来。后来，当她完全爱上帝时，她的父亲使她彻底恢复了健康。

那时一位名叫弗拉库斯（Flaccus）的高贵绅士被她的美貌打动，前来求婚。佩德罗尼拉答道："如果你希望娶我，请派一些年轻女孩来把我领到你家！"但是当这些女孩来到时，佩德罗尼拉开始禁食和祈祷。接受了圣餐后，她躺在床上，三天后将自己的灵魂献给了上帝。[38]

克莱尔沃（Clairvaux）修道院的圣伯纳德（Bernard）小时候患有头疼的毛病。一天，一位年轻的女人来看望他，用歌声缓解他的痛苦。但是这个愤怒的孩子把她从房间里赶了出去。上帝因为他的热忱奖励他，他很快从床上起来，病好了。

人类的古老仇敌看到小伯纳德这么健康，便设陷阱来考验他的贞洁。然而当这个孩子受到魔鬼的教唆，比如一天他盯着一个女人看了一阵子，突然他为自己感到羞愧，并进入池塘冰冷的水中忏悔，直到寒气刺入他的骨头。另一次当他睡觉时，一个年轻女孩赤裸着来到他的床上。伯纳德感觉到了她，默默地往自己躺的那边退缩，滚到床的另一边继续睡觉。女孩轻抚、拥抱了伯纳德一会儿，不久这个不快乐的女孩尽管厚颜无耻，但还是感到非常羞耻，起身跑掉了，心中充满了对自己的厌恶和对伯纳德的钦佩。

又有一次，伯纳德和他的朋友在一位富有的夫人家受到款待。夫人看到伯纳德很英俊，热切地渴望和他睡觉。那天晚上她从自己的床上下来，躺到了伯纳德的身边。但是当他一感觉到有人靠近时便开始大喊："小偷！小偷！"那位夫人立即跑掉了，这时整个屋子里的人都起来了，灯笼被点燃，每个人都在四下寻找小偷。结果什么都没找到，于是大家又回到床上睡觉，除了那位夫人，她睡不着，于是再次起来溜上了伯纳德的床。伯纳德开始大叫："小偷！"人们再次醒来，到处寻找。在那之后，那位夫人又一次受到了同样的冷落，最后出于敬畏或失望，她放弃了自己邪恶的计划。第二天走在路上时，伯纳德的同伴问他为什么那么多次梦到了小偷。他答道："我不得不击退小偷的攻击，因为我们的女主人想要抢走我的珍宝，如果我失去它，便永远不能得到它了。"[39]

所有这一切都使伯纳德相信和魔鬼生活在一起很危险，因此他决定摆脱尘世，进入西多会修道院。

然而即使是修道院的围墙，甚至偏远的沙漠也不能隔绝女人，因为只要遁世者依然是有血有肉的活人，生命的意象便会猛烈地冲击他的内心。在埃及西贝德沙漠苦修的圣安东尼被色情的幻影所困扰，这是被他充满魅力的孤寂所吸引的女魔鬼干的坏事。幻影中有令人无法抗拒的下体，触手可及的丰满乳房，这些幻影对历史上所有隐士来说并不陌生。"啊！英俊的隐居者，英俊的隐居者……如果你用手指抚弄我的肉体，那会像一股火流遍你的血管。占有我身体的很少一部分便能让你充满快乐，比征服一个王国的快乐更强烈。把你的嘴唇伸过来吧……"[40]

新英格兰人科顿·马瑟（Cotton Mather）写道：

在前往乐土的路上，我们会经过到处飞着火蛇的荒野。但是承蒙上帝保佑，至今为止它们还没有缠住我们不放，让我们困扰不已。在去天国的路上有很多虎豹豺狼，有成群的魔鬼……在这个世界中我们是可怜的行路者，这个世界是魔鬼的地盘，也是魔鬼的监牢，魔鬼和一伙伙强盗在每个角落里安营扎寨，纠缠烦扰着所有朝向天堂前进的人。[41]

与天父重新和好

仁慈与恩典的形象被生动地表达为正义与愤怒的形象

“上帝的愤怒之弓已经拉开，箭在弦上，正义将箭对准你的心，用力拉满弓。箭上没有沾满你的血，不是因为别的，而是因为上帝的快乐，愤怒的上帝的快乐，完全没有承诺或责任……”

乔纳森·爱德华兹（Jonathan Edwards）用这些话威胁他的新英格兰会众，向他们揭示天父严厉、可怕的一面。他把神话中痛苦的折磨讲给会众，吓得他们呆坐在教堂的长凳上。因为尽管清教徒禁止使用雕像，但他可以采用语言描绘神的形象。乔纳森·爱德华兹大声吼叫道：

> 上帝的愤怒像被大坝阻拦的洪水，水越积越多，水位越涨越高，直到大坝上有了出口。水被阻拦得越久，一旦被放开时水流就会越迅猛。迄今为止虽然还没有对你罪行进行审判，上帝复仇的洪水还被阻挡着，但与此同时你的罪行在不断增加，你每天都在积累更多上帝的愤怒，水位不断升高，水势变得越来越大。把不愿被阻拦、使劲向前冲的水挡住，只是因为上帝高兴这样做，只要上帝把放在防洪闸门上的手收回去，闸门就会立即敞开，上帝之怒的汹涌洪水就会异常迅猛地冲出来，以无限的力量冲向你。即使你的力量比它大一万倍，甚至比地狱中最健壮的魔鬼的力量还要大一万倍，也无法阻挡或承受它……

在用水进行了威胁之后，乔纳森牧师接下来转向了火。

> 上帝把你举到地狱之火上，就像一个人把蜘蛛或其他某种令人憎

恶的昆虫放到火上。上帝憎恶你，而且他被你激怒了：他对你的愤怒就像熊熊燃烧的烈火，他认为你毫无价值，只配被扔进火里。他纯洁的眼睛容不下你出现在他的视线里。在他的眼里，你比我们眼里最可恨的毒蛇还要讨厌一万倍。你对他的冒犯比最顽固的反抗者对他的王子的冒犯大无数倍。而且只有他的手能每时每刻避免你落入火中……

哦，有罪的人……你被一根细线吊着，神愤怒的火焰在你周围燃烧，时刻准备着把你烤焦，让你化为灰烬。你对任何调解者都不感兴趣，你抓不住任何可以用来拯救自己的东西，你无法诱使上帝让你多苟延残喘一会儿……

但是最终出现了重生的形象，虽然只有短暂的一会儿：

因此上帝圣灵的巨大威力永远不会作用于你的灵魂，让你回心转意，逃过惩罚；从来没有重生，永远不会让有罪的死人再生，达到一种新的状态，体验到前所未有的光明与生命（然而你的生命可能在很多方面发生改变，可能拥有宗教情感，在你家里、小房间里和教堂里保持宗教仪式并严格遵守）。因此你完全被愤怒的上帝掌握，此时只有他的快乐能让你免于万劫不复。[42]

能够使有罪的人免于弓箭、洪水和火焰的“上帝的快乐”源自传统的基督教词汇：上帝的“仁慈”；而使有罪的人回心转意的“上帝圣灵的巨大威力”源自上帝的“恩典”。在大多数神话中，仁慈与恩典的形象被生动地表达为正义与愤怒的形象，这样便保持了平衡，因此心灵一直受到鼓励，而不是受到严惩。当湿婆神在信徒面前跳宇宙毁灭之舞时，他的手势表示“无畏”。“不要害怕，因为神会安排好一切。生生灭灭的形式——你的身体也是一种形式，都是我舞动的四肢的闪现。既然完全了解我，你又有什么可怕的？”圣礼的魔力（其有效性来自耶稣基督的痛苦或佛陀的冥想）、原始护身符的保护作用以及童话故事和神话中的超自然保护者都在向人类保证，弓箭、火焰和洪水并不像它们看上去的那样严酷无情。

天父残暴的一面反映的是受害者的自我——源自被遗忘的婴幼儿时期的重要情景，以及固着的偶像崇拜，它使人们深陷罪恶感中，阻碍成年人的心灵获得更好的平衡，对天父，进而对世界具有更现实的看法。只有抛弃自我产生的双重魔鬼——被认为神的龙（超我）和被认为罪恶的龙（被压抑的本我）才能得到救赎。但是这需要我们放弃对自我本身的固着，这是非常困难的。人们必须相信天父是慈悲的，并且依赖他的慈悲。此后信仰的核心便被转移到了折磨人的超我之外，可怕的食人魔消失了。

创世记（壁画局部，意大利，1508—1512 年）

阿南达·库玛拉斯旺米（Ananda K. Coomaraswamy）[43]和海因里希·齐默尔（Heinrich Zimmer）[44]曾经很好地说明了这种生动形象的象征意义。简单来说就是，伸出的右手拿着鼓，击鼓的节拍就是时间的节拍，时间是创造世界的第一要素。伸出的左手拿着火焰，它可以使一切化为虚无。第二只右手施无畏印，第二只左手指着抬起的左脚，摆着象征“大象”的姿势（大象是“穿过丛林的开路者”，也就

是神圣的向导）。右脚被安置在小矮人的背上，这个小矮人是“不知”魔鬼，它象征灵魂从神到物质的转变，但左脚抬起，表示灵魂的解脱：左脚是“象手”所指的脚，令人放心，也就是“无畏”。神的头平静安详，静止不动，处于创造与毁灭的动态平衡之中，创造和毁灭分别由摇摆的手臂和右脚跟缓慢踏地的节奏来表示。这意味着在中心一切都是静止的。湿婆神的右耳环戴着男人的耳环，左耳戴着女人的耳环，因为神包含并且超越了成对的对立物。湿婆神的面部表情不悲不喜，是无动于衷的鼓动者的面容，既超然又身处其中，代表了世界的极乐与痛苦。他狂乱的头发代表印度瑜伽修炼者长期没有修剪打理的头发，在舞蹈中头发飞扬起来。通过孤独的冥想，修炼者发现了生命的悲与喜，但它们是不二统一体“存在—觉知—喜悦”的两个方面。活着的蛇构成了湿婆神的手镯、臂环、脚链和婆罗门的圣线[45]。这意味着蛇的威力——神秘的神的创造能量，造就了他的美丽。神的创造能量是湿婆神在包含万物的宇宙中的显现，也是湿婆神显现的物质基础和形式因。湿婆神的头发里有一个骷髅头，这是死亡的象征，前额有毁灭之王的装饰，还有象征出生和繁衍的新月，这是他给予世界的另一个恩惠。在他的头发里还有曼陀罗花——可以用这种植物制造令人迷醉的东西（与狄俄尼索斯的酒和弥撒酒进行比较）。在他的发丝中隐藏着一个小小的恒河女神的形象，因为正是他用头接住了从天而降的恒河水，减轻了河水对地球的冲击，让赐予生命与救赎的河水和缓地流向地球，在恒河水中肉体与灵魂可以得到恢复。湿婆神的舞姿可以被看成是象征性的音节 AUM（ओं或ॐ），它是四种意识状态和它们的体验领域在语言中的对应物（A：清醒意识；U：梦境意识；M：无梦的睡眠；神圣音节周围的无可知[46]）。因此湿婆神既在崇拜者之中，又在崇拜者之外。

图28 湿婆神，宇宙舞蹈之王（青铜铸造，印度，10—12世纪）

这样的形象说明了偶像的功能和价值，说明了为什么不必对偶像崇拜者进行长时间的布道。信徒可以在适合自己的时候静静地沉浸在神圣象征的意义中。而且就像神佩戴臂环和脚链一样，信徒也会佩戴，意义都是相同的。信徒的臂环和脚链是由黄金（一种不会腐蚀的金属）构成的而不是蛇。黄金象征着不朽，不朽是神的神秘的创造能量，这正是身体的美好。

生活和当地习俗中的许多其他细节也根据偶像的细节进行了类似的复制、解释和证实。这样，整个生活都被打造得有利于冥想修行。人们无时无刻不生活在无声的布道中。

正是在这种折磨中，英雄会从帮助他的女性人物那里获得希望和保证。借助女性帮助者的魔法（花粉护身符或调解的力量），英雄在天父摧毁自我的、可怕的启蒙经历中能够得到保护。如果相信令人恐惧的天父是不可能的，那么英雄一定会去相信其他人（蜘蛛女、圣母）。借助这种信赖而获得的支持，英雄渡过了危急关头，只有到最后他才发现其实父亲和母亲相互反映，他们本质上是一样的。

儿子与父亲争夺宇宙的控制权；女儿与母亲，想成为被征服的世界

纳瓦霍的孪生战士带着蜘蛛女的建议和护身符出发了。他们历尽艰险，走过能把人切成碎片的芦苇和仙人掌，穿过滚烫的沙子，最终来到了他们的父亲——太阳的家。大门由两只熊看守，它们直立起来，大声咆哮，但蜘蛛女教给他们的咒语让两只大熊再次趴下。之后的威胁包括两条蛇、大风和闪电——终极阈限的守卫者。[①] 利用咒语，所有的阈限守卫者都很容易被安抚。

太阳的家由绿松石建成，它矗立在一大片水域的岸边，非常宏伟结实。男孩们走进房屋，看到西边坐着一个女人，南边坐着两个英俊的青年，北边坐着两个漂亮的姑娘。姑娘们站起来，一句话没说，把两个男孩包裹在四块天空做成的袍子里，然后把他们放在架子上。男孩们安静地躺着。不久门上挂着的拨浪鼓被摇了四下，其中一个姑娘说："我们的父亲要来了。"

太阳的承载者大步走进他的家，把太阳从背上卸下了，挂在西面墙上的一个挂钩上。太阳在挂钩上摇晃了一会儿，发出"当啷、当啷"的声音。他转向那个比较年长的女人，生气地问道："今天进来的两个人是谁？"女人没有回答。几个年轻人互相看了看。扛着太阳的人生气地问了四遍，那个女人对他说："你最好不要说太多话。今天这两个年轻人来这里寻找他们的父亲。你曾经告诉我，你出门的时候没有去拜访过任何人，除了我你没有见过其他女人。那么他们是谁的儿子？"她指着架子上的包裹，孩子们意味深长地相视而笑。

① 与伊南娜跨越的各种阈限进行比较。

扛太阳的人从架子上把包裹拿下来，打开四件长袍（黎明长袍、蓝色天空长袍、黄色傍晚之光长袍和黑暗长袍），男孩们掉在地上。他立即抓住他们，凶狠地将他们朝放在东面的白色贝壳的巨大尖刺扔过去。男孩们紧紧抓着他们的生命羽毛，随即被反弹回来。这个人又把他们扔向南面的绿松石尖刺、西面的鲍鱼尖刺和北面的黑色岩石尖刺。男孩们始终紧紧抓着他们的生命羽毛并被反弹回来。太阳说："我希望他们真的是我的孩子。"

THE HERO WITH A THOUSAND FACES

代表指南针四个点的四种象征性颜色在纳瓦霍的传统形象和膜拜中发挥显著的作用。它们是白色、蓝色、黄色和黑色，分别代表东方、南方、西方和北方。它们相当于非洲恶作剧之神艾德修帽子上的红色、白色、绿色和黑色，因为天父的家，就像天父自己一样，象征着世界的中心。

为了发现孪生英雄是否有某个方向的缺陷和局限，他们接受了四个方向的象征物的考验。

然后这位可怕的父亲把男孩们放在过热的蒸汗屋里，想把他们蒸死。他们得到了风的帮助，在小屋里风为他们提供了一个可以躲藏的避难所。当他们从屋里出来时，太阳说："是的，你们是我的孩子。"但那只是一个诡计，因为他仍在计划欺骗他们。最后的考验是填满毒药的烟斗。一只多刺的毛虫向男孩们发出了警报并且给了他们一些东西，让他们放在嘴里。他们吸了烟斗，没有受到伤害，他们俩你吸一口，我吸一口，直到把烟都吸完了。他们甚至说烟尝起来是甜的。太阳很骄傲，他完全满意了。"现在，我的孩子们，"他问，"你们想从我这儿得到什么？你们为什么要来找我？"孪生英雄已经完全赢得了太阳，他们的父亲的信任。[47]

父亲需要特别小心，只允许通过彻底考验的人进入他的家。在希腊著名的故事中，小伙子法厄同（Phaethon）不幸的英勇行为便说明了这种情况。法厄同的母亲是埃塞俄比亚的一个童贞女，因为受到玩伴的嘲笑，他决定要找到自己的父亲。他出发了，打算横跨波斯和印度，找到太阳的宫殿，因为他母亲告诉他，他的父亲是驾驶太阳战车的神福玻斯（Phoebus）。

“太阳的宫殿矗立在高高的柱子上，闪闪发光的黄金和青铜使宫殿像火一样闪耀。发着微光的象牙构成了宫殿三角形的屋顶，双开的大门由锃亮的白银制成。宫殿的建造工艺比材料更好。”

爬上陡峭的道路，法厄同来到宫殿里。他发现福玻斯坐在绿宝石的宝座上，周围环绕着钟点、季节、天、月、年和世纪。勇敢的年轻人不得不在阈限前停下来，他的凡人的眼睛无法忍受这样的光芒，不过他父亲隔着大厅温和地对他说话。

“你为何而来？”父亲问道，“哦，法厄同，你要寻找什么？父亲不会拒绝儿子。”

小伙子充满尊敬地回答道：“哦，我的父亲福玻斯（如果您准许这样称呼您）！整个世界的光明！请给予我证据，让所有人都知道我真的是您的儿子。”

伟大的神把他闪闪发光的皇冠放到一边，命令他走上前来。他把法厄同揽入怀中，然后承诺给予他想得到的任何证据，并且用有约束力的誓言来确保承诺的兑现。

法厄同想要父亲的太阳战车，想让父亲授予他驾驶一天长着翅膀的飞马的权利。

父亲说：“这个要求说明我的承诺做得太轻率了。”他把孩子稍微推远了一点儿，试图说服他放弃这个要求。他说：“因为你的无知，你要求我甚至无法准予神的东西。每个神或许可以随心所欲地做他们想做的事，但只有我有威力驾驭太阳战车，其他人都不行，甚至连宙斯都不行。”

法厄同试图说服父亲，但福玻斯丝毫不动摇。由于不能收回誓言，这位父亲便尽可能地拖延，但是最后他不得不把顽固的儿子带到惊人的太阳战车前：它有黄金的车轴和辕杆，车轮有黄金的轮箍和白银的轮辐。车轭上装饰着橄榄石和宝石。钟点已经把四匹马从高高的马厩中牵了出来，它们口鼻中喷着火，被喂食神的饲料。钟点给它们套上叮当作响的辔头，威武的大马用蹄子踢打横杆。福玻斯在法厄同的脸上涂抹防止火焰灼伤的软膏，然后在他的头上戴上了光芒四射的皇冠。

这位神建议道：

> 至少你应该听从父亲的警告，不要鞭打马，紧紧抓住缰绳。它们自己就可以跑得足够快了。不要沿着笔直的道路直接穿过天空的五个区，而要在岔路口向左转——你可以清楚地看到我的车轮的轨迹。此外，天空和大地会同样非常炙热，因此小心不要让太阳车跑得太高或太低，因为如果太高，天空会燃烧起来；太低，大地会被点燃。走中间才是最安全的路线。
>
> 赶紧！在我说话的时候，带着露水的夜晚已经抵达了西岸的目的地。我们该出发了。看啊，黎明正在发出红光。孩子，愿幸运能帮助你、引导你，它的引导胜过你对自己的引导。来吧，抓住缰绳。

海洋女神忒堤斯（Tethys）放下横杆，四匹马猛然一跃，开始奔跑。它们用脚踢开云层，用翅膀拍打空气，跑得比从东方刮起的任何风都快。太阳车没有承载它已习惯的重量，变得非常轻，所以很快便像在汹涌波涛中没有压舱物的船只一样摇晃起来。驾车的人惊慌失措，忘了抓紧缰绳，忘了该走的路线。马匹疯狂地向上飞驰，掠过天空的高处，惊动了最遥远的星座。大熊星座和小熊星座被烧焦了。巨蛇星座蜷曲在变热的北极星周围，热度急剧增加，非常危险。牧夫座逃走了，但他的犁拖累了他。天蝎座拍打着它的尾巴。

太阳车呼啸着穿过未知的天空区域，撞击着星星，然后疯狂地向云层冲过去。月亮神吃惊地看到哥哥的马比她的马跑得还低。云层被蒸发了；大地一片火海；山川燃烧起来；城市连同城墙一起被毁；国家化成灰烬。就是在那个时候埃塞俄比亚人变成了黑人，利比亚变成了沙漠，尼罗河惊恐地逃到大地尽头，把头藏起来，至今它依然藏着。

大地母亲用手挡住被烧焦的眉毛，灼热的烟令她窒息，她提高嗓门呼唤万物之父朱庇特主神来拯救世界。她对他大喊："看一看周围啊！天空到处都在冒烟，伟大的朱庇特，如果海洋、陆地、天空都消失了，我们便会再次回到世界之初的混乱中。想一想吧！想一想宇宙的安危！拯救残存的东西免于火烧！"

全能的天父朱庇特匆忙召集众神，众神纷纷表示如果不马上采取措施，一切都将被毁掉！于是他赶紧来到天空的最高点，右手拿着雷电，举到耳边然后扔出去。太阳车被击碎；马匹受到惊吓，挣脱了缰绳；被火烧着头发的法厄同像流星一样坠落，燃烧的身体落入玻河中。

那片土地的水泽神女那伊阿得（Naiads）把法厄同的尸体下了葬，墓志铭是这样写的：

> 这里埋葬着法厄同，他曾驾乘福玻斯的太阳车，
> 尽管他失败了，但勇气惊人。[48]

这个纵容孩子的父亲的故事说明了一个古老的观点，当生命的任务由没有得到恰当启蒙的人承担时，混乱就会随之而来。当孩子长大，不再需要田园牧歌式的母亲怀抱，而开始面对成年人的世界时，从精神上看，他便进入了父亲的范畴——对儿子来说，父亲成为责任的预兆；对女儿来说，他是未来丈夫的标志。无论父亲知不知道这一点，无论他在社会中处于什么位置，他发挥启蒙的作用，通过他，年轻人进入了更广阔的世界。正如之前母亲代表"善"与"恶"一样，父亲也是如此，但他具有这样的复杂性——其中出现了新的竞争

要素，也就是儿子与父亲对抗，争夺宇宙的控制权；女儿对抗母亲，想成为被控制的世界。

法厄同的坠落
（羊皮纸钢笔画，意大利，1533 年）

图29

传统的启蒙不仅包括向候选人介绍与他的使命相关的技术、责任和权力，还包括彻底调整与父母形象的情感关系。奥义的传授者（父亲或替代父亲的人）只会把职务的象征委托给这样的儿子，他已经有效清除掉所有不恰当的孩子气的执着，因此能够公正、不带个人色彩地使用权力，不会被夸大的自我、个人偏好或怨恨等潜意识动机（甚至是有意识的、合理化的动机）所左右。理想的情况是，被授予奥义的人应该已经摆脱了他的人性，成为非个人的宇宙力量的代表。他得到了重生，自己成了父亲。他获得了能力，因此现在他能够自己发挥启蒙者、向导和太阳之门的作用，通过他，个体可以从幼稚的“善”与“恶”的幻觉过渡到体验宇宙法则的威严，清除掉希望与恐惧，平和地理解存在的启示。

一个小男孩说：“一次我梦到自己被一些炮弹抓住。它们开始又跳又叫。我吃惊地看着在客厅里的自己。房间里点着火，火上是装满开水的锅。它们把我扔进锅里煮，煮了一会儿厨师走过来，用叉子叉我，看我是否已经煮好了。然后他把我拿出来交给头领，他正要咬我的时候，我醒了。”[49]

一位有礼貌的绅士说：

> 我梦见我和妻子正在餐桌边，在吃饭的过程中，我伸手去抱我们家的老二，他还是一个小婴儿。事实上接下来我把他放进了一个绿色汤碗里，里面装满了热水或某种滚烫的液体。他完全被煮熟了并被拿出来，就像白切鸡。
>
> 我把他放在桌上的面包板上，用我的刀把他切碎。当我们快把他吃完了，只剩下鸡胗那么一小块的时候，我抬头担心地看着妻子问道：“你确定你想让我这样做吗？你不打算把他留到晚饭时吃吗？”
>
> 她皱着眉头回答道：“他被煮得那么好，只能把他都吃掉。”我正要把最后一块吃掉时，我醒了。[50]

这个食人父亲的原型噩梦在原始的启蒙考验中会真的出现。正如我们看到的，澳大利亚摩恩金（Murngin）部落的男孩一开始非常害怕，跑向他们的母亲。大蛇父亲在索要他们的包皮。人们吹起被称为天蛇（Yurlunggur）的巨大号角，据说那是大蛇父亲的召唤，它从洞里出来了。当男人来领男孩时，女人们拿起长矛，不仅假装战斗，而且还假装痛哭哀号，因为小家伙们要被带走并被“吃掉”了。男人三角形的舞蹈场地就是大蛇父亲的身体。在那里人们会在很多个晚上给男孩表演代表各种图腾祖先的舞蹈，教给男孩神话，这些神话解释了世界现存的法则。他们还会让男孩长途跋涉去邻近的和遥远的部落，模仿神话中崇拜阳物的祖先的流浪。[51] 通过这种方式，他们就好像在大蛇父亲身体里面了，他们被引到一个有趣的新的客体世界，以补偿他们失去母亲的痛苦。男性生殖器，而不是女性的乳房，成了想象的中心。

一系列冗长仪式的最高潮是通过令人恐惧而痛苦的割礼，将男孩的英雄——阴茎从包皮的保护中解放出来。

THE HERO WITH A THOUSAND FACES

“父亲（也就是割礼执行者）是将孩子与母亲分开的人，”罗海姆博士写道，“从男孩身上割除的其实是母亲……包皮中的龟头就是母亲怀抱中的孩子。”[52]

有趣的是，我们注意到如今的希伯来和伊斯兰祭礼中依然有割礼仪式，其中女性因素被小心翼翼地从正式的、严格一神论的神话中清除掉。“真主绝不宽恕将他与其他神相提并论，”《古兰经》这样写道，“异教徒离弃阿拉，却崇拜女性神祇。”[53]

例如，在阿兰达人的仪式中，当与过去决裂的时刻来到时，四面八方会传来牛吼器的声音。这时正值夜晚，在怪异的火光中，割礼执行者和他的助手突然出现。

牛吼器的喧闹声是仪式中大魔鬼的声音，一对割礼操作者是它的鬼怪。他们把胡子塞在嘴里，以示愤怒，他们的腿分得很开，双臂向前伸，两个人完全静止地站着。割礼的实际操作者站在前面，右手拿着实施割礼用的燧石小刀。他的助手紧贴着他站在后面，两个人的身体互相接触。接下来一个男人穿过火光走过来，头上顶着一个盾牌，同时捻两只手的大拇指和食指，发出噼啪声。

牛吼器正发出巨大的喧闹声，远方营地中的女人和孩子都能听到。头上顶着盾牌的男人在割礼操作者面前单膝跪下，其中一个男孩立即被他的叔叔们从地上抬起来，他们最先抬起男孩的脚，然后把他放在盾牌上，同时所有男人发出雷鸣般的唱咏。割礼迅速被实施，可怕的人物形象立即退出被照亮的区域。接受割礼的男孩多少处于茫然的状态，他们得到人们照顾，同时男人祝贺他进入了新的人生阶段。“干得好，”他们说，“你没有大喊大叫。”[54]

澳大利亚土著神话教导说，最初执行成人仪式的方式是把所有的年轻男子都杀死。[55]因此这个仪式戏剧化地表达了年老一代对恋母情结的攻击，而割礼是程度较轻的阉割。[56]仪式还表现了年轻人，即正在成长的男性群体吃人的、弑父的冲动，同时揭示了原型父亲仁慈无私的一面，因为在用象征物进行指导的长期过程中，曾有一段时间内，接受启蒙的人被迫只靠从年长者身上抽取出来的新鲜血液维生。我们被告知：

> 土著人对基督教的仪式非常感兴趣，他们从传教士那里听说了这些仪式，并与他们自己的饮血仪式进行比较。[57]
>
> 傍晚，人们来到仪式场地并根据部落优先次序找到自己的位置。男孩躺着，头枕在父亲的大腿上。他必须一动不动，否则便会死去。父亲用手蒙住孩子的眼睛，因为如果男孩看到后面的过程，人们相信他的父母会双双死去。木头容器或树皮容器被放在孩子舅舅的身边，他把自己的手臂轻轻地捆住，用一根鼻骨刺穿手臂的上部，将手臂举在容器上方，直到容器里收集到一定量的血液。接着他旁边的男人刺穿自己的手臂，依此类推，直到容器被装满，大约有两夸脱（约 2.3 升）的血。男孩慢慢地把这些血喝掉。如果他反胃，父亲会卡住他的喉咙，不让他把血喷出来，因为如果他吐出血来，他的父亲、母亲、姐妹和兄弟便都会死去。剩下的血将被泼洒在他的全身。
>
> 从这时起，有时在整整一个月里，男孩只能喝人血，不能吃其他

食物。这是神话中的祖先雅明加（Yamminga）制定的法则……有时容器里的血会被晒干，守护者用他的鼻骨刀把血块切成几块给男孩吃，首先吃头尾两块。每一块必须分得很平均，否则男孩会死掉。[58]

奉献自己血的男人常常会晕过去，因为失血过多而陷入昏迷，这种状态会持续一个小时或更久。[59] 另一位观察者写道："以前人们还会为了这种仪式杀死一个男人，取他的血给男孩喝，他身体的一些部分会被吃掉。"[60] 罗海姆博士评论道："在这里我们看到了一个最接近杀死并吃掉父亲的典型仪式。"

据记载，有两个男孩在不应该抬头看的时候抬头了。"接下来年长的男人们走上去，每个人手里都拿着石刀。他们屈身伏在两个男孩的上方，切开他们的血管。血流了出来，其他男人发出死亡的吼叫。两个男孩没有了生命。年老的巫医把他们的石刀在血里蘸一蘸，用它们触碰在场所有人的嘴唇……成人仪式牺牲者的尸体会被煮熟。参加过五次成人仪式的男人可以吃一块肉，其他人不被允许看到这些做法。"[61]

毫无疑问，无论在我们看来赤裸的澳洲野蛮人是多么不开化，他们象征性的仪式体现了古老的精神指导系统在现代的延续，我们不仅在印度洋沿岸的陆地和岛屿上发现了这类分布广泛的证据，而且它们也持续存在于我们认为的独特文明的遗迹中。那些老人们究竟知道多少，我们很难从西方观察者已出版的记述中做出判断。但是通过比较澳洲仪式的象征与更高级文化中我们所熟悉的象征，我们能看到伟大的主题、永恒的原始意象以及它们对灵魂相同的作用。[6]

在约翰·莱亚德（John Layard）所著的《马勒库拉岛的石头人》（*Stone Men of Malekula*）[62] 中，我们可以看到一个惊人的发现，即现存的美拉尼西亚象征系统与埃及—巴比伦的象征系统、公元前2000年的特洛伊—克里特的“迷宫情结”[63] 本质上是相同的。奈特（W. F. J. Knight）发现马勒库拉人的“灵魂的冥府之旅”与埃涅阿斯、吉尔伽美什（Gilgamesh）的巴比伦人的冥府之旅之间有着明显的关系，而佩里（W. J. Perry）认为他找到了从埃及、苏美尔通过海洋地区到达北美洲这种文化连续性的证据。[64] 许多学者指出典型的希腊成人仪式与原始的澳洲成人仪式非常相似。[65]

目前我们还不确定，各种古代文明的神话与文化模式以何种方式、在什么时代被传播到了地球最偏远的角落，但是我们可以断言只有极少数（如果有的话）人类学家研究的所谓的“原始文化”是在当地发展起来的。相反，它们通常是在其他大陆形成并被固化下来的古老习俗（通常由其他种族的人在更简单的环境下创造出来）在当地的改编版本或地方性的蜕变版本。[66]

重生满足所有理想的永生不灭的幻象

来吧，哦，狄提朗伯斯，
进入我男性的子宫。[67]

这是雷电投掷者宙斯在呼唤他的儿子狄俄尼索斯，它是关于启蒙再生的希腊神话的主旨。“无形的可怕幽灵在某处发出公牛的吼声，一面鼓响起了好似地狱雷电的声音，这声音在空气中显得沉重可怕。”[68] 作为被杀死后又被复活的狄俄尼索斯的绰号，“狄提朗伯斯（Dithyrambos）”这个词被希腊人理解为“双重门的他”，他经历了令人敬畏的再生的奇迹。我们知道，赞美歌和颂扬神的黑暗而沾满鲜血的仪式象征着雅典悲剧的开场仪式。这种庆祝仪式与植物的新生、月亮的更新、太阳的更新、灵魂的更新有关，往往是在岁月之神复活的季节里隆重举行的。在整个古代世界中，这样的神话和仪式非常多：坦木兹（Tammuz）、阿多尼斯（Adonis）、弥特剌斯（Mithra）、维耳比乌斯（Virbius）、阿提斯、奥西里斯以及他们的各种动物代表（山羊、绵羊、公牛、猪、马、鱼和鸟）的死亡与复活被比较宗教学的每位学习者所熟知。那些流行的狂欢节游戏，比如圣神降临周的蠢人（Whitsuntide Louts）、格林·乔治（Green Georges）、约翰·巴利肯（John Barleycorns）、克斯特鲁邦科（Kostrubonkos）、夏去冬来（Carrying-out-Winter）和杀死圣诞节的鷦鷯（Killing of the Christmas Wren）等，以嬉戏的心态将传统延续到当代。[69] 通过基督教会（有关堕落、救赎、苦难和复活的神话，象征“第二次出生”的洗礼，坚信礼中在面颊上作为启蒙的一击，象征性地吃人肉、喝人血）庄严、有效的方式，我们与启蒙性力量不朽的象征结合在一起。自从人类在地球上生存的第一天起，人类便通过圣礼消除现象性的恐惧，呈现出满足所有理想的永生不灭的幻象。“因为如果撒在不洁之人身上的公牛、山羊的血和小母牛的骨灰能够净化肉体，令其成圣，那么基督通过不朽的圣灵将自己完全奉献给上帝，他岂不是更能够净化你的良知，将死亡行为转变为侍奉永生的上帝？”

东非的巴桑布瓦人（Basumbwa）流传着一个民间故事，讲的是一个人已经去世的父亲驱赶着死神的牛群，出现在他面前，带领他沿着一条路来到地下，进入一个巨大的地洞。他们来到一个开阔的地方，那里有一些人。父亲把儿子藏起来，然后去睡觉。第二天早上首领出现了，他就是死神。他一边的身体很美丽，另一边的身体已经腐烂，蛆虫直往地上掉。侍从把蛆虫收集起来，清洗他溃烂的身体，洗完后，死神说：“今天出生的人如果做生意，会遭到抢劫。今天怀孕的女人在分娩时会死去。今天耕种的人，他的庄稼会枯萎。今天走进森林的人会被狮子吃掉。”[70]

死神宣布完对全世界的诅咒后，回去休息了。第二天早上当他出现时，侍从清洗他美丽的一边并喷洒香水，抹上油做按摩。当他们做完这些事情后，死神宣布祝福："今天出生的人会变得很富有。今天怀孕的女人会生出长命百岁的孩子。让今天出生的人去市场，他会谈成好交易，愿他和盲人做生意。今天进入森林的人会杀死猎物，愿他猎到大象。因为今天我宣布了祝福。"

图30 巫师（上了黑颜料的石头雕刻，旧石器时代，法国，公元前10 000年）

哭泣的宇宙之父维拉科查（Viracocha）
（青铜器，前印加，阿根廷，650—750年）

父亲对儿子说："如果你今天来到这里，你就会拥有很多东西。但是现在显然你注定会很贫穷。你最好明天再走。"[71]

后来儿子回到了他的家。

冥府的太阳，也就是死神，是主宰并给予人们白昼的光芒四射的国王的另一面。"谁在天上和地上支撑你？谁从死亡中创造生命，谁从生命中创造死亡？谁是万物的主宰者、控制者？"[72] 我们回想一下瓦萨加部落那个关于穷人凯亚津巴的故事，他被一个丑老太婆带到了天空的最高点，也就是正午时太阳所在的地方。[73] 在那里酋长将繁荣幸福赐予了他。我们再回想一下非洲西海岸流传的有关恶作剧之神埃德舒的故事[74]：他最大的乐趣是散布冲突。这些是对同一个上帝的不同看法。他包含着对立并引出对立：善与恶、生与死、痛苦与快乐、恩赐与剥夺。正如在太阳之门的那个人，他的头像喷泉一样，其中包含了所有成对的对立物。“他掌握着所有看不见的事物的关键……最后你将返回他这里，他会告诉你你所做的一切事情的真相。”[75]

史前秘鲁的伟大神祇维拉科查的形象生动地说明了天父自相矛盾的公开秘密。他的王冠是太阳，两只手都抓着雷电，从他的眼睛里滴出的眼泪就是雨水，这些雨水滋润着山谷中的生命。维拉科查是宇宙之神，是万物的创造者，在传说中他以衣衫褴褛的乞丐形象出现在人世间，受到人们的辱骂。这使人想起了《福音书》中站在伯利恒的客店门前的玛利亚和约瑟[76]，以及朱庇特和墨丘利在包咯斯和菲勒蒙家乞讨的著名故事[77]。这是神话中经常出现的主题，《古兰经》的经文体现了其含义：“无论你转向何方，阿拉无处不在。”[78]“尽管他隐藏在所有灵魂中，却显露不出光芒，”印度教徒说，“但任何有着卓绝、精妙智慧的敏锐观察者都能够看到。”[79]诺斯替教派的箴言说：“劈开棍子，里面有耶稣。”[80]

因此，以这种方式显示出自己无处不在的维拉科查是宇宙最高神之一。此外他由太阳神和风暴神组合而成，这是人们所熟悉的。我们可以通过有关耶和华的希伯来神话了解到，耶和华结合了两种神的特点（耶和华是风暴神，埃尔是太阳神）。纳瓦霍神话中，孪生战士的父亲的化身显然具有宙斯的特点，同时也拥有佛陀的雷电和光环。其意义是通过太阳之门倾注到宇宙中的恩典与具有毁灭性的雷电的能量是相同的，而且恩典本身是不可摧毁的：粉碎幻觉的光正是创造幻觉的光。用大自然的次要极性来表达就是，太阳中燃烧的火也是让大地变得肥沃的暴风雨中燃烧的火；基本对立物，比如水与火背后的能量其实是相同的。

然后维拉科查（被认为是秘鲁高贵的宇宙之神）最非凡、最打动人的特征是他独有的细节，即他的眼泪。滋养生命的水便是上帝的眼泪。由此僧侣怀疑世界“所有生命都是悲伤的”的洞见与天父创造世界的肯定态度“生命必然存在”结合在一起。宇宙之神完全知道他所创造的生命的痛苦，完全知道这种痛苦令人困惑的程度，完全知道他所创造的欺骗性的、自我破坏的、贪婪而愤怒的宇宙中的分裂之火。他默许为生命提供生命。阻挡滋养万物的水就等于毁灭，然而给予水就会创造出我们所知的那个世界。时间的本质是流动，是毁灭暂时的存在，而生命的本质是时间。出于他的慈悲，出于他对生命的爱，这个人中人的创世者为苦难的海洋而动容，但他完全知道自己在做什么，他赐予的滋养万物的水就是他的眼泪。

英雄要做的是准确地在那个点刺穿他自己以及他的世界

创造世界的矛盾性，永恒时间形式的到来，是天父原始的秘密。这个秘密永远无法被解释。因此在每个神学体系中都存在一个中心点，它就像阿喀琉斯的脚踵，只要生命母亲的手指触碰它，那里就不可能获得全知。英雄要做的是准确地在那个点刺穿他自己（以及他的世界），粉碎并摧毁他有限存在的关键症结。

英雄与天父的会面的主题是超越恐惧并敞开他的灵魂的，所以他能够深刻地理解这个无情的广阔宇宙中，令人厌恶而疯狂的悲剧如何在神的权威下彻底被证明是合法的。英雄超越了具有独特盲点的生活，暂时得到提升，能够一窥宇宙之源。他看到了天父的脸，理解了一切——于是两人和解了。

在有关约伯的圣经故事中，上帝并不试图从人类的或任何其他角度来证明，他的道德高尚的仆人的不幸是合理的，虽然他们“质朴正直，敬畏上帝，远离邪恶”。约伯的仆人并不是因为他们自己的罪行而被迦勒底军队杀死，他的儿女也不是因为自己的罪行被坍塌的房顶压死。他的朋友来安慰他，他们虔诚地相信上帝是公正的，约伯遭此不幸一定是因为他犯有相应的罪行。但是诚实勇敢、寻求扩展眼界的受害者坚持说他所做的都是善行，因此安慰者以利户（Elihu）认为他亵渎上帝，以为约伯认为自己比上帝更公正。

当上帝自己在旋风中解答约伯的问题时，他没有试图从道德的角度来证明自己行为的正确性，而只是放大自己的存在，吩咐约伯模仿他，在地上做类似他在天上做的事情：

> 你要像勇士束好腰，我要问你，请指教我。你岂能推翻我的评断，归罪于我，而自以为有理？你的手臂岂能同天主的相比？你的声音能像雷鸣吗？请你以尊贵和高雅作你的点缀，以光华美丽作你的衣裳；发泄你的烈怒，贬抑一切高傲的人；观察一切傲慢的人并使他卑贱，将恶人踏在脚下。将他们一同埋在土中，把他们都关在黑暗中。这样我就承认你能用自己的手拯救自己。[81]

没有解释，没有提到《约伯记》第一章中所描述的与撒旦犹豫不决的打赌，只是以指责的口气呈现了事实中的事实，也就是约伯无法估量上帝的意志，上帝的意志来自人类概念范畴以外的中心。《约伯记》中万能的上帝将这些类别彻底而永远地摧毁了。然而对约伯来说，这个启示似乎具有令灵魂得到满足的意义。他是一位英雄，严峻的考验赋予他勇气，在面对有关至高无上者的普遍观念时，他依然坚持自己的看法，没有卑躬屈膝，因此他证明自己有能力面对比令他的朋友们感到满意的启示更重要的启示。我们不应该把他在最后一章中的话仅仅解释为受威胁者的话。说这些话的人看到了那些胜过以辩解的方式被说出来的事情。“我曾经耳闻过你，现在我的眼睛看到了你。因此我憎恶我自己，在灰与尘中忏悔。”[82] 虔诚的安慰者威风扫地，而约伯得到了新房子、新仆人和新儿女。“从那之后约伯又活了一百四十年，他见到了自己的儿子、孙子，直至第四代。约伯过着圆满的生活，年迈而终。”[83]

已经长大并真正了解父亲的儿子能够承受这种考验的痛苦。世界不再是眼泪之谷，而是上帝给予天赐之福的永久的证明。将乔纳森·爱德华兹和他的教徒所了解的上帝的狂怒与同时代东欧犹太人所写的柔美抒情诗进行比较：

哦，宇宙之王，
我要为你唱一首歌。
在哪里能找到你，
在哪里找不到你？
我经过哪儿——你就在那里。
我停在哪儿——你也在那里。
你，你，只有你。
诸事顺利——应该感谢你。
诸事不顺——也应该感谢你。
你在，你曾经在，你将会在。
你曾经主宰，你现在主宰，你将会主宰。
天堂是你的，大地是你的。
你填满了高处，
你填满了低处。
无论我转向哪里，哦，你，你都在那里。[84]

奉若神明

在即将涅槃时停下，直到时间终结

在中国和日本的大乘佛教中，最有威力、最受人喜爱的菩萨之一是手持莲花的大慈大悲的观世音菩萨。之所以这样称呼他是因为他怀着慈悲心注视着受苦受难的芸芸众生。中国西藏的转经筒和寺庙的钟声百万次地向观世音菩萨祷告：唵、嘛、呢、叭、咪、吽，意思是“如意宝在莲花中”。他每分钟所得到的祷告可能比任何一个已知的神都多。在他作为凡人生活在世间的最后阶段里，当他粉碎最后阈限的边界（那一刻永恒的虚空展现在他面前，这种虚空超越了有限宇宙令人失望的幻象之谜）时，他暂停下来：他发誓在进入虚空之前，将普度众生，使他们觉悟。从那时起，他救苦救难的神圣恩典渗透在万物中，因此在整个广大的佛教精神王国中，他能够心怀慈悲地听到最细微的祈祷。他以不同的形式穿越大千世界，出现在需要救助的祈祷者面前。他有时表现为人的形式，有两条手臂；有时表现为超人类的形式，有四条、六条、十二条，甚至一千条手臂。他的一只左手握着宇宙之莲。

图32 观世音菩萨
（唐卡，中国西藏寺庙，19 世纪）

正如佛陀本身，这种神一样的存在是人类英雄超越了愚昧所造成的最终恐惧所达到的一种神圣的状态。“当意识的发展被摧毁，他就会变得无所畏惧，任何改变都触及不到他。”[85] 这释放了我们的潜力，而且任何人通过英雄行为都可以到达这一状态，因为正如我们读到的“万事皆佛事”[86]，或者“众生皆无自我”（这是同一个意思的另一种表达）。

小乘佛教（存在于锡兰、缅甸和泰国的佛教）把佛陀尊为人类英雄，一位至高无上的圣人。相反，大乘佛教（北部的佛教）将觉悟之人视为世界的拯救者，是般若普遍原则的化身。

根据小乘佛教的观点，菩萨是成为佛陀状态时的人，菩萨是在后续的轮回中成为佛的修炼者。根据大乘佛教的观点（正如接下来的段落将显示的），菩萨是世界拯救者，代表了慈悲的普遍原则。“菩萨”这个词意味着“他的特质或本质就是般若”。

大乘佛教发展出了许多菩萨、许多过去佛和未来佛。这些佛和菩萨会改变无上而唯一的本初佛所显现出来的法力。本初佛[87]是可以想象到的最高木源，是万物的最终边界，像美妙的气泡一样悬浮在虚空中。

这位菩萨填满并照亮了世界，但他并不在世界的包容中（“他的本质就是般若”），相反，正是他持有宇宙，也就是莲花。他不会被痛苦与快乐所包围，他包容着痛苦与快乐，而且极其平和沉静。由于我们所有人都有可能成为他，因此他的存在、他的形象或者仅仅是诵持他都会对我们有帮助。

他戴着放射出八千道光的花环，光线中反射出完美的状态。他的身体呈紫金色，手掌呈五百朵莲花的颜色，每个指尖有八万四千个印记，每个印记包含八万四千种颜色，每种颜色有八万四千道光，这些光柔和地普照众生。他用这些如意宝手指引、拥抱众生。他头顶有光

> 环，光环中布满了五百个形态各异的佛陀，每个佛陀有五百个菩萨陪伴，每个菩萨又由无数的神陪伴。当他把脚放到地上时，钻石和珠宝的花朵覆盖着四面八方的万物。他的脸是金色的，在他高耸的宝冠上站着一尊高达大约四百千米①的佛陀。[88]

在中国和日本，这位令人崇敬的观世音菩萨不仅表现为男性形象，也表现为女性形象。中国的观音、日本的观音和远东的圣母玛利亚都仁慈地凝视着宇宙。在遥远的东方，每个寺庙里都有观音的佛像。愚者与智者都赞美她，因为她的誓言包含着拯救世界、维系世界的深刻直觉。在即将涅槃时她暂停下来，下决心在时间终结之前放弃进入无忧无虑的永恒（时间永远没有尽头），这个决定说明她意识到永恒与时间之间的区别只是表面现象。这种区别是理性塑造的，但对于超越对立物、拥有完美知识的人来说，这种区别是不存在的。在他们看来，时间与永恒只是同一完整体验的两个方面，同一非二元的不可名状之物的两个层面，即永恒之珍宝存在于生死莲花中：唵嘛呢叭咪吽。

在这里需要注意的第一个奇妙之处是观音具有的雌雄同体的特点。

在神话世界中男性兼女性的神并不少见。他们总是出现在特定的神秘故事中，因为他们引领心灵超越客观体验，进入抛却二元性的象征领域。祖尼族普韦布洛人的主神阿罔那威娄纳（Awonawilona）——万物的创造者兼容纳者，有时用“他”来指代，但实际上是男女同体。中国神话中的太元圣母融男性的阳和女性的阴于一身。

---

① 原书在此处使用的单位为“mile”，我们按照现代英制单位与公制单位换算法则做了转换，其中 1 mile=1 英里 =1.6 千米。——编者注

观世音菩萨
（上色木雕，中国，11—13 世纪）
图33

阳代表阳光、主动和男性；阴代表黑暗、被动和女性。它们的相互作用构成了大千世界，也是大千世界的基础。它们来自“道”，并且共同呈现出“道”。“道”是存在的本源和法则。“道”的意思是“道路”或“途径”。“道”是自然、天命和宇宙秩序的道路或途径。因此“道”也是“真理”与“正确的引导”。阴阳共同构成的“道”被描绘为太极图。“道”是宇宙的基础，“道”存在于万物之中。

中世纪犹太教卡巴拉教派（Kabbalistic）的教义以及二世纪基督教诺斯替教派的著作把上帝创造的人描述为两性体——亚当被创造出来的时候确实是两性的，直到女性的夏娃被移入另一个身体中。在希腊的神中，不仅赫马佛洛狄忒斯（Hermaphrodite，赫耳墨斯和阿佛洛狄忒的孩子）[89]是两性的，爱神厄洛斯（Eros，按照柏拉图的说法，他是第一个神）[90]也是两性的。

“因此上帝按照自己的形象创造了人，按照他的形象创造男女。”[91]但我们可能会对上帝形象的本质提出质疑，不过问题的答案已经在文中给出，答案足够清楚。“当上帝创造第一个人的时候，他把他创造成双性人。”[92]将女性移入另一个身体象征从完美开始坠入二元性世界。这自然而然会产生善与恶。人类被逐出上帝在人间建造的伊甸园，然后上帝在伊甸园周围建起天堂之墙，它由“对立物的同时存在”[93]构成。这道墙不仅阻隔了人类（现在已是男人和女人）的视线，甚至阻隔了他们对上帝形象的记忆。

许多地方流传着这个《圣经》版的神话。它象征创世的神秘过程：从永恒中发展出时间，一分为二，接着分成很多，通过两性的重新连接产生新生命。这个过程位于宇宙循环的开端，[94]也标志着英雄任务的结束，那时天堂之墙消失了，神的形象被发现、被回想起来，人类重新获得了智慧。[95]

眼盲的先知忒瑞西阿斯（Tiresias）既是男性也是女性：他的眼睛看不到由成对的对立物构成的分裂的光明世界，但在自己内在的黑暗中他看到了俄狄浦斯的命运。[96]湿婆神在“半男半女之湿婆”[97]的化身中，和他的妻子萨克蒂（Sakti）合为一体，他在右边，他的妻子在左边。某些非洲部落和美拉尼西亚部落的古代雕像既表现了母亲的乳房，又表现了父亲的胡须和阴茎。[98]在澳大利亚，男子在接受割礼大约一年后，为了完全成年，他们需要接受第二次仪式性的手术——尿道割礼（在阴茎下方切出一个开口，形成永久的尿道裂缝）。这个切口被称为“阴茎子宫”。它象征男性的引导。通过这个仪式，英雄超越了男人的身份。[99]

仪式中用于着色的血，以及用于把白色小鸟的羽毛黏在身体上的血都来自澳洲父亲们尿道割礼的裂口。他们把旧伤口再次弄破，让血流出来。[100]它同时象征阴道的经血和男性的精液，还象征男性的尿液、水和乳汁。血流体现了年长者的身体中蕴藏着生命与营养的源泉，[101] 也就是说他们本身就是取之不尽的世界之泉。[102]

大蛇父亲的召唤对孩子来说是令人惊恐的；母亲则给予孩子保护。但是父亲来了，他是引导孩子进入未知神秘领域的向导和启蒙者。父亲是母婴天堂的入侵者，他是原始意象的敌人，因此在整个人生中父亲是所有敌人的象征（这种象征是潜意识的）。“任何被杀死的都会成为父亲。”[103] 因此在有猎头风俗的群体中（例如新几内亚），从族间仇杀中猎获人头的行为会受到崇拜。[104] 同样地，制造战争成了不可抗拒的强迫行为：摧毁父亲的冲动不断转化为公共暴力行为。邻近社群或种族的年长者通过图腾仪式中的心理巫术来保护自己免受长大成人的儿子的杀害。他们扮演食人的父亲，然后又表现为哺育后代的母亲。因此一个新的、更大的天堂被建立起来。但是这个天堂中不包括传统的敌对部落或种族，敌意依然被系统化地投射到他们身上。所有父亲兼母亲“好的”方面都留在家里，而“坏的”方面被抛在家外面：“那么没有接受割礼的腓力斯丁人是谁，竟然敢公然反抗永生上帝的军队？”[105]“对敌人要紧追不舍：如果你在遭受困苦，他们也在遭受类似的痛苦。但是你可以从真主那里获得希望，而他们什么都没有。”[106]

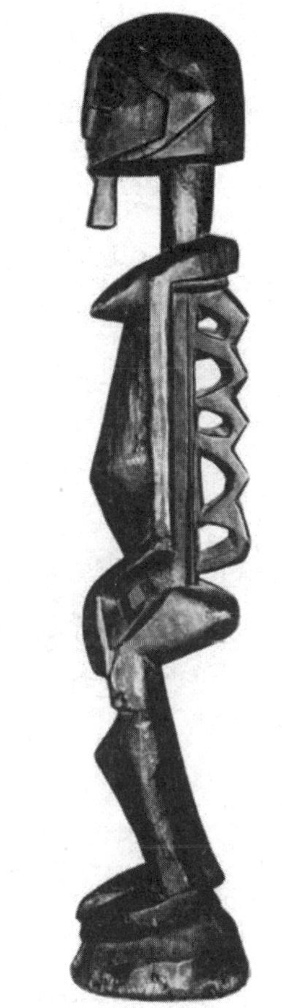

双性祖先
（木雕，马里，20 世纪）

最高的启蒙不是顾及自己，而是献身更大的群体

图腾、部落的祭礼、种族的祭礼以及具有攻击性的传教礼拜只能部分地解决用爱抑制仇恨的心理问题，它们只能给予一部分启示。在这些祭礼和仪式中

自我没有被摧毁，反而被扩大了。个体不是只顾及自己，而是考虑献身于他所处的社群整体。与此同时，世界剩下的部分（也就是说更大一部分人类）便被留在了他的同情与保护范围之外，因为那些部分不在他的神的保护范围内。因此爱与恨的原则被截然分开，大量的人类历史都充分说明了这一点。狂热者不是让自己的心变得澄净，而是试图清理世界。上帝之城的法则只适用于他的内部群体（部落、教会、国家、阶级等），而永远的圣战之火被用力投向碰巧与他们为邻且没有接受过割礼、野蛮的、异教的、“土著的”或毗邻而居的异族。[107]

世界充满了相互斗争的帮派：图腾崇拜者、标志崇拜者和党派崇拜者。即使所谓的基督教国家——据说追随同一位“世界”拯救者，他们的殖民暴行和互相残杀比他们无条件爱的行为更为人熟知，无条件的爱等同于超越自我、自我的世界和自己部落的神，而这些正是他们所信仰的至高无上的上帝的教义：

> 我告诉你们，要爱你们的仇敌，善待那些恨你们的人，祝福那些诅咒你们的人，为那些恶意利用你的人祷告。有人打你这边的脸，要连那边的脸也由他打。有人夺你的外衣，连内衣也由他拿去。凡有求于你的，就给他。有人夺走你的东西，不用再要回来。你们愿意人怎样待你们，也要怎样待他人。因为你们若单爱那爱你们的人，有什么可谢你的呢？就是罪人也会爱那爱他们的人。你们若只善待那善待你们的人，有什么可谢你的呢？就是罪人也会这样做。你们若借给人，指望从他那里收回，有什么可谢你的呢？就是罪人也会借给罪人，并要如数收回。你们倒要爱仇敌，也要善待他们，要借出东西并不指望偿还。你们的回报将会很大，你们也会成为至高无上者的儿子：因为他善待那忘恩的和作恶的。你们要慈悲，像你们的天父一样慈悲。[108]

与下面这封基督徒的信进行比较：

至敬爱年长的约翰·希金森（John Higginson）先生：

现在在大海里航行着一艘名叫“欢迎号”的轮船，船上载着一百名或更多的异教徒和被称为“贵格会教徒”的恶人，这帮流氓的头领是佩恩（W. Penn）。法院根据法律向双桅横帆船“海豚号”的船长玛拉基书·哈斯科特（Malachi Huscott）下达了神圣的命令，让他在“欢迎号”悄悄航行到好望角时对它进行伏击，抓获佩恩和他那些不虔诚的船员，这样我主将得到赞美，不会在这个新国家的土地上受到嘲笑，这个国家不会有异教徒。把所有这些人卖到巴巴多斯（Barbadoes）会带来很大好处，因为在那里用奴隶生产朗姆酒和食糖具有很好的收益。我们不仅要通过惩罚邪恶的人来侍奉我主，而且还要造福他的牧师和子民。

以基督耶稣的心肠写给你的，

科顿·马瑟[109]

吾主纪元 1682 年

一旦我们突破具有局限性的基督教会、部落或国家的世界原型所造成的偏见，我们便有可能明白至高无上的启示不是带有母性的父亲给予的启示，这样的父亲为了保护自己，会对邻里发动攻击。救世主带来了福音，这是很多人高兴听到、热情宣扬，但显然不愿意身体力行的福音，即上帝就是爱，他能够被爱，将会被爱，而且所有人无一例外都是他的孩子。[110]像保持信条的细节、膜拜的方法和主教组织的设计这种相对较不重要的事情（它们非常吸引西方神学家的兴趣，如今它们作为重要的宗教问题被严肃地探讨），仅仅是卖弄学问的圈套，除非把从属问题当作主要教义。确实，他们若不能被如此保持，就会出现退化：也就是再度将天父的形象降低到部落图腾的层次。当然这在整个基督教世界都曾经发生过。人们会想我们受到召唤去决定或去了解天父更喜欢我们中的哪些人。然而教义远没有那么招人喜欢："你们不要评判别人，这样就不会遭人评判。"[111] 不管自称为神父的人有怎样的行为，救世主的十字架是远比地方性标志更民主的象征。[112]

THE HERO WITH A THOUSAND FACES

卡尔·门宁格（Karl Menninger）博士曾指出[113]，通过犹太人的拉比，新教牧师和天主教的牧师有时能够在广泛的基础上就他们的理论差异达成和解，然而每当他们开始描述获得永生的规则时，他们的差异便大得不可救药。"在这一点上程序是无懈可击的，"门宁格博士说，"但是如果没人确切地知道规则是什么，那么一切就变得很荒唐。"当然罗摩克里希纳对此做出了解答：

> 为了适合不同的野心家、时代和国家，上帝创造出不同的宗教。所有的教条只是许多道路，但绝没有一条道路是上帝本身。确实，全心全意地追随任何一条道路都可以使人们触及上帝……人们可以直接吃蛋糕顶上的糖衣，也可以从蛋糕旁边开始下口。无论采用哪种吃法，蛋糕都是甜的。[114]

自从圣奥古斯丁（St. Augustine）宣布对魔鬼之城（Civitas Diaboli）发动上帝之城（Civitas Dei）的圣战以来，几个混乱的世纪过去了。在这几百年间，对基督教传统的救世言辞和象征物最终（也是最重要的）含义的理解陷入一片混乱，以至希望了解世界宗教意义（也就是博爱的教义）的现代思想家不得不求助于其他伟大的（也更古老的）宗教，即佛教，佛教的主要教义依然是安宁——给予众生安宁。

我没有提到伊斯兰教，因为它依然从圣战的角度来宣扬它的教义，因此不够一目了然。确实，世界各地的很多人都知道战场不是地理上的，而是心理上的（比较鲁米的言论："什么是'斩首'？在圣战中杀死肉欲的灵魂"[115]）。然而伊斯兰教和基督教教义的普遍且正统的表达是如此强烈，以至于需要阅读复杂的文字来领悟其传教活动中所体现的爱。

例如，以下是从诗人兼圣徒密勒日巴（Milarepa）所写的两首赞美诗中节选的藏语诗句，这两首赞美诗的创作期大约在乌尔班二世（Pope Urban Ⅱ）宣扬第一次十字军东征时期：

在六方世界的虚幻城中，
主要因素是罪行和源于罪行的掩盖，
在那里众生听从爱与恨的支配，
无暇弄懂公平：
哦，我的孩子，避免爱与恨。[116]
如果认识到四大皆空，你们的内心便会充满慈悲；
如果认识到自己与别人并无差异，你们便会服务他人；
当你们服务他人时，便会成就公德，便能与我相见；
找到我，你们便能成佛。[117]

在虚空神圣的光芒中，
不存在事物或概念的阴影，
它遍及所有事物的学问，
向永恒的虚空致以敬意。[118]

THE HERO WITH A THOUSAND FACES

"四大皆空"一方面指的是现象世界具有虚幻性，另一方面指的是我们将所领悟到的现象世界的虚幻性不恰当地归因于永恒。

获得重生的子宫和母亲，这就是雌雄同体神像的意义

安宁是万物的核心，因为万能的、无比慈悲的观音菩萨包容、关怀并存在于每一个有意识的生命中（这毫无例外）。昆虫纤薄的翅膀在时间的流逝中折损了，观音菩萨会关怀它——他本身既是翅膀的完美，也是它们的消解。人类总是深陷痛苦中，他们自我折磨，被欺骗，沮丧失望，在他们自己编织的谵妄之网中挣扎，然而解脱的秘密就在他们内心，一直未被发现，未被利用。观音菩萨关怀这些人类，他就是这些人类。高于人类的安详的天使，低于人类的魔鬼和不幸的死者，都被观音宝手的光芒所吸引。他们就是他，正如他就是他们。受到束缚的意识中心，无穷无尽地处于存在的每一个层级（不仅在当前受限于银河的宇宙中，而且超越银河系，进入太空），星系之外的星系，宇宙之外的宇宙，从永恒的虚空产生，迸发出生命，然后像气泡一样消失，反反复复，产生了许许多多的生命。所有人都在受苦，每个人都被局限在自己脆弱而紧密的圈子里——鞭打、杀害、仇恨，渴望胜利后的和平。所有人都是关注众生者的孩子，都是他短暂但无尽的漫长梦境中疯狂的人物。他的本质是虚空："以怜悯之心向下看的神。"

但是这个名称还意味着："观照内在之神。"[①]我们都反映了观音菩萨的形象。我们心中的受苦受难者就是观音菩萨。我们与作为保护者的父亲是一体的。这是救赎的洞见。保护性的父亲是我们遇到的每一个人。因此我们必须知

① 观世音菩萨的梵文（Avalokiteśvara）拼成：阿伐罗其塔（Avalokita，梵语）="向下看"，但也有"被看见"的意思;（isvara）="神"，因此他既是"慈悲地向下看的神"，也是"观照内在的神"，见伊文思温慈（W.Y. Evans-Wentz）所写的《西藏瑜伽及秘典》（*Tibetan Yoya and Secret Doctrines*）。

道，尽管这个愚昧的、有局限的、自我防御、受苦难的身体可能认为自己受到了其他人，即敌人的威胁，但他同样也是神。食人魔撕碎了我们，但英雄，也就是适当的候选者经历了“像男人”一样的启蒙过程，他看到那就是父亲：我们在他体内，他也在我们体内。[119]保护我们身体的亲爱的母亲不能使我们免受大蛇父亲的伤害，她给予我们凡人的有形身体被交付给拥有可怕力量的大蛇父亲。但是死亡并不是终点。我们获得了新生命，重生和有关存在的新认识（因此我们不仅仅活在这个身体中，还活在世界上所有的身体中，就像观音菩萨那样）。父亲本身就是使我们获得重生的子宫和母亲。[120]

这就是雌雄同体神像的意义。他是神秘的最初开始。我们从母亲身边被带走，被毁灭世界的食人魔嚼成碎片，被摧毁。对食人魔来说，所有珍贵的形式和存在物只不过是盛宴上的菜肴，但是接下来我们会获得奇迹般的重生，我们便不仅仅是我们了。如果上帝是部落、种族、国家或宗派的原型，那么我们便是他达成目标的战士。但是如果他是宇宙本身的神，那么我们便会明白所有人都是兄弟姐妹。以上两种情况，都超越了童年期父母的形象和有关“善恶”的观念。所有的神，无论是观音菩萨还是佛陀，都被包含在我们之内，就像包含在手持宇宙之莲的万能的神的光环中。

> 因此来吧，让我们归向耶和华！他撕裂我们，也必医治我们；他打伤我们，也必包扎我们。过两天他必使我们苏醒，第三天他必使我们站起来，我们就在他面前得以存活。然后我们知道，如果我们继续认识耶和华：他的出现确如晨光，他必将像甘霖般降临到我们身上，像滋润大地的春雨。[121]

这是观音菩萨第一个奇迹的意义：雌雄同体的特征。于是两个明显相反的神话合而为一：与女神相遇以及与天父和解。第一个启蒙让我们知道男性和女性是“豆子被分开后的两半”（正如《奥义书》所说）[122]；而在第二个启蒙中，我们发现天父出现在两性分离之前：代词“他”只是一种语言表达的方式，而上帝之子的秘密是应该被抹去的引导线索。在两种情况中，英雄自己便是他要找到的那个人。

观音菩萨的神话中，第二个应该被注意到的奇迹在于，生命与生命的解脱之间的区别消失了，观音菩萨放弃涅槃就象征这个奇迹。简单来说，涅槃意味着“扑灭欲望、敌意和妄想这三重火”。正如读者能够回想起来的，在菩提树下有关诱惑的传说中，未来佛陀的敌手是魔王玛拉，字面意思就是“爱欲—敌意”或“爱与死亡”，妄想的魔术师。他是最终三重火考验的化身，也是宇宙英雄到达涅槃的冒险过程中必须要通过的最后阈限的守卫者。

“动词涅槃字面上的意思是‘熄灭’，是不及物动词，像火一样停止燃烧……失去了燃料，生命之火便会‘平息下来’，也就是被熄灭。当头脑受到抑制时，人可以实现‘涅槃的安宁’、‘上帝的灭尽’……不再给我们的火焰添加燃料，便得安宁。在另一个传说中，这被称为‘出人意料得安宁’。”[123] “de-spriation”是根据梵语涅槃创造出来的拉丁词语。“nir”=“外面、向外、在……之外、从……中迸出、离开、远离”; “vana”=“吹”; “nirvana”=“吹灭、熄灭、扑灭”。

当救世主将内心的三重火减弱到余烬的临界点时（这是正在移动的宇宙力量），他看到了最后投射出来的幻想，就像在围绕着他的镜子中看到了映射，这个幻想是希望像其他人一样生活的原始意愿——根据爱欲和敌意的正常动机来生活，在现象性的原因、结果和手段构成的虚幻中生活。他受到了被忽视的肉体的猛烈攻击。这是决定性的时刻，因为一块留有余烬的煤也能再次熊熊燃烧。

这个著名的传说提供了一个极好的例子，说明东方与神话、心理学、形而上学之间有着密切的关系。形象的象征很好地解释了内部世界与外部世界互相依赖的教义。毫无疑问，读者会被精神动力学的古代神话教义与现代弗洛伊德学派学说之间的相似性所触动。根据弗洛伊德学派的学说，生命欲望（性欲或力比多，相当于佛教的爱神，即“欲望”）和死亡欲望（自我毁灭的本能或破坏欲，相当于佛教的玛拉，即“敌意或死亡”）是两种驱动力，它们不仅从内在驱动个体，而且使他们感到周围世界充满了生气。[124] 此外，在这两个体系中，基于无意识的妄想（由此产生了爱欲和敌意）分别被精神分析（梵语：viveka）和启发（梵语：vidyā）所消除。然而两种教义的目的（传统的与现代的）并不完全相同。

精神分析是治愈个体饱受潜意识欲望和敌意折磨的一种技术。这些潜意识欲望和敌意编织成一张包裹住病人的网，这张网就是不现实的恐惧和模棱两可吸引力。挣脱网的病人发现他们能够比较满意地参与更现实的恐惧、敌意、性爱、宗教活动、商业、战争、娱乐活动和家务。但是对于故意走出村庄，开启困难又危险旅行的人来说，这些事情会被认为是错误的。因此宗教教义的目的不是治疗个体，让他回归普遍的妄想，而是让他彻底脱离妄想。达到这个目的的方法不是调整欲望和敌意——因为那只会产生新的妄想，而是根据著名的佛教八正道，从根源上扑灭冲动：

正见，正思维，
正语，正业，
正命，正精进，
正念，正定。

随着最终“消灭妄想、欲望和敌意”，头脑便知道那不是它所想的，于是想法消失了。心灵存在正确的状态中。它会停留在这里，直到身体离开。

如远星，如黑暗，如灯盏，如幽灵，如朝露，如泡影，

一切有为法，如梦幻泡影，如露亦如电，
应作如是观。[125]

图35 菩提达摩（丝绸画，日本，16世纪）

然而观音菩萨没有放弃生活，从关注内部，即超越思想的真理领域（它超越了语言，只能用“空”来描述）转向再次关注现象世界。他在外界看到了他在内心看到的万千生灵。“色即是空，空即是色。色不异空，空不异色。色即是空，空即是色，受想行识亦复如是。”[126]在超越先前的自负、自我防御、自我虚妄后，他从外界和内心感知到了相同的安宁。他在外界看到的是超越思想的无边虚空的视觉层面，他对自我、形式、知觉、言语、概念和知识的体验都漂浮在这无边的虚空之上。他对自己吓唬自己、生活在恐怖梦魇中的众生充满慈悲。他回到众生中间，作为一个没有自我的中心与他们在一起，以虚空本身的简单性表明虚空的原则。这就是他伟大的“慈悲行为”，因为通过这种行为，真理会被揭示，那就是，当心中爱欲、敌意和妄想的三重火熄灭时，世界便是涅槃。这样的人会发出“如波浪般的赠礼”，解救我们所有人。“我们在尘世的生活就是涅槃本身，这两者之间没有丝毫的差别。”[127]

因此我们可以这样说，使人回归生活的现代治疗是通过古代的宗教修炼来实现的。唯一区别是，观音菩萨所经历的循环非常大。与世界的分离不是错误，而是踏上高尚之路的第一步，在这条路的最深处，将获得宇宙是至深虚空的觉悟。印度教也熟知这样的理想境界：在生活中获得解脱的人（自在的灵魂），无欲无求，慈悲而明智。“瑜伽修炼让他的心变得专注，以平等之心看待万物，看到他存在于万物中，万物也存在于他之中。无论他以什么方式生活，他都与神同在。”[128]

伟大的茶道大师关心的是将神圣的奇迹变成可体验的时刻

有一个讲述一位儒生恳求第二十八代祖师菩提达摩“让他的心灵平静下来”的故事。菩提达摩反驳道：“出示你的灵魂，我将让它平息。”儒生说：“那就是我的问题，我找不到心灵。”菩提达摩说：“我已使你的灵魂平静了。”儒生悟出了其中的道理，平静地离开了。[129]

那些不仅知道自己具有永恒的生命，而且知道他们以及万物都是永恒的人，生活在如意树林中，喝着长生不老的琼浆，听着其他地方听不到的永恒和谐的音乐。这些人都是神仙。中国和日本道教的山水画描绘了这种人间仙境。代表吉祥的四种动物——凤凰、麒麟、龟和龙栖息在柳园、竹林和梅圃之间，与天相接的仙山云雾缭绕。鹤发鸡皮但精神永远年轻的圣人在仙山中或打坐冥想，或骑着具有象征意义的珍禽异兽跨越神仙之河，或在蓝采和的笛声中品茗畅谈。

中国道教仙境的女主人是西王母，也被称为“九灵太妙龟山金母”。她住在昆仑山上的宫殿中，宫殿周围被奇花异草、珠宝雉堞和黄金院墙①环绕着。西方之气的精华构成了西王母。在定期举行的“蟠桃宴”上（蟠桃成熟时举行，每六千年举行一次），西王母亲切可爱的女儿们在瑶池边的树荫里、凉亭中款待宾客。喷泉奔涌出壮观的泉水。宾客品尝着凤髓龙肝和其他珍馐。蟠桃和仙酒可以让人长生不老。无形的乐器奏出美妙的音乐。凡人所不能唱出的优美歌曲和仙女的舞蹈展现了时间中永恒的快乐。[130]

根据道教人间仙境的精神，日本构想出了茶道。被称为“幻想之居”的茶室是短暂时空中的建筑，目的是凝固一瞬间产生的诗意。茶室也被称为“空之居”，其中没有任何装饰。室内会临时挂一幅画或放置一束插花。茶室还被称为“不对称之居”：不对称意味着运动，故意不全部完成，留出空白，观者可以注入他们的想象。

客人通过花园小径来到茶室，必须弯腰穿过低矮的门。他对着那幅画、插花或因为水被烧开而发出响声的茶壶行礼，然后坐在地上自己的位置上。最简单的一些物品构成了茶室刻意的简洁，这些物品体现了神秘的美感，其静默包含着世间万物的秘密。每位客人被允许完成和自己有关的体验。参与茶道的每一位成员陷入沉思，思考微观的宇宙，逐渐感知到他们与神仙之间隐藏的关系。

伟大的茶道大师关心的是将神圣的奇迹变成可体验的时刻。走出茶室后，这种影响被带入家中，再从家庭渗透到国家。[131] 在长时间和平的德川时代（1603—1868 年），在 1854 年海军准将佩里（Commodore Perry）到来之前，日本人民的生活结构中充满了重要的礼仪，礼仪中最微小的细节都是永

① 这就是人间天堂之墙，见前文。我们现在就在天堂之墙的里面。西王母是游走于伊甸园中的上帝的女性一面，她根据自己的形象创造了人，包括男人和女人。

恒意识的体现，风景本身便是圣地。与之类似，在整个东方，在整个古代世界，在哥伦布到达之前的美洲，社会与自然向人们展示了那些没有表达能力的事物。“植物、岩石、火、水，都是有生命的。他们在看着我们并且看到了我们的需求。他们看到有时我们没有什么可以用来保护自己，”一位年老的阿帕切族（Apache）说书人这样说，“正是在那种时候，它们便会现身并对我们说话。”[132] 这就是佛教徒所说的“无情说法”。

茶道：空之居（约瑟夫·坎贝尔拍摄，日本，1958年）

一位印度教苦行僧躺在神圣的恒河边休息，他把脚放在湿婆神的象征物上（男根—女阴 [Lingam–Yoni] 的结合体，象征着湿婆神与他妻子的结合）。一个路过的僧侣看着这个男人在休息，便指责他。“你怎么敢亵渎神灵，把脚放在神的象征物上？”苦行僧答道：“先生，我很抱歉，但你是否可以好心地把我的脚放到没有这种神圣男根的地方？”僧侣抓起苦行僧的脚踝，抬向右边，但当他把他的脚放下时，一根阴茎从地里冒出来，苦行僧的脚还像以前一样放在阴茎上。他再一次搬动苦行僧的双脚，另一根阴茎接住了它们。“啊，我明白了！”僧侣说，态度变得谦卑起来，他向休息的苦行者行礼，然后走开了。

观音菩萨神话中第三个奇迹是，第一个奇迹（也就是雌雄同体）是第二个奇迹（永恒与时间的同一性）的象征。在神圣图像语言中，时间的世界就是伟大母亲的子宫。子宫中由父亲带来的生命由母亲的黑暗和父亲的光明混合而成。[133] 我们离开父亲，在母亲的身体中受孕成长，但是当我们死后从时间的子宫通过时（那是实现永生的出生），我们被交到了父亲的手中。明智的人意识到即使在子宫中，他们也是来自父亲并将回到父亲那里，而智者知道母亲和父亲本质上是同一体的。

图37　男根—女阴（石雕，越南，9世纪）

这就是中国西藏佛像中佛陀、观音菩萨和他们的女性方面交合在一起的意义。对许多基督教批评者看来，这是非常不雅的。根据一种传统的看法，女性形象（藏语：yum）代表时间，男性形象（藏语：yab）代表永恒。两者的结合产生了世界，世界中的众生既是暂时的，也是永恒的，按照知道自己既是男性也是女性的神的形象被创造出来。通过冥想，受到启蒙的人会回想起自己身体中的雌雄同体。另一方面，男性形象象征启蒙原则和方法，女性象征启蒙所要达到的目标。然而这个目标就是涅槃。因此男性和女性会被交替设想为时间和永恒，双重形式（男性—女性）只是错觉，它本身与觉悟并没有区别。

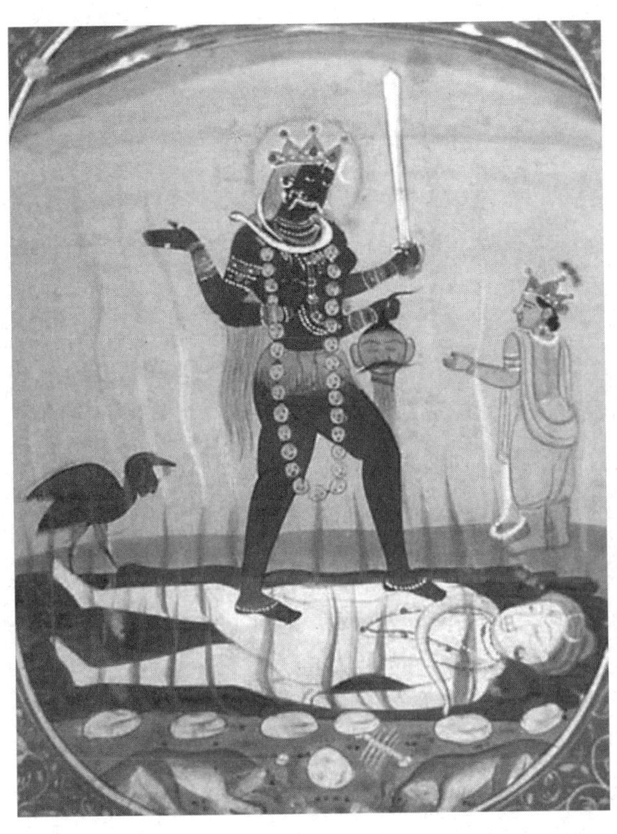

卡莉女神两腿分开跨在湿婆神身上
（纸上水粉画，印度，年代不详）

图38

比较而言，图中，印度教女神卡莉[134]站在她的丈夫湿婆神倒伏的身体上。荣格引用炼金术的语言，将之称为“神秘合体”，它是全世界神话的标准主题，但在东方神话中尤甚。印度教女神卡莉经常被表现为站在她的丈夫湿婆神倒伏的身体上。她挥舞着死亡之剑，也就是属灵纪律。滴血的人头代表信徒，他因为卡莉而失去生命，他将获得启蒙。“无畏”和“赐福”的手势说明她保护她的孩子们，普遍痛苦的成对对立物并不像它们看起来那样，这说明对处于永恒中心的人来说，“善”与“恶”暂时的幻影不过是内心的反射——就像女神自己，尽管看起来是在践踏湿婆神，但其实那是他

> 充满喜悦的梦境。
>
> 如意珠宝岛的女神[135]代表了神的两个方面：脸朝上、与她结合在一起的方面富有创造性，享受世界。另一方面转向别处，是隐藏的神。神的本质就其本身而言，超越了事件与改变，是不活跃的、静止的、空灵的，甚至超越了雌雄同体的奇迹。[136]

这是对伟大矛盾的绝妙表述，由此，成对对立物之墙被粉碎，有资格的候选者看到了上帝，他在根据自己的形象创造人类时，把人类创造成男性女性一体。男性的右手拿着雷电，那是他自己的对应物；左手拿着一个铃，那象征着女神。雷电既是方法也是永恒，而铃铛是“受到启发的心灵”。它发出的音符是永恒的美妙声音，整个宇宙中纯净的心灵都能够听到，因此这声音就在心灵之中。[137]

在基督教的弥撒中，当上帝通过献祭的言语降临到面包和酒时，同样的铃铛也会鸣响。基督教对其意义的解读也是相同的：圣言成肉身（et Verbum caro factum est）①，即“如意宝在莲花中”，唵嘛呢叭咪吽。

> 《考史多启奥义书》（*Kausitaki Upanishad*）第 1 章第 4 节描述了抵达梵天界的英雄：“就像驾驶两轮战车的人向下看战车的两个轮子，这样他看到了日与夜，看到了善行与恶性，看到了所有成对的对立物。这个人没有善行，没有恶性，了解神，正向着神走去。”

在这个部分中，以下事物曾被认为是等同的：

① 祷告韵文，赞美耶稣在圣母玛利亚的子宫中孕育。

空	物质世界
永恒	时间
涅槃	轮回
真理	虚幻
觉悟	慈悲
神	女神
敌人	朋友
死亡	出生
雷电	铃铛
珍宝	莲花
主体	客体
男性	女性
阳	阴

道教

至高无上的佛陀

观音菩萨

自在的灵魂

圣言成肉身

最终的恩赐

婴儿期幻想，“神话”的征兆

荒岛王子和火井女王一同在火井女王的黄金卧榻上沉睡了六天六夜。卧榻放在黄金轮子上，轮子日夜不停地旋转。第七天早上荒岛王子说:“现在是我离开这个地方的时候了。”于是他从卧榻上下来,从燃烧的井中取了三瓶水。在黄金的房间里有一张金桌子,桌上有一条羊腿和一条面包。即使爱尔兰所有的人吃一年,吃完后桌子上羊腿和面包的形状还会恢复如初。

王子坐下来吃羊腿和面包,吃饱后它们还像他开始看到它们时一样。然后他站起来,拿起三个瓶子,把它们放进自己的袋子。正要离开房间时,他自言自语道:“就这么走掉,不留下什么东西让女王知道在她睡觉时有人来过真是无耻。”于是他留下一封信,信上写道爱尔兰国王和荒岛女王的儿子曾在火井黄金屋里度过了六天六夜,并且吃了金桌子上的食物。他把信放在了女王的枕头下,走出来,站在敞开的窗口,跳到了瘦骨嶙峋、鬃毛又长又乱的小马身上,毫发无损地走过了毒树林与火河流。[138]

这场轻松就完成的冒险象征着英雄是一个卓越不凡的人,天生就是王者。这种从容的姿态与许多关于肉身神的童话故事和神话大有不同。在故事中平凡的英雄会面临考验,而被神选定的英雄不会遇到障碍,也不会犯错。火井就是世界的中心,井中燃烧的水是坚不可摧的本质,一圈圈旋转的床是宇宙之轴。睡眠城堡是终极深渊,下降到那里的意识会沉浸在梦境中。在这个终极深渊里,个体生命即将消融成无差别的能量:分解就是死亡,然而死亡也是火焰的熄灭。取之不尽的食物(源自婴幼儿期的幻想)象征宇宙之源永远给予生命、赋予形相的力量,它是众神盛宴的神话形象在童话故事中的对等物。遇见女神和盗火这两个象征结合在一起,简洁而清晰地揭示了具有人形的神在神话领域中的地位。他们本身并不是目标,而是不可摧毁的生命——美酒、乳汁、食物、火与恩典的守护者、化身或赐予者。

这种意象首先可以从心理学的角度加以解释,即使最终并不局限于心理学的解释,因为我们可以看到在婴儿成长的最早期,存在着与时间变迁无关的一种初期“神话”征兆。这些征兆似乎是对身体遭到毁灭幻想的反应，也是自发的防御。当孩子被迫离开母亲的怀抱时，这种幻想就会攻击他。[139]“婴儿的反应方式是发脾气，并伴随着发脾气的是幻想把母亲身体中的一切都撕扯出来……接下来孩子会害怕因为这种冲动而遭到报复，也就是他自己身体中的一切会被挖出来。”[140]对身体完整性的焦虑、对恢复原状的幻想、对不灭性的需求以及对避免来自内部与外部的“邪恶”力量的需求开始引导正在形成的心灵。它们依然是日后神经疾病的决定性因素，即使对正常成年人的生命活动、精神努力、宗教信仰和仪式行为也同样具有决定作用。

以巫医这个职业为例，巫医是原始社会的核心，“起源于……基于婴儿期摧毁身体的幻想，借助一系列的防御机制构建而成”。[141]澳大利亚的一种基本理念认为，幽灵已经取走了巫医的内脏，换成了鹅卵石、水晶、大量的绳子，有时候被赋予力量的小蛇取代。[142]

> 在婴儿期，第一个方案是发泄：“我的肠子已经被破坏了。”它伴随着反应—形成的产生：“我的肠子不是容易腐烂、充满了排泄物的东西，它不会腐烂，充满了水晶。”第二个方案是投射：“不是我想穿入人们的身体，而是外来的巫师把致病的物质注入人们的身体。”第三个方案是复原：“我并不想毁掉别人的肠子，我是在为他们治疗。”然而与此同时，最初的把母亲宝贵的内脏撕扯出来的幻想要素以治疗技术的形式再次出现：从病人身体中吸出、拉出、揉掉某些东西。[143]

精神“副本”的民间概念代表了另一个不可摧毁的形象。外在的灵魂不会因身体丧失或受伤而受到折磨，它安全地存在于某个遥远的地方。[144]一个食人魔说：“我的死亡离这里很远，在浩瀚的海洋上，很难被找到。在那片海洋中有一个岛，岛上生长着绿色的橡树，橡树下有一只铁箱子，箱子里有一个小篮子，篮子里有一只野兔，野兔体内有一只鸭子，鸭子体内有颗蛋。谁找到那个蛋并把它打破，就同时也杀死了我。”[145]与以下这位成功的现代女商人的梦境进行比较：

> 我搁浅在一个荒岛上。那儿还有一位天主教牧师。他一直在两个岛之间铺设板子，这样人们就能从上面通过。我们来到另一个岛，问那儿的一个女人我到了什么地方。她回答说我在和一些潜水员一起潜水。然后我来到岛内部的某个地方，那里有一片满是珠宝玉石的美丽水域，另一个“我”穿着潜水服潜到那里。我站在那里向下看，看着我自己。[146]

印度教有一个迷人的故事，讲的是一位国王的女儿只能嫁给能够找到并唤醒她的替身的男人。她的替身位于海洋底部的太阳莲花之地。[147] 在澳大利亚，接受过成人礼的男人在结婚后，会被他的祖父引导进入一个神圣的洞穴里，给他看一块上面刻有寓意图案的小木板。祖父告诉他：“这是你的身体，你和它是一样的。不要把它拿到其他地方去，否则你会感到疼痛。”[148] 摩尼教和一世纪的诺斯替教派的信徒教导说，当神佑的灵魂来到天堂时，它会遇到拿着灵魂“光之衣裳”的圣人和天使，他们一直为灵魂保存着它的“光之衣裳”。

图39 伊西斯（Isis）给予灵魂面包和水（埃及，年代不详）

不可摧毁的身体期望的最高福祉是不受打扰地住在无尽的乳汁天堂中：

> 你们爱慕耶路撒冷的，要与她一同欢喜快乐；你们为她悲哀的，也要与她一同喜悦。你们可在她安慰的怀中吃奶，满心欢喜地享用她丰盛的荣耀。因为耶和华如此说，我要使平安延及她，好像江河……你们要从中享受；你们必被她抱在身旁，在膝上逗弄。[149]

永不枯竭的乳头为灵魂与身体提供食物，为心灵提供慰藉，是全能治愈者的赐福。奥林匹斯山高耸入天，在那里众神与英雄欢宴，享受着神的食物。在山上沃坦的大殿中，四十三万二千名英雄享用着永远不会减少的宇宙野猪萨克里姆尼尔（Sachrimnir）的肉，喝着从母羊海德拉姆（Heidrum）乳房中挤出来的奶，它吃的是枝干、根株连接着天、地和地狱的宇宙之树的树叶。在爱尔兰的仙山中，长生不老的丹努之子（Tuatha De Danaan）吃着会自己复原的马那南（Manannan）猪肉，喝着丰盛的吉布纳（Guibne）麦芽酒。在波斯，众神在海拉·贝利萨帝山（Mt. Hara Bcrczaiti）上的花园里畅饮着从生命之树加吉雷纳树（Gaokerena）中提取出来的仙露。日本的神饮用清酒，波利尼西亚的神饮用艾维酒，阿兹特克的神饮用男人和少女的血。得到耶和华救赎的人在世界之巅的花园中，享用着怪物贝希摩斯（Behemoth）、利维坦（Leviathan）和席兹（Ziz）取之不尽、鲜美无比的肉；畅饮天堂中四条甜蜜之河中的酒。[150]

显而易见，我们每个人都珍爱婴儿期幻想，作为不灭存在的象征，它依然以潜意识的方式存在于神话、童话故事和教会的教义中。这很有帮助，因为头脑中的这些形象让我们感到轻松自在，就好像想起了已知的事情。然而这种情况也会造成阻碍，因为这些象征中蕴含着我们的情感，而我们的情感强烈地抗拒任何超越的努力。那些孩子气的、充满喜悦的芸芸众生与虔诚的、真正自由的人之间的巨大差异在于象征在何处退出并被超越。“哦，你们，”但丁在离开人间天堂之际写道，“哦，你们这些乘着一艘小木船，跟在我那艘唱着歌前进的船后面，渴望听到歌声的人，调头回岸吧，不要成为深海的牺牲品。因为你们可能会与我失散，迷失在大海中。我所航行的水域从未有人穿越。密涅瓦女神（Minerva）为我吹风，阿波罗引导我，九位缪斯女神为我指出大熊星座的位置。”[151] 这就是芸芸众生与真正自由的人之间的分界线，思想抵达不了超越这条界限的地方，越过这条线，所有的情感都会死亡，就像盘山铁路的最后一站，登山者从这里出发，然后再返回这里，与那些喜欢山中的空气但对高峰望而却步的人交谈。不可言喻且超出想象的至福必然以在婴儿期想象出来的至福的回忆形式出现，可见故事具有迷惑人的孩子气。因此，只从心理学角度进行解读是不充分的。

THE HERO WITH A THOUSAND FACES

许多已出版的精神分析文献对象征符号的梦境来源、它们隐藏的对潜意识的意义以及它们对心智的影响进行了分析，但是伟大的导师将它们作为隐喻有意识地运用它们的这个事实还没有被关注：一种心照不宣的假设认为，过去伟大的导师都是神经症患者（当然希腊和罗马的一些导师除外），他们错误地把自己未遭到批评的幻想当成启示。本着同样的精神，精神分析的启示被许多外行看成是弗洛伊德“猥亵心理”的产物。

神话的试金石——幽默

当婴儿期意象的深奥以形而上学的神化学技巧表现出来时，一个著名的东方神话由此诞生。这个神话就是印度教的泰坦与众神争夺永生仙酒的故事。古老的凡人伽叶波（Kaśyapa），也就是“龟人”，娶了更加古老的生主首领达刹（Daksa）的十三个女儿。其中两个女儿底提（Diti）和阿底提（Aditi）分别生下了众泰坦和众神。在一系列永无终结的家庭战争中，伽叶波的许多儿子被杀死了。现在泰坦的大祭司通过苦行和冥想，获得了宇宙之王湿婆神的青睐。湿婆神赐予他一个可以起死回生的护身符。这使得泰坦有了很大优势，在接下来的战争中，众神很快发觉了这一点。他们感到困惑不解，撤退回来一起进行商讨，并且求助于主神梵天（Brahmā）和毗湿奴（Viṣṇu）。

梵天、毗湿奴、湿婆神与他们的配偶（微型画，印度，19世纪早期）

THE HERO WITH A THOUSAND FACES

梵天、毗湿奴和湿婆神分别代表创造者、维护者和破坏者，作为创造性事物运作的三个方面，他们构成了印度教的三位一体。公元前7世纪之后，梵天的重要性下降了，仅成为毗湿奴创造性的代理。因此如今的印度教分为两大阵营，一个主要供奉创造者兼维护者毗湿奴，另一个供奉宇宙破坏者湿婆神。但是这两者归根结底是同一的。在目前的神话中，正是通过两者的联合行动，长生不老药才得以被获取。

他们得到的建议是暂时和他们的兄弟停战，停战期间众神应该诱使泰坦帮他们搅动长生不老的乳汁海洋，以获得它的奶油——长生不老的甘露（Amṛta，其中“a”代表“不”，“mrta”代表“终有一死的”）。众神的邀请使泰坦沾沾自喜，以为这说明众神承认了他们的优势，他们高兴地参与进来，于是前所未有的宇宙周期第四时代的合作冒险开始了。曼达拉山（Mount Mandara）被选为搅拌棍。蛇王婆苏吉（Vasuki）答应做搅拌绳。毗湿奴自己变成龟的样子潜入乳汁海洋，用他的后背支撑山的基座。众神抓住蛇的一端，当它被缠绕在山上之后，泰坦抓住蛇的另一端。他们就这样搅拌了一千年。

首先升到海洋表面的是有毒的黑烟，被称为卡拉库塔（Kālakuta），即“黑色的顶峰”，也就是死亡力量的集中。“喝我。”卡拉库塔说。然后他们无法继续搅拌了，除非有人能把它都喝掉。有毒的黑烟逐渐接近坐在又高又远的地方的湿婆神。他放松了专注的冥想姿势，来到搅动乳汁海洋的现场。他把致死的毒药盛在一个杯子里，将它一饮而尽，并用瑜伽之力让毒药停留在喉咙里，于是喉咙变成了蓝色，因此湿婆神被称为“青项”。

现在众神和泰坦可以继续搅动了，不久从这个永不枯竭的深海里开始冒出宝贵的汇聚之力。阿布沙罗斯女神（Apsarases）出现了，还出现了吉祥天女（Lakṣmī）、名叫塔司拉瓦斯（Ucchaiḥśravas）的乳白色神马、珍珠、玉石、珍贵的宝石等十三种东西。最后出现的是医术高超的众神的医生昙梵陀利（Dhanvantari），他手持月亮，那是盛着生命甘露的杯子。

此时为了拥有这无价的甘露，众神祇立即发起了一场大战。其中一个泰坦罗睺（Rāhu）设法偷偷啜饮了一口，但是咽下喉咙之前便被砍掉了脑袋。他的身体腐烂了，但头永生不死。现在这个头永远在天上追赶着月亮，想要再次抓住它。如果它成功了，杯子会轻易地通过它的嘴，再从喉咙出来：这就是月蚀的由来。

但是毗湿奴唯恐众神失去优势，于是他把自己变成了跳着舞的美丽少女。泰坦是一些好色的家伙，他们被少女的魅力迷住了。她拿起盛着甘露的月亮杯，挑逗他们，然后突然把杯子递给众神。毗湿奴立即变回强大英雄的样子，加入众神一起对抗泰坦，帮助他们把敌人驱赶到地下世界的峭壁和黑暗峡谷中。现在众神在位于世界中心的须弥山（Mount Sumeru）之巅的美丽宫殿中永远地畅饮甘露。[152]

幽默是鉴别真神话的试金石，神话中的幽默不同于神学文字中拘泥的、多愁善感的语气。作为偶像，众神本身并不是目的。有关神的有趣神话并不是要把心灵和精神上升到神的高度，而是要超越他们，进入遥远的虚空。从这个视角看，那些更沉重的神学教条似乎只是教化的诱惑：它们的作用，是让不纯熟的智力从一片混乱的事实与事件中脱离出来，进入相对纯化的区域。在那里作为终极恩惠，所有的存在物，无论天上的、人间的或地狱的，都变成了轻轻地飘过、反复发生、充满幸福与恐惧的童年梦境的类似物。最近一位西藏喇嘛这样答复一位西方拜访者的问题："从一个角度看，所有的神灵都存在。从另一个角度看，他们都不是真实的。"[153] 这是古老密教经典中矛盾性的教义："所有这些形象化的神祇都只是表征过程中发生的各种事物的象征。"[154] 这也是当代精神分析学派的观点。[155] 元神学中同样的洞见似乎在但丁最后的诗句中被提了出来。在这些诗句中，受到启发的旅人至少能抬起勇敢的目光，超越圣父、圣子和圣灵的真福神视，注视那永恒的光。[156]

男神和女神是长生不老药的化身和保管人，但他们本身并不是处于原始状态的终极存在。因此通过与神的交往，英雄最终寻求的不是神本身，而是他们的恩典，也就是支撑他们的力量。这种神奇的能量物质是不灭的，体现、分配和代表这种物质的神祇的名称和形式会不断改变。这就是宙斯、耶和华和至高无上的佛陀所持雷电的神秘能量，是维拉科查的雨水带来的富饶与多产，是弥撒仪式中献祭时铃声所宣扬的美德，[157] 是圣贤的终极启示之光。它的保管人只会对被证明是合适的人选释放出这种神奇的能量。

然而神祇可能会过分苛刻、过分谨慎，在这种情况下，英雄必须用计谋骗取他们的珍宝。这样哪怕地位最高的神祇看起来也是充满恶意、荼毒生灵的食人魔，而欺骗、杀死或安抚他们的英雄被赞美为世界的拯救者。

波利尼西亚的毛伊（Maui）与火的守护者玛胡伊卡（Mahu-ika）进行对抗，努力夺取他的珍宝，想把它归还给人类。毛伊径直走向庞然大物玛胡伊卡并对他说："把这块平地上的灌木清理掉，这样我们就可以友好地进行比赛了。”必须要说的是，毛伊是一位伟大的英雄，也是一位谋略大师。

玛胡伊卡问：“比赛什么来证明我们的英勇？”

“比赛投掷。”毛伊答道。

玛胡伊卡表示同意。然后毛伊问：“谁先扔？”

玛胡伊卡答道：“我先扔。”

毛伊表示赞同，于是玛胡伊卡举起毛伊，把他抛到空中。毛伊被抛得很高，然后正落到玛胡伊卡的手里，玛胡伊卡再一次把他抛起并唱道：“抛呀抛——你飞高高！”

当毛伊上升时，玛胡伊卡吟唱这样的咒语：

你上升到第一层，
你上升到第二层，
你上升到第三层，
你上升到第四层，
你上升到第五层，
你上升到第六层，
你上升到第七层，
你上升到第八层，
你上升到第九层，
你上升到第十层。

毛伊在空中转了一圈又一圈，开始再次下落，他正落在玛胡伊卡的旁边，毛伊说：“你玩得真开心！”

“的确如此，”玛胡伊卡感叹道，“你能想象你把一条鲸鱼抛到空中吗？”

征服怪物：大卫与歌利亚 · 悲惨的地狱 · 参孙（Samson）与狮子（版画，德国，1471 年）

图41

“我可以试试！”毛伊答道。

于是毛伊举起玛胡伊卡，把他向上抛并唱道：“抛呀抛——你飞高高！”

当玛胡伊卡上升时，毛伊唱着这样的咒语：

你上升到第一层，
你上升到第二层，
你上升到第三层，
你上升到第四层，

你上升到第五层，
你上升到第六层，
你上升到第七层，
你上升到第八层，
你上升到第九层，
你上升——升到高空中！

玛胡伊卡在空中转了一圈又一圈，然后开始下落，当他接近地面的时候，毛伊喊出了一句有魔力的话："空中的那个人会正好脑袋着地。"

玛胡伊卡掉下来，他的脖子完全被压在一起，玛胡伊卡死了。

英雄毛伊立即抓住玛胡伊卡的脑袋，把它砍了下来。然后他就拥有了珍贵的火种，并把它给予了人类。[158]

长生不老的秘密

在美索不达米亚，圣经故事之前最著名的寻求长生不老药的故事便是关于苏美尔乌鲁克城（Erech）的传奇国王吉尔伽美什的。他动身去获取长生不老的西洋菜。他平安地躲过守卫在山脚下的狮子和看守撑天大山的蝎子人，来到山中长满鲜花、水果，遍地宝石的至福之境。他继续向前走，走到了环绕世界的海洋边。在水边的洞穴里住着女神伊什塔尔（Ishtar）化身成的女人希杜丽萨比图（Siduri–Sabitu）。这个女人用面纱把脸完全遮住，紧闭着门不让他进来。但是当他把自己的故事讲给她听后，她允许他进来并建议他放弃寻找长生不老的植物，而是学会满足于凡人生活的乐趣：

吉尔伽美什，你为什么要这样到处奔波？
你永远也找不到你想找的生活。

神祇创造人的时候，
他们把死亡加诸人类，
并将人的生命控制在他们自己的手中。
吉尔伽美什，把肚子填饱；
日日夜夜过得快活，
为每天安排一些快乐的活动。
日日夜夜寻欢作乐，
让自己穿上漂亮的衣服，
洗一洗头，洗一洗身体。
关心拉着你的手的小孩。
让你的妻子快乐地靠在你的怀里。

THE HERO WITH A THOUSAND FACES

这段从传说的标准亚述版本遗失的文字出现在早得多的巴比伦的零散文本中。[159] 人们通常认为伊什塔尔提出的是享乐主义的建议，不过我们还应该注意到这段文字代表了一种启蒙性的考验，而不是古代巴比伦人的道德哲学。正如在印度，几个世纪之前，当学生向老师询问不朽生命的秘密时，老师首先会描述凡俗的乐趣，让学生不再追问。[160] 只有当学生坚持询问秘密时，老师才会进一步传授秘密。

然而当吉尔伽美什坚持要找到长生不老的植物时，希杜丽·萨比图允许他通过并把前路的危险告知他。

这个女人指导他去找摆渡者厄休安纳庇（Ursanapi），吉尔伽美什发现他正在森林里砍木头，而且有一群侍从在保护他。吉尔伽美什把侍从打得粉碎（他们被称为“活得开心的人”或“石头人”），于是摆渡人答应把他送过死亡之海。旅程耗费了一个半月的时间。吉尔伽美什被警告不要触碰海水。

在他们正在接近的遥远地方居住着乌塔那匹兹姆（Utnapishtim），他是原始时代战胜洪水的英雄，他和妻子长生不老地在这里过着安宁的生活。乌塔那匹兹姆远远地就发现有一叶孤舟正在无尽之海上靠近他们的居住地，他在心里猜想：

为什么这艘船的“石头人”都被粉碎了，
为什么有个不是我仆人的人在船上？
正在来的那个人难道不是人类？

吉尔伽美什上岸后不得不听这位长者讲述有关洪水的冗长的故事[①]。然后乌塔那匹兹姆吩咐他的拜访者去休息，他睡了六天。乌塔那匹兹姆和他的妻子在这期间烤了七条面包，当他在船边躺着睡觉时，他们把面包放在他的头旁边。乌塔那匹兹姆抚摸吉尔伽美什，他醒了过来。主人命令摆渡人厄休安纳庇让客人在水池中洗澡，然后换上新衣服。接下来，乌塔那匹兹姆向吉尔伽美什宣告长生不老植物的秘密：

吉尔伽美什，我将向你揭示秘密的事情，
并给予你指导：
长生不老的植物就像田野里的野蔷薇，
它的刺就像玫瑰的刺，会扎破你的手。
但是如果你能拿到那植物，
你将重返你的故土。

长生不老的植物长在宇宙之海的海底。

厄休安纳庇再次将英雄送出海。吉尔伽美什把石头系在自己的脚上，然后跳入海中。他向下沉，痛苦难忍，而摆渡人依然在船上。当吉尔伽美什到达无

① 《圣经》中诺亚的巴比伦原型。

底之海的海底时，他拔起植物，尽管它的刺把他的手扎得伤痕累累。他砍断系着石头的绳子，浮出了水面。摆渡人把他拉上船，他宣布胜利：

厄休安纳庇，这种植物能使人类充满活力。
我将把它带回羊圈制成乌鲁克……
它的名称是："使人恢复青春"。
我要吃掉它，恢复我的青春年华。

THE HERO WITH A THOUSAND FACES

尽管英雄被警告不能碰海水，但他现在却可以安然无恙地进入海中。这说明通过拜访永生岛的老主人和他的妻子，他获得了神力。战胜洪水的英雄乌塔那匹兹姆（即诺亚）是天父形象的原型，他所住的岛屿是宇宙的中心，是后来希腊罗马"极乐岛"的预兆。

他们继续前进，驶过大海。上岸后，吉尔伽美什在清凉的水洞中洗了个澡，然后躺下来休息。在他睡觉的时候，一条蛇闻到了长生不老仙草的美妙香味，它快速地爬过来把仙草叼走了。这条蛇把仙草吃了，立即开始蜕皮，恢复了青春。当吉尔伽美什醒来发现仙草没有了时，他坐在那里痛哭，"眼泪滑下他的鼻梁"。[161]

直到今天，长生不老的可能性依然令人类着迷。1921年萧伯纳创作的乌托邦式戏剧《回到玛士撒拉时代》（*Back to Methuselah*）将这个主题转化为一个现代的社会—生物学寓言。四百年前比较缺乏想象力的胡安·庞塞·德莱昂（Juan Ponce de León）在寻找"比米尼"（Bimini）时发现了佛罗里达，他期望能在比米尼找到青春之泉。而在几个世纪之前的遥远东方，中国哲学家葛洪在他漫长人生的晚年潜心炼制长生不老药。葛洪写道：

取三磅纯正的朱砂，一磅白色蜂蜜，将它们混合，在太阳下晒干。然后在火上烘烤，直至混合物能被捏成药丸。每天早上服用十粒大小如火麻仁的药丸。一年内白发会变黑，龋齿会重新长出来，身体会变得光滑亮泽。如果老年人长期服用此药，便会返老还童。经常服用者将长生不老。[162]

一天一位友人来拜访这位独居的实验家兼哲学家，但他只看到了葛洪的衣服。老人已经羽化登仙，进入了永生不朽之境。[163]

对身体永生不死的研究源自对传统教义的误解。与之相反，基本的问题是：眼睛的瞳孔放大，身体以及与之相伴的性格便不会再阻隔视野。长生不老因此变成眼前的事实："它在这里！它在这里！"[164]

图42 长生不老枝
（石膏墙板，亚述，公元前885—前860年）

所有事物都处于过程之中，在上升，在回归。植物开出花朵，但只是为了回归到根部。回归到根部便是寻找宁静。寻找宁静便是趋向命运。趋向命运便是永恒。知永恒便是觉悟，不知永恒便会招致混乱与邪恶。

知永恒会使人有理解力，理解使人心胸开阔，广阔的视野带来高贵，高贵就像上天。

上天就像道，道即是永恒。身体的腐朽又有什么可畏惧的。[165]

突破个人局限的痛苦就是精神成长的痛苦

日本有一句谚语："只有当人类为财富而祈祷时，神才会发笑。"赐予拜神者的恩惠取决于他的道德高度和主要欲求的性质：恩惠只是一个象征，它象征的是为满足个体需求而逐渐减弱的生命能量。当然，讽刺之处在于，得到神的青睐的英雄本可以祈求神赐予他彻底的启示，但他通常祈求的是长寿、杀死邻居的武器或孩子的健康。

希腊人流传着一则有关迈达斯国王的故事，他非常幸运，酒神巴克斯答应赐予他所渴望的任何恩惠。他希望自己触碰到的东西都变成金子。他尝试着扯下橡树的小嫩枝，嫩枝变成了金子的。他拿起一块石头，石头变成了金子的。苹果在他手里变成了金块。他欣喜若狂，命人准备盛大的宴会，庆祝这一奇迹。但是当他坐下来，用手拿烤肉时，烤肉变成了金子。美酒碰到他的嘴唇变成了液态黄金。他爱他的小女儿胜过爱这世界上的任何事物，但是当她走过来安慰苦恼的国王时，她在国王的怀抱里变成了美丽的黄金雕像。

突破个人局限的痛苦就是精神成长的痛苦。艺术、文学、神话、礼拜、哲学及苦行修炼都是帮助个体突破其有限的范围，进入不断扩展的认识领域的工具。当他跨越了一个又一个的阈限，征服了一条又一条的恶龙时，为实现最高愿望而被唤起的神性高度会不断增加，直到包含了整个宇宙。最后思想突破宇宙的局限范围，超越了所有体验的形式——所有象征符号、所有神祇，实现了必然的虚空。

因此正是在这个时候，但丁采取了他精神冒险中的最后一步，在终极象征之前，即在天堂的玫瑰中看到三位一体的上帝之前，他还需要体验一个甚至超越了圣父、圣子和圣灵的启示。他写道："伯尔纳给我做了个手势并微笑着，我应该向上看，但我始终按照自己的意愿做事，正如他希望的那样，因为我那变得纯净的目光正渐渐穿过那崇高之光，而崇高之光本身便是真理。从那之后我的视觉超越了我的言语，它所看到的事物令记忆无能为力。"[166]

"目光、言语和心灵都到不了那里，我们不知道它是什么，也不知道如何教授它。它不同于我们所知的一切，也超越了未知的事物。"[167]

这不仅对英雄来说是最高的、终极的磨难，对众神来说也是如此。在这里，圣父和圣子作为无名者的人格面具同样被消灭了。因为正如虚构的梦境源自做梦者的生命能量，它代表的是一种力量流动变化的分裂与复杂性，因此世界上所有形式，无论是人间的还是神圣的，都反映了一个不可知的秘密的宇宙力量：构成原子并控制星球按轨道运行的力量。

生命的洗礼盘是个体的核心，这个核心位于他的自我中，如果他能把覆盖物扯去，便能找到他的核心。日耳曼异教徒的神奥丁（Othin）冒险闯入冥界，为人类取得古文字，从而拥有大量知识，因此失去一只眼睛，被钉在十字架上受难：

> 我猜想我被吊在风中的树上。
> 在那里吊了整整九夜；
> 长矛刺伤了我，我被献给奥丁，
> 自己献给自己，

没人知道那棵树的根是什么样。[168]

佛陀在菩提树下取得的胜利是这种功绩在东方的典型例证。用心灵之剑，他刺穿了宇宙的气泡，使它化为乌有。整个自然经验的世界，以及传统宗教信仰中的大陆、天堂和地狱，与它们的众神和魔鬼一起破灭了。但是奇迹中的奇迹在于，尽管一切都破灭了，但所有事物都会因此而复原、重生，它们所具有的真实存在性令它们辉煌壮丽。确实，复原后天堂中的众神齐声称赞穿透虚空的人类英雄，虚空超越了他们并且成了他们的生命和根源：

竖立在世界东方边缘的旗帜会让它们的饰带飘向世界的西方边缘。与之相似，竖立在世界西方边缘的旗帜会让它们的饰带飘向世界的东方边缘。北方的旗帜飘向世界的南方边缘，南方的旗帜飘向世界的北方边缘。而竖立在地面上的旗帜让它们的饰带飘向梵天世界，竖立在梵天世界的旗帜让它们的饰带垂到地面。大千世界中花树上鲜花盛开；果树上果实累累，压弯了树枝；树干状莲花盛开在树干上；树枝状莲花盛开在树枝上；藤蔓状莲花盛开在藤蔓上；悬吊的莲花盛开在空中；茎状莲花从岩石中冒出来，七朵七朵地盛开。大千世界像是在空中旋转的花束，又像是厚厚的鲜花地毯。在天地之间八千里格长的地狱里，以前即使七个太阳的光也没有把它照亮，现在则洒满了阳光。八千里格深的海洋开始变甜，河流停止了流动，天生的盲人获得光明，天生的聋人有了听力，天生的残疾人又能再用腿行走，囚犯的绑绳和枷锁被打开并脱落。[169]

图43

菩萨（石雕，柬埔寨，12世纪）

图44

浪子回头（布面油画，荷兰，1662 年）

THE HERO
WITH A
THOUSAND
FACES

03

归　来

当英雄通过穿透本源，或者通过某个男人或女人的、人类或动物化身的帮助完成了冒险时，他仍需要带着能够改变生命的战利品回归。

拒绝回归

当英雄通过穿透本源，或者通过某个男人或女人的、人类或动物化身的帮助完成了冒险时，他仍需要带着能够改变生命的战利品回归。完整的循环是单一神话的标准方式，它需要英雄带着智慧的神秘符号或金羊毛或睡着的公主返回人类的国度，在那里他所得到的恩惠能够复兴社群、国家或大千世界。

但是英雄常常拒绝这个责任。佛陀在取得胜利后甚至怀疑成佛之道是否能被传播，据说圣人常常会消逝在超凡脱俗的狂喜中。在传说和神话中确实有许多英雄永远居住在长生不老女神的极乐岛上。

印度流传着一个关于战士兼国王马赫昆达（Muchukunda）的动人故事。他从他父亲的左胁出生。他父亲误喝了婆罗门为他妻子准备的生育药①，与这个奇迹所预示的象征意义相一致，这位没有母亲、来自父亲子宫的奇人成长为王中之王，在众神与魔鬼的持久较量中，当众神遭遇失败时，他们会召唤马赫昆达来帮忙。他协助众神取得了巨大的胜利。众神非常高兴，答应帮他实现一个最高的愿望。这样一位无所不能的国王会有什么愿望呢？这样一位人中之王

① 这个细节是马赫昆达对从雌雄同体的父亲身上获得重生的合理化诠释。

会想出什么样的恩惠呢？正如故事所讲，马赫昆达国王在战斗之后精疲力竭，他所要求的是赐予他永无休止的睡眠，任何试图叫醒他的人都会被他的第一道眼神烧成灰烬。

他得到了这个恩惠。在洞穴里，也就是大山子宫的深处，马赫昆达国王睡了过去，他睡过了漫长的岁月。个体、人类、文化和世界都在老去，从虚空中产生，然后重新坠入虚空。那位处于潜意识的极乐状态的老国王依然在沉睡。就像弗洛伊德提出的永恒的无意识状态一样，在自我体验的动态的时间世界里，这位山中沉睡的老人继续活着。

他苏醒的时候到了，但是他的苏醒却对英雄的回归以及强大的国王把睡眠作为最高恩惠之谜产生了新的解释，这是个令人惊讶的转折。

宇宙之王毗湿奴化身成一个名叫奎师那（Kṛṣṇa）的英俊年轻人，他把印度从魔鬼的残暴统治中解救出来，登上了王位。在他的治理之下，印度像乌托邦一样和平，直到一大群野蛮人突然从西北部入侵进来。奎师那国王前去抗击这群野蛮人，由于他具有神性，他利用简单的策略，轻松地取得了胜利。他没带武器，戴着莲花圈走出了堡垒，诱惑敌方国王来抓他，然后躲进了洞穴里。野蛮人跟过来，看见有人躺在洞里睡觉。

“哦！”野蛮人想，“他引诱我来这里，现在假装成一个没有危险的熟睡的人。”

野蛮人踢了踢躺在他面前的人，那个人动了，正是马赫昆达国王。那人站起来，他那闭了无数个创世周期、历经无数历史兴衰的眼睛慢慢睁开。第一束目光正落在敌方国王身上，那人突然燃起火焰，顿时被烧成一堆灰烬。马赫昆达转过身，第二束目光落在戴着花环的英俊青年身上，刚刚苏醒的老国王通过年轻人的光芒认出他是主神的化身。马赫昆达向他的拯救者鞠躬并说了以下的祈祷词。

我的主神！当我作为一个人活着并工作时，我焦躁不安地四处漂泊，经历了许多生命，一次次重生，我不停地寻找，遭受苦难，不知道应该在什么地方停下来。我把痛苦当作快乐。我把沙漠中出现的海市蜃楼误以为清爽提神的水。我想抓取快乐，得到的却是痛苦。我想得到所有诱惑感官的事物：国王的权力、人间的财物、富有而强大、朋友、儿子、妻子和随从，因为我相信这些东西能带给我幸福。但是当我拥有它们时，它们的性质就变了，变成了燃烧的火。

之后我发现了与神为伴的方法，他们也欢迎我做他们的同伴。但是我依然不知道该在什么地方停下，在什么地方休息。宇宙中所有被创造出来的事物，包括众神，都是您——我的主神计谋的，这就是为什么他们持续不断地进行徒劳无益的生老病死的循环。在生命之间他们要面对死神，被迫承受每一层地狱的无情痛苦。所有这一切都是你造成的！

我的主神，我被你玩笑似的诡计所欺骗，成为这个世界的猎物，在错误的迷宫中徘徊，被自我意识的罗网网住。现在我在你无边无际、令人崇敬的存在中找到了庇护所，只渴望从这一切中解脱出来。

当马赫昆达从他的洞穴中走出来，他看到自从他离开之后，人们的身形变矮了。在人群中，他是一个巨人。于是他再次离开人们，隐退到最高的山中，在那里专心苦行修炼，终于摆脱了对存在形式最后的联系。[1]

换句话说，马赫昆达没有回归，而是决定进一步从俗世隐退。谁会说他的决定毫无道理？

借助魔法逃脱

如果凯旋的英雄赢得了女神或男神的祝福，并被明确委派带着复兴社会的长生不老药返回尘世，那么英雄冒险的最后阶段便会得到超自然保护者的全力支持。另一方面，如果战利品是通过对抗守护者而获得的，或者如果众神或魔鬼不愿意让英雄回归尘世，那么神话的最后一个阶段就会是一场惊心动魄且常常滑稽可笑的追逐。用巫术制造的障碍和利用魔法实现的逃避使得这场追逐变得复杂。

蛇发女怪追逐珀耳修斯，珀耳修斯正带着美杜莎的头逃跑（红像双耳瓶，希腊，公元前5世纪）

例如，在威尔士人中流传一个关于英雄圭昂·巴赫（Gwion Bach）的故事，他发现自己身处水下王国。具体来说就是，他身在威尔士北部麦立昂斯夏（Merionethshire）的巴拉湖（Lake Bala）湖底。那里住着一个远古的秃顶巨人特吉德（Tegid），还有他的妻子卡里德薇（Caridwen）。卡里德薇一方面是谷物和农作物的女庇护人，另一方面是诗歌与文学女神。她拥有一口巨大的锅，

锅里煮的是科学和灵感的混合物。通过参考巫术书，她炮制出一种黑色混合物，然后把它放在火上煮上一年，在一年结束时能炼出三滴灵感的神圣液体。

她派英雄圭昂·巴赫去搅动大锅，并派一个名叫莫达（Morda）的盲人让锅下面的火一直燃烧着。她警告他们在一年零一天中都要保持锅里的混合物沸腾。她自己则根据天文学书，每天按照行星运行的时间收集各种有魔力的草药。在一年快结束的某一天，当卡里德薇在挑选草药并念咒语时，碰巧三滴有魔力的液体流出大锅，洒到了圭昂·巴赫的手指上。因为液体非常烫，所以圭昂·巴赫把手指放到了嘴里，当这些有魔力的液体一进入他的嘴里，他便能预测出所有将要发生的事情，并预料到他一定要提防卡里德薇的阴谋，因为她法力无边。圭昂·巴赫非常害怕，向自己的国家奔逃。那口大锅破成两块，因为除了那三滴有魔力的混合物，其余都是毒药。大锅里的液体流入小溪，圭德诺·加兰希尔（Gwyddno Garanhir）的马因为喝了溪水而中了毒。从那时起，这条汇聚了毒液的溪水便被称为“圭德诺之马的毒药”。

图45b 珀耳修斯在逃跑，
背包里装着美杜莎的头
（红像双耳瓶，希腊，公元前5世纪）

紧接着卡里德薇进来了，看到一年的辛苦全部付之东流。她抓起一块木头，使劲敲打盲人莫达的头，直到把他的一只眼睛打出来。莫达说：“你毁了我的容，这是不对的，我是无辜的。损失不是我造成的。”“你说得没错，”卡里德薇说，“是圭昂·巴赫抢走了我的宝贝。”

她跑去追赶圭昂·巴赫。圭昂·巴赫看到了她，于是变成一只野兔奔逃。但是卡里德薇把自己变成了灰狗猎犬，穷追不舍。圭昂·巴赫跑向一条河，变成了鱼。卡里德薇变成母水獭在水里追赶他，直到他不得不变成一只鸟，飞到空中。卡里德薇变成老鹰，继续追赶，不让他有喘息的机会。正当她将要向他扑去，而他吓得要死的时候，他发现谷仓的地上有一堆筛去谷壳的小麦，于是他落入小麦中，把自己变成了一粒麦子。卡里德薇变成了一只有着高高冠子的黑母鸡，她来到麦堆，用鸡爪刨麦子，把圭昂·巴赫变的麦子找了出来并吞到肚子里。正如故事所讲，圭昂·巴赫在卡里德薇的肚子里待了九个月，当她把他排出来的时候，她发现自己不忍心杀死他，因为他太俊美了。于是她用皮口袋将他包裹起来，在4月29日那天把他扔进大海，任他听天由命。[2]

图46 变成灰狗的卡里德薇在追赶变成野兔的圭昂·巴赫（石版画，英国，1877年）

圭昂·巴赫的故事来自《马比诺吉昂》(*The Mabinogion*),由“塔列辛”(Taliesin)带给我们。《马比诺吉昂》是夏洛特夫人(Lady Charlotte E. Guest)翻译的一本威尔士民间故事集,共四卷,出版于1838—1849年。塔列辛即“西方游吟诗人之首”,他可能是公元6世纪时一个真实的历史人物,与后来成为传说中的“亚瑟王”的首领是同时代的人物。游吟诗人的传说和诗歌被收集在流传了十三个世纪的手稿中,即《塔列辛之书》,它是威尔士四大古籍之一。

“Mabinog”(威尔士语)即游吟诗人的学徒。而“mabinogi”与青少年指导有关,指的是教授给游吟诗人学徒的传统素材(神话、传说、诗歌等),学徒有责任把这些素材牢记在心。“Mabinogion”是“mabinogi”的复数形式,它是夏洛特夫人在翻译古籍中的十一个传说故事时所起的名称。

类似苏格兰和爱尔兰,威尔士游吟诗人的学识可以追溯到非常古老而丰富的凯尔特异教徒的神话储备。基督教传教士和编年史家(五世纪及之后)改造并复兴了这些神话。他们把这些古老的故事记录下来并煞费苦心地找出它们与《圣经》的一致性。十世纪是创作冒险故事的辉煌时期,创作主要以爱尔兰为中心,将传统转化为当代重要的精神力量。凯尔特的游吟诗人从信奉基督教的欧洲宫廷中走出来,凯尔特的主题被斯堪的纳维亚的异教徒吟唱诗人重新演绎。欧洲童话传说中很大一部分内容以及亚瑟王传说的基础都可以追溯到西方冒险故事最初的这个伟大创造时期。[3]

逃跑是民间故事中最受欢迎的情节,它以许多生动有趣的形式表现出来。

例如伊尔库茨克的布里亚特人(Buriat)声称他们的第一个萨满巫师摩

根卡拉（Morgon–Kara）非常有本事，能够把死者的灵魂带回来。因此死神向天堂至高的神抱怨，神决定考验这名萨满。他获得了某个人的灵魂，把它装进一个瓶子里，用他的大拇指把瓶口堵住。这个人生病了，他的亲戚把摩根卡拉找来。这位萨满到处寻找遗失的灵魂。他搜遍了树丛森林、江河湖海、高山峡谷、阴曹地府，最后他"坐在他的鼓上"来到天上，又不得不在空中找了很长时间。这时他看到天堂至高的神正用拇指堵着一个瓶子的瓶口，他对此情况进行了一番研究，认识到瓶子里的物体正是他要找的灵魂。狡猾的萨满把自己变成一只大黄蜂。他飞到神的额头上，狠狠地蜇了他一下，神的大拇指猛地从瓶口抬起，被俘的灵魂跑掉了。接下来神发现这个名叫摩根卡拉的萨满再次坐在他的鼓上，带着重新找到的灵魂回到人间。然而在这个例子中，逃跑并非完全成功。神非常气愤，他立即把萨满的鼓劈成两半，并永远消除了他的法力。这就是为什么从那天起萨满的鼓两头都蒙着皮子，而之前只有一头蒙着皮子。[4]

拖延追踪者

在一个很受欢迎的依靠魔法逃跑的版本中，一些被留下的东西会代表逃亡者说话，以此拖延追踪者。新泽西的毛利人中流传着一个渔夫的故事。一天渔夫回到家发现他的妻子把两个儿子吞吃了。她躺在地上呻吟。渔夫问她怎么了，她说她生病了。渔夫问她两个儿子在哪儿，她告诉渔夫他们已经走了。但是渔夫知道她在撒谎。利用魔法，渔夫让她把两个儿子吐了出来，儿子还活着，而且毫发无损。渔夫害怕妻子会再次犯错，他决定尽快带着儿子逃走。

当这个女食人魔去取水的时候，渔夫利用魔法让水减少，在她到水边前，水不断向后退，因此她不得不走很远去取水。然后他通过手势指示茅舍、村庄边的树丛、垃圾堆和山顶的庙宇，在他妻子回来召唤他的时候，如何代他应答。他和两个儿子则乘上独木舟，扬起船帆。渔夫的妻子回来后发现人都不见了，于是开始喊他们。首先垃圾堆回答她。她转向垃圾堆的方向，再次喊叫。房子回答她，然后是树林回答她。周围的各种物体一个接一个地回答她，她困惑地四处跑。她没有力气了，开始气喘吁吁并啜泣起来，她意识到发生了什么。她赶紧来到山顶的庙宇，向着大海眺望，独木舟已经变成了地平线上的一个小点了。[5]

在借助魔法逃跑的另一个著名的版本中，拼命逃跑的英雄会向后抛下许多拖延追逐的障碍物。

> 一对兄妹在泉水边玩耍，他们突然跌进泉水中。水下有一个水怪，水怪说："现在我抓到你们了！你们要拼命为我工作！"她把他们带走了，给小女孩一团肮脏的乱麻，让她纺纱，还让她在无底的大桶中取水。男孩则要用一把钝斧子砍树。他们都不得不吃石头一样硬的面团。最后孩子们变得非常不耐烦，终于，在一个周日，他们趁水怪去教堂的时候偷偷逃跑了。当礼拜结束后，水怪发现她的小孩们飞走了，于是大步跳跃着追赶他们。
>
> 不过孩子们从远远的地方看到了她，小女孩向后扔了一把发刷，发刷立即变成了一座巨大的刷子山，山上有无数鬃毛，水怪很难爬过这座山。但是她最后还是快追上了。当孩子们再次看到她时，男孩向后扔出一把梳子，梳子立即变成了一座巨大的梳子山，山上有无数梳子齿，不过水怪知道如何抓住这些尖齿，最后她穿过了梳子山。接下来小女孩又向后扔了一面镜子，镜子变成了一座镜子山，镜子山太光滑了，水怪爬不过去。她想："我应该赶紧回家，拿我的斧子把这座镜子山砍成两半。"但是当她拿着斧子回来时，镜子山不见了，孩子们也跑远了，水怪不得不拖着沉重的步伐回到她的泉水里。[6]

心灵深处的力量不容小觑。在东方，没有适当的指导就进行扰乱心理的瑜伽练习是很危险的。导师必须根据新手的进步情况不断调整他的冥想练习，这样在每个步骤中，提婆妲（Devatas，想象出来的、能够胜任的神）都会对想象进行保护，直到有准备的心灵能够独自前行。正如荣格富有智慧地指出：

> 教义的象征符号无比有益的作用是避免个体发生与神的直接接触，只要他没有淘气地暴露自己。但是如果他离开家和家人，太长时间独自生活，太深入地凝视黑暗的镜子，那么与神相遇的可怕事件就会发生。然而即使到那时，经历若干世纪发展成熟的传统象征符号依然可以发挥治病良药的作用，将神性所造成的致命入侵转向教堂的神圣空间中。[7]

惊恐万状的英雄将具有魔力的东西抛到身后——保护性的解释、原则、象征符号、文饰作用等，延迟并吸收了天堂猎犬的力量，使得冒险者能够回到他的安全之地并且可能带来恩惠。但是这通常需要付出较大的代价。

逃跑中遇到的最惊人的障碍之一是希腊英雄伊阿宋遇到的障碍。他出发去寻找金羊毛，乘坐宏伟的阿耳戈号大船，与一群杰出的战士一起向黑海的方向行驶。尽管被许多难以置信的危险阻滞，但他们最终来到了离博斯普鲁斯海峡（Bosporus）数公里之外的国王埃厄忒斯（Aeetes）的城市和宫殿。恶龙看守的金羊毛就在宫殿后面树林中的一棵树上。

国王的女儿美狄亚（Medea）不可救药地爱上了这位著名的异乡造访者，当她父亲提出以不可能完成的任务作为换取金羊毛的条件时，美狄亚为他提供了一个帮助他取得成功的护身符。国王设置的任务是用会喷火且有黄铜蹄子的公牛耕一块地，在地里播种龙牙，并且杀死从龙牙中长出来、拿着武器的武士。因为伊阿宋的身体和铠甲涂了美狄亚给的护身药膏，所以他能够驾驭公牛。当龙牙种子长出军队时，他向军队中间扔了一块石头，使得他们面对面，于是他们开始互相厮杀，直到全部被杀死。

神魂颠倒的公主指引伊阿宋来到挂着金羊毛的橡树前。守卫金羊毛的恶龙长着肉冠、三叉的舌头和钩子一样的獠牙，但是公主和伊阿宋用一种草药汁让这可怕的怪物睡着了。然后伊阿宋夺取了金羊毛。美狄亚和伊阿宋一起乘着阿耳戈号离开了。但是国王很快就追赶而来。当美狄亚看到父亲的船越来越近时，她说服伊阿宋杀死她的弟弟阿普瑟托斯（Apsyrtos），她不仅害死了弟弟，还把肢解的尸体一块块抛入海中。这迫使她的父亲埃厄忒斯国王不得不掉转船头，打捞尸体碎块，好在上岸后体面地安葬儿子。与此同时阿耳戈号乘风破浪，驶出了他们的视野范围。[8]

在日本，《古事记》（*Records of Ancient Matters*）中有另一个悲惨的故事，不过内容不同：原始的万物之父伊邪那岐（Izanagi）来到阴曹地府，打算从黄泉路上把他死去的妹妹兼妻子伊邪那美（Izanami）带回去。他们在地狱之门相遇，伊邪那岐对她说："我可爱的妹妹，你我共同创建的王国还没有完成，所以跟我回去吧！"她答道："可悲的是你来得太晚了，我已经吃了黄泉之地的食物。不过，我可敬的兄长，你的到来深深感动了我，我愿意和你回去。另外，我要和黄泉的神祇具体讨论这件事。你要小心，不要看着我！"

她退回到阴曹地府的宫殿中，她在那里逗留的时间太长了，伊邪那岐等得不耐烦。他把插在左侧头发里的梳子的一个齿折断，把它作为一个小小的火把点燃起来，他走进宫殿去查看。他看到了成群的蛆虫，伊邪那美正在腐烂。

这景象让伊邪那岐往回奔逃，伊邪那美说："你真让我丢脸。"

伊邪那美派阴间的丑女人追赶伊邪那岐。伊邪那岐拼命逃跑，他从头上取下头饰并扔在身后。头饰立即变成了葡萄，当追赶者停下来吃葡萄的时候，他继续飞快地奔逃。然而丑女人接着又开始追赶，离他越来越近。他把右边发束中密齿的梳子拿下来并折断，扔在地上。梳子立即变成了竹笋，当丑女人拔竹笋吃时，他逃走了。

接下来他妹妹派八个雷神带着一千五百名黄泉士兵去追赶他。他抽出佩戴的"全驭剑"，一边逃跑，一边挥舞着剑，但是士兵们穷追不舍。在来到活人世界与黄泉之地的边界时，他从树上摘下三个桃子，等到军队攻击他的时候，把桃子扔向他们。活人世界的桃子击败了黄泉之地的士兵，他们掉头逃命。

最后伊邪那美亲自出马。伊邪那岐搬起一块一千个人才能搬动的大石头，用它堵住了通路。大石头挡在他们之间，他们面对面站着互致离别之词。伊邪那美说：“我可爱可敬的哥哥，如果你这样做，从今以后我会让你王国中的人民每天死掉一千个。”伊邪那岐答道：“我可爱可敬的妹妹，如果你那样做，我每天会让一千五百个女人生孩子。”[9]

由于万物之父伊邪那岐走出造物领域，进入了死亡之地，因此伊邪那美试图保护她的丈夫兼哥哥。当伊邪那岐看到了他所不能忍受的事情时，他对死亡不再茫然不知，但是强烈的生的愿望使他搬起了巨大的石头。从那以后，这个我们每个人都拥有的保护性遮蔽物便挡在我们的眼睛与墓穴之间。

关于俄耳甫斯和欧律狄刻的希腊神话以及全世界成百上千个类似的故事就像远东的这个传说一样，尽管依据记载主人翁失败了，但他的情人很可能和他失去的爱人一起超越可怕的阈限，得以回归。故事中总会有一些小的失误，也就是人类弱点细微的但至关重要的征兆，使得两个世界之间不可能形成开放的相互关系。因此人们受到诱惑，以为只要能够避免小的损害性意外事件，一切都会顺利。在波利尼西亚版本的冒险故事中，逃跑的夫妻通常能逃脱；在关于阿尔克提斯（Alcestis）的希腊滑稽羊人剧中同样有幸福的回归，但结果并不可靠，因为只有超人类才能取得成功。描述失败的神话让我们感慨人生的悲剧，但描述成功的神话只能让人觉得不可信。如果单一神话要仍然有效的话，那么我们必须展示的不是人类的失败、超人类的成功，而应该是人类的成功。这就是回归阈限的危机问题。我们首先应该在超人类的象征中思考它，然后找出它对历史上的人类具有怎样实用的意义。

来自外界的解救

英雄需要外界的协助才能从他超自然的历险中返回

英雄可能需要来自外界的协助才能从他超自然的历险中返回。也就是说，世人必须来把他带回去，因为英雄很难放弃远离尘世的极乐，而选择觉醒状态所导致的自我分散。我们会读到这样的文字："哪个抛弃了尘世的人愿意再次回归？他只愿待在那里。"[10] 然而只要一个人活着，生活就会召唤他。社会嫉妒那些超脱凡尘的人，还会去敲他的门。如果像马赫昆达一样，英雄不愿意回去，那么打扰者会遭遇可怕的打击。但另一方面，如果被召唤的人只是延误了——被完美状态的至福所围住，那么在实施拯救时，历险者就会回来。

当因纽特传说中的英雄乌鸦拿着他的打火棒冲入母鲸鱼的肚子时，他发现自己来到了一个华丽房间的门口，在房间的另一端点着一盏灯。他吃惊地看到那里坐着一个漂亮的女人。房间干燥洁净，鲸鱼的脊椎骨支撑着天花板，鲸鱼的肋骨则构成房间墙壁。鱼油沿着从脊柱而下的管子慢慢滴落到灯中。

图47 奥西里斯的复活
（石雕，埃及托勒密王朝，公元前282—前145年）

当乌鸦进入房间时，那个女人抬头看他并惊叫道："你怎么来到这里的？你是第一个进入这个地方的人。"乌鸦告诉她刚才发生了什么，她吩咐他坐到房间的另一头。这个女人是鲸鱼的灵魂伊娜亚，她为这位到访者摆上饭菜，给他吃浆果和油，还告诉他她在前一年是如何收集这些浆果的。乌鸦在鲸鱼肚子里当了四天的客人，在此期间他一直试图搞清楚沿着天花板而下的究竟是什么管子。每当女人离开房间时，她都会警告他不要碰那管子。现在她又出去了，乌鸦走向那盏灯，伸出他的爪子，捞了一大滴油，用舌头把那滴油舔掉了。油非常甜，他不停地捞油吃，一滴接一滴，吃的速度和滴落的速度一样快。然而不久，贪婪的乌鸦发现油滴落得太慢了，于是他把一段管子抬起来，然后折断，把它吃掉了。没等他吃完，一大股油灌进房间，扑灭了灯，房间开始剧烈地前后摇晃。摇晃持续了四天。始终在他周围轰鸣的噪音和连日的疲劳几乎要了乌鸦的命。后来一切都安静下来，房子也静止不动了。乌鸦打破了一根心脏动脉，所以母鲸鱼死了。鲸鱼的灵魂再也没有回来，鲸鱼的尸体被冲上了岸。

现在乌鸦成了囚徒。当他在想应该怎么办的时候，听到鲸鱼背上传来两个男人的交谈声，他们决定召集村里所有的人来处理这条鲸鱼。很快他们在这个巨大身体的上半部割了一个洞①。当洞足够大的时候，所有人都开始在海滩上搬运鲸鱼肉。乌鸦偷偷地走出来。但是出来后不久他就想起来他把打火棒落在鲸鱼肚子里了。他脱掉外衣，摘掉面具，很快人们看到一个裹着奇怪的动物皮的又小又黑的人向他们走来。他们好奇地看着他。这个人表示愿为他们提供帮助，说完便卷起袖子开始工作。

过了一会儿，一个在鲸鱼肚子里劳作的人大喊道："看我找到了什么！鲸鱼肚子里有一根打火棒！"乌鸦说："那是我的打火棒，但是这太糟糕了！我女儿曾经告诉我，如果有人在被切开鲸鱼肚子发现打火棒，很多人会死掉！我要赶快跑了！"他放下袖子，急忙离开。人们学着他的样子也赶紧跑开了。后来乌鸦又折返回来，久久地独自享用了一顿鲸鱼大餐。[11]

① 在许多关于英雄进入鲸鱼肚子里的神话中，英雄会被鸟救出来，小鸟把鲸鱼肚子的一侧啄开了。

日本神道教最重要、最有趣的神话之一是在宇宙重要的初创期，美丽的太阳女神天照大神（Amaterasu）从天国般的岩石住所中被引诱出来的故事。当这个故事在公元 8 世纪被记录到《古事记》中时，它已经很古老了。

神道教是日本本土的传统宗教，不同于引进的佛教，它是对生命和习俗守护者（当地的精灵、先祖之力、英雄、非凡的国王、活着的父母和孩子）的敬拜，区别于从轮回中解脱出来而产生的力量（观音菩萨和佛陀）。膜拜的方式主要是保持和培养心灵的纯洁："什么是沐浴仪式？不仅仅是用神圣的水洗干净身体，而是要遵从符合道德准则的正确方式。"[12]"令神灵喜悦的是德行与真诚，而不是供品的数量。"[13]

天照大神，即皇室的女性祖先，是民间信奉的众神中的主神，然而她本身是看不见但又无处不在、至高无上的神的最高表现形式："八百万神只是一位独一无二的神，古尼托郭他基诺迦微（Kunitokotachi-no-kami）的不同表现形式。他是人间永恒的神圣存在，是宇宙万物的伟大统一，是上天与人间的原始生命，从开天辟地到宇宙终结他会永远存在。"[14]"在高天原的斋戒中，天照大神崇拜的是什么神？她把自己的内在自我作为神来崇拜，通过内在的纯洁性努力培养自身的神圣美德，从而成为具有神性的人。"[15]

由于万物的内在都具有神性，因此万物都应该被当作神，从厨房里的锅碗瓢盆到天皇，这就是神道教。天皇的地位最高，获得最大的尊敬，但这种尊敬与给予万物的尊敬并没有不同。"令人敬畏的神性会彰显自己，哪怕是在一片树叶或一根青草中的神性。"[16]在神道教中尊敬的作用是膜拜万物中的神性，纯洁的作用是保持它在自身中的显现——遵循天照大神令人敬畏的自我崇拜模式。"看不见的神默默地

> 看着所有秘而不宣的事物，人类的心灵在密谈。”[17]（摘自明治天皇的诗）

在以下的例子中，被救者多少有些不乐意。风暴神须佐之男（Susanowo）是天照大神的弟弟，他的行为恶劣到令人无法宽恕的地步。天照大神竭尽所能地姑息他，远远超出限度地宽恕他，但他依然继续破坏她丰饶的土地，弄脏她的各种建筑。他最后一次的无礼行为是在她的纺织厅顶部弄出一个洞，把一匹被他剥了皮的花斑天马从洞里扔下去，把一群正忙着为神灵做威风凛凛的长袍的侍女们吓死了。

眼前的景象也让天照大神非常惊恐，她退回到天上的洞穴里，紧紧地关上了身后的门。这是一件可怕的事情，因为太阳的永远消失意味着宇宙的终结，甚至在宇宙开始之前它就终结了。随着她的消失，整个天界平原和整个中间的芦苇平原都变得一片黑暗。邪恶的鬼怪在人间横行。人间出现了许多灾难的征兆，众神的声音就像第五颗月亮聚集在一起嗡嗡叫的苍蝇。

八百万神在天堂安静的河床上召开神圣的会议，请求他们中一位名叫思想包容者（Thought-includer）的神提出应对的计划。他们商量的结果是制造出许多具有神效的宝物，其中包括一面镜子、一把剑和布制的供品。一棵大树被竖立起来，上面装饰着珠宝。他们带来公鸡，这些公鸡可以连续不停地打鸣。众神点起篝火，吟诵庄严的祷告文。镜子近二米半长，被绑在中间的树枝上。一位名叫鹈鸰（Uzume）的年轻女神表演非常吵闹的舞蹈。八百万神很欢乐，他们的笑声充斥寰宇，天界平原为之震动。

洞穴里的太阳女神听到了这些生气勃勃的喧哗，很吃惊，想知道发生了什么事情。她把天上岩石居所的门打开一点儿，从洞穴里对外说：“我以为因为我的退隐，天界的平原以及中间的芦苇平原都应该一片黑暗。鹈鸰女神怎么能寻欢作乐，八百万神怎么能尽情欢笑呢？”鹈鸰说：“我们之所以开心地庆祝，是因为有一位比你的光辉更明亮的神。”在她们交谈期间，两位神把镜子向前推，充满敬意地把它展示给太阳女神天照大神。她感到越来越吃惊，渐渐地从门里向外走，凝视着镜子。一位强有力的神拉着她的手，把她拉了出来。另一位神在她身后拉起一根草绳（称作注连绳），从洞口的这头拉到那头，并且说道：“你不能退回到绳子以内！”这时天界平原和中间的芦苇平原重新获得了光明。[18] 现在每天夜晚太阳会暂时退避，就像人需要睡觉以恢复精神一样，但因为有注连绳，她便不会永远消失了。

图48 天照大神从洞穴中出来（版画，日本，1860 年）

太阳作为女神，而不是男神的神话主题是一种罕见的残存珍品，这显然源自曾一度广泛传播的远古神话。南阿拉伯的伟大母性神祇便是女性太阳神伊拉特（Ilat）。在德语中“太阳”这个词是阴性词。在整个西伯利亚和北美洲，零散的故事中保留着女性太阳。在小红帽的童话故事里（小红帽被狼吃了，但猎人把她从狼肚子里救出来），我们可以依稀看到类似天照大神的冒险经历。许多地方的神话保留着这样的痕迹，但只有在日本，我们才会看到一度盛行的神话在文化中依然发挥着作用，因为天皇是天照大神孙子的直系后代。作为皇室的女祖先，她被敬为日本神道教至高无上的神祇之一。在她的冒险故事中，我们会感受到与更广为人知的男性太阳神神话所不同的世界情感：对光明之礼的温柔之情，对可见事物的感激，这种情感一定曾经是许多人的宗教情感。

故事中出现了镜子、剑和树。镜子，映照出女神，并将她从神圣未显的庄严休息状态中引出来，象征这个世界。在镜子中神祇高兴地凝视自己的荣耀，这种喜悦引发了显形或“创造”的行为。剑是雷电的对应物。树是世界之轴，表现的是它实现愿望、富有成果的一面——这与基督教家庭在冬至时节所摆设的树是一样的，冬至是重生或太阳回归的时刻，从德国异教信仰继承而来的欢乐习俗给现代德语带来了阴性词汇“太阳”（Sonne）。鹡鸰的舞蹈和众神的喧嚣意味着狂欢节：至高无上的神的退隐令世界变得乱七八糟，但即将来临的新生令人喜悦。当女神再次出现，众神在她身后拉开注连绳，则象征着光明回归这个奇迹的恩典。注连绳是日本民间宗教传统中最显著、最重要、最意味深长的象征物之一。它被悬挂在寺庙入口的上方，在庆祝新年时被沿街结彩地悬挂起来，它意味着跨越回归的阈限所带来的世界更新。如果基督教的十字架是神话中进入死亡深渊的最显著的象征物，那么注连绳便是象征复活的最简单的标志。两者都代表了两个世界之间的神秘界限——那根既存在又不存在的线。

英雄不得不用长生不老药来承受各种回击

天照大神是伟大的伊南娜在东方的姐妹神，在古代苏美尔楔形文字所记载的寺庙碑文中，伊南娜是至高无上的女神，在前文中我们曾经跟随她降到阴间。在西方文化各个发展时期，她分别有伊南娜、伊什塔尔、阿斯塔耳忒（Astarte）、阿佛洛狄忒（Aphrodite）、维纳斯等名字——这些女神与太阳无关，而和与她们同名的行星有关，同时也与月亮、上天、丰饶的地球有关。在埃及她变成了女神天狼星（Sirius），每年定期在天空中出现，宣告尼罗河洪水季节的开始。

你应该还记得，伊南娜从天堂下降到与她对立的姐姐死亡女王埃列什吉伽尔的地狱。她把她的信使宁舒布尔留下来，吩咐他如果自己没有回来，他便设法救她。她赤身裸体地来到七位判官面前，他们盯着她看，她被变成一具尸体，正如我们看到的，尸体被挂在木桩上。

三天三夜过去了，[①]
伊南娜的信使宁舒布尔，
带来好消息的信使，
支持性言语的传递者，
为她在天庭抱怨，
在神的聚会上为她哭泣，
在众神的家中为她奔走……
他为了她像乞丐一样总不换衣服，
他独自走向恩利尔的圣地埃库尔。

这是拯救女神的开始，由于她非常清楚自己所进入的区域的威力，因此为自己的复活采取了预防措施。舒布尔首先去找恩利尔（Enlil），这位神说伊南娜已从天堂下到地狱，但冥界有冥界的法令。接着宁舒布尔去找名叫南纳（Nanna）的神，但这位神说伊南娜已从天堂下到地狱，但冥界有冥界的法令。宁舒布尔又去找名叫恩基（Enki）的神，这位神想出了一个办法。他创造出两个没有性别的生物，让他们把“生命之粮”和“生命之水”带到地狱，在伊南娜的尸体上喷洒六十遍。

① 与基督教的教义进行比较：“他降入地狱，第三天他再次从死亡中复活……”

女神复活（大理石雕，意大利／希腊，公元前460年）

THE HERO WITH A THOUSAND FACES

恩利尔是苏美尔人的空气之神，南纳是月亮神，恩基是水神和智慧之神。在有文字记载后（公元前3000年），恩利尔是苏美尔众神中的主神。他很容易发怒，是洪水的制造者。南纳是他的一个儿子。在神话中，善良的恩基通常以帮助者的形象出现。他是苏美尔国王吉尔伽美什和抵御洪水的英雄的庇护人兼建议者。经典神话中恩基与恩利尔的对抗等同于波塞冬与宙斯的对抗（海神尼普顿与朱庇特的对抗）。

他们把恐惧之火的光线照向木桩上悬挂的尸体，
他们在尸体上喷洒了六十次生命之粮和生命之水，
伊南娜复活了。
伊南娜自地狱上升，
判官们逃走了，
阴间的任何人都可以平静地降入阴间；
当伊南娜自地狱上升时，
确实有死者急忙赶在她的前面。

伊南娜自地狱上升，
小鬼如芦苇般，
大鬼像刻写笔一样，
走在她的身边。
走在她前面的恶鬼手里拿着棍棒，
走在她旁边的恶鬼腰里佩戴着武器。
走在她前面的，
走在伊南娜前面的，
是不知道食物，不知道水的恶鬼，
他们不吃洒下的面粉，
他们不喝祭奠的酒，
他们从男人的怀里夺走妻子，
从哺乳的母亲的怀中夺走孩子。

在一群可怕的鬼魂的包围中，伊南娜穿行于苏美尔的土地上，从一座城市流浪到另一座城市。[19]

这三个例子（乌鸦、天照大神和伊南娜）来自相距甚远的文化地区，充分说明了来自外界救助的重要性。它们显示出，曾经帮助英雄完成整个考验过程的超自然协助力量在历险的最后阶段继续发挥着作用。他的意识已经屈服了，但潜意识发挥自己的影响力量。英雄被推动着返回他原来的世界。不像在利用魔法逃跑的模式中，英雄没有紧紧抓住自我并拯救自我，而是失去了自我，但是通过恩典，自我被归还给他。

这引出了冒险历程的最后关键时刻，对于这个关键时刻来说，整个奇迹般的旅程只不过是前奏。这个关键时刻就是英雄从神秘王国进入日常生活世界的时刻，此时他要跨越反常的、难以通过的阈限。无论得到来自外部的救助、内部的驱动，还是引导他的神祇的温柔鼓励，英雄都不得不带着他所获得的恩惠

图50 英雄再次出现：抱着庙门的参孙 · 耶稣的复活 · 约拿（德国版画，1471 年）

再次进入长期被遗忘的环境，在那里，不完整的人想要变得完整。英雄不得不用他分散自我、救赎生命的长生不老药来应对这样的社会，承受各种回击，比如合理的怀疑、强烈的怨恨以及好人的不理解。

跨越归来的阈限

归返的英雄

神的世界与人类的世界被描绘成截然不同的世界，就像生与死、白天与夜晚一样。英雄离开我们所知的世界，冒险进入黑暗世界，在那里完成他的冒险或者被囚禁或陷入危险中，与我们失去了联系。他的回归被描述为从遥远的地方返回。然而此处是理解神话与象征符号的一个关键——这两个世界其实是一体的。神的世界是我们所知世界被遗忘的维度。无论情愿或不情愿，对这个维度的探索，都是英雄行为的意义所在。在正常生活中看似重要的价值和特点随着自我被同化到之前认为与自我相异的事物中而消失了。正如在食人恶魔的故事中，对精神发展层次不合格的人来说，对失去个性的恐惧可能成为他超凡体验的全部负担。然而英雄大胆地深入进去，发现丑老太婆变成了女神，恶龙变成了众神的看门狗。

然而，从正常清醒的意识角度看，在黑暗世界中获得的智慧与现实世界通常行之有效的明智之间一定具有某种令人困惑的矛盾。因此从美德中分离出来的机会主义会造成人类的堕落。圣徒们殉道，而普通人拥有他们的习俗和制度，这些习俗和制度不会像田野里的百合花一样恣意生长。圣徒彼得不断拔出他的剑，就像在客西马尼园中那样，以保护世界的创造者与维持者。[20] 从超自然深渊中获得的恩惠很快会被合理化为无价值的事物，因此非常需要另一位英雄带来令人振奋的新启示。

然而，纵观几千年来人类精明的愚蠢行为，该如何再次教授这些曾经被正确教授但被错误学习了无数次的教义呢？这就是英雄所面临的终极难题。如何把黑暗世界中藐视言语的见解转化为现实世界的语言？如何在二维平面上呈现三维空间，或者如何用三维图像呈现多维度的意义？如何将成对对立物都用“是”和“否”来表达？如何向只相信自己感官的人传递虚空生万物的信息？

许多失败的例子证明，这个肯定生命的阈限是很难跨越的。回归的英雄面临的第一个问题是在体验了令灵魂满足的实现感之后，还要接受现实，接受生活中短暂的快乐与悲伤，平庸与淫秽。为什么要返回这样的世界？为什么要试图让沉湎于情欲的男男女女认识到超凡的极乐体验是合理的，甚至是有趣的？就像在夜晚看起来很重要的梦境在白天显得很愚蠢一样，诗人和先知会发现自已在冷静的评判者眼里就像白痴。简单的做法是把整个社会交给魔鬼，英雄重新退回到天堂的石头住所中，紧紧地关闭房门。然而如果某个灵魂助产士在退隐处的门前拉起了一条注连绳，那么在时间中呈现永恒和感知永恒的工作便不可避免了。

完美的平衡丧失了，英雄就此堕落

瑞普·凡·温克尔（Rip van Winkle）的故事便是英雄归来的典型案例。瑞普无意识地进入了历险之地，就像每天晚上我们进入梦乡那样。印度教认为在深沉的睡眠中，自我是统一且充满喜悦的，因此深层睡眠被称为认知状态。[21] 尽管夜晚拜访黑暗之源使我们能够恢复精力，但它们并不会改变我们的生活。像瑞普一样，我们一无所获地回来了，除了那表明时间流逝的长长的胡须。

> 他四处寻找他的枪，他没有找自己那把干净的、油光锃亮的猎枪，而是看到一把旧式明火枪，枪筒上锈迹斑斑，保险栓脱落了，枪托被虫蛀了……当他站起来行走时，他发现自己关节僵硬，不能如常地活动了……在接近村庄时，他遇到了一些人，但他一个都不认识，这多少有些让他吃惊，因为他认为自己熟悉附近乡村的每一个人。他们的穿着也不同于他所熟悉的服装式样。他们同样吃惊地盯着他，每当他们把目光投向他时，总会轻抚他们的下巴。他们不断重复这个动作，使得瑞普也不自觉轻抚自己的下巴。令他大吃一惊的是，他发现自己的胡子长长了30厘米……他开始怀疑自己和周围的世界是否被施了魔法……
>
> 瑞普长着长长的灰白色胡子，手里拿着生锈的猎枪，穿着粗笨的衣服，身后聚集了一群女人和孩子，很快他吸引了小酒馆里政治家们

的注意。他们围在他身边，从头到脚好奇地打量着他。演说者赶紧走向他，把他拉到一边，问他投票给哪一方。瑞普茫然地看着他。另一个个子矮小但忙碌的家伙拉着他的胳膊，抬起脚尖在他耳边问他支持联邦党还是支持共和党。瑞普对这个问题同样困惑不解。这时一位戴着尖顶帽、博学而傲慢的老绅士穿过人群，他用胳膊肘把人群朝左右分开，然后站在瑞普面前。他一只手叉着腰，另一只手拄着拐杖，锐利的目光和尖尖的帽子似乎能穿透瑞普的灵魂。老绅士用严厉的语气问他为什么扛着枪，带着身后的一群乌合之众来参加选举，他是不是想在村子里制造暴乱。"哎呀，先生，"瑞普有些惊愕地喊道，"我是当地土生土长的穷苦本分人，忠于国王，上帝保佑他！"

旁观者一起大喊："他是保守党人！奸细！流亡者！赶走他！让他滚蛋！"戴着尖顶帽的傲慢绅士好不容易才恢复了秩序。[22]

比瑞普的命运更加令人沮丧的是当爱尔兰英雄莪相（Oisin）和青春之国国王的女儿长期旅居之后返回故乡时发生的故事。莪相做得比瑞普好，在冒险的地方他始终睁着双眼。他有意识地（醒着）下降到无意识王国（深层睡眠），并将潜意识体验的价值纳入他清醒时的人格中。他已经发生了改变。但是正因为这种令人满意的状况，他回归的危险性会更大。由于他的整个人格已经变得与永恒的力量及形式相一致，因此他将承受时间的形式及力量的全面驳斥和攻击。

有一天，芬恩·麦克库尔之子莪相和他的随从在爱尔兰树林中打猎，青春之国国王的女儿向她走来。莪相的随从带着猎杀的猎物先行离去，把他们的主人和三条狗留在后面。那神秘的生物出现他面前，那生物有着女人的美丽身体，却长着一个猪头。她说是德鲁伊特（Druidic）的咒语使她长出了猪头，并且许诺只要莪相答应娶她，猪头便会消失。"嗯，如果当真如此，"他说，"如果和我结婚能够解除咒语，那么我不会让你一直长着猪头。"

猪头瞬间消失了，他们一起出发前往青春之国。莪相成了青春之国的国王，在那里幸福地生活了很多年。但是一天他转过身对自己超自然的新娘说：

“我希望今天能回到爱尔兰，看看我的父亲和他的大臣。”

他的妻子说：“如果你走了，如果你的脚踏上了爱尔兰的土地，你就永远不能回到我这里，你将变成一个年老的盲人。你觉得你来到这里已经多长时间了？”

“大约三年。”莪相说。

“自从你和我来到这个王国，已经过去了三百年，”她说，“如果你必须回爱尔兰，我会让这匹白色骏马载着你。但是如果你从马上掉下来或者脚碰到了爱尔兰的土地，骏马就会跑回来，你会留在它放下你的地方，变成一个可怜的老头。”

“我会回来，别担心，”莪相说，“难道我没有回来的好理由吗？但是我必须再见一次我的父亲、我的儿子和我的朋友，哪怕只看一眼，我也必须见一见他们。”

她为莪相准备了骏马并对他说：“无论你想去哪儿，这匹马都会带你去。”

莪相没有停歇，直到骏马踏上了爱尔兰的土地。在来到明斯特的诺克帕特里克（Knock Patrick）之前，他一直坐在马上。在诺克帕特里克他看到一名男子在放牧奶牛。在奶牛吃草的田野里有一块宽阔平坦的石头。

莪相对牧人说：“你愿意来这里把石头翻过来吗？”

牧人说：“我不愿意，因为我搬不动，二十多个像我这样的人也搬不动。”

莪相骑马来到石头跟前，弯下身，用手抓住石头把它翻了过来。石头下面是一个巨大的芬尼亚（博拉布）号角，它像贝壳一样卷成圆形。根据规定，当任何爱尔兰的芬尼亚人吹响博拉布号角时，其他人无论在国家的什么地方都要立即聚集过来。

THE HERO WITH A THOUSAND FACES

芬尼亚人是芬恩·麦克库尔的子民，全都是巨人。莪相是芬恩·麦克库尔的儿子，曾经是他们中的一员。但是如今他们的时代已经过去很久了，这片土地上的居住者不再是古老的巨人。这类古代巨人的传说在世界各地的民间传说中都很常见，例如上文中关于马赫昆达国王的神话。与之类似的是希伯来人鼻祖的长寿：亚当活了九百三十岁，赛斯活了九百一十二岁，以挪士活了九百零五岁等等。[23]

“你愿意把那个号角拿给我吗？”莪相问牧人。

牧人说：“我不愿意，因为不论是我自己还是很多个像我这样的人一起都没法把它从地上举起来。”

莪相骑着马靠近号角，低下身体，把号角拿在手里。他太急切地想吹响号角了，忘记了一切。他向下滑去够号角，一只脚碰到了地面。骏马立即不见了，莪相躺在地上，变成了一个年老的盲人。[24]

神话中一个著名的主题就是天上方一年，地上已百年。一百象征着全体。与之类似，三百六十度的圆形意味着全体。在印度史诗中，神的一年等于凡人的三百六十年。从奥林匹斯山众神的角度看，人类千万年的历史滚滚流逝，显示了整个循环永远和谐的形式，人类只从中看到了变迁与死亡，而神祇看到了不变的形式和没有终结的宇宙。但是现在的问题是在面对尘世的痛苦或快乐时保持这种宇宙的观点，对世俗知识的了解会把心灵的注意力从永世的中心吸引到当下发生的边缘危机上。完美的平衡丧失了，灵魂摇摆不定，英雄就此堕落。

起隔绝作用的骏马避免英雄直接接触尘世，但允许他在尘世中漫步，这是具有超凡能力的人通常采取预防措施的生动例子。墨西哥国王蒙特苏马（Montezuma）从来没有把脚放在大地上，他总是被贵族扛在肩上，如果他在什么地方要下地，他们会在地上铺设华丽的地毯，让他在地毯上行走。在宫殿里，波斯国王走在其他人不能踏上的地毯上，在宫殿外面，他从来不步行，要么乘坐马车，要么骑马。以前乌干达的国王、国王的母亲和他们的王后都不能在他们所生活的宽广的皇宫外面步行。每当他们要走出围城时，水牛族的男人会把他们扛在肩上。这些皇室人员出行时会有几个水牛族的男人跟着，以便轮流背负。国王两腿分开跨坐在背负者的脖子上，两条腿分别搭在他们的两肩上，脚被收拢在背负者的胳膊下面。当背负者累了，他就把国王换到另一个背负者的肩上，不会让皇室人员的脚碰到大地。[25]

弗雷泽用以下形象的方式解释了为什么神圣人物的脚不可以触碰到大地。

> 被认为神圣者或禁忌者所普遍具有的圣洁、神奇的美德、禁忌或无论我们称之为什么的神秘性质，显然被原始的哲学家视作充斥在神圣者体内的有形物质或液体，这就好比莱顿瓶中充满了电，当它接触到良好的导体时就会放电。因此通过接触大地，身体中的圣洁或神奇的美德也会被放掉、被耗尽。根据这个理论，大地就是神奇液体的良好导体。因此为了避免所承载物体的流逝、浪费，神圣者或禁忌者必须小心避免接触大地。用电学的语言来说就是他必须保持绝缘，如果他内部满满的宝贵物质没有被清空的话。在很多情况下，禁忌者的绝缘被作为预防措辞提出来，显然不仅仅因为他自己的原因，而是因为其他人的原因，因为可以这样说，圣洁的美德具有强烈的爆炸性，最轻微的接触也会引发爆炸，因此为了公众的安全有必要将它限制在狭小的范围内，以免发生爆炸，破坏任何接触它的事物。[26]

毫无疑问，这种预防措施具有心理学上的合理解释。在尼日利亚的丛林中，穿着晚餐礼服的英国人一定会认为自己的这种做法很合理。留着胡须的年轻艺术家走进丽兹酒店的大堂，他会很乐意解说自己的气质风格。教士穿着的白色硬领突显出他是神职人员。20 世纪的修女通过穿着中世纪的服装来摆脱尘世。婚戒则多少会让妻子与异性绝缘。

毛姆（W. Somerset Maugham）的故事描写了为白人服务的印度仆人因为不注意无尾晚礼服的禁忌而遭到变形。许多民谣都说出了弄坏戒指的危险。神话，比如奥维德（Ovid）收集的著名神话集《变形记》（*Metamorphoses*）中的神话，描述了当高度集中的力量中心与周围世界较低的力量场之间的绝缘体，在没有适当预防的情况下突然被拿走时所发生的令人震惊的改变。根据凯尔特人和德国人的童话故事，日出时被抓上船的小矮人或小精灵会立即变成棍子或石头。

回归的英雄为了完成他的冒险必须经受住世界的冲击

回归的英雄为了完成历险必须经受住世界的冲击。瑞普从来不知道自己经历了什么，他的归来完全是个笑话。我相知道自己经历了什么，但他在其中丧失了中心性，因此失败了。阿札曼王子最幸运，他在清醒的情况下体验到了深层睡眠中的极乐，带着从令人难以置信的冒险中获得的护身符回归到现实世界中。因此他能够在清醒的状态下面对虚幻，保持自我的肯定。

当他在塔楼里睡觉时，两个精灵达赫纳什和梅蒙娜从遥远的东方把海洋、岛屿和七座宫殿之王的女儿运了过来。她叫布杜尔。他们把睡着的年轻公主放在波斯王子身边。精灵发现这一对男女就好像双胞胎，长得非常相像。达赫纳什说：“阿拉在上，我的夫人，我所爱的公主更漂亮。”但喜爱阿札曼王子的女精灵梅蒙娜反驳道：“才不是这样，更漂亮的是我所爱的王子。”于是他们争吵起来，互不相让，最后达赫纳什提议他们应该找一位公正的评判。

梅蒙娜使劲用脚跺地，一个伊夫利特从地里出来，他一只眼睛瞎了，驼着背，皮肤赖赖巴巴，眼眶是从上到下的裂缝，头上长着七只角，四绺头发垂到脚跟，他的手像干草叉，他的腿像船的桅杆，他的指甲像狮子的利爪，他的脚像野驴的蹄子。这个怪物尊敬地亲吻梅蒙娜面前的地面，问她需要他做什么。梅蒙娜让他评判床上躺着的两个年轻人谁更漂亮。他长久地凝视两个人，惊叹于他们的美丽，然后转向梅蒙娜和达赫纳什，宣布了他的裁定。

“阿拉在上，如果你们想知道真相，”他说，“那就是这两个年轻人同样美丽。我没法在他们之间做出选择，因为他们一个是男人，一个是女人。但是我有一个想法，我们依次叫醒他们，不让另一个人知道，谁更迷恋对方就说明谁的漂亮程度稍逊一筹。”

大家同意了这个提议。达赫纳什变成了一只跳蚤，在阿札曼王子的脖子上咬了一口。王子从睡梦中醒来，揉了揉被咬的地方，使劲抓挠起来，因为被咬的地方刺痒。同时他向一侧稍微转身，发现身边躺着一个人，这个人的呼吸比麝香还香甜，皮肤比奶油还柔嫩。他非常吃惊，坐了起来。他更仔细地端详身边的人，就好像从远处眺望建在齐整高墙上的圆顶一样，他发现那是一个像珍珠或闪耀的太阳一样的年轻女人。

阿札曼王子想要叫醒她，但达赫纳什让她睡得很沉。年轻的王子摇动着她，“哦，我的爱人，醒来看看我。”他说。但是公主没有动。阿札曼王子以为布杜尔公主是父亲要他迎娶的女人，于是他满怀渴望。但是他担心他的父亲可能躲在房间里的某处观察他，因此他克制了一下，只是从公主的小手指上摘下印章戒指戴在自己的手指上。然后伊夫利特让他再次睡去。

布杜尔公主的表现与阿札曼王子的表现不同。她不会想到或者不会担心有人在观察她。而且唤醒她的梅蒙娜带着女性的恶意，在她大腿根部容易兴奋的地方狠狠咬了一口。美丽、高贵的布杜尔公主发现旁边睡着一个和自己很相像的男人，而且发现他已经拿走了自己的戒指。布杜尔公主没法叫醒他，也没法想象他对自己做了什么，阿札曼王子裸露的肌肤让她爱欲中烧，失去了控制，无法抗拒的激情达到了巅峰。

> 情欲令她感到痛苦，因为女人的欲望比男人的更强烈。她对自己的不知羞耻感到羞愧。然后她从王子的手指上扯下他的印章戒指，戴在被王子摘走戒指的手指上。她亲吻王子的唇和双手，亲遍他每一寸肌肤。之后她把他拉到胸前，抱在怀里，一只手放在他的脖子下面，另一只手放在他的腋窝下，紧紧依偎着他，在他身边睡着了。

因此达赫纳什输了。布杜尔公主被送回中国。第二天早上当两个年轻人醒来时，他们之间隔着整个亚洲，他们左右转身，但发现身边没有人。他们叫来他们的家人，痛打并杀死周围服侍他们的人，他们彻底疯狂了。阿札曼王子衰弱无力地躺着，他的父王坐在床头痛哭、哀伤，日日夜夜不离他左右。而人们不得不给布杜尔公主戴上镣铐，在她的脖子上套上铁链，把她锁在宫殿的一扇窗户上。[27]

相遇和分离导致了所有的疯狂行为，这是为爱受苦的典型表现。当一个爱人抗拒大众的逢迎哄骗，坚持实现自己的天命时，痛苦和危险都是巨大的。然而超出感官估计的力量将会开始发挥作用。世界不同角落所发生事件的结果将逐渐汇集在一起，巧合的奇迹会使必然要发生的事情发生。从灵魂相遇中带回来的护身戒指预示着恋人知道瑞普·凡·温克尔所不知道的梦中经历，它还表明清醒的头脑相信深层睡眠中的现实与日常生活中的现实并不抵触。这表示英雄必须将两个世界结合在一起。

阿札曼王子的长篇故事显示了命运缓慢但极好地发挥作用的过程（命运已经被召唤到生活中）。并非每个人都有天命：只有深入黑暗世界去接触命运并带着戒指再次出来的英雄才具有天命。

两个世界的主宰

英雄能够从时间幻象的世界跨越到因果关系的深层世界

英雄能够自由地跨越两个世界，从时间幻象的世界到因果关系的深层世界，再返回来。这是主宰者的能力。它并不会使一个世界的原则污染另一个世界的原则，但可以使头脑借助另一个世界来了解这个世界。尼采宣称宇宙舞者并不会笨重地停留在单一的点上，而是会轻盈、轻快地从一个位置转换、跳跃到另一个位置。一次可能只能从一个点着手，但这并不会使从其他点上获得的洞见失去价值。

神话通常不会以单一的形象展示这种迅速变迁的奥秘。当神话展示这种奥秘时，这个时刻是宝贵的、非常重要的象征，值得我们去重视和思考。这样的时刻就是基督变形的时刻。

> 耶稣把彼得、雅各以及雅各的兄弟约翰带上了一座高山，并在他们面前改变形象：他的脸像太阳一样闪耀，他的衣服像光一样洁白。忽然摩西和以利亚向他们显现，与耶稣谈话。彼得对耶稣说：“主啊，我们在这里真好！你若愿意，我就在这里搭三座棚：一座为你，一座为摩西，一座为以利亚。”①说话之间，忽然有一朵光明的云彩遮盖了他们，有个声音从云彩里传出来：“这是我的爱子，我所喜悦的，你们要听他！”门徒听见，就俯伏在地，显得极其害怕。耶稣走上前来，摸他们说，起来，不要害怕。他们举目不见一人，只有耶稣在那里。下山的时候，耶稣吩咐他们说，人子还没有从死里复活，你们不要把所看到的告诉其他人。[28]

① “彼得不知道说什么才好；因为他们甚是惧怕。”（《马可福音》第 9 章第 6 节）——译者注

整个神话在此刻齐备：耶稣是向导、道路、显灵和归来的同伴。信徒是他给予启蒙的对象，他们自己并不是秘密的主宰者，而是被引导着充分体验了两个世界合二为一的矛盾。彼得非常害怕，以至于胡言乱语。[29] 肉体在他们的眼前消失，上帝之道显现出来。他们俯伏在地，当他们起身时，门已再次关闭。

我们可以看到这个永恒的时刻远远地超越了阿札曼王子个人爱情命运的实现。在这里我们不仅看到英雄熟练地来回穿过世界的阈限，而且看到它更深入地进入另一个世界中。个体的命运并不是显灵的动机和主题，因为见证启示的是三个人，而不是一个：仅仅用心理学术语无法对它做出令人满意的解释。当然，显灵可能会被忽视。我们会怀疑这样的景象是否真的曾经发生过。但是这对我们来说毫无帮助，因为目前我们关心的是象征的问题，而不是史实性。我们不关心瑞普·凡·温克尔、阿札曼王子或基督耶稣是否真的存在过。他们的故事是我们所关心的，这些故事在世界上流传甚广，关系到世界各地各种各样的英雄，因此体现这个普遍主题的各地英雄是否真的在历史上存在过只是一个次要问题。强调史实性会引发困惑，这只会混淆故事给予我们的启示。

那么变形故事的主旨是什么？这是我们不得不提出的问题。但是为了在统一的基础上进行比较，避免偏狭，我们最好再来看一个例子，它同样是一个著名的原型事件。

以下的例子出自印度教的“尊者之歌”，即《薄伽梵歌》①。尊者，即年轻英俊的奎师那，是宇宙之神毗湿奴的化身，阿周那（Arjuna）王子是他的门徒兼朋友。

阿周那说：“哦，尊者，如果你认为我能够看到它，瑜伽修行者的主宰，那么给我展示你不变的自我。”

尊者说：“你会看到我的样子千千万万——各种各样且神圣非凡，有着不

① 现代印度教虔诚信徒的主要经典，包含十八章有关伦理的对话，属于《摩诃婆罗多》（*Mahabharata*）的第六卷，《摩诃婆罗多》在印度的地位等同于古希腊史诗《伊利亚特》。

同的形态和色彩。你会看到众神与天使；看到许多以前没有人看到过的奇迹；看到如今的整个宇宙，包括移动的事物和不动的事物，以及你希望看到的任何事物，所有一切都浓缩在我的身体里。但是你的凡眼是看不到我的，我赐予你神的眼睛，现在你可以看到我至高无上的瑜伽之力。”

说完这番话后，伟大的瑜伽之王向阿周那展示了他作为宇宙之王毗湿奴至高无上的样子：长着多张面孔和数双眼睛，呈现出许多奇妙的景象；花花绿绿地装饰着许多天国的装饰品；举着许多神的武器；穿着天国的礼服，戴着天国的花环；涂抹着神的香料；这个形象无比美好、无比光辉、无边无际，各个方向都长着面孔。这位宇宙之王的辉煌如同一千个太阳的光芒同时在天空中迸发。在这位众神之神的身上，阿周那看到了整个宇宙，宇宙分成多个部分，所有的部分都聚集在一体。阿周那惊愕不已，毛骨悚然，向尊者俯首膜拜，双手合十，对宇宙之王说：

> 哦，尊者，在你的身上我看到了众神和生命的各种宿主——梵天坐在莲花上，还有全部的鼻祖和天国之蛇。我看到你有无数手臂和躯干，有无数面孔和眼睛。我看到你在每个方向上都有着无穷无尽的形式，但是我看到的不是你的结束，不是你的中间，也不是你的开始，哦，宇宙之王，万能的形态！你戴着王冠，手持神杵和时轮，在各个方向上我看到你就像一团燃烧的火焰和像烈日一样照耀着四方，无边无际，令人难以注视。你是宇宙至高无上的支持者，你是永恒法则不朽的守护者，你是我信仰中的根本存在物。

正是在吹响第一次进军号之前，这个异象在战场上出现在阿周那的眼前。伟大的王子有神作为他的战车御者，驶入了双方准备好战斗的战场。他自己的军队已经集结起来，准备对抗那些篡权的堂兄弟，但是这时他在敌军阵列中看到了许多他认识并喜爱的人。他的情绪变得很糟糕。他对御车的神祇说：“唉，我们决意犯下大罪，我们准备好杀害亲人以满足我们对王位的贪欲！如果持国

图51 奎师那引领阿周那上战场（纸板水粉画，印度，18世纪）

天（Dhritarashtra）的儿子们手持武器在战争中杀死我反倒好得多，我不拿武器，也不反抗，我不想战斗。”然而清秀的神祇立即让他鼓起勇气，将神的智慧灌输给他，并让他看到这个异象。王子目瞪口呆地看到，不仅他的朋友变成了宇宙支持者的活化身，两支军队的英雄们也被一阵风卷入了这位大神可怕的大嘴中。他惊恐地呼喊：

> 当我看到你高耸入天的外形闪耀着各种颜色时，当我看到你张开血盆大口，你巨大的眼睛发出光芒时，我内心深处的灵魂恐惧得发抖，我失去了勇气与平静，哦，毗湿奴！当我看到你嘴里令人胆战心惊的獠牙，就像烧光一切的时光之火，我迷惑了，惶惶不安。哦，众神之王，宇宙的居所，请你慈悲为怀！我惊恐地看到持国天的儿子们、君主的主人们、毗湿摩（Bhishma）、德罗纳（Drona）、迦尔纳（Karna）以及我方的将领都猛冲向你的獠牙和血盆大口。我看到你的獠牙咬住了一些人，他们的头被咬得粉碎。就像许多河流奔流入海，凡人世界的英雄冲进你燃烧着烈焰的嘴里，就像飞蛾扑火一样，这些生灵迅速地冲进你的嘴里，奔向毁灭。你舔舔嘴唇，用燃烧着烈焰的血盆大口吞吃了整个世界。你炙热的光线充斥整个宇宙，它们的光辉把世界都烧焦了。哦，毗湿奴！告诉我你是谁，你的样子如此可

怕。哦，我至高无上的神，向你敬礼！请你怜悯我，我渴望了解你，你是原始的神。我不懂你的意图。

尊者说：

我是强大的、破坏世界的时间，现在我在这里杀死这些人。即使没有你，所有这些站在对面军队阵营中的士兵也都不会活下来。因此奋起战斗，赢得荣誉吧，征服你的敌人，享受富饶的王国。我，而非别人已经将他们杀死，哦，阿周那，你只是一个工具。杀死毗湿摩、德罗纳、迦尔纳、胜车（Jayadratha）以及其他已经被我杀死的伟大战士。不要让恐惧令你烦恼。去战斗，你将在战斗中战胜你的敌人。

听了奎师那的这番话之后，阿周那颤抖着双手合十，鞠躬敬拜。恐惧将他淹没，他向奎师那敬礼并支支吾吾地说：

……你是众神之首，是远古的灵魂；你是宇宙至高无上的休养之所；你是智者，将会被人了解，你是终极目标。你遍布整个世界，哦，你无边无际。你是风，是死亡，是火，是月亮，是水之王。你是第一个人类兼伟大的祖先。让我看一看你的其他形式。哦，众神之神，宇宙的居所，开开恩吧！我想看到以前的你，头戴王冠，手拿神杵和时轮。哦，具有一千条手臂，无穷外形的你，再次呈现四条胳膊的形象吧。

尊者说：“哦，阿周那，承蒙我的恩典，通过我的瑜伽之力，我给你展示了至高万能的、辉煌、无限且原始的形象，除你之外没有其他人看到过……不要因为看到我这可怕的样子而感到害怕、困惑。摆脱恐惧，内心欢喜，再看我其他的样子。”

对阿周那说完这些话后，奎师那又恢复了他优美的形体，并安抚受惊的他。[30]

这位信徒有幸看到了超越正常人类命运范围的异象，相当于一窥宇宙的本质。他不仅看到了自己的命运，还看到了人类的命运，即作为生命整体的命运，还看到了原子和整个太阳系统。异象是以符合人类理解的方式呈现的，也就是以神人同性的宇宙人影像呈现的。

THE HERO WITH A THOUSAND FACES

借助同样有效的宇宙马、宇宙鹰、宇宙树或宇宙祈祷螳螂的形象，也可以进行同样的启蒙。

唵，献祭的马的头是黎明，眼睛是太阳，它强大的力量是空气，张开的嘴是被称为“清醒状态”（Vaishvanara）的火，身体是年份，后背是天国，肚子是天空，蹄子是大地，两侧身体是四个季度，肋骨是中间的季度，四肢是季节，关节是月份和两个星期，脚是日与夜，骨头是星星，肉是云雾。它肚子里消化了一半的食物是沙子，它的血管是河流，肝脏和脾脏是山脉，毛发是青草和树木。前半部分身体是升起的太阳，后半部分身体是下沉的太阳，打的哈欠是闪电，摇动的身体是打雷，它的尿液是雨，它的嘶鸣是声音。[31]

……原型，
长着尖尖的喙，渴望肉食的生命之体，
高高展开风暴般宽阔的翅膀：但是眼睛，
喷射出鲜血，眼睛被挖出来，暗红的鲜血，
从受损的眼窝里流淌到喙的尖钩上，
洒落在空旷天空的荒凉空间里。
然而这个伟大生命在延续，然而这个伟大的生命，
是美丽的，她痛饮自己的失败，
吞噬下自己的饥馑。[32]

托起太阳的宇宙狮子女神
（单页手稿，印度，18 世纪）

THE HERO WITH A THOUSAND FACES

宇宙树是非常著名的神话形象（也就是北欧神话《埃达》中的宇宙树）。螳螂在南非布希曼人的神话中发挥着重要作用。

此外，“尊者之歌”所记录的启示的表达方式符合阿周那的种姓与种族：他所看到的宇宙人是一位贵族，就像他自己，而且是一个印度人。相应地，在巴勒斯坦，宇宙人显现为一个犹太人；在古代德国，宇宙人是德国人；在南非巴苏陀人中他是一个黑人；在日本他是一个日本人。象征无所不在、超然万能的人物，他的种族和地位具有历史意义，而不是结构意义。性别也如此，出现在耆那教徒[①]传统形象中的宇宙之女是等同于宇宙人的象征符号。

① 耆那教是非正统的印度教（例如拒绝接受《吠陀经》的权威性），它的传统形象显示了某些特别古老的特征（如果想了解坎贝尔对耆那教和宇宙之女的进一步思考，见他的《光之世界》[*Myths of Light*]）。

象征符号是交流的工具而非最终的主旨

象征符号只是交流的工具，一定不要误以为它们是最终的主旨。无论它们看起来有多吸引人或多令人难忘，它们始终只是方便的工具，目的是为了更有利于理解。因此神的人格——无论是以三位一体的、二元的或一元的方式来表达，还是以多神论、一神论或单一主神的方式来表征，用绘画方式还是语言方式，是被记录下来的事实还是启示性的异象，任何人都不应该试图把它解读为最终目的。神学家的问题在于保持他的象征符号明白易懂，这样象征符号便不会阻碍它所要传递的主旨。阿奎那写道："当我们相信上帝远远超出我们所想时，我们才能真正认识上帝。"[33]《羯陀奥义书》(*Kena Upanisad*)也表达了同样的观点："知之为不知，不知方为知。"[34] 误将工具当作主旨，不仅会泼洒没用的墨水，还会泼洒宝贵的鲜血。

接下来值得注意的是见证耶稣变形的人是那些压制个人欲望的信徒，他们为了信奉主而克制自己，很久之前他们便清除了"生活"和"个人命运"。奎师那在恢复他熟悉的外形后宣称："诵念《吠陀经》，苦修忏悔，布施或献祭都无法使你看到你刚才看到的我的样子。只有虔诚地信奉我，人们才能看到我的这种形象，真正认识它并进入其中。行我的功德，把我视作最高目标，对任何生物都没有仇恨并虔诚信奉我的人才能来到我身边。"[35] 耶稣所说的类似的话把这个观点表达得更加简洁："为了我丧失性命者，反得重生。"[36]

这句话的意思非常清楚，它是所有宗教实践的意义。通过长时间的心理训练，个体可以完全放弃对个人局限、癖好、希望与恐惧的固着，不再抗拒自我湮灭，这是从认识真理中获得重生的先决条件，变得成熟，最后与神合为一体。他的个人野心彻底被摧毁，他不再汲汲营营地活着，而是从容地接受发生在他身上的任何事。也就是说，他变成了无个性特征的人。法则存在于他之中，他毫无保留地赞同法则。

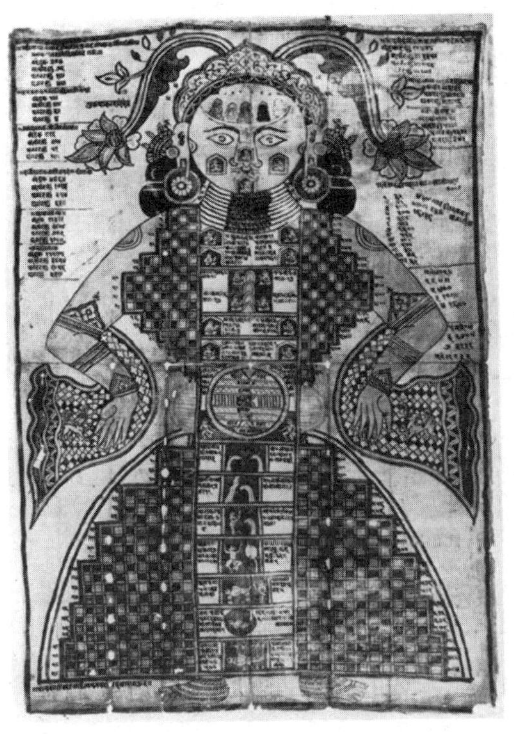

耆那教的宇宙之女
（布面水粉画，印度，18 世纪）

许多人物代表了这种和谐存在的终极状态，尤其在东方社会与神话背景中。这样的例子包括隐居山林的圣人、在东方生活与传说中发挥显著作用的流浪托钵僧，神话中这类角色包括：流浪的犹太人（遭到鄙视、默默无闻，但口袋里装着价值连城的珍珠），被狗攻击、衣衫褴褛的乞丐，其音乐能令心灵宁静的非凡的游吟诗人，或者伪装起来的神，比如宙斯、沃坦、维拉科查、埃德舒。

> 他们有时是个傻子，有时是个圣人，有时拥有帝王的光辉，有时到处流浪，有时像巨蟒一样静止不动，有时面带仁慈，有时受人尊敬，有时受到侮辱，有时默默无闻，获得领悟的人就这样快乐地活着。就像演员始终是人一样，无论他穿上戏服还是把戏服放在一边，因此充分说明了悟不灭的人永远有不朽之身，而不是其他。[37]

生活的自由

神话意在协调个人意识与宇宙意志

那么，神奇地跨越阈限并回归的结果是什么？

战场是生活的领域象征，其中每个生物依靠另一个生物的死亡而存活。意识到生命不可避免的罪行会令人心生厌恶，人们可能会拒绝继续这样生活下去，就像哈姆雷特或阿周那。另一方面，像大多数人一样，人们创造出虚假的、最终无法自圆其说的自我形象，认为自己是这个世界中的例外现象，不像其他人那么有罪，并且替自己不可避免的罪行辩护，因为他代表善。这种自以为正义的态度会导致误解，不仅会误解自己，也会误解人与宇宙的本质。神话的目的在于协调个人意识与宇宙意志，以消除对这种愚昧无知的欲求。这需要真正理解倏忽无常与在万物生灭中实现的不朽之间的关系：

> 就像脱掉破烂衣服、穿上新衣服的人一样，具有新形体的自我抛弃破旧的身体，进入新的身体。武器伤害不了它，火烧毁不了它，水打湿不了它，风也不能让它枯萎。这种自我不会被伤害、不会被烧毁、不会被打湿、不会枯萎。它是永恒、无处不在、静止不变的，这种自我永远都一样。[38]

如果人们为自己行为的结果忧心焦虑，那么他便不再以永恒原则作为自己的核心。但是如果他将行为和行为的结果交给神来处置，那么它们就像祭品一样使他可以从死亡之海的束缚中解脱出来。“毫无牵挂地做你必须做的事情……把所有的行为交给我，把心思放在自我上，把自己从渴望、自私、争斗中解放出来——不受悲伤的干扰。”[39]

英雄洞察一切，行动平静而自由，因维拉科查的恩典从他手中流过而无比欣喜，无论他是屠夫、骑师还是国王，他是恐怕但奇妙的律法的载体。

圭昂·巴赫尝了三滴灵感大锅中的毒药，后来被巫婆卡里德薇吃掉，获得重生，变成一个被扔进大海中的婴儿。第二天早上一个既倒霉又万分绝望的年轻人在渔栅里发现了他，这个年轻人名叫埃尔芬，他是富有的地主圭德诺的儿子，圭德诺的马匹被流到河水中的毒药毒死了。当人们把皮袋子从鱼栅中捡起来，打开后看到一个男婴的前额时，他们对埃尔芬说："看这容光焕发的额头！""就叫他塔列辛吧。"埃尔芬说。他把婴儿抱在怀中，哀叹他的不幸，悲伤地把婴儿背在后背。他让马轻轻地缓步前行（之前他的马一直在慢跑），他温柔地抱着孩子，就好像将他放在世界上最舒服的椅子上。不久这个男孩大声背诵了一首安慰并赞美埃尔芬的诗，这首诗预示了他的荣耀。

仁慈的埃尔芬，不要悲伤！
让人人都对自己感到满意。
失望不会带来任何优势。
人们看到他毫无依傍……
像我一样弱小，
躺在泛着泡沫的海滩上，
在遇到困难的日子，
我会比三百条鲑鱼更有帮助……

当埃尔芬回到他父亲的城堡时，圭德诺问他是否收获了很多鱼，他告诉父亲他得到的东西比鱼更好。"那是什么？"圭德诺问。"一个游吟诗人。"埃尔芬回答说。然后圭德诺说："唉，他对你会有什么用啊？"那个婴儿自己回答道："他将带给你的益处比鱼梁曾带给你的任何益处都更大。"圭德诺问："你怎么会说话，你还那么小？"婴儿回答道："我说得比你问的更好。""让我听听你能说什么。"圭德诺说。接下来塔列辛唱了一首充满哲理的歌。

一天国王上朝，塔列辛自己待在一个安静的角落里。

游吟诗人和掌礼官前来要求赏赐并赞美国王的权威和强大，当他们经过塔列辛蜷伏的角落时，他在他们身后撅起嘴唇，把手指放在嘴唇上，发出“噗噜，噗噜”的声音。他们在经过时没太注意他，而是继续走到国王面前。他们鞠躬敬礼，没有说话，就像他们经常做的那样，但他们撅起嘴唇，把手指放在嘴唇上，对国王发出“噗噜，噗噜”的声音，就像他们看到那个男孩在角落里做的那样。这景象让国王感到吃惊，他心里认为他们一定喝了太多酒。于是他命令一名首领去告诫他们保持清醒，想一想他们正站在什么地方，什么是恰当的行为举止。这位首领高兴地照办了，但是他们非但没有停下来，反而愈演愈烈。于是国王第二次、第三次派人传话给他们，希望他们离开大厅。最后国王派他的一位侍从去打他们的头领黑宁·瓦德（Heinin Vardd），侍从拿着扫帚打他的头，让他坐回他的座位上。然后他站起来，跪在国王面前，恳求国王恩准他说明他们的错误不是因为缺乏知识，也不是因为喝醉了，而是受到了大厅里某个精灵的影响。然后黑宁继续说道：“哦，尊敬的国王，但愿您知道我们说不出话，像喝醉的人一样失去语言能力，不是因为我们喝了太多酒，而是受到墙角里那个孩子一样的精灵的影响。”国王立即命令侍从去把他带上来，侍从来到塔列辛所在的角落，把他带到国王面前。国王问他是谁，从哪儿来。他用下面的诗句回答国王：

我是埃尔芬的首席游吟诗人，
我的故国是夏季群星的地区；
埃德诺和黑宁称我为梅丁[①]，
最后每位国王都会称我为塔列辛。

---

① 梅丁即梅林，是亚瑟王冒险故事中的主要巫师。

当撒旦坠入地狱时，
我和我主同在最高的地方。
我曾在亚历山大面前高举旗帜；
我知道从北至南的星辰的名称；
从造物主登基之日起我便在银河；
押沙龙被杀时我在迦南；
我把圣灵带到希伯伦的溪谷；
在格迪恩出生前我便在唐的宫廷中。
我是伊莱和埃诺克的老师；
显赫权杖的精灵赋予我翅膀；
在被赐予语言天赋之前我就很健谈；
上帝仁慈的儿子被钉在十字架上时我在场；
我曾三度被囚禁在艾利安罗德的监狱里；
我曾是宁录塔工程的总指挥；
我是一个奇迹，没人知道我的出身。
我曾和诺亚乘着方舟来到亚洲，
我看到了索所多玛和蛾摩拉城的毁灭；
当罗马被建立起来的时候我在印度，
现在我来到这里，来到了特洛伊的遗迹。
我曾和我主一起在驴子的食槽中；
我加强摩西的力量以通过约旦河水；
我曾和抹大拉的玛利亚一起在天空中；
我从卡里德薇的大锅中获得了灵感；
我曾是游吟诗人，伴着洛克林利昂的竖琴吟诗。
我曾在辛弗林宫廷的白色小山上，
戴着足枷和脚镣度过了一年零一天，
我曾为了童贞女之子忍饥挨饿，

我曾在神的土地上被抚养长大，
我曾是所有智者的老师，
我能够指导整个宇宙。
我将在尘世活到世界末日那一天；
没有人知道我是血肉之躯还是鱼身。

然后我在卡里德薇的子宫里待了九个月；
一开始我是小戈维昂，
最后我成了塔列辛。

听完这首歌，国王和他的贵族们非常吃惊，因为他们从来没有听到这么年幼的男孩唱出这样的歌。[40]

这位游吟诗人的歌大部分描述的是他内在的不朽性，只有简短的一节描述了他的个人经历。听歌的人被引向了他们自己的不朽性，然后附带提供了一条信息。尽管他害怕可怕的巫婆，但他被巫婆吞掉并获得重生。他因死去而不再受自我的影响，他在自我中再次复活。

英雄是正在形成的事物的捍卫者，而不是已经形成的事物的捍卫者，因为他就是正在形成的事物。“还没有亚伯拉罕就有了我。”[41] 他没有将时间中表面上的不变性误以为是存在的永久性，他也不惧怕下一个时刻（或“其他事物”），就像用改变来破坏永久。“万物都不能保持它们自己的形态，然而大自然，即更伟大的更新者永远用形态组成形态。整个宇宙中任何事物都不会消亡，只是改变并更新了它的形态。”[42] 因此下一个时刻被允许发生。当永恒王子亲吻世界公主时，她的抗拒被解除了。

她睁开眼睛醒了过来，友善地看着他。他们一起走下楼梯，国王醒了，王后和整个宫廷庄园都醒了，所有人都睁大眼睛互相看着。院子里的马站起来，摇摆着身体；猎狗欢跳，摇着尾巴；屋顶的鸽子从翅膀下伸出它们的小脑袋，四处张望，飞过田野；墙上的苍蝇再次开始爬行；厨房里的火变得明亮，闪烁着，烹煮着晚餐；烤肉再次开始发出嘶嘶声；厨师在洗碗男孩的耳朵上打了一拳，惹得他大叫起来；女仆把鸡毛拔光了。[43]

THE HERO WITH A THOUSAND FACES

04 解答

把神话作为科学和历史相当荒谬可笑。
当一种文化开始以这种方式来重新解释神话时，
其中的生命力就丧失了，庙宇变成了博物馆，
两种视角之间的联系被割裂了。

可以用下面的图形来总结英雄的历险之旅。

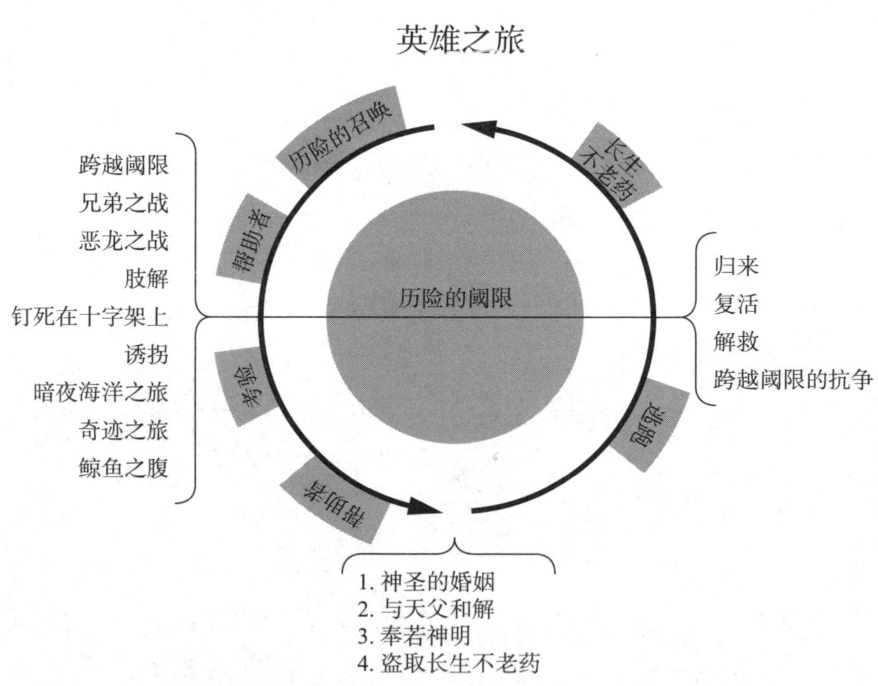

神话中的英雄从他们日常的小屋或城堡出发，被诱惑、被带走或自愿走向历险的阈限。在那里，他们遇到一个守卫通道的幽

> 灵。英雄打败或驯服这种力量，活着进入黑暗王国（兄弟之战、恶龙之战、献祭、符咒）；英雄或者被对手杀死，坠入地狱（被肢解、被钉死在十字架上）。超越阈限后，英雄要穿过一个充满各种不熟悉，但又异常熟悉的力量的世界，有些力量严重威胁着他（考验），有些则会给予他有魔力的帮助（帮助者）。当他来到神话周期的最低点时，他经历了最重要的考验并获得了回报。胜利可能表现为英雄与女神兼宇宙之母在性方面的结合（神圣的婚姻），被天父兼创世者认可（与天父和解），他自己变成了神（奉若神明）或者如果力量依然对他不友好，他就盗取他为之而来的恩赐（偷走新娘、盗取火种）。本质上看这是意识的扩展，因此也是存在的扩展（启示、变形、自由）。最后的任务是回归。如果各种力量保佑英雄，他便在保护之下出发（使者）；如果不是这样，他便逃跑并且会被追捕（变形逃跑、克服障碍逃跑）。在回归的阈限处，超自然的力量必须被留在后面，英雄离开可怕的王国，再次出现（归来、复活）。他带回来的恩赐修复了世界（长生不老药）。

在单一神话简单的描述中，这些改变不绝如缕，难以言状，难以言状。许多故事将整个周期中一到两个典型的要素（考验的主题、逃跑的主题、诱拐新娘）分离出来并将其放大。其他故事将一些独立的周期串成一个系列（如《奥德赛》所讲述的那样）。不同的人物或情节会融合在一起，或者单一要素可以复制自己，在许多不同的改变中再次出现。

把神话作为科学和历史相当荒谬可笑。当一种文化开始以这种方式来重新解释神话时，其中的生命力就丧失了，庙宇变成了博物馆，两种视角之间的联系被割裂了。

神话和故事的梗概容易受到破坏并变得模糊。古代的特征通常会被消除或减弱。引入的素材被修改以融入当地的环境、风俗或信仰，在这个过程中最初的素材总会有所变动。此外，传统故事不断地被复述，这不可避免地会发生有意或无意的错置。为了叙述因为某种原因而变得毫无意义的要素，一些二手的解释被编造出来，而且通常编造得相当有技巧。[1]

被二手了的神话

在因纽特关于乌鸦进入鲸鱼肚子的故事中，打火棒的主题便发生了错置，随后被进行了合理化的解释。鲸鱼肚子中的英雄原型非常著名。冒险者的主要行为通常是在怪物的肚子里用打火棒生火，鲸鱼因此死掉了，而冒险者获得解放。这种方式的生火象征性行为。据我们所知这两种棍棒——有凹穴的棒子和旋转的棒子，分别代表女性和男性，生成的火焰代表生命。英雄在鲸鱼肚子里生火是神圣婚姻的变体。

然而在我们所讲述的因纽特人的故事中，打火棒的象征意义发生了改变。女性要素体现在了一个漂亮女人身上，她就是乌鸦在鲸鱼肚子内部的大房子里遇到的女人。同时管子里的油流入燃烧着的油灯里象征着男性与女性的结合。乌鸦品尝灯油象征它参与了性活动。继而发生的灾难代表典型的最低处的转折点，代表漫长的旧时期的结束和新时期的开始。之后乌鸦的再次出现象征重生的奇迹。因此最初的打火棒变得多余了，人们编造出一个巧妙而有趣的结尾来赋予它在情节中的作用。乌鸦把打火棒落在鲸鱼肚子里，他把再次找到打火棒解释为厄运的征兆，把人们吓跑，然后独自享用鲸鱼大餐。这个结尾是二次加工的绝佳例子。它烘托了英雄的恶作剧性格，但这不是基本故事中的要素。

被破坏的神话

在许多神话的后期阶段，关键概念像针一样隐藏在次要轶事与合理化解释的巨大干草堆中，因为当文化从神话视角转移到世俗视角时，人们便不再相信或赞同那些古老的概念和形象了。在古希腊和罗马帝国时期，古代的神祇被贬低为城市的庇护者、家庭宠儿和最受喜爱的文学题材。未被理解的传承下来的主题，比如弥诺陶的主题（克里特人的太阳神和神圣国王的化身所具有的阴暗可怕的一面）被合理化、被重新解释以适应当代的宗旨。奥林匹斯山变成了陈腐的丑闻与风流韵事的里维埃拉式（Riviera）胜地，而母亲兼女神变成了歇斯底里的仙女。人们读神话就像读超人类的浪漫故事。相对而言，中国儒家的人文及道德力量彻底清空了古老神话形式中的壮丽与高贵。如今的官方神话是一堆有关地方官员子女的轶事，因为地方官员以某种方式服务于他们的社群，被充满感激的受益者推选为尊贵的当地神祇。在现代基督教中，耶稣——世界救赎者和圣子的化身，基本上是一个历史人物，一个拥有半东方背景的善良的乡下智者，他宣扬“己所不欲，勿施于人”的仁慈教义，却被作为罪犯处决了。他的死被解读为正直与坚毅的光辉典范。

无论在哪儿，只要神话的诗意被解释为传记、历史或科学，那么诗意便荡然无存。鲜活的形象变为遥远时空中的无味事实。此外，把神话作为科学和历史相当荒谬可笑。当一种文化开始以这种方式来重新解释神话时，其中的生命力就丧失了，庙宇变成了博物馆，两种视角之间的联系被割裂了。这样的破坏一定会发生在《圣经》和大部分基督教祭礼中。

寻找消失的线索

为了让神话中的概念与形象复活，我们一定不能诉诸有趣的现代事件，而应该寻找来自过去的具有启发性的线索。当这些线索被找到后，大量几乎名存实亡的象征符号会再次展露出它们永恒的人文意义。

例如在天主教的圣周六里（复活节前一周的星期六），神父赞美新火①，祝福复活蜡并宣读预言，他穿着紫色的长袍，在十字架、烛台和得到祝福并点燃的蜡烛的引导下，和他的牧师和神职人员走向洗礼的圣洗池，同时唱诵以下的诗篇："神啊，我心渴慕你，如鹿渴慕溪水。我几时得朝见神呢？我昼夜以泪为食。人们不住地对我说，你的神在哪里呢？"[2]

当来到洗礼池的入口时，神父停下来念一段祷告文，然后走进去，赞美洗礼盆中的水："为了神圣受孕的天国后代能够在洗礼池完美无瑕的子宫中重生为新生命，为了使所有人，无论性别的差异或年龄的差异，都能由他们的精神之母降生为相同的婴儿。"神父用手触摸洗礼盆中的水，祈祷它能洗净撒旦的恶毒，他在水的上方画出十字架，用手将水分开，把一些水洒向世界的四个方向，以十字架的形状在水面上吹三次气，然后把复活蜡浸入水里并念诵道："愿圣灵的所有美德都降入洗礼盆的水中。"他把蜡烛收回来，然后再次把蜡烛浸得更深，用更高的声音重复道："愿圣灵的所有美德都降入洗礼盆的水中。"他再次把蜡烛收回来，第三次浸入水中，一直浸到水底，用更高的声音重复道："愿圣灵的所有美德都降入洗礼盆的水中。"然后在水面上吹三次气并继续吟诵道："让此圣水的全部精华丰饶地再生。"他从水中拿回蜡烛，念诵完一些总结性的祈祷文后，助理牧师把被祝福过的水洒在人们身上。[3]

① 圣周六，即耶稣死亡与复活之间的那天，耶稣在地狱的深处，这个时刻是永世更新的时刻。与上文探讨的打火棒的主题进行比较。

圣灵的雄性之火使雌性的水变得多产，这是所有神话意象系统中变形的水在基督教中的对应物。这个仪式是神圣婚姻的变体，神圣婚姻是产生宇宙和人类并使之重生的本源和重要时刻，这也正是印度教男根—女阴所象征的教义。进入洗礼盆就是进入神话领域，打破水面就是跨越阈限进入暗夜之海。从象征意义上看，把水倒在婴儿的头上就相当于他经历了这个旅程，他的引导者和帮助者就是神父、教父和教母。他的目的是拜访永生自我的父母、上帝之灵和天恩的子宫。[4]然后他再回到肉身父母的身边。

我们很少能从教会启蒙的受洗礼中，得到任何关于受洗礼的启示。然而它显然出现在耶稣的言辞中："我实实在在地告诉你，人若不重生，就不能见到神的王国。"尼哥底母（Nicodemus）对他说："人已经老了，怎么重生？难道他能再次进入母亲的子宫，再次被生出来吗？"耶稣回答道："我实实在在地告诉你，人若不从水和圣灵中重生，就不能见神的王国。"[5]

对洗礼的普遍解释是它"能够洗掉原罪"，这种解释强调的是清洗，而不是重生。这是二次解释。即使人们还记得传统的出生概念，然而之前的婚姻便只字未被提及。我们必须对神话中象征符号的所有含义追根究底，之后它们完整的对应系统才会展现出来，通过这个对应系统它们以类比的方式表现了灵魂数千年的冒险经历。

生命之泉（木头上的绘画，佛兰德斯，1520 年）

图55

阿兹特克人的太阳石（石雕，阿兹特克人，墨西哥，1479 年）

It is unseen, unrelated, inconceivable,
uninferable, unimaginable, indescribable.
It is the essence of the one self-cognition
common to all states of consciousness.
All phenomena cease in it.
It is peace, it is bliss, it is nonduality.

THE HERO WITH A THOUSAND FACES

第二部分

宇宙创世的周期

THE HERO WITH A THOUSAND FACES

05

产　生

现代的知识分子不难承认，神话的象征手法具有心理学上的重要性。

从心理学到形而上学

神话是被误解为传记、历史和宇宙学的心理学

现代的知识分子不难承认，神话的象征手法具有心理学上的重要性。尤其在精神分析师进行了分析工作之后，我们毫不怀疑神话是梦的本质，或者梦是精神动力学的征兆。弗洛伊德、卡尔·荣格、威廉·斯泰克尔、奥托·兰克（Otto Rank）、卡尔·亚伯拉罕（Karl Abraham）、吉扎·罗海姆和许多其他精神分析大师在过去几十年里建构出了大量有关解梦与解释神话的现代知识体系。尽管这些专家的观点各有不同，但这些知识中的大量共同原则将他们联合在了一起，形成一场伟大的现代运动。他们发现梦境的模式和逻辑类似于童话故事与神话的模式和逻辑，使得长期被怀疑的古代人的神话幻想戏剧性地回归到现代意识的突出位置上。

从这个观点看，人类行为有意识模式背后的潜意识的欲望、恐惧和焦虑似乎通过神奇的故事——它们假装描述的是传奇英雄的生活、大自然之神的威力、死者的鬼魂和群体的图腾原型，以象征的手法得以表达。换句话说就是，神话是被误解为传记、历史和宇宙学的心理学。现代心理学家能够将它解读成

正确的本义，从而为当代社会拯救出一批有关最深层人性的丰富而意味深长的文献。这里揭示出的是（就像在荧光检查仪中）智人隐秘的发展过程，包括西方的、东方的、原始的、文明的、当代的、古代的智人。完整的景象就在我们面前。我们只有解读它，研究它恒定不变的模式，分析它的变化，以此逐渐理解曾经塑造人类命运的深奥力量，这些力量必将继续决定着我们的私人生活与公共生活。

但是如果我们想领会这些资料的全部价值，就必须注意神话与梦境并不完全相似。它们的人物源自相同的来源——潜意识的幻想之井，而且它们的基本原理也相同，但神话不是睡眠的自发产物。相反，神话的模式受到了意识的控制。根据我们的理解，神话的作用是传递传统智慧的图像语言。所谓的原始民间神话便具有这样的作用。容易精神恍惚并进入另一个世界的萨满以及受到启蒙的羚羊祭司并非不精通对俗世的智慧，也并非不擅长通过类比进行沟通的原则。他们赖以生活并通过其发挥作用的隐喻已经被思考、探求并讨论了若干个世纪，甚至数千年，作为思想与生活的支柱，它们已经为整个社会发挥了作用。根据这些隐喻，文化模式被塑造而成。通过学习、体验和理解这些隐喻有效的启蒙形式，年轻人受到教育，年长者变得明智。因为它们实际上触及并调动了整个人类精神的重要能量。这些隐喻将潜意识与现实行为联系起来，联系的方式并非不合逻辑，也不是神经质投射的结果，而是能够使我们对客观世界形成成熟、清醒且实际的理解，以这种理解作为严格的控制返回到婴幼儿期的欲望与恐惧领域中。如果这适用于比较简单的民间神话（即原始的狩猎打鱼部落给予自己精神支持的神话与仪式系统），那么我们应该怎样评说那些在伟大的荷马史诗、但丁的《神曲》《创世记》和永恒的东方神庙中所反映的壮丽的宇宙隐喻？在最近几十年以前，这些隐喻一直是所有人类生活的精神支持，也是哲学、诗歌和艺术的灵感来源。这些继承而来的象征符号曾经被老子、佛陀、琐罗亚斯德（Zoroaster）、基督或穆罕默德所提及，曾被技艺高超的灵性大师用作道德与形而上学指导的工具，因此我们显然有了很多觉悟，并非完全蒙昧。

个人的出生、生活和死亡即是下降再回归的过程

为了理解传承而来的神话形象的全部价值，我们必须明白它们不只是潜意识的征兆（正如所有人类思想与行为其实都是潜意识的征兆），也是某些精神原则受到控制的且有意图的陈述，这些原则在整个人类历史中保持着恒定不变，就像人类身体的形态和神经结构保持不变一样。简单来说就是，普遍的教义告诉我们世界上所有可见的结构——所有事物和生物，都产生于一些无处不在的力量，在它们显形的时期，这些力量支持着它们并充盈在它们之中，而它们最终将回到这些力量中并彻底消失。在科学上这种力量被称为能量；对美拉尼西亚人来说，它是 mana（神力）；它是印第安苏族人眼中的 wakonda（瓦康达魔力）；是印度教所知的 Sakti（性力）；是基督教认为的上帝力量。它在心灵中的表现形式用精神分析师的话说就是 libido（性欲力比多）[1]。它在宇宙中的表现形式是宇宙本身的结构与变迁。

人们对神话的来源的理解本应是一致的，但人们对每一种存在的基础的解读却受到人体感官机制的局限，用以实现理解的人体器官常给人带来挫败感。人类思想的敏感性和种类[2]（它们本身就是这种力量①的表现形式）非常有局限性，以至于头脑通常不可能超越丰富多彩、各种各样、不断变化且令人困惑的现象来进行理解并做出构想。仪式和神话的作用就是通过类比使得这种理解与构想成为可能，促进思维跳跃的形成。能够被头脑及感官理解的形式和概念被呈现出来，并被安排成能够暗示出真理或超然的空旷的方式。这就为冥想提供了条件。然而神话是倒数第二位的，最终目标是空旷，即空或超越了类别的存在②，人的精神必须独自沉浸其中并被这虚空分解。因此上帝和众神是唯一方便的手段——他们本身具有物质现象世界的本质，但对于表达不可言喻的主旨，他们不仅生动，而且有益。他们仅仅是触动和唤醒心灵的象征符号，并召

① 梵语：幻力（maya-sakti），即外在力量。

② 超越类别并因此不能用成对对立物的任何一方来定义，这被称为“虚空”和“存在”。这是这类措辞超然性的唯一线索。

唤心灵超越象征符号本身。

承认被崇拜的神祇的人格的次要性是世界上大多数传统的特点。然而基督教、伊斯兰教和犹太教的教义认为神祇的人格是终极的，这使得信徒较难理解一个人如何能超越具有人形的神祇的局限。一方面这会造成对象征符号的普遍困惑，另一方面从宗教历史看，这种对神的盲信在其他地方是不存在的。如果想了解这种畸变的根源，可以参考西格蒙德·弗洛伊德的《摩西与一神教》(*Moses and Monotheism*)。[3]

精神分析将天堂、地狱、神话时代、奥林匹斯山以及其他所有神的居所解释为潜意识的象征。因此现代的心理学解释体系的钥匙是：形而上学领域 = 潜意识领域。相应地，从另一个方向打开门的钥匙是翻转过来的相同等式：潜意识领域 = 形而上学领域。正如耶稣所说："因为看哪，神的国就在你们中间。"[4]确实，从超意识倒退进入潜意识状态正是《圣经》中"堕落"的含义。由于意识的收缩，即从超意识转变为潜意识，我们无法看到宇宙力量的本源，而只能看到这种力量所反射的现象。同时，出于同样的原因，世界被创造出来。救赎存在于返回超意识以及之后的世界的瓦解。这是宇宙创世周期的伟大主题与方式，宇宙创世周期即宇宙显现出来，随后回归不显形状态的神话形象。同样地，个人的出生、生活和死亡可以被视作下降至潜意识状态和回归至超意识。英雄就是这样的人，他们仍活着，但已经知道并代表了超意识的要求，这些要求在整个世界中或多或少是潜意识的。英雄的冒险代表了他生命中获得启蒙的时刻，在这个关键的时刻，虽然他还活着，但他发现并推倒了超越生不如死的生活这道阴暗的高墙，开辟了通往开悟的道路。

因此宇宙的象征符号表现为令人思想混乱的极端矛盾。神的王国在你的心里，而不在外部。然而神只是唤醒沉睡的公主（即灵魂）的方便工具。生命就是她的沉睡，死亡便是觉醒。英雄是他自己灵魂的唤醒者，也是使自己消亡的方便工具。神唤醒灵魂，随后他自己便立即死去了。

这个奥秘最有说服力的象征可能是被钉死在十字架上的神，神将自己献祭给了自己。[5] 从单一的方向来看，现象性的英雄进入超意识状态的意义在于，具有五种感官的身体（就像五兵王子对粘发食人魔的执着）被悬挂在生与死知识的十字架上并被钉住五处（双手、双脚和戴着荆棘王冠的头）。[6] 同样地，上帝自愿下降并让自己承受这种非凡的痛苦。上帝接受了人的生命，人在十字架交叉的中心点，即“对立物的共存之处”[7] 释放了自己内在的上帝，这个点也是上帝下降和人上升所经过的太阳门，他们互为对方的食物。[8]

当然现代的学者会根据他们的意愿来研究这些象征符号，要么把它们看作其他人愚昧无知的表现，要么把它们看作他自己愚昧无知的表现，要么从把形而上学还原为心理学的角度来研究，要么反过来研究。传统的方法是从这两个意义上来思考象征符号。在任何一种情况中，它们都是人类命运、希望、信念和人类黑暗秘密的生动比喻。

宇宙的循环

宇宙从永恒中降生、安住并消解

由于个体的意识停留在暗夜之海上，而进入大海便沉入睡眠，浮出海面便是醒来，因此在神话的想象中，宇宙从永恒中产生并坐落在永恒上，然后又在永恒中消失。就像个人身心的健康取决于生命的力量从潜意识黑暗中有序地流入清醒的白天领域一样，在神话中，只有来自本源的受到控制的力量流才能确保宇宙秩序的延续。众神伴随着宇宙的黎明出现，伴随着宇宙的黄昏而消失。

从暗夜是永恒的意义上来说，众神不是永恒的。只有从更短的人类存在的时间来看，宇宙漫长的循环似乎才是持久的。

宇宙的循环通常被表征为它自身的重复，或没有尽头的世界。每一个大循环中通常包含较小的消亡，就像一生中周而复始的沉睡与清醒的循环。根据阿兹特克人的说法，四种元素（水、土地、空气和火）中的每一种都会终结一个时期的世界：水的时期会在洪水中结束；土地的时期会在地震中结束；空气的时期会在风中结束；目前这个时期会被火摧毁。[9]

根据斯多葛学派周期性大火学说，所有的灵魂都会被分解成宇宙的灵魂或原始的火。当这次宇宙的分解结束时，新的宇宙便开始形成（这在西塞罗的《重生》中曾被提到）。万物重复它们自己，每一个神、每一个人再次扮演他们之前的角色。塞内加（Seneca）在他的《致马锡雅论安慰书》（*De Consolatione ad Marciam*）中描述了这种破坏，并且似乎期望在未来的循环中重新生活。[10]

耆那教认为时间是一个无尽的循环

耆那教的神话呈现了宏大的宇宙循环。这个古老的印度教派最近的先知兼救世主是大雄（Mahāvīra），他与佛陀同处于一个时代（公元前 6 世纪）。他的父母是较早期耆那教先知兼救世主的巴湿伐那陀（Pārśvanātha），巴湿伐那陀的一只肩膀上有蛇冒出，据称他在公元前 872—前 772 年很兴盛。在巴湿伐那陀之前的若干世纪中生活着耆那教的救世主内密那陀（Neminātha），他宣称自己是深受爱戴的印度教的化身奎师那的堂兄弟。在他之前还有二十一位其他的救世主，一直可以追溯到勒舍婆那陀（Ṛṣabhanātha），他存在于更早期的世界中，当时男人和女人从出生起就被指定结为夫妻，他们高三千余米，活了一个数不清多少年的周期。勒舍婆那陀教给人们七十二项科学技术（写字、算术、解读征兆等）、六十四项女人的技能（做饭、缝纫等）和一百项手艺活（陶艺、编织、绘画、锻造、理发等），他还引入了政治，建立起王国。

在勒舍婆那陀教之前，这类创新是多余的，因为之前时期的人们高六千余米，有一百二十八根肋骨，寿命长达两个数不清多少年的周期。十棵“如愿树”提供给他们所需的一切，如愿树给予他们香甜的水果，树枝上有些叶子的形状像罐子和盘子，有些叶子会唱出美妙的歌曲，有些叶子在夜晚会发光，有些叶子还可以作为珠宝，它们的花朵美丽而芬芳，食物色香味俱全，树皮可以做美丽的衣服。其中一棵树就像有许多层的宫殿，另一棵树发出柔和的光，就像许多小灯的光芒。土地像糖一样甜，海洋像酒一样美味。同样地，在这个幸福时期之前还存在着更幸福的时期，准确来说比这个时期幸福两倍。那时的男男女女身高约十三千米，长着二百五十六根肋骨。当这些最高级的人死去时，他们直接进入了众神的世界，他们从来没有听说过宗教，因为他们天生的美德像他们的美貌一样完美无瑕。

耆那教认为时间是一个无尽的循环。时间被描绘为一个有十二根辐条或十二个时期的轮子，它们被分为两组，每组中包含六根辐条。第一组被称为“下降”系列（*avasarpinī*），开始于最高级的巨人夫妻时期。这个天堂般的时期持续了万万亿亿个数不清多少年的周期，然后慢慢过渡到幸福减半的时期，当时的男男女女身高仅六千余米。在第三个时期，也就是勒舍婆那陀的时期，他是二十四个救世主中的第一个。在这个时期，幸福中混杂着一点悲伤，美德中混杂着一点邪恶。在这个时期结束时，男人和女人不再成对出生，而是作为夫妻生活在一起。

在第四个时期，世界和世界中的居住者稳定地持续退化堕落。他们的身高和寿命在慢慢缩减。其余二十三个救世主出生了，每一个救世主都以适合他那个时期状况的方式重申永恒的教义。在最后一位救世主兼先知大雄死后的三年零八十半个月，这个时期结束了。

我们这个时期，即第五个下降系列，开始于公元前522年。在这个时期不会再有耆那教的救世主出生，耆那教的永恒宗教将逐渐消失。这是一个邪恶逐渐增加的时期。最高的人类也只有七肘尺高，最长的寿命不会超过一百二十五岁。人只有十六根肋骨，他们自私、不公、暴力、好色、自负、贪得无厌。

然而在第六个下降时期，人类和世界的状态将会变得更加可怕。最长的寿命只有二十年，身高最高也只有一肘尺，肋骨只有可怜的八根。白天很热，夜晚很冷，疾病肆虐，节操不复存在。暴风雨席卷大地，在接近这个时期的结束时，这些状况会愈演愈烈。最后所有生命，人类和动物、所有植物的种子都被迫到恒河、肮脏的洞穴与海洋里寻找庇护所。

下降系列将结束，“上升”系列（*utsarpinī*）开始。那时暴风雨和破坏将达到令人无法忍受的程度。然后会下七天雨，每天落下的雨都各不相同，土壤得到更新，种子开始生长。贫瘠、寒冷土地上的可怕矮人从洞穴中走出来，开始冒险。他们的道德、健康、美丽和身高开始逐渐出现一点点可以感觉到的改善，直到不久他们像今天我们所知的样子生活在世界上。接下来将诞生一位名叫桀多曼拏萨（Padmānātha）的救世主，再次宣布耆那教为永恒的宗教。人类的身高将再次接近最高级的人类，人类的美貌将超越太阳的光彩。最后，土地会变甜，水会变成美酒。孪生男女结合成完美的夫妻，如愿树为幸福的人们赐予许多快乐。社群的幸福再一次翻倍，经过万万亿亿个数不清多少年的周期，车辆会接近向下转动的开始点，这将再一次导致永恒宗教的消失并会导致有害的寻欢作乐、战争和疠风的愈演愈烈。[11]

耆那教中这个有十二根轮辐、不停旋转的时间之轮在印度教中的对应物是四个时期的循环：第一个是极乐、美丽和完美的时期，持续四千八百个神年①；第二个时期的美德多少有所减少，这个时期会持续三千六百个神年；第三个时期时，一半美德和一半邪恶混杂在一起，持续两千四百个神年；最后一

① 一神年等于人类的三百六十年。

个时期就是我们所生活的时期，邪恶不断增加，这个时期持续一千二百个神年，按照人类的算法也就是四十三万二千年。在目前这个时期结束时，立即会再次出现改善（就像耆那教所描述的循环）。首先万物将在大火与洪水的灾难中湮灭，因此坠入最初无始无终的原始海洋状态，这个时期的持续时间等于四个时期的总长度。然后世界的伟大时期重新开始。

图56 耆那教的宇宙之女——宇宙之轮局部（布面水粉画，印度，18世纪）

宇宙的循环遵循意识的循环规则

通过这个图画形式，我们可以了解东方哲学的基本概念。神话最初是哲学规则的说明，还是哲学规则是神话的浓缩，今天已经不可能说清楚了。神话当然可以追溯到很遥远的年代，哲学也是如此。谁知道发展、重视神话并将它流传下去的圣人们是怎么想的？在分析洞察古代象征符号的秘密时，人们通常只能感觉到普遍被接受的哲学历史概念是建立在完全错误的假设上的，也就是假设抽象的、形而上学的思想开始于它们出现在现存的文字记录中的时候。

宇宙循环所阐释的哲学原理是意识通过三个存在水平进行循环的规则。第一个水平是觉醒体验：人们认识到太阳光所照亮的外部世界是不可否认、肉眼可见且具有共性的事实；第二个水平是梦境体验：人们认识到自我发光的、与做梦者融为一体的个人内在世界易变而微妙的形式；第三个水平是深层睡眠：一种无梦的、彻底的极乐。在第一个水平中，人们遇到的是有教益的生活经历。在第二个水平中，这些经历被吸收同化为做梦者的内在力量。在第三个水平中，所有一切在“心灵的空间”中，即在内在控制者的房间中，万物的本源与结果中被人们享受、了解。[12]

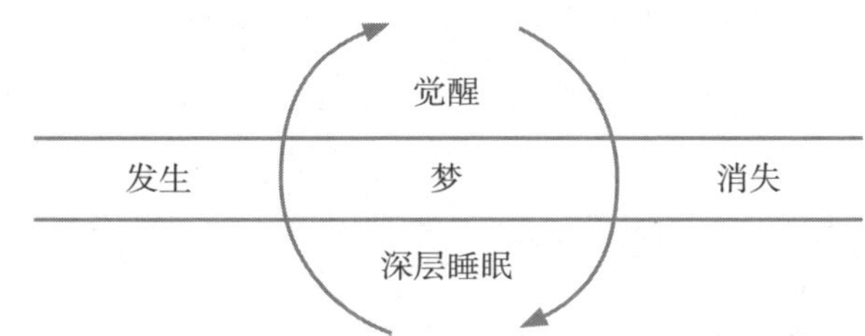

宇宙的循环被理解为以下这种变化过程，即普遍的意识从不显形的深层睡眠区域进入白天的觉醒状态，然后再通过梦境返回无始无终的黑暗。每一个生命体的能量在深层睡眠中得到恢复，在白天的劳作中被消耗。与之类似，在有生命的宇宙的宏大外形中也会发生这种过程，宇宙的生命被消耗并需要得到恢复。

宇宙的循环向前脉动显现出来，向后进入未知静默中的不显形状态。印度教徒用神圣的音节“唵”（AUM）来代表这个神秘的过程。其中 A 代表觉醒时的意识，U 代表梦境中的意识，M 代表深层睡眠。围绕这个音节的静默代表未知：它被称为“第四要素”。①[13] 这个音节本身就是作为创造者—保护者—破坏者的神，而静默代表永远、绝对不参与循环中所有的开始与结束的神。

它是看不见的、无关的、非凡的，
它不可推论、不可想象、无以言表。

① 在梵文中，A 和 U 合并为 O，因此这个神圣音节的发音和书写常常是“OM”。

> 它是一个人自我认知的本质，
> 是所有意识状态所共有的。
> 所有现象停止在其中。
> 它是平和、极乐，它是非二元性。[14]

神话有必要保留在这个循环中，但它代表了被静默包围和渗透的这个循环。神话揭示了每一个存在于原子内部和周围的充满静默的空间。神话通过内容深刻的表现手法将心灵和头脑引导向终极秘密，这个秘密充满并包围着所有的存在物。即使神话处于最滑稽可笑、看似肤浅的时刻，它也将头脑引向肉眼无法看到的、非显形的事物。

在中世纪希伯来的一篇犹太教卡巴拉教派的文献中我们可以读到："老者中的老者，未知中的未知，具有形式，然而又没有形式。宇宙借由他的形式而得到保护，同时他又没有形式，因为他无法被理解。"[15] 这个长者中的长者被表征为侧面的脸孔，永远是侧面，因为隐藏的那一边永远是未知的。这被称为"巨大的脸"（Makroprosopos），整个世界从一缕缕白色的胡须开始。

> 那胡须，即真理中的真理，从耳朵的位置开始，垂到上帝的嘴边。它上下蔓延，覆盖着被称为富饶的芬芳之地的面颊，那胡须雪白，带着装饰，以均衡的力量下垂，甚至盖住了胸口的中央。那是装饰性的胡须，真实而完美，顺着它流淌下十三股泉水，撒播着最宝贵的光彩夺目的香油。这里被布置为十三种形式……根据珍贵的胡须下垂的十三种布置，在宇宙中可以找到特定的布置。它们又被展开为十三扇仁慈之门。[16]

巨大的脸的白胡须垂到另一个头上，也就是"微小的脸"（Mikroprosopos）。它被表征为一个长着黑色胡须的完整的脸。巨大的脸没有眼皮，眼睛永远不会闭合；而微小的脸的眼睛以缓慢的宇宙命运的节奏睁开、闭上。微小的脸被命名为"神"，而巨大的脸被称为"我是"。

巨大的脸
（版画，德国，1684 年）

我们从犹太教文献《光明篇》中读到了巨大的脸和微小的脸。《光明篇》是一部秘传的希伯来作品的合集，大约在1305年由一名博学的西班牙犹太人摩西·德·利昂（Moses de Leon）公之于众。据说书中的内容来自秘密的原作，可以追溯到2世纪的加利利的一位名叫西缅·本·约哈伊（Simeon ben Yohai）的拉比。由于受到罗马人的死亡威胁，西缅在洞穴里躲藏了十二年。十个世纪后人们在那里发现了他的作品，它们就是《光明篇》的来源。

西缅的教义被认为取自摩西隐藏的智慧，也就是摩西最早在他的出生地埃及所研究的秘传知识，然后在荒野中对它们进行了长达40年的思考（在荒野中他得到了天使的特别

> 指点），最后它们被隐秘地整合到《摩西五经》（*Pentateuch*）最早的四卷中。通过正确地理解和巧妙地处理希伯来字母表的神秘数值，人们可以从这四卷经书中提取出那些隐藏的智慧。重新发现和利用它们的知识和技术构成了卡巴拉。
>
> 据说卡巴拉（意思是“被普遍接受的或传统的知识”）的教义最早由上帝自己托付给天堂中一群特殊的天使。人类被逐出伊甸园之后，其中有些天使将教义传授给了亚当，希望由此帮助他重获幸福。这些教义从亚当传给了诺亚，从诺亚传给了亚伯拉罕。亚伯拉罕在埃及的时候不小心泄露了一些教义，这就是为什么在异教徒的神话和哲学中会发现这些崇高智慧的缩减形式。摩西最初和埃及的祭司一起研究这些智慧，但在天使的特别指点下，他对传统进行了恢复。

巨大的脸是永存的毁灭者，而微小的脸是永存的创造者：它们分别是静默和音节“唵”，也就是宇宙循环中的不显形和无处不在。

源于空——太空

所有神话的基本原则是在结束中开始

圣托马斯·阿奎那宣称：“只有思考宇宙的终结，也就是宇宙的开始的人才可以被称为智者。”[17] 所有神话的基本原则是在结束中开始。创世神话充满了世界末日的意义，它不断召唤所有被创造出来的事物回到最初产生它们的不朽中。各种形式充满力量地前进，但它们不可避免地会达到最高点，突然下跌，然后回到起点。从这个意义上讲，神话是悲剧。但是神话没有将我们的真实存在置于破碎的形式中，而是置于我们将会立即从中出现的不朽中，因此从这个意义上讲，神话显然不是悲剧。[18] 确实，只要是神话气氛弥漫的地方，就不可能有悲剧。优良品质甚至会替代神话的梦的气息。同时，真实的存在不在各种外形中，而在做梦者之中。

在梦中，既有庄严崇高的形象，也有荒谬可笑的形象。这些形象使得头脑不能按照正常的标准来进行评估，而是不断戏侮头脑，令它震惊而失去确信感，但最终头脑会理解这些形象。当头脑郑重地坚持它最喜欢的或传统的形象，把它们本身当作是它们所要传递的启示一样去捍卫它们时，神话便被打败了。这些形象会被认为只不过是来自高深莫测之处的幽灵，眼睛看不到那里，言语传不到那里，头脑想不到那里，甚至连虔诚都达到不了那里。就像梦境的琐碎一样，神话的琐碎也具有重要的意义。

创世循环的第一个阶段描述了无形式向形式的突变，正如新西兰毛利人在“创世赞歌”中所描述的：

虚空
第一个虚空
第二个虚空
广大的虚空
延伸至远方的虚空
枯萎的虚空
非占有的虚空
令人愉快的虚空
被紧紧束缚的虚空
夜晚
悬挂着的夜晚
漂流着的夜晚

呻吟着的夜晚
睡不安宁的女儿
黎明
永恒的白天
明亮的白天
空间

空间中逐渐形成了两种没有形状的存在：

潮湿（男性）、广阔的天空（女性）

从中又产生了：

天空（男性）、大地（女性）

天空和大地是众神的父母。[19]

从所有虚空之外的虚空中产生了支持世界的神秘的、植物似的东西。以上系列的第十项是夜晚。第十八项是空间或以太，即可见宇宙的框架。第十九项是男性—女性的两极。第二十项是我们所看到的宇宙。这样的系列暗示了存在的秘密是无限深奥的。这些层次对应着英雄在他探索世界的冒险中听到深奥教义。它们代表了冥想中内省的心灵所认识到的精神层次。它们代表了灵魂暗夜的深不可测①。

希伯来人的卡巴拉把创世过程描绘为从被称为“我是”的巨大的脸中出现一系列产物。第一个产生的是侧面的头，之后“九道光彩夺目的光”随之出现。产生物也被描绘为宇宙树的树枝，宇宙树是颠倒的，扎根在“神秘的高处”。我们所看到的世界是宇宙树颠倒的影像。

① 大乘佛教的神圣经典列举并描述了虚空的十八个层级或十八种“虚空”。瑜伽修行者和将要进入死亡的灵魂会体验到这些虚空。见伊文思温慈所写的《西藏瑜伽及秘典》第 206 页和第 239 页。

根据公元前8世纪印度数论派哲学家的观点，虚空浓缩成了以太或太空。空气在其中形成。由空气产生了火，火产生了水，水产生了土。每一种元素进化出了一种能够感知到它的感觉功能：听觉、触觉、视觉、味觉和嗅觉。[20]

一个有趣的中国神话把这些元素拟人化，将它们比作五位可敬的圣人。他们从混沌中走出来，悬浮在虚空中：

> 天空与大地分开之前，万物皆是一个巨大的暮霭球，被称为混沌。在那个时候，五种元素的精灵开始形成，他们后来发展为五位古人。第一位被称为黄古人，他是土的主宰；第二位被称为红古人，他是火的主宰；第三位被称为黑暗古人，他是水的主宰；第四位被称为木王子，他是木的主宰；第五位被称为金属之母，她是金的主宰。①
>
> 现在每一位古人调动他最初产生的元神，于是水和土下沉，天空上升到很高，土地牢牢地存在于深处。水汇聚成河流和湖泊，并且出现了山脉和平原。天空变得清澈，大地分开。然后出现了太阳、月亮、星星、沙、云、雨和露水。黄古人发挥最纯净的土之力量，再加上火和水的作用，然后就形成了草、树、鸟和动物，出现了一代代的蛇、昆虫、鱼和龟。木王子和金属之母将光明和黑暗混合，由此创造了男人和女人。于是世界渐渐出现了……[21]

太空之中——生命

创世的第一个成果是宇宙舞台框架的形成，第二个成果是在框架中产生的生命，生命两极化为男性和女性，因此具有了自我繁殖的能力。我们可以从性

① 根据中国的系统，这五种元素分别是土、火、水、木和金。

的角度来描述整个过程，即怀孕和出生。毛利人的另一个形而上学的系统绝妙地表达了这个观点：

从构想产生增长，
从增长产生思想，
从思想产生记忆，
从记忆产生意识，
从意识产生欲望。

语言变得富有成效，
它和微弱的闪光同在；
它带来黑夜；
无边的黑夜，漫长的黑夜；
最低下的黑夜，最崇高的黑夜；
被感知的浓稠黑夜，
被触摸的黑夜，
看不见的黑夜，
以死亡告终的黑夜。

从无物中出现产生，
从无物中出现增殖，
从无物中出现丰富，
增殖的力量，
有生命的呼吸。
它与空旷的太空同在，产生了我们头顶的大气层，
它与光明灿烂的天空同在，
于是产生了太阳；

月亮和太阳被扔上天，
就像天空的眼睛；
然后天空变得明亮：
破晓，清晨，
中午：天空洒下白昼的火焰。
天空与哈瓦基①同在，
于是大地出现了。[22]

创造众神与人类的唐加罗瓦（Tangaroaā）（木雕，鲁鲁土岛，18世纪早期）图58

宇宙之蛋的壳是世界的框架，而内在的繁殖力是大自然无尽的生命力

大约在19世纪中期，阿纳的波利尼西亚岛上的一位酋长裴欧瑞（Paiore）画了一幅创世之初的图画。这幅图的第一个细节是包含两种元素的一个小圆形，这两种元素分别是"基础"（男性）和"地层岩石"（女性）。[23]

宇宙像一个蛋（裴欧瑞说），它包含基础（Te Tumu）和地层岩石（Te Papa）两层。最后它形成了互相叠加的三个层次——其中下面的一层支撑着上面的两层。最下层是基础和地层岩石，它们创造了人类、动物和植物。

第一个人类是马塔塔（Matata），他没有胳膊，被创造出来后不久就死掉了。第二个人类是艾托奥（Aitu），他有一条胳膊，但没有腿，像他的哥哥一样，不久后他也死了。最后，第三个人类是何提亚

① 在毛利人的传说里，他们的祖先是从一处叫作"哈瓦基"（Hawaiki）的地方漂洋过海，在七百年前来到新西兰。——译者注

（Hoatea，天空或太空），他的形态很完美。之后产生的是一个名叫何涂（Hoatu，大地的多产性）的女人。她成了何提亚的妻子，人类都是他们的后代。

当大地的最低层充满了被创造出来的事物时，人们在上一层的中间开了一个洞，这样他们就能上到这一层，带着下一层的植物和动物在那里定居下来。接下来他们上升到第三层（这一层构成了第二层的天花板）……最后人类又在那里安顿下来，于是拥有了自己的三处住所。

大地之上是天空，天空也是叠加的，它向下延伸，分别由不同的地平线支撑。天空的一些存在物与大地的存在物相连。人们不断地劳作，以相同的方式一层层地扩展天空，直到一切都有秩序地安排妥当。[24]

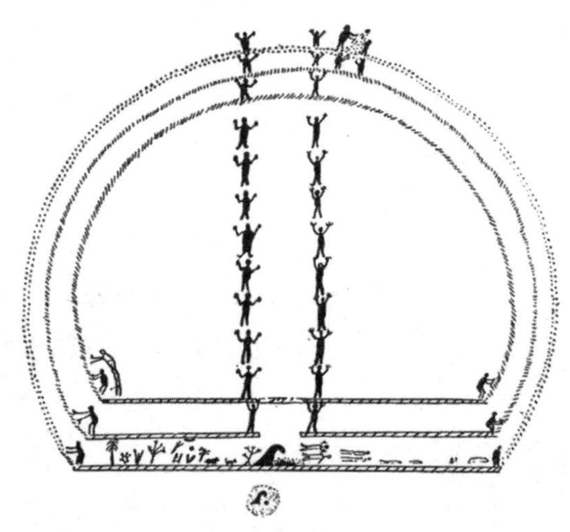

图59 土阿莫土人的创世图——下部：宇宙之蛋
上部：人类出现，宇宙形成
（土阿莫土，19 世纪）

裴欧瑞的画的主要部分表现了人类在向外扩展世界，他们站在彼此的肩膀上把天空朝上扩展。这个世界的最低层有两种原始元素，“基础”和“地层岩石”。在它们的左边是它们产生出来的动物和植物。在它们的右边我们可以看到第一个畸形的人类以及第一个健全的男人和女人。在上层的天空中我们可以看到四个人形围着一堆火，这代表世界历史中的早期事件：宇宙的创造刚刚结束时，唐加罗瓦以作恶为乐，把最高的天空点燃，意图摧毁一切。不过幸运的是，陶玛图（Tamatua）、欧鲁（Oru）和骆驽孤（Ruanuku）看到了大火的蔓延，他们迅速从大地升到天空，扑灭了大火。[25]

许多神话中都有宇宙之蛋的形象，它出现在希腊奥尔弗斯教（Orphic）、埃及、芬兰、佛教和日本的神话中。在印度教的经典中，我们会读到，"宇宙之初是不存在"。

> 它存在，它发展，变成一个蛋。它躺了一年，然后裂开。两半蛋壳中的一半变成了白银，另一半变成了黄金。白银的那半就是大地，黄金的那半是天空。外面那层膜是山脉，里面那层膜是云和雾。血管变成了河流，蛋里流淌的物质变成了海洋。现在从中形成的是太阳。[26]

宇宙之蛋的壳是世界的框架，而内在的繁殖力代表了大自然无尽的生命活力。

"太空之所以无边无际是因为重新进入其中的形式，而不是因为巨大的扩展。存在是漂浮在不存在的无穷之中的蛋壳。"这是一位现代物理学家在解释他于 1928 年[27]看到的宇宙图景时所做出的简洁陈述。它恰好表现了神话中宇宙之蛋的意义。此外，现代生物学家所描述的生命的进化是宇宙循环早期阶段的主题。最后物理学家告诉我们，宇宙的毁灭一定缘于太阳和整个宇宙最终的耗尽，[28]而唐加罗瓦纵火后留下的伤痕预言了这种情况：创造者兼毁灭者毁灭世界的作用会逐渐增加，直到最后，在宇宙循环的第二个过程中，一切将跌入极乐之海。

另外，在神话中宇宙之蛋还常常爆裂开，从里面出来一个令人敬畏的人形。这是生殖力量拟人的化身，在卡巴拉中它被称为"强大的有生命的人"。

“强大的塔奥罗（Ta’aroa）是宇宙的创造者，他的诅咒是死亡。”因此在南海群岛的另一个小岛塔希提岛（Tahiti）上流传着这样的说法，塔奥罗独自一人，他没有父亲，也没有真正的母亲。他生活在虚空中，那里没有土地、没有天空、没有海洋。土地混沌不清，没有基础。于是塔奥罗说：

> 哦，大地的空间，哦，天空的空间，
> 下面的世界处于混沌不清的状态，那是无用的世界，
> 从远古时候开始一直如此，一直如此，
> 下面无用的世界，扩展吧！

“塔奥罗的面孔出现在外面。塔奥罗的外壳剥落，变成了土地。他看到：土地出现了，大海出现了，天空出现了。塔奥罗像神一样活着，注视着他的杰作。”[29]

最初的宇宙只有人形的自我

一则埃及的神话揭示，造物主通过手淫创造了世界。[30]一则印度教的神话描绘了一位处于瑜伽冥想中的造物主，他内心中的形体与他脱离（令他非常震惊），然后像光辉的众神一样站在他周围。[31]在印度的另一段描述中，众生之父最初分裂成了男人和女人，然后根据种类繁育出了所有生物：

> 一开始，宇宙只是具有人形的自我（self）。他环顾四周，除了他自己以外别无他物。然后他首先大喊：“我是他。”由此就出现了“我”这个称呼。这就是为什么甚至在今天，当一个人开始说话时，他首先会声明，“是我”，然后再宣布他的姓名。
>
> 他感到害怕。这就是为什么人们独自一人时会感到害怕的原因。他想：“但是我怕什么呢？除了我自己什么都没有。”于是他的恐惧消退了……

他不快乐。这就是为什么人们独自一人时会不快乐的原因。他想有个伴儿。他变得像男人和女人拥抱在一起时一样庞大。他将自己的身体分成了两个部分，形成了丈夫和妻子……因此人类的身体（在娶妻之前）就像裂成两半的豌豆中的一半……他与她结合，由此诞生了人类。

她想："他怎么能从他之中创造了我，然后又与我结合在一起？好吧，我要藏起来。"她变成了一头奶牛，但他变得了一头公牛与她结合，由此诞生了小牛。她变成了一匹母马，他变成了一匹公马；她变成母驴，他就变成公驴与她结合，生出了一群有蹄的动物。她变成一只母山羊，他变成一只公山羊；她变成一只母绵羊，他变成公绵羊与她结合，生出山羊和绵羊。他能够投射所有成对的东西，甚至是蚂蚁。

然后他便知道："事实上我自己就是天地万物，因为我投射了整个宇宙。"由此他被称为宇宙……[32]

从这些神话我们可以知道，个体的持久根基与宇宙起源的持久根基是同一个，那就是这个神话中的造物主被称为自我的原因。当东方的神秘主义者沉浸在冥想中，进入了自己的内心时，他便发现了这种处于原始的雌雄同体状态的持久的沉睡。

在他身上，天、地和大气交织在一起，
心灵与所有生命的呼吸相结合，
他自己被认为是唯一的灵魂，不需要其他的言语。
他是通往永生不死的桥梁。[33]

因此尽管这些关于创世的神话叙述的似乎是遥远的过去，但它们同时也谈到了个体现在的起源。在希伯来的《光明篇》中我们可以读到：

> 每一个灵魂和心灵在进入这个世界之前，都是由结合为一体的男性与女性组成的。当它降到大地上时，两个部分分离开来并且这两个不同的身体被赋予了生命。在结婚时，明晓所有灵魂和心灵的上帝将他们结合起来，他们像以前一样再一次共有一个身体和一个灵魂，就像他们是一个个体的左边和右边……然而男人的行为和他走哪条道路会影响这种结合。如果这个人是纯洁的，他的行为在上帝眼里是讨人喜欢的，那么他会与自己灵魂的女性部分（即他出生前的组成部分）相结合。[34]

这段卡巴拉教派的文字是对《创世记》中亚当产生夏娃的情节的注释。类似的概念也出现在柏拉图的《会饮篇》（*Symposium*）中。根据这种性爱的神秘主义，爱情的终极体验是认识到男女双方的错觉中存在着同一性："彼就是此，此就是彼。"这一认识可以得到扩展，发现周围整个宇宙中多种多样的个体（人类、动物、植物，甚至矿物）也具有同一性。因此爱情体验变得与宇宙有关，首次打开视野的被爱者被放大成了宇宙的镜子。了解这种体验的男人或女人掌握了叔本华所说的"无处不在的美的学问"。他"游走于这些世界，吃他想吃的东西，变成他想变成的样子"，他坐下来歌唱宇宙统一之歌，歌的开头是："哦，美妙！哦，美妙！哦，美妙！"[35]

化一为众

宇宙舞台的支柱应被打造出应有的性状

宇宙循环向前的滚动促成了一个向多个的转换。由此一个重大的转折或是裂缝将被创造出来的宇宙分裂成两个显然矛盾的存在面。在裴欧瑞的图中，人们从较低的黑暗中产生，并开始推升天空的工作。[36]他们的行为表现出了明显的独立性。他们召集会议，做决定，做计划，他们把安排组织世界的工作接管过来。然而我们知道不动的动者（unmoved mover）在幕后发挥着作用，他就像一位木偶操控师。

在神话中，只要不动的动者，即强大的有生命的人，成了注意力的中心，那么宇宙的形成就会具有奇迹般的自发性。各种元素会自发地或按照造物主微小的命令凝结起来并发挥作用，自己裂开的宇宙之蛋的各个部分无需帮助就能自己就位。但是当我们转换视角，转而关注活着的人时，当从栖息在空间和大自然中的人的视角来面对空间和大自然的全貌时，一个突然的变化令宇宙景象黯然失色。宇宙中各种形式的存在不再以有生命的、成长而和谐的事物的模式在运转，而是执拗地停滞着，往好里说也就是没有活力，呆滞迟缓。宇宙舞台的支柱必须做出调整，甚至应该被打造出应有的形状。大地生出荆棘和蓟，人类要靠辛苦劳动才能有饭吃。

因此我们会看到两种模式的神话。在第一种模式的神话中，造物主的威力继续自己发挥作用。在另一种模式的神话中，他们放弃了主动权，甚至对抗宇宙循环的进程。后一种神话模式中所表现的困难甚至早在宇宙父母为创造生命而拥抱在一起的漫长黑暗期间便开始了。让我们通过毛利人的神话来了解这个可怕的主题吧：

> 天空父亲兰奇（Rangi）紧紧地躺在大地母亲巴巴（Papa）的肚子上，这样孩子们就不会从子宫中挣脱出来。
>
> 他们的孩子处于一种不稳定的状态，在黑暗的世界中到处漂浮。他们的样子是这样的：有的在爬行……有的直立，胳膊向上伸……有的侧躺着……有的平躺着，有的弯着腰，有的低着头，有的抬起双腿，有的跪着……有的在黑暗中摸索……他们都在兰奇和巴巴的怀中……
>
> 最后兰奇和巴巴所创造的生命厌倦了连续不断的黑暗，他们商量

说："现在让我们来决定应该对兰奇和巴巴做些什么吧，是杀了他们好，还是把他们分开。"兰奇和巴巴的最凶狠的孩子杜·马通加（Tu-matauenga）说："好吧，让我们杀了他们吧。"

森林、森林中栖息的万物和所有树木所造的事物之父塔聂·马通加（Tane-mahuta）说："不，不应该这样做。比较好的做法是把他们分开，让天空在我们头顶上远远的地方，让大地躺在我们脚下。让天空成为我们的陌生人，但大地作为滋养我们的母亲，应该依然让她和我们靠近。"

这些神中的几个兄弟试着将天空和大地分开，但徒劳无益。最后还是塔聂·马通加成功完成了这个巨大的工程。

现在他的头牢牢地固定在他的母亲——大地上，他抬起双脚，抵住他的父亲——天空，他使出巨大的力量伸展他的后背和四肢。于是兰奇和巴巴被分开了，他们大声尖叫，悲痛地呻吟着。

"你们为什么要这样杀死你们的父母？你们为什么犯下如此可怕的罪行，想杀死我们或把我们分开？"但塔聂·马通加没有停下来，他无视他们的尖叫和哭喊，他把大地重重地向下压，把天空远远地向上推……[37]

正如希腊人所知，在赫西奥德（Hesiod）的叙述中，这个故事讲的是天空父亲乌拉诺斯（Ouranos）与大地母亲盖亚（Gaia）的分离。在这个版本的故事中，提坦·克隆那斯（Titan Kronos）用镰刀阉割了他的父亲，将他向上推开。[38] 在埃及的传统形象中，宇宙夫妻的位置被颠倒过来：天空是母亲，父亲是富有生命力的大地。[39] 但是神话的模式没有改变：他们的孩子，空气之神舒（Shu）将他们分开。在公元前 3000 年和公元前 4000 年古代苏美尔人的楔形文字原文中，我们也会看到这种形象。首先出现的是原始的海洋，原始的海洋产生了宇宙的山脉，它是由结合在一起的天空和大地组成。天空父亲安（An）

和大地母亲基（Ki）生出了空气之神恩利尔，不久后他将安和基分开，自己与母亲结合，创造了人类。[40]

这些胆大妄为的孩子们的行为看起来很暴力，但与冰岛史诗《埃达》（*Eddas*）以及巴比伦创世的“创世泥板”（*Tablets of Creation*）中记录的瓜分父母力量的故事比较起来，那就不算什么了。在这些记录中，混沌中造物主的存在特点被侮辱为“邪恶”、“黑暗”与“淫秽”。现在聪明的年轻武士儿子鄙视生殖之源，鄙视处于萌芽状态的、沉睡的造物主，草率地杀死他，乱砍他，把他切成一段一段的，搭建出宇宙的结构。这就是后来所有屠龙胜利的模式，是漫长的英雄功绩历史的开端。

天空与大地的分离
（埃及，日期不详）

图60

根据诗集《埃达》的叙述，“裂口”① 在北方创造了一个寒冷的迷雾世界，在南方创造了一个火的地区，当来自南方的热量影响了从北方奔涌而下的冰冷的河流之后，泛着泡沫的毒液开始慢慢渗出。毒液产生了细雨，细雨凝结成白霜。白霜融化并滴落，在这些有毒的水滴中诞生了躺着休眠的雌雄同体巨人伊米尔（Ymir）。这个巨人一边睡觉一边出汗，他的一只脚和另一只脚生出了一个儿子，同时他的左手下面生出了一个男人和他的妻子。

① 金伦加鸿沟（Ginnungagap），即虚空，在宇宙循环结束时（诸神的黄昏）一切都落入这片混沌之中，在经过无始无终的重新孵化期后，万物再次从中出现。

图61 谋杀伊米尔（平版画，丹麦，1845 年）

白霜继续融化、滴落，滴下的液体凝聚成了奶牛奥杜姆拉（Audumla）。它的乳房流出四股乳汁，伊米尔饮用这些乳汁，获得营养。而奶牛通过舔舐咸的冰块汲取营养。在她舔舐的第一天晚上，冰块中出现了人的头发，第二天出现了人的头，第三天整个人出现了，他的名字叫布利（Buri）。现在布利有一个名叫包尔（Borr）的儿子（他的母亲未知），他娶了伊米尔的巨人孙女中的一个。她生了三位一体的奥丁、威利（Vili）和维（Ve），然后他们杀死了沉睡的伊米尔，把尸体切成若干块。

> 伊米尔的肉变成了大地，
> 他的汗液变成了大海；
> 他的骨头变成了峭壁，他的头发变成了树木，
> 他的颅骨变成了天空。
> 然后漫不经心的众神用他的骨头做成了人类子孙的尘世；
> 用他的大脑做成了所有惨淡的云。[41]

诗集《埃达》收集了34篇有关异教的日耳曼神祇和英雄的古斯堪的那维亚语诗歌。这些诗歌的创作者是900—1050年期间北欧海盗世界的各个地区中（至少包括格陵兰）的歌手和诗人。这部诗集显然是在冰岛完成的。

诗集《埃达》是年轻诗人的手册，由冰岛上信奉基督教的诗歌大师兼酋长斯诺里·斯图鲁逊（Snorri Sturluson，1178—1241）完成。这部诗集总结了异教的日耳曼神话，评述了诗歌的修辞规则。

这些文本中所记录的神话表现了早期的农民阶层（与雷神托尔有关）、较晚期的贵族阶层（沃坦—奥丁神话）以及另一种独特的阴茎崇拜综合体（伊斯、弗雷娅、弗雷三位神）。在这个充满深邃的沉思，但又荒谬滑稽的符号世界中，冰岛游吟诗人的影响与经典的、东方的主题混合在一起。

在巴比伦的版本中，英雄是太阳神马杜克（Marduk），受害者是可怕的，像龙一样的提亚马特（Tiamat），她被一群魔鬼侍候着，她是原始混沌的女性化身，也被称为混沌母神，但现在成了宇宙的威胁。太阳神带着他的弓箭、三叉戟、棍棒和罗网，在战争之风的护送下，登上了他的战车。四匹马身上挥洒着汗滴，它们被训练得能够把一切践踏在脚下。

……然而提亚马特没有转身逃走，
桀骜不驯的话从她的嘴里冒出来……
太阳神举起他强大的武器雷电，
对抗勃然大怒的提亚马特，他说：
“你自以为了不起，自以为高高在上，
你野心勃勃地想发动一场战争……
你邪恶地设定了反对我父亲和众天神的计划。

厉兵秣马，加紧备战吧！
站好了！我要和你开战！”

提亚马特听到这些话时，
她像着了魔一样地失去了理智。
提亚马特发出一声疯狂刺耳的喊叫，
她浑身颤抖。
她口念咒语施展魔法。
参战的众神纷纷拿起他们的武器。
提亚马特和众神的智囊马杜克向着对方迎面而去；
准备决一死战。
马杜克张开他的罗网，抓住了提亚马特。
他又朝她放出邪恶的风，
可怕的风填满她的肚子，
她丧失了勇气，嘴张得大大的。
他手持三叉戟，戳破了她的肚子，
他割下她的内脏，刺穿她的心脏。
他战胜了她，结束了她的性命；
他推倒她的尸体，站在上面。

在降服了提亚马特的残兵之后，这位巴比伦的神返回宇宙母亲那里：

太阳神站在提亚马特的下半身上，
用他的棍棒无情地敲碎了她的颅骨。
他切开她的血管，
让北风把血吹到神秘的地方……
然后太阳神停歇下来，注视着她的尸体……
想出了一个诡诈的计划，

> 他把她像鱼一样劈成两半；
> 其中一半被他固定为天空的遮盖。
> 他钉上一根螺钉，安排了看守，
> 吩咐他们不要让她的体液流出来。
> 他穿过天空，审视天上的区域，
> 他又把深渊安排为努迪穆得的住所。
> 太阳神测量了深渊的结构……[42]

通过这种英勇的行为，马杜克用天花板把天上的水向后推，用地板把地下的水向后推。然后在中间的世界中创造了人类。

神话从来都会不厌其烦地说明，在被创造出来的世界中冲突并不像看起来的那样。提亚马特尽管被杀死、被肢解了，但并没有就此毁灭。如果从另一个角度来看这场战争，混沌怪兽可以别看成是自愿被粉碎的，她的各个部分移至各自的位置。马杜克和他那整整一代的神祇只不过是她的物质的微粒。从那些被创造出来的事物的角度来看，一切似乎是在危险与痛苦中由一只强大的手臂完成的。然而从产生存在物的中心来看，受害者自愿放弃她的肉体，切割肉体的手只不过是受害者自愿毁灭的代理人而已。

因此这里存在着神话的基本矛盾：双重焦点的矛盾。就像在宇宙循环的开端，我们可以说“神没有介入”，同时也可以说“神是创造者、保护者兼破坏者”，现在在这个“一个分裂成许多”的至关重要的连接点上，命运“发生了”，但同时也是“被引发的”。从根源的角度看，宇宙是形成的、激增的、消失的各种形式所构成的壮丽和声。但是转瞬即逝的生物所体验到的是战争的哭嚎与痛苦构成的刺耳声音。神话并不否认痛苦（被钉死在十字架上），但它们也会展示出痛苦之中、之后和痛苦周围的本质性的和平（天堂的玫瑰）。[43]

图62 混沌怪兽与太阳神
（石膏板雕刻，亚述，
公元前885—前860年）

伊甸园中亚当和夏娃的堕落便体现了从核心原因的静止视角到外围结果的骚动视角的转变。他们偷食禁果，“他们二人的眼睛就明亮了”。[44] 天堂的极乐从此与他们无缘，从具有改变作用的遮蔽物的另一侧他们看到了被创造出来的世界。从此以后他们必须通过辛勤劳作才能有所收获。

创世的民间故事

人类定居之初大地尚未坚硬

原始的民间神话故事的简单性与宇宙循环神话的深奥的暗示形成了对比。在有关宇宙起源的民间故事中没有对遮蔽物背后秘密的长期明显的探索。穿过永恒的空白之墙，一个朦胧的创造者形象闯进来塑造了万物的世界。他的泥土具有如梦似幻的持久性、流动性以及环境力量。大地还没有变硬，为了适合未来人类的居住，还有许多要做的事情。

真正关于原始人（以捕鱼、狩猎、挖根茎和采浆果为生）的神话与公元前6000年伴随着农业、养奶牛和放牧的发展而出现的文明社会的神话之间存在着很大差异。大多数我们称之为“原始的”实际上是“殖民的”，也就是源自较高的文化中心，为满足较简单社会的需要而被进行了改编。为了避免“原始的”这个词的误导性，我将不成熟的或退化的传说称为“民间神话”。这种说法足以满足目前对普遍形式进行的初级比较研究，尽管它当然不适用于严格的历史分析。

蒙大拿的黑脚族宣称一位酋长四处周游，创造了人类，布置了万物。

他自南方来，向北方去，一路上创造了动物和鸟类。他首先创造了山脉、大草原、森林和灌木丛。然后他继续前进，向北旅行，一边走一边创造事物，在各处安置河流，在河流上安置瀑布，在各处的大地上泼洒红色的颜料——把世界装扮成今天我们所看到的样子。他创造了牛奶河（提顿河），然后走过它，觉得累了。他继续爬上一座小山并躺下来休息。他平躺在地上，四肢展开，他用石头标示出自己身体各个部分的形状——身体，头、腿、胳膊和每一个部分的形状。今天你还能看到那些石头。休息之后，他继续向北走，被一个小山绊了一跤，跪倒在地。于是他说：“你这个绊人的坏东西。”他举起那里的两个巨大山峰，并把它们命名为“膝盖”，至今人们依然这样叫它们。他继续向北走，他把一些石头带在身边并用它们建成了“甜草山”……

一天，酋长决定他应该创造一个女人和一个小孩，于是他用黏土做出了女人和她的孩子。然后他把黏土捏成人的形状并对它说：“你一定是人。”然后他把黏土盖起来，走开了。第二天早上他来到这个

> 地方，把覆盖的东西拿掉，看到黏土的人形发生了一点儿改变。第三天早上又改变了一点儿，第四天早上改变还在继续。第五天早上他来到那里，把覆盖的东西拿掉，看着黏土人并让他们站起来行走。他们这样做了，他们和他们的创造者来到河边，他告诉他们自己名叫纳皮（Na'pi），也就是酋长。
>
> 当他们站在河边时，女人问他："事情会怎样？我们会一直活着吗，生命会有终结吗？"他说："我从来没想过这些。我们必须决定这件事。我会把这块牛粪扔到河里，如果它漂浮着，人类死去四天之后会再次活过来，他们只死去四天。如果牛粪沉下去了，那么人类的生命会有终点。"他把牛粪扔到河里，牛粪漂浮着。女人转身捡起一块石头并说道："不，我要把这块石头扔到河里，如果石头漂浮着，我们将永生不死；如果它沉下来了，那么人就必有一死，而且他们会为彼此的死感到悲伤。"女人把石头扔进河里，石头沉了下去。酋长说："这就是你的选择，人类的生命将会有终点。"[45]

布置安排世界、创造人类和决定死亡是有关原始造物主的故事中的经典主题。我们很难了解人们对这些故事的相信程度或人们在什么意义上相信这些故事。神话并非直截了当地表达意义，而是采用了拐弯抹角的方式，就像上面故事中的酋长如此那般，仿佛做了些什么。许多被收集在起源故事类别下的故事更多地被认为是受欢迎的童话，而不是对创世的记录。在各种文明中，无论是较高等的还是较低等的，这样像说笑般地讲述神话很常见。人口中头脑比较简单的成员会过分严肃地看待神话中的形象，但基本上它们并不能代表教义或当地的"神话"。例如在毛利人中流传着一些非常棒的宇宙起源故事，其中一个故事讲到，一只鸟把一个蛋下到了原始的大海里，蛋破裂开，从里面出来了一个男人、一个女人、一个男孩、一个女孩、一头猪、一只狗和一条独木舟。所有生物都上了独木舟，漂流到了新西兰。[46]这个故事显然是关于宇宙之蛋的滑稽剧。另一方面，堪察加人（Kamchatkans）非常严肃地宣称，神最初生活在天上，但后来降落到大地上。当他穿着雪鞋四处游走时，他脚下新的土地会像又薄又易弯曲的冰一样下陷，从此以后这些地面便崎岖不平了。[47] 在中亚吉尔吉斯人（Kirghiz）的神话中，两个早期的人类照看一头大牛，他们因长时间没有水喝而差点渴死，这头牛用巨大的牛角撕扯开了大地，为他们找到了水。吉尔吉斯的湖泊就是这样形成的。[48]

在神话和民间故事中常常会出现一个不断反对善意的造物主的小丑形象，由此可以解释遮蔽物的这一侧为什么会存在不幸与困难。新不列颠岛的美拉尼西亚人（Melanesian）流传着一个模糊的存在体的故事，据说他是“第一个人类”，他在地上画了两个男人，然后抓破自己的皮肤，把血洒在画上。他摘了两片巨大的树叶，把它们盖在图画上，过一会儿它们变成了两个人。这两个人分别叫托·卡宾纳纳（To Kabinana）和托·卡尔夫夫（To Karvuvu）。

托·卡宾纳纳独自离开，他爬上一棵长着淡黄色果实的椰子树，他摘下两个还没成熟的椰子，把它们扔到地上，椰子破裂开来，变成了两个漂亮的女人。托·卡尔夫夫爱慕这些女人，便问他的兄弟是怎么得到她们的。托·卡宾纳纳说：“爬上椰子树，摘两个没成熟的椰子，把它们扔到地上。”但当托·卡尔夫夫扔果子的时候，果实的尖端是朝下的，这样变出来的女人长着丑陋的塌鼻子。[49]

图63 科荷勒姆（Khnemu）在陶工旋盘上制作法老的儿子，托特则标记出他的寿命（纸莎草纸画，埃及托勒密王朝，公元前3—前1世纪）

一天，托·卡宾纳纳用木头雕刻了一条图姆鱼并把它放入海洋，它变成了一条活鱼。这条图姆鱼会把玛利瓦伦鱼驱赶上岸，托·卡宾纳纳只要在海滩上把它们收拢起来就可以了。托·卡尔夫夫很羡慕，也想创造一条。不过当他学着雕刻图姆鱼的时候，雕出来了一只鲨鱼。鲨鱼非但没有把玛利瓦伦鱼驱赶上岸，反而把它们吃掉了。托·卡尔夫夫哭着走到他的兄弟面前说："我希望我没有制造出那条鱼，它除了把其他鱼都吃掉，什么也不干。""它是什么种类的鱼？"托·卡宾纳纳问。托·卡尔夫夫回答道："嗯，我制造了一条鲨鱼。""你真是一个讨厌的家伙，"他的兄弟说，"现在你必须改正这个错误，否则我们的凡人后代便会遭殃。你制造的鱼会把其他鱼都吃掉，还会把人吃掉。"[50]

在这个愚蠢的行径之后，我们可以看到最早的人（割破自己的模糊存在体）在宇宙的框架中制造了双重结果——善与恶。这个故事并不像它看起来的那样幼稚。[51] 此外，最后一段对话的古怪逻辑暗示着柏拉图式的鲨鱼原型在形而上学中是预先存在的。这是每个神话中都固有的观念。同样普遍的是反派

图64 恶作剧之神埃德舒（木雕、梭螺和皮革，约鲁巴人，尼日利亚，19世纪—20世纪初）

角色，也就是被表现为小丑的邪恶的代表。魔鬼，无论是强壮的呆子还是敏锐聪明的骗子，始终是小丑的形象。尽管他们在时间与空间的世界中可能取得胜利，但当视角转换到超自然的视角时，他们以及他们所干的事都会消失。他们错误地把幻影当作实物，他们象征着幻影世界中不可避免的不完美，只要我们依然在遮蔽物的这一侧，这些不完美就无法消除。

西伯利亚的黑鞑靼人（Tatars）说，当造物主帕加那（Pajana）创造第一个人类时，他发现他不能制造出能给予他们生命的灵魂。于是他不得不来到天上，从至高无上的神顾戴（Kudai）那里取得灵魂，同时要让一条没有毛的狗看守他制造出来的人形。当他不在的时候，魔鬼埃利刻来了。他对那只狗说："你没有毛，如果你让我得到这些没有灵魂的人，我就给你金色的毛。"这个提议让那只狗很满意，它把自己看守的人交给了诱惑它的魔鬼。埃利刻用他的唾沫污损了这些人，当他正要逃走的时候，看到顾戴前来给予他们生命。顾戴看到了刚才发生的事情，于是他把人类身体的里面翻到了外面。这就是为什么我们的身体内部有唾沫和杂质的原因。[52]

只有当超自然的产物分裂成空间形式时，民间神话才会开始讲述创世的故事。然而在评价人类状况的基本点上，它们与伟大的神话并没有区别。它们的象征性人物在含义上（通常也在特性和行为上）与更高等的象征符号是一致的。民间神话中的人物所行走的神奇世界正是更高等神话所展示的世界：深层睡眠与觉醒意识之间的世界和时期。在这个区域中，一个分裂成多个，而多个在一个中实现了调和一致。

造物主的力量中负面的、兼具小丑与魔鬼特性的一面从宇宙创世的联系中脱离出来，成了故事中特别受人喜爱的逗乐题材。一个生动的例子是美国大平原上的郊狼。狐狸列那（Reynard）是这一形象在欧洲的化身。

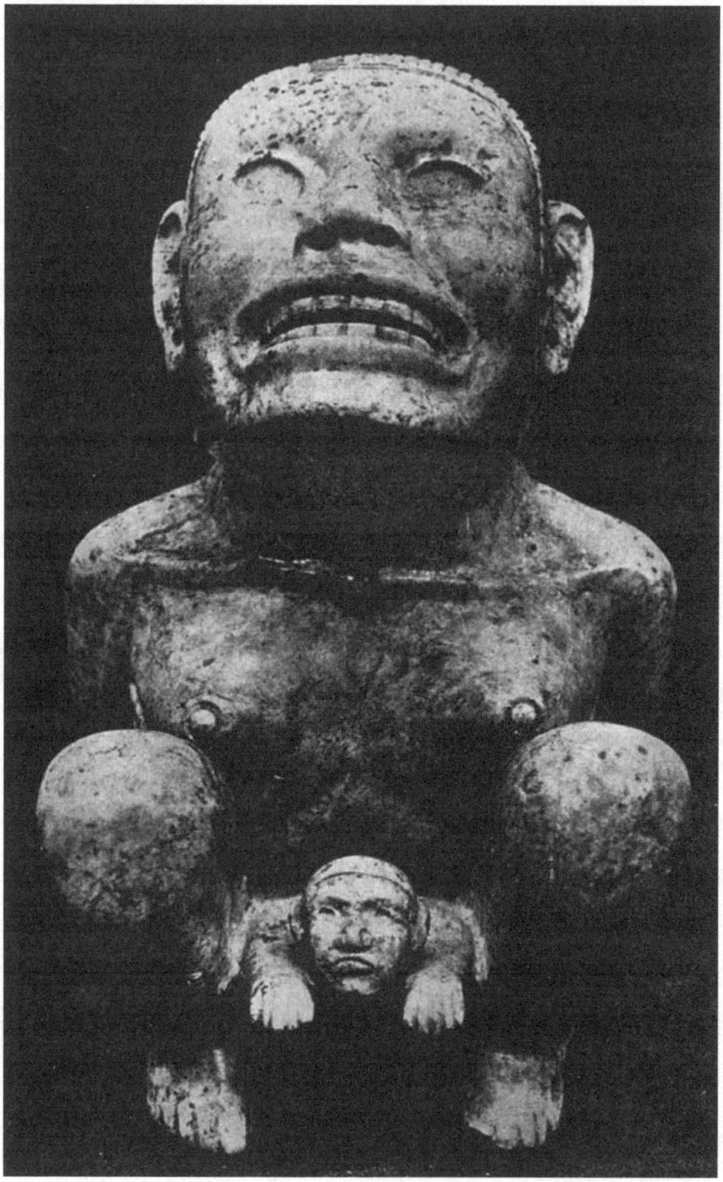

特拉佐蒂奥托（Tlazolteotl）分娩

（夹杂着石榴石的细晶岩雕刻，阿兹特克人，墨西哥，15 世纪末—16 世纪初）

THE HERO
WITH A
THOUSAND
FACES

06

童贞女得子

通过某一具有改变作用的媒介，父亲创造世界的圣灵逐渐变成了各种各样的尘世体验，这一媒介就是宇宙之母。

宇宙之母

通过某一具有改变作用的媒介，父亲创造世界的圣灵逐渐变成了各种各样的尘世体验，这一媒介就是宇宙之母。在《创世记》第 2 节中我们可以读到“神的灵运行在水面上”，而宇宙之母就是原始元素的化身。在印度的神话中，宇宙之母是女性形象，自我通过她创造了众生灵。更抽象的理解是，她是标示宇宙边界的框架：“空间、时间和因果”，即宇宙之蛋的壳。再抽象一些，她是促使自我沉思的造物主开始创造世界的诱惑物。

在强调造物主母性而非父性的神话中，这位最早的女性占据了宇宙之初的舞台，发挥着其他神话中男性所发挥的作用。而且她是童贞女，因为她的配偶是看不见的未知者。

在芬兰人的神话中，我们可以看到这种形象的奇怪表征。《卡勒瓦拉》（*Kalevala*）[1] 第 1 章讲述了空气的童贞女女儿从天宫中降落到原始的大海里的故事，她在永恒之水上漂浮了几百年。

接下来一场猛烈的暴风雨骤起，
暴风雨来自东方，

努特（Nut，天空）诞出太阳，太阳的光芒照射在地平线（爱与生命）上的哈索尔（Hathor）身上（石雕，托勒密王朝，埃及，公元前1世纪）

图66

大海波涛汹涌，泛起白沫，
巨浪滔天，一浪高过一浪。
童贞女在暴风雨中飘摇，
巨浪猛烈地拍打着她，
她漂浮在蔚蓝的海面上，
被送上了泛着泡沫的巨浪之巅，
直到风在她身边刮过，
大海唤醒她体内的生命。[2]

现代形式的《卡勒瓦拉》（又名《英雄国》）是埃利亚斯·伦洛特（Elias Lönnrot，1802—1884）的作品，他是一位乡村医生兼芬兰语言学家。他在收集了大量有关传奇英雄华奈摩伊宁（Väinämöinen）、易尔马里宁（Ilmarinen）、勒明卡伊宁（Lemmin-kainen）和库勒伏（Kullervo）的民间诗

> 歌后，按照调整后的顺序把这些诗歌编写在统一的诗句中。这部作品长达两万三千余行。
>
> 亨利·沃兹沃思·朗费罗（Henry Wadsworth Longfellow）看了伦洛特的《卡勒瓦拉》的德文译本后，完成了他的《海华沙之歌》（*Song of Hiawatha*）的构思并选定了它的格律。

水之母（Water–Mother）带着子宫里的孩子在海面上漂浮了七个世纪而无法分娩。她向至高无上的神乌戈（Ukko）祷告，乌戈派去一只野鸭在她的膝盖上筑巢。野鸭的蛋从膝盖上掉落下来，摔碎了，碎片形成了大地、天空、太阳、月亮和云。然后仍在漂浮的水之母自己开始创造世界。

第九年过去了，
正值第十个夏天之际[①]，
她从海里抬起她的头，
她抬起她的前额，
开始创造世界，
她给世界带来秩序，
在开阔的海面上，
在无边的海水中，
她的手指着哪里，
哪里就会出现凸出的海岬；
她的脚放在哪里，
哪里就会出现鱼的洞穴；
当她潜入水下，
那里就会形成海洋的深处；
当她朝陆地游去，

① 也就是野鸭蛋破碎后的第十个夏天。

那里的海岸就会延伸；
她的脚伸向哪块陆地，
就可以在哪里撒网捕鲑鱼；
她的头轻轻触碰哪块陆地，
弯曲的海湾就会向哪里延伸。
她漂向远离陆地的海面，
停留在开阔的海水中，
她在那里创造了海洋中的礁石，
和眼睛看不到的暗礁，
船航行到那里常常会粉身碎骨，
水手常常会在那里丧命。[3]

但是婴儿依然在她的身体里，逐渐成长为多愁善感的中年人：

尚未出生的是华奈摩伊宁：
也就是尚未出生的不朽者，
已经不年轻且坚定的华奈摩伊宁，
躺在他妈妈的身体里，
经历了三十个夏天，
与三十个冬天，
永远停留在平静的水面上，
停留在泛着泡沫的巨浪中。
于是他思考着，
他如何能继续生活下去，
生活在如此阴暗无望的地方，
生活在如此狭窄的居所里，
在那里他看不到月光，
也看不到阳光。

然后他说了以下这段话，
如此这般表达了他的想法：
“月亮帮助我，太阳解放我，
大熊星座给我建议，
让我穿过我所不知道的入口，
通过我所不熟悉的通道。
从容纳我的小窝里出来，
从如此狭小的居所中出来，
来到引导漫游者的大地上，
来到引导我的开阔空气中，
仰望天上的月亮，
和太阳光的辉煌；
看到头顶的大熊星座，
和天空中的闪闪繁星。”
月亮没有给予他自由，
太阳也没有解放他，
于是他厌倦了存在，
他的生命变成了一种负担。
于是他移动到入口，
用他的第四根手指，
迅速打开骨头的门户，
他左脚的脚趾，
他的膝盖越过门户。
他一头栽进海水里，
用手推开波浪，
这样他依然在海洋里，
这位英雄在波涛中沉浮。[4]

在已经出生的英雄华奈摩伊宁游到海岸之前，他还要面对第二次母亲子宫的考验，即狂暴的宇宙海洋。现在他没有了保护，不得不接受非人类的大自然力量的启蒙。在水面上，在风中，他不得不再次体验本已非常了解的事物。

他在水中逗留了五年，
等待了五年，等待了六年，
等待了七年，甚至等待了八年，
在海洋的表面，
在无名的海角边，
靠近荒凉的不毛之地。
他双膝着地，
胳膊撑在地上，
站起身他可以看到月光，
享受美好的阳光，
看到头顶的大熊星座。
古老的华奈摩伊宁，
他，永远闻名遐迩的游吟诗人，
神圣的女造物主是他的母亲，
他的母亲就是易尔马达。[5]

命运的母体

生命之母同时也是死亡之母

宇宙女神会以多种模样示人，因为从被创造出来的世界的角度看，创世的结果是多样复杂的，甚至具有相互矛盾的影响。生命之母同时也是死亡之母，她戴上了饥馑和疾病这些丑陋的魔鬼般的面具。

苏美尔—巴比伦的星际神话将宇宙女神的各个方面与金星的相位联系起来。作为早晨的星星，她是童贞女；作为晚上的星星，她是娼妓。作为夜空中的贵妇人，她是月亮的配偶；当在太阳的光辉中消失时，她是地狱中的丑老太婆。凡是受到美索不达米亚文化影响的地方，这颗不稳定的星星的光辉就会关系到女神的特性。

非洲东南部南罗得西亚的瓦赫维马孔尼（Wahungwe Makoni）部落有这样一则神话，它展示了金星母亲在宇宙创世循环最初各个阶段中所对应的特点。在这则神话中，最初的人类是月亮。早晨的星星是他的第一位妻子，晚上的星星是他的第二位妻子。就像华奈摩伊宁通过自己的行动从子宫中摆脱出来一样，月亮摆脱了深不可测的水。他和他的妻子们是地球上各种生物的父母。这则故事是这样的：

> 毛利（Maori，神）创造了第一个人并称他为米西（Mwuetsi，月亮）。毛利把他放在德西瓦（Dsivoa，湖）的底部，给他一个装满南根纳油的南根纳角[①]。米西生活在德西瓦。
>
> 一天，米西对毛利说："我想到地面上去。"毛利说："你会后悔的。"米西说："尽管如此，我还是想到地面上去。"毛利说："那么你就去吧。"米西从德西瓦中出来，来到地面上。
>
> 地面上很冷，空空荡荡，没有草，没有灌木，没有树，也没有动物。米西痛哭起来，他对毛利说："我在这里怎么生活啊？"毛利说："我警告过你。你走上了一条终点是死亡的道路。不过我会赠予你一个你的同类。"毛利把一个少女送给米西，少女名叫马萨

① 这里的角和油在南罗得西亚（现代的津巴布韦）的民间传说中发挥着显著的作用。南根纳角是一个具有神奇作用的工具，它能够产生火和闪电，使生命体受孕，使死者复活。

西（Massassi），就是早晨的星星。毛利说：“马萨西会做你两年的妻子。”毛利还给了米西一个打火器。

傍晚米西和马萨西进入洞穴里。马萨西说：“帮我个忙。我们该生火了。我来收集奇曼德拉（chimandra，引火物），你来转动鲁西卡（rusika，打火器可旋转的部分）。”于是马萨西开始收集引火物，米西转动起鲁西卡来。火被点燃后，米西躺在火的一侧。马萨西躺在另一侧。火焰在他们之间燃烧。

米西心里想，“毛利为什么要给我这个少女？我应该和这个少女马萨西一起做什么？”夜晚降临，米西拿着他的南根纳角，用一滴南根纳油湿润他的食指。米西说：“我要跳过火焰。”（这句话被米西以夸张的、仪式性的语气重复了很多遍。）米西跳过火焰，靠近少女马萨西。米西用涂了油的手指抚摸马萨西的身体。然后米西回到他的床上睡觉。

第二天早上当米西醒来时，他看到马萨西的身体隆起。天亮时马萨西便开始分娩，她生出了草，生出了灌木和树。马萨西不停地分娩，直到地球上被绿草、灌木和树木所覆盖。

树木不断生长，直到树的顶部碰到了天空。当树的枝叶与天空相遇时，大雨从天而降。

米西和马萨西过着富裕的生活。他们有水果和谷物。米西盖起了房子，做了一把铁铲，还做了一把锄头，开始种庄稼。马萨西自己编渔栅捕鱼，捡柴火，打水，做饭。马萨西和米西这样生活了两年。

两年后毛利对马萨西说：“时间到了。”毛利从大地上带走了马萨西，把她送回了德西瓦。米西放声大哭。他哭着对毛利说：“没有马萨西我该怎么办？谁来给我捡柴火，打水？谁给我煮饭？”米西哭了八天。

八天之后，毛利对米西说："我警告过你，你将会死去。不过我会给你另外一个女人，她叫莫伦戈（Morongo），也就是夜晚的星星。莫伦戈将和你一起生活两年。然后我会把她带回去。"毛利把莫伦戈送给米西。

莫伦戈来到米西的小屋。傍晚米西想躺在他的那一侧。莫伦戈说："不要躺在那里，和我一起躺。"米西在莫伦戈的旁边躺下。米西拿出南根纳角，把一些南根纳油涂在他的食指上。但是莫伦戈说："不要那样做。我和马萨西不同。现在用南根纳油涂抹你的生殖器和我的生殖器。"米西照她的话做了。莫伦戈说："现在和我交媾。"米西和莫伦戈交媾，然后睡觉了。

清晨米西醒来，看到莫伦戈的身体隆起。天亮时莫伦戈开始分娩，第一天她生出了小鸡、绵羊和山羊。

第二天晚上米西又和莫伦戈一起睡觉。接下来的早上莫伦戈生出大羚羊和牛。

第三天晚上米西又和莫伦戈一起睡觉。接下来的早上莫伦戈先生出男孩们，然后生出女孩们。早晨出生的男孩们到黄昏时便长大成人了。

第四天晚上米西还想和莫伦戈一起睡觉，但下起了雷暴雨。毛利说："不要这样做，你会很快死去。"米西很害怕。雷暴雨过去了。莫伦戈对米西说："做一扇门，用它堵住小屋的入口。然后毛利就看不到我们在做什么了。你就可以和我睡觉了。"米西做了一扇门，用它堵住小屋的入口。他和莫伦戈交媾，然后睡着了。

月亮国王和他的子民（史前岩画，津巴布韦，大约公元前1500年）

清晨米西醒来，看到莫伦戈的身体隆起。天亮时莫伦戈开始分娩，她生出了狮子、豹子、蛇和蝎子。毛利看到了，他对米西说："我警告过你。"

第五天晚上米西又还想和莫伦戈一起睡觉，但莫伦戈说："看，你的女儿长大了，和你的女儿交媾。"米西看着自己的女儿们。她们已经长大成人，而且很漂亮。他和她们交媾。她们生育了孩子。早晨出生的孩子到晚上时就长大成人了。于是米西成了许多子民的曼波（Mambo，国王）。

然而莫伦戈开始和蛇睡觉，她不再生育了，并且和蛇生活在一起。一天米西回去找莫伦戈，想和她睡觉。莫伦戈说："不要这样做。"米西说："但我想。"他和莫伦戈一起躺着，在莫伦戈的床下卧着一条蛇。蛇咬了米西，米西生病了。

第二天没有下雨，植物枯萎了，河流和湖泊逐渐干涸，动物都死了。人也开始死去，死去的人很多。米西的孩子们问："我们能做些什么？"米西的孩子们说："我们要去请教哈卡他（hakata，神圣的骰子）。"他们找哈卡他商量。哈卡他说："国王米西在生病，越来越憔悴。把米西送回德西瓦。"

于是米西的孩子们勒死了米西并埋葬了他。他们把莫伦戈和米西埋在一起。然后他们选了另一个人当曼波。莫伦戈在米西的津巴布韦也生活了两年①。[6]

显而易见，生殖三个阶段中的每一个阶段代表了世界发展中的一个时代。发展的模式是可以被预知的，就好像已经被看到的事情，至高无上的神的警告说明了这一点。然而月亮，即强大的有生命的人，没有逃脱他的命运。湖底发生的对话是永恒与时间的对话，即"活人的谈话"："生存还是毁灭。"难以抑制的欲望最终占了上风：行动开始了。

月亮的妻子和女儿是他命运的化身和促成者。随着他创世意愿的变化，女神兼母亲的美德与特点也被改变了。从原始子宫中诞生出来之后，月亮最初的两个妻子是前人类和超人类。但是随着宇宙创世循环的发展，以及随着成长时期从原始形式过渡到人类历史形式，宇宙分娩出的女人退出，让位于人类的女人。因此这位年老的男性造物祖先在他的社会中变成了形而上学的不合时宜的人。当最后他对人类的女人感到厌倦并再次渴望他多产的妻子时，世界因他的

① 津巴布韦的大致意思是"宫廷"。维多利亚堡（Fort Victoria）附近的庞大史前遗迹被称为"大津巴布韦"，遍布南罗得西亚的其他石头遗迹被称为"小津巴布韦"。此标注出自弗罗贝尼乌斯（Frobenius）和福克斯（Fox）的《非洲起源》（*African Genesis*）。

反应而一时陷入病态，但随后摆脱了出来。主动权转移到了孩子们的社会。象征性的、令梦境沉重的父母形象退缩到了原始的深渊中。万物齐备的大地上只留下人类。宇宙创世的循环继续运转。

救赎的子宫

她是人类的缩影也是风的新娘

人类的世界现在就是问题所在。在国王实用性的判断的引导下，在代表神圣骰子的祭司的指导下，意识的领域收缩了很多，以至于人类喜剧的宏大轮廓迷失在了目标交错的一片混乱中。人类的视角变得狭隘，只能理解存在的表面，也就是能够反射光的、有形的表面。深层的景象被遮蔽淹没了。社会陷入错误和灾难。小小的自我篡夺了造物主的评判权。

在神话中这是一个永远的主题，在预言家的口中，这是一个熟悉的呼声。在身体和灵魂扭曲的世界里，人们渴求某个能够再次代表神的化身的人物。我们都熟悉自己文化传统中的这类神话。它以各种各样的形式出现在世界各地。当希律王（Herod，施行恶政、固执与自我的极端象征）将人类带到精神卑微的最低点时，循环的神秘力量便开始自行发挥作用。在一个不起眼的村庄，一位少女出生了，她保持自己不受到那个时代普遍的错误的玷污：她是宇宙之女所生人类的缩影，她是风的新娘。她的子宫像原始的深渊一样处于未孕状态，随时准备发挥出原始的力量，使她的子宫受孕。

“某一天，当玛利亚站在泉水边灌满她的水罐时，主的天使出现在她面前并说，‘你是有福的，玛利亚，因为你的子宫是为上帝准备的住所。看吧，天堂之光将停留在你的子宫里，它将通过你照亮整个世界。”[7]

世界各地都流传着这样的故事，主要梗概具有惊人的一致性，以至于早期的基督教传教士不得不认为，他们在哪里传教，魔鬼就在哪里嘲笑他们的教义。弗雷·西蒙（Fray Pedro Simon）在他的《征服西印度洋群岛的历史记录》（*Noticias Historiales de las conquistes de Tierra Firme en las Indias Occidentales*）中写道：

> 在南美洲哥伦比亚的通哈人（Tunja）和索加莫佐（Sogamozzo）人中开始传教之后，那些地方的魔鬼开始提出相反的教义。除此之外，魔鬼还诋毁牧师们关于通过童贞女玛利亚取肉身成人的教义，并宣称这种事还没有发生过，但不久太阳的光线会让瓜切塔（Guacheta）村的一个少女怀孕，在她的子宫中取肉身成人，但少女仍保持处子之身。这些消息被传遍整个地区。非常碰巧的是，被提到的那个村庄的酋长有两个处子之身的女儿，每个女儿都渴望这样的奇迹能发生在自己身上。每天破晓之时，她们就离开父亲的住所和围栏围起来的菜园，爬上村庄周围许多小山中的一座，面对太阳的方向，让太阳的第一缕光线毫无遮拦地照射到她们身上。这种情况持续了几天，魔鬼称得到了神的许诺（神的判断令人无法理解），事情会如他计划的那样发生。就这样其中一个女孩怀孕了，据她宣称，是太阳令她怀孕的。九个月后她给世界带来了一个巨大而宝贵的哈克塔（hacuata），也就是祖母绿宝石。这个女人用棉花包住宝石，放在乳房之间，在那里保存了若干天后，宝石最终变成有生命的人：一切都是按照魔鬼的指示发生的。那个孩子被命名为葛兰恰丘（Goranchacho），他在酋长，也就是他外祖父的家里被抚养长大，直到他长到二十四岁左右。

然后他在庆祝凯旋的行进队列的簇拥下向国家的首都走去，在各个地方都被称颂为“太阳之子”。[8]

在印度神话中，山岳之王喜马拉雅（Himalaya）的女儿，雪山女神帕尔瓦蒂（Pārvatī）归隐到高山中，进行非常严格的苦修。一个名叫塔拉卡（Taraka）的巨人暴君篡夺了世界的统治权，根据预言，只有主神湿婆神的儿子能够推翻他。然而湿婆神是瑜伽之神——超然、孤独，沉浸在冥想中。湿婆神永远也不可能有儿子。

帕尔瓦蒂决定做到在冥想方面配得上湿婆神，由此来改变世界的状况。她也超然孤独地沉浸在自己的灵魂中，她赤身裸体地在阳光下暴晒，而且不进食，她甚至在四个方向上点燃了四堆火来增加热度。她美丽的身体皱缩成了易碎的骨架，皮肤变得像皮革一样坚硬。她的头发纠缠在一起，乱糟糟的。她温柔而水汪汪的眼睛被灼伤了。

一天，一个年轻的婆罗门来到这里，问为什么这样美丽的人要用如此折磨人的方法来摧毁自己。

她回答说："我渴望得到至高无上的湿婆神。他是孤独和不可动摇的专注之神。因此我进行这些苦修，希望他被感动，打破内心的平衡，爱上我。"

那个年轻人说："湿婆神是毁灭之神，他是世界的摧毁者。湿婆神的快乐是在坟地里尸体的恶臭中冥想，在那里他看着死者腐烂的尸体，这正合他毁灭一切的心意。湿婆神的花环是活着的毒蛇。而且他是乞丐，没有人知道他的身世。"

帕尔瓦蒂说："他是你这样的人无法理解的。他虽然是一个乞丐，却是财富的本源；虽然很可怕，却是恩典之源。他可以按照自己的意愿戴上或摘掉蛇的花环或珠宝的花环。他是永恒之物的创造者，他该如何出生呢？湿婆神是我爱的人。"

随即年轻人卸掉了伪装，他就是湿婆神。[9]

童贞女做母亲的民间故事

生殖的力量无处不在

佛陀以乳白色大象的样子从天上降入他母亲的子宫中。一个神以一团羽毛的形式走近“身穿蛇编织成的裙子”的阿兹特克人的女神科阿特立库（Coatlicue）。奥维德的《变形记》中有很多关于伪装成各种样子的神纠缠仙女的章节：朱庇特伪装成公牛、天鹅或一阵金子雨。不小心被吞食的树叶、坚果，甚至一阵微风都足以使准备好的子宫受孕。生殖的力量无处不在。根据那个时刻的突发奇想或命运，怀上的可能是英雄兼救世主，也可能是毁灭世界的魔鬼——没人能知道。

在受欢迎的故事和神话中有许多童贞女生子的描写。用一个例子来解释便足够了：有一个来自汤加的奇怪故事，它是和美男子西尼劳（Sinilau）有关的一系列故事中的一个。这个故事非常有趣，它不仅极度荒谬，而且以无意识的滑稽讽刺清楚地表现了典型的英雄生活中的每一个重要主题：童贞女生子、寻找父亲、考验、与父亲和解、童贞母亲升天和加冕，最后真正的儿子获得胜利，假冒者受到惩罚。

从前有一对夫妻，妻子怀孕了。当她临盆即将分娩的时候，她让丈夫把她抬起来，好让她分娩。但是她生出了一个蛤蜊，她丈夫生气地把她扔下。然而她吩咐丈夫把蛤蜊放到西尼劳洗澡的池塘里。西尼劳来洗澡了，他把用来洗澡的椰子壳扔到水里。蛤蜊顺势滑动，把椰子壳吸了进去，因而怀孕了。

一天蛤蜊的母亲看到蛤蜊向她滚过来。她生气地问蛤蜊来做什么。蛤蜊回答说这不是生气的时候，让她用帘子隔出一块地方，好让它分娩。于是帘子被挂起来，蛤蜊生了一个大胖儿子。然后它滚回池塘，蛤蜊的母亲照顾孩子，他被取名为“檀香木下的法泰”。时间流逝，蛤蜊又怀上了孩子，它再一次滚到它要分娩的房子。整个过程又重复一遍，蛤蜊再次生下了一个儿子，他被取名为“桃金娘随意缠绕的法泰”。他也被留给蛤蜊的母亲和她的丈夫照顾。

图68 穿着蛇编织成的裙子的科阿特立库，即大地之母（石雕，阿兹特克人，墨西哥，15世纪末）

两个男孩长大成人后，蛤蜊的母亲听说西尼劳要举办一场庆祝活动，她认为她的两个外孙应该到场。她把两个年轻人叫过来，让他们做好准备并告诉他们要去参加的庆祝活动的举办人就是他们的父亲。当他们来到举办庆祝活动的地方时，所有人都盯着他们，所有的女人都凝视着他们。当他们走过去的时候，一群女人呼唤他们到她们那里去，但这两个年轻人拒绝了，他们继续向前走，直到来到喝卡瓦酒的地方。他们在那里给人们倒卡瓦酒。

但是西尼劳因为他们干扰了自己的庆祝活动非常气恼，命令他们拿过来两个大酒杯。然后他吩咐手下抓住其中一个男孩，要把他切碎。竹子刀被磨得很锋利，但当它的尖端碰到男孩的身体时，它只是轻轻滑过他的身体。男孩大喊着：

刀砍到我的身上又滑掉，
你只是坐在那里朝我们看，
看我们是不是和你相像。

西尼劳问那个年轻人在说什么，于是随从们对他重复了这些话。他命令把两个年轻人带过来，问他们谁是他们的父亲。他们回答他就是他们的父亲。西尼劳亲吻新找到的儿子，让他们去把他们的母亲带来。于是他们来到池塘找到蛤蜊，把蛤蜊带到他们的外祖母那里，她把蛤蜊劈开，里面站着一个可爱的女人，名叫“住在河里的希娜”。

然后他们出发返回西尼劳那里。两个年轻人披着被称为塔弗化（taufohua）的带穗子的席子，他们的母亲披着被称为塔乌阿（tuoua）的漂亮无比的席子。两个儿子走在前面，希娜跟随在后面。当他们来到西尼劳那里时，发现他和他的妻子们坐在一起。两个年轻人一人坐在西尼劳的一条大腿上，希娜坐在他的旁边。然后西尼劳吩咐人准备一个烤炉并把炉子烧热，他把其他妻子和孩子们杀死并烤了，最终和住在河里的希娜成了婚。[10]

图69

月亮战车（石雕，哥伦比亚，1113—1150 年）

THE HERO
WITH A
THOUSAND
FACES

07

英雄的蜕变

我们已经走过了两个阶段：第一个阶段，
是从非创造出来的造物主的直接产生物到神话时
代易变但永恒的人物；第二个阶段，是从被创造
出来的创物主到人类历史的领域。

最初的英雄与人类

我们已经走过了两个阶段：第一个阶段，是从非创造出来的造物主的直接产生物到神话时代易变但永恒的人物；第二个阶段，是从被创造出来的创物主到人类历史的领域。产生物已经浓缩了，意识的领域缩小了。之前因果体是可见的，现在注重微小的不可动摇的事实的人们仅仅能看到的只有它们的次级结果。因此推动宇宙创世循环的不再是神（他们变得不可见了），而是或多或少具有人类特点的英雄，宇宙通过他们实现了命运。在这里创世神话开始让位于传说，正如在《创世记》中亚当和夏娃被逐出伊甸园之后的内容。形而上学让位给史前历史，史前历史一开始是模糊不清的，后来逐渐变得准确详尽了。英雄变得越来越没有传奇性，直到最后在各种当地传说的最后阶段，传奇进入了共同的有记载时期的白昼中。

孩子们像挣脱与绳子纠缠在一起的锚一样，挣脱了月亮米西，他们的社会自由漂浮在清醒意识的白昼世界里。但是我们被告知他们之中存在着如今沉入水下的父亲的直系儿子，就像他最初的孩子们一样，这个儿子在一天中便从婴儿长成成人。这些宇宙力量的特殊携带者构成了精神和社会的贵族阶级。他们充满了双倍的创造能量，他们本身就是启示之源。在过去每个传奇时代的开始阶段，都会出现这类人物。他们是文化的英雄，是城市的创建者。

中国的编年史记载，当大地凝固，人们在河岸地区定居下来时，伏羲，即“天帝”（公元前 2953—前 2838 年）管理着人民。他教他的部落如何结网捕鱼，如何打猎，饲养家畜。他把人分成不同的氏族，制定了人类的嫁娶制度。从蔡河中出来的一个模样像马一般的可怕怪物把一块超自然的石板交托给伏羲，伏羲从中推导出了八卦，时至今日八卦依然是中国传统思想的基本象征符号。他的母亲通过神奇的受孕，怀了十二年后才把他生出来。他拥有蛇的身体，人类的手臂和公牛的头。[1]

他的继任者神农，即“炎帝”（公元前 2838—前 2698 年）身高约两米一三，有八只脚，人身牛首。他的母亲通过龙的影响而神奇地受孕。难为情的母亲把她的婴儿抛弃在山坡上，但是野兽保护并喂养了他。当他母亲知道后，便把他带回了家。神农在一天之中发现了七十种有毒的植物并找到了它们的解药：通过覆盖在胃部的一块古玻璃，他可以观察到每种草的消化情况。之后他创作了一部名为《神农本草》的药典，这部药典至今仍在使用。他发明了犁和以物易物的体系。他被中国农民尊为“五谷王”。一百六十八岁时他登仙而去。[2]

在过去，这类蛇身国王和弥诺陶洛斯这样的怪物具有特殊的创造世界和保护世界的力量，他们的力量比正常的人类大得多。在那些时代，无比艰巨的任务被完成，人类文明的基础被确立起来。但是随着宇宙演化周期的进展，我们进入了另一个时期。在这个时期中，工作不再由原始人类或超人类来完成，它成了普遍人类的劳动——控制感情、探索技艺、制定国家的经济与文化制度。现在需要的不是月亮公牛的化身，不是蛇拥有的对命运的八卦智慧，而是预示了心灵的需要和希望的完美的人类精神。因此宇宙演化周期产生了一位人形皇帝，作为人类之王的典范，他将代表未来各代人。

黄帝（公元前 2697—前 2597 年）是令人敬畏的三皇中的第三位。他的母亲是一位国王的妃子，一天晚上她看到一道电光环绕着北斗枢星，由此感应而孕。这个孩子七十天大的时候就会说话，十一岁登基。他独特的禀赋是他的梦：在睡梦中他能够游历遥远的地区，与超自然王国中的神仙结交。登上王位后，黄帝做了整整三个月的梦，在这段时间里他学会了如何控制心灵。在结束第二个时间差不多长的梦后，他获得了教诲万民的能力。他指导他们控制自己内心中的自然力量。

图70 法老的女儿发现了摩西
（布面油画局部，英格兰，1886 年）

这个伟大的人治理了中国一百年，在他治理期间，人民享受着真正的黄金盛世。他的身边汇聚了六位大臣，他们帮他创设了历法，开创了数学计算，教授制作木头、陶器、金属的用具，教授造船和造车、钱的使用和用竹子做乐器的方法。他选定了祭神的公共场地，制定了私人财产的范围和相关法律。他的王后发明了编织丝绸的技艺。他种植了一百多种谷物、蔬菜和树木；支持驯养鸟类、四足动物、爬行类和昆虫；教人们使用水、火、木和土；并且调节着潮汐的运动。在一百一十一岁去世之前，凤凰和麒麟都曾出现在皇家花园里，以彰显他的完美统治。[3]

人类英雄的童年

英雄从出生起就被赋予了非凡的力量

人类文化中早期的蛇身牛首英雄天生就携带着大自然世界的创造力量。那正是他的外形的意义。另一方面，人类英雄必须“下降”，重新建立与类人生物的联系。正如我们看到，这正是英雄历险的意义。

但是传奇的创作者很少满足于把世界上伟大的英雄仅仅看成是能够突破限制同类们的界限的人，然后带着任何具有同样信念和勇气的人可能找到的恩惠回归。相反，始终的倾向是英雄从出生时起，甚至在受孕时起，就被赋予了非凡的力量。在传说中，英雄的整个生活就像是以伟大的核心冒险为最高潮的奇迹的盛会。

这符合英雄身份是注定的，而不是获得的观点，同时引出了人物与传记之间关系的问题。例如耶稣可以被认为是一个通过苦修和冥想获得智慧的人，另一方面人们可以相信神降入凡间，亲自展示人类的生命历程。第一种观点会导致人们从表面上模仿大师，为了突破局限，采取和大师相同的方式，获得超凡的救赎体验。但是第二种观点认为英雄是一个用来思考的象征，而不是追随的榜样。神圣的存在是全能自我的启示，它存在于所有人的心中。因此对生命的思考应该被作为对自身固有的神圣性的思考，而不是作为精准模仿的前奏；启发不是“做之而成善人”，而是“知之而成上帝”。

当然这种规则并不完全是基督教通常的教义，在基督教的教义中，据称耶稣宣称“天国在人们心里”，但教会坚持认为既然人是根据上帝的形象创造出来的，那么灵魂与它创造者之间的差异是绝对的。因此作为人类智慧的终极，人类“永恒灵魂”与神性之间依然存在二元的差异。对这对对立物的超越是不受鼓励的（确实，这种超越被作为“多神论”而受到抵制，有时人们会因此遭受火刑），然而基督教奥秘派的祷文和日记有很多关于与上帝合一体验的狂喜描写，同时但丁在《神曲》结尾所描写的景象肯定超越了这种正统的、二元的、具体主义的教条，即三位一体的终极存在。如果去见天父的神话只从字面上理解为是对人类终极目标的描述，那么这个教条就没有被超越。

至于把耶稣作为人类的楷模来模仿，或把他作为神来思考的问题，基督教态度的变化历程大致可以总结如下：(1)切实地模仿耶稣，像他一样断绝与人世的关系的时期（原始的基督教）；(2)把被钉在十字架上的基督作为内心的神性来思考，同时作为神的仆人在世间生活的时期（早期和中世纪的基督教）；(3)拒绝大多数辅助冥想的手段，然而同时继续作为神的仆人或工具在世间生活的时期，此时人们已经停止想象神的样子（新教徒的基督教）；(4)试图把耶稣解释为人类的榜样，但不接受他的苦行方式（自由的基督教）。

在第一部分“英雄的历险”中，我们从第一个立足点上探讨了救赎功绩，这个立足点可以被称为心理学的立足点。现在我们必须从第二个立足点来描述救赎功绩，其中救赎功绩成了同样的超自然奥秘的象征，这个奥秘就是英雄自己重新发现并揭示出来的功绩。因此在这一章中，我们应该首先思考英雄奇迹般的童年，他们的童年表明，内在神圣原则的显现在世间已经有了化身，然后英雄通过各种生活角色完成他命中注定的任务。根据不同时期的需要，生活角色的重要性会有所变化。

用已经确切阐述过的词语来说就是，英雄的首要任务是有意识地体验宇宙演化循环的前导阶段，穿过宇宙形成的各个时期回到最初。接下来他的第二个任务是从原始的深渊返回到当代生活中，在当代生活中作为具有造物潜力的人，发挥促成改变的作用。黄帝具有梦境的力量：这是他下降和回归的道路。华奈摩伊宁的第二次出生或水中出生使他返回去体验了自然的力量。在汤加讲述蛤蜊妻子的故事中，倒退开始于那位母亲的出生：英雄兄弟从低于人类的生物的子宫中降生。

在英雄个人历程的第二个部分中，英雄的功绩与第一部分中下降的深度是相称的。蛤蜊妻子的儿子们虽然是动物生的，但他们的外形极其俊美。华奈摩伊宁从水和风中获得重生，他的禀赋是用游吟诗人的歌来振奋或平息大自然以及人类身体的力量。黄帝神游仙人的王国，他能教导人们如何获得心灵的和谐。佛陀超越了创世神祇的领域，从虚空中返回，他向世人宣讲避免轮回之苦的救赎之道。

如果真实历史人物的功绩证明他是一个英雄，那么传说的编写者会为他编写出适当的深渊中的冒险经历。那会被描述成进入神奇王国中的旅程，一方面这会被解释为降入心灵的暗夜之海的象征，另一方面会被解释为在各自生活中表现出来的人类命运的各个方面的象征。

古巴比伦阿卡德王国（公元前 2250 年）的萨尔贡国王（Sargon）的母亲出身卑微，父亲是谁也不得而知。他被放在一个芦苇编织的篮子里，顺着幼发拉底河漂流。农夫阿奇（Akki）发现了他，他被养大成人，做了园丁。女神伊什塔尔青睐这个年轻人，因此他最后成了国王，被誉为活的神。

印度孔雀王朝的创建者旃陀罗笈多（Candragupta）被放在一个陶土罐中，

丢弃在牛棚入口。一个牧人发现并抚养了这个婴儿。一天当小旃陀罗笈多和伙伴玩国王审判犯人的游戏时，他命令说罪大恶极的犯人应该被砍掉手和脚。然后按照他的话，被砍掉的手和脚又回到原处。一位经过的王子看到了这个神奇的游戏，他用一千元钱买下了小旃陀罗笈多，到家后通过他身上的印记发现，小旃陀罗笈多是孔雀家族的人。

教皇格列高利一世（540？—604 年）是贵族家庭的孪生兄妹所生，他们受到魔鬼的怂恿而发发生了乱伦。他懊悔的母亲把他放在一个小箱子里送入大海。渔民发现并抚养了他，十六岁时他被送进修道院接受对未来牧师的教育。然而他渴望骑士般的勇士生活。他登上一条船，被奇迹般地带到了他父母的国家，在那里他与王后喜结良缘——不久发现王后就是他的母亲。发现第二次乱伦后，格列高利在海上苦修了十七年，他被链条锁在海中的礁石上，链条的钥匙被扔进海水里，但在漫长的苦修期结束时，人们在鱼肚子里发现了钥匙，这被认为是幸运的征兆：忏悔者被送到罗马，后来他在那里被选为教皇。[4]

查理曼大帝（Charlemagne，742—814 年）还是个孩子的时候被他的哥哥迫害，于是逃到了萨拉森人的西班牙。在那里他改名为梅涅特（Mainet），为国王服务。他说服了国王的女儿，转而信奉基督教。两人秘密地结婚了。经过进一步的行动之后，这位皇家的年轻人返回法国，推翻了以前迫害他的哥哥，成功地登上皇位。之后他在十二位大臣的辅佐下统治了一百年。在所有的传闻中，他长着又长又白的胡子和头发（事实上查理曼大帝没有胡子，而且是个光头）。一天，他坐在审批树下为一条蛇主持公道，蛇为了表示感谢，送给他一个护身符，使他和一个已死的女人相爱了。这个护身符掉入了艾克斯的一口井中，这就是为什么艾克斯成了国王最喜欢的居住地。在对抗萨拉森人（Saracens）、撒克逊人（Saxons）、斯拉夫人（Slavs）和北方人（Northmen）的长期战争后，这位长生不老的国王逝世了。不过他只是睡着了，他在国家需要他的时候还会醒来。在中世纪的晚期，他曾从死亡中复活，参加了十字军东征。[5]

每一个传记都展示了各种被合理化的婴儿放逐与回归的主题。这是所有传说、童话故事和神话的突出特点。作者通常会努力使这个主题显得具有真实性。然而如果故事中的英雄是伟大的族长、巫师、先知或神的化身，那么对这些奇迹的描述就会不受限制了。

犹太人中流传的关于他们的祖先亚伯拉罕诞生的传说，为超自然婴儿的放逐提供了很好的例子。宁录（Nimrod）观察星象，预示了亚伯拉罕的诞生。

> 这位不虔诚的国王是个精明的占星家，他从星象看出他这个时代将诞生一个起来反抗他的人，这个人还会揭穿他信仰宗教的谎言。星象所预言的命运令他恐惧，他找来王子和大臣，询问他们的建议。他们回答道："我们一致认为您应该建造一个巨大的房子，在入口设置卫兵，然后昭告天下，所有孕妇和她们的接生婆都将一起在那里待产。当孕妇分娩，孩子出生后，如果生的是男孩，接生婆就必须把孩子杀死。如果生的是女孩，孩子就可以活命，女孩的母亲将得到礼物和贵重的衣服。传令官还会宣布：'这是对生女孩的女人的待遇。'"
>
> 国王对这个建议很满意，他在全国张贴布告，征召所有的建筑师来为他建造巨大的房子，这座房子高六十厄尔（约六十九米），宽八十厄尔（约九十一米）。房子建好后，他发布了第二份布告，把所有孕妇召集到那里囚禁起来。他指派官员们去把孕妇带到房子里，在房子里和房子周围安排了卫兵，防止孕妇逃跑。而且他把接生婆送进房子里，命令她们杀死刚出生的男婴。如果孕妇生的是女孩，就会给她穿上亚麻布、丝绸的绣花衣服，让她风风光光地离开囚禁的房子。就这样将近七万个孩子被杀死。后来天使来到上帝面前说："你没有看到迦南的儿子，那个亵渎神的罪人所做的事情吗？他杀死了那么多无辜的婴儿。"上帝回答道："圣洁的天使，我看到了，我也知道，因为我没有打盹，也没有睡觉。我看到并知道隐藏的秘密和被揭露出来的事情。你会看到我将如何处置那个亵渎神的罪人，因为我要亲手严

惩他。”

大概就在这个时候，他拉（Terah）迎娶了亚伯拉罕的母亲，她怀上了孩子……当临近分娩时，她因为恐惧而离开了城市，沿着山谷的边缘，向沙漠走去，碰巧看到了一个山洞。她走进这个避难所，第二天阵痛发作，她生了个男孩。整个洞穴充盈着这个孩子面容的光辉，就像太阳的光辉，他的母亲异常欢喜。她所生的孩子就是我们的祖先亚伯拉罕。

他的母亲对儿子哀叹道："可惜我把你生在宁录当国王的时候。已经有七万个男孩被杀死了，我害怕你也会遭此不幸。如果他听说你的存在，便会来杀死你。死在这个洞穴里总好过我看着你被杀死在我的怀中。"她脱下自己穿的衣服，用衣服包裹住孩子。然后把孩子遗弃在山洞里并说道："愿上帝与你同在，愿他没有舍弃你。"

就这样亚伯拉罕被丢弃在洞穴里，没有人哺育，他开始号啕大哭。上帝派天使加百利下凡给他奶喝，天使让奶从婴儿右手小小的手指中流出，他吮吸着奶水，直到第十天他站起来，开始四处走动。他离开了洞穴，沿着山谷的边缘前行。当太阳下沉，星星出来时，他说："这些星星都是神！"当黎明降临，星星看不到的时候，他说道："我不会再膜拜星星，因为它们不是神。"随即太阳出来了，他说："这是我的神，我要赞美他。"但是太阳再次落山，他说道："他不是神。"看到月亮时，他把月亮称为神，并要向它致以神圣的敬意。之后月亮变得昏暗了，他大喊道："这也不是神！一定有一位调动日月星辰的神。"[6]

命中注定的孩子不得不面对长期的默默无闻

蒙大拿的黑脚族流传着一个杀死怪物的青年库伊斯（Kut-o-yis）的故事。

当他年老的养父母把野牛血块倒到罐子里煮的时候发现了他。

> 罐子里立即发出了孩子啼哭的声音，就好像他被烧伤或烫伤了。他们向罐子里看，发现了一个小男孩，他们很快把男孩从水里捞了出来。他们非常吃惊……第四天的时候孩子说话了，“把我依次捆绑在棚屋的支柱上鞭打，当捆到最后一根柱子时，我会从捆绑中摆脱出来并且长大成人。”年老的女人这样做了，当她把他绑在棚屋的每一根立柱上鞭打时，可以看到他在长大。最后当她把孩子绑在最后一根立柱上时，他长成了一个男人。[7]

童话故事中被放逐的孩子常常是被瞧不起或身患残疾，比如受虐待的老幺、孤儿、继母或继父的孩子、“丑小鸭”或地位低微的侍从。

普韦布洛（Pueblo）的一个年轻女孩正帮她妈妈用脚搅拌制作陶器的黏土，她感觉有一块泥溅到了她腿上，她没有多想。

> 过了一些日子女孩觉得有什么东西在她肚子里动，但她完全没有想到自己要生孩子了。她没有告诉妈妈，但是肚子越长越大。一天早上她感到非常恶心，下午便生出了一个婴儿。这时她妈妈才知道自己的女儿生了孩子。妈妈对此非常生气，但当她看到婴儿时，发现那根本不像婴儿，而是有两个突出物的圆东西，那是一个小罐子。“你从哪儿弄来的这个东西？”她妈妈说。女孩只是哭泣，这时她爸爸回来了。“没关系，我很高兴她生了孩子。”他说。“但这不是婴儿。”她妈妈说。她爸爸去看女儿生出来的东西，发现那是一个小水罐。看完之后他非常喜欢那个小水罐。“它在动。”他说。不久之后小水罐开始长大。二十天后长成了大水罐。他可以和孩子们到处走，还能说话。“外祖父，把我带到门外去，这样我就能看到周围了。”他说。于是每天早上外祖父都会把他带到外面，他可以看着孩子们。其他孩子非常喜欢他，发现他其实是个男孩，水罐男孩。这是从他的谈话中知道的。[8]

命中注定的孩子不得不面对长期的默默无闻。这是一段极度危险、失意或饱受耻辱的时期。他被向内扔进自己的内心深处，或者被向外抛入未知领域。无论哪种情况，他所接触到的是未曾探索过的黑暗。这里有出人意料的鬼怪神灵，有善意的，也有恶意的，天使、提供帮助的动物、渔夫、猎人、干瘪的丑老太婆或农夫都可能出现。人世生活的年轻学徒可能在动物群中被抚养长大，可能像齐格弗里德那样在地下被滋养生命之树树根的土地神抚养长大，或者独自在某个小房子里（讲述这类故事的方式非常多）成长，他们领悟到了存在于已知世界之外的萌芽力量。

神话认为面对这种经历并在其中存活下来需要具有非凡的能力。有关英雄在婴儿期具有早熟的力量和智慧的轶事比比皆是。赫拉克勒斯（Herakles）在摇篮里勒死了一条由女神赫拉派来伤害他的蛇。波利尼西亚的毛伊套住了太阳，让它的下沉变慢，这样他妈妈就有时间给他做饭了。正如我们已经看到的：亚伯拉罕获得了只有唯一一个上帝的知识；耶稣挫败了聪明的人；还是婴儿的佛陀被放在树荫下时，他的奶妈突然发现整个下午树荫都没有移动，而佛陀进入了瑜伽入定的状态，一动不动地坐着。

受爱戴的印度救世主奎师那幼年时被放逐到高库拉（Gokula）和布林达班（Brindaban）的牧牛人中，在此期间的壮举构成了生动的系列故事。名叫布陀那（Putana）的小妖精变成一个美女走进来，但是她的乳汁有毒。她走进孩子养母雅苏达（Yasoda）的房子，表现得非常友好，不久她就把孩子抱在她的腿上，让孩子吮吸她的乳汁。奎师那用力地吮吸，把她的生命吸了出来，她倒地而亡，恢复了原本巨大而可怕的样子。然而当腐臭的尸体被火葬时，它发出了甜甜的香味，因为当神圣的婴儿吮吸她的乳汁时，同时给予了她救赎。

奎师那是一个淘气的小男孩。当挤奶女工睡着时，他喜欢偷走一罐罐的凝乳。他会爬上高高的架子，把放在他够不着的地方的食物吃掉并且洒得到处都是。女孩们叫他凝乳小偷，还会向雅苏达抱怨，但他总能编造出理由。一天下午他在院子里玩，有人警告他的养母说他正在吃黏土。雅苏达拿着一根鞭子赶到，但奎师那把嘴唇擦干净了，而且对这件事完全否认。她扒开他脏脏的嘴巴，想一探究竟，却看到了整个宇宙，也就是“三界”。她想：“我多傻，以为自己的儿子是三界的主宰。”然后一切又变得模糊起来，她立即忘掉了奎师那偷吃的那个时刻。她爱抚着小奎师那，把他带回家。

放牧的人习惯于膜拜因陀罗（Indra），他是天空之王，是司雷雨的主神，相当于希腊神话中的宙斯。一天当牧人们供奉供品时，少年奎师那对他们说：“因陀罗不是至高无上的神，尽管他是天空之王，但他害怕泰坦。另外，你们祈祷的雨水和繁荣取决于太阳，太阳把水吸上去，再变成雨落下来。因陀罗能做什么？无论发生什么都取决于大自然和心灵的法则。”然后他把他们的注意力引向附近的树林、溪流和小山，又特别引向了牛增山（Mount Govardhan），因为这些比遥远的天气主宰更值得膜拜，于是他们把鲜花、水果和糖果供奉给了牛增山。

奎师那托起牛增山
（纸上彩绘，印度，约 1790 年）

图71

奎师那自己变成了另一种样子，他变成了山神，接受人们的供品，同时还在牧人当中保留了他原来的形象，和牧人们一起膜拜大山之王。山神接受了供品并吃光了它们。

因陀罗被激怒了，他召唤云神并命令他降下倾盆大雨，直到把一切都冲走。一片暴风雨云覆盖了这个地区，暴雨倾泻而下，就好像世界末日即将降临。然而少年奎师那用他无尽的能量让牛增山发热，用他的小手指举起大山，让人们在山下面躲避。雨水打在山上，发出嘶嘶声，随即蒸发了。倾盆大雨下了七天，但没有一滴雨落在牧民的社区。

因陀罗这时意识到他的对手一定是原始存在的化身。第二天当奎师那出来放牧，吹奏着他的笛子时，天空之王从他高贵的白象艾拉瓦塔（Airāvata）上下来，俯身在微笑着的少年的脚前表示投降。[9]

结束童年的冒险，英雄真正的性格特征显露了出来

童年期一系列故事的结尾是英雄在长期默默无闻之后的回归或被认可，在此之后，他真正的性格特征显露了出来。这个事件可能会促成重大的转折点，因为这相当于出现了迄今为止人类生活中所没有的力量。早期的模式分解成碎片或消失，灾难出现在眼前。在看起来一片混乱的时期过后，新因素的创造价值显现出来，世界以出乎意料的光辉重新出现。这类被钉死在十字架上然后复活的主题既可以用英雄自己的身体来表现，也可以用英雄对世界的影响来表现。在普韦布洛的水罐故事中我们可以看到第一种方式。

男人们要出门猎野兔，水罐男孩也想去。“外祖父，你可以把我带到山脚下吗，我想猎野兔。”“可怜外孙，你不能猎野兔，因为你没有胳膊和腿。”外祖父说。但是水罐男孩非常想去。“无论如何带上我，你年纪太大，什么都做不了。”他的母亲痛哭着，因为她的孩子

没有腿，没有胳膊，没有眼睛。他们可以给他嘴里喂饭吃，也就是水罐的罐口。于是第二天早晨他的外祖父把他带到南边的平地上。然后他就开始滚动，很快他看到了野兔的踪迹并紧跟在它后面。野兔打算跑掉，他开始追赶。在他将要来到沼泽地之前，他遇到了一块石头并撞了上去，罐子碎了，一个男孩跳起来。他很高兴自己的表皮被撞破了，这样他成了一个高大的男孩。他的脖子上戴着很多珠子，耳朵上戴着绿松石耳环，穿着跳舞短裙、鹿皮鞋和鹿皮衬衫。

THE HERO WITH A THOUSAND FACES

奎师那建议牧人膜拜大山而不是众神之王的做法在西方读者看来可能有些奇怪，其意义在于奉献的方法必须从信徒所知道、所喜爱的事物开始，而不是遥远的、无法想象的概念。既然神性是每个人内在固有的，那么神可以通过任何深受尊重的事物来彰显自己。此外，正是信徒固有的神性使得他有可能发现外部世界中的神性。膜拜期间奎师那一身两处便说明了这个奥秘。

抓到一些野兔后，他回到原地并把野兔交给外祖父，外祖父得意扬扬地带他回家了。[10]

生动鲜明的爱尔兰勇士库丘林（Cuchulainn）体内燃烧着宇宙的能量，他是中世纪阿尔斯特系列故事（也就是所谓的红队武士会系列故事）中的主要英雄，他会像火山一样突然爆发，摧毁他自己和周围的一切。

THE HERO WITH A THOUSAND FACES

中世纪爱尔兰的系列传奇故事包括：(1)《爱尔兰神话集》(*The Mythologyical Cycle*)，它记录了史前人类移居到爱尔兰岛的故事和他们的战争，特别描写了被称为“伟大母亲的孩子达纳（Dana）”的神族的功绩。(2)《米利都人的编年史》(*The Annals of the Milesians*),即最后来到爱尔兰建立了凯尔特王朝(Celtic dynasties)的梅利西安人(Milesius)的子孙的准历史性编年史。凯尔特王朝一直存续到12世纪,直到亨利二世统治的盎格鲁—诺曼人入侵爱尔兰才结束。(3)《阿尔斯特红队武士会系列故事》(*The Ulster Cycle of the Knights of the Red Branch*),它主要讲述的是库丘林在他叔叔康纳尔王(Conchobar)的宫廷中完成的功绩:这个系列的故事在很大程度上影响了亚瑟王传奇在威尔士、布列塔尼和英格兰的发展——康纳尔王宫廷是亚瑟王宫廷的蓝本,库丘林的功绩是亚瑟王侄子高文爵士(Sir Gawain)的功绩的蓝本。高文爵士是最早的英雄,他的很多冒险经历后来被归在兰斯洛特、珀西瓦尔(Perceval)和加拉哈特(Galahad)的名下。(4)《爱尔兰勇士故事集》(*The Cycle of the Fianna*),爱尔兰勇士是在芬恩·麦克库尔带领下的一队英勇的战士,其中最著名的故事是芬恩、芬恩的新娘詹尼(Grianni)和他的侄子迪尔梅德(Diarmaid)之间的三角恋。这一爱情故事中的许多情节出现在著名的特里斯坦(Tristan)和伊索尔德(Iseult)的故事中,流传至今。(5)《爱尔兰圣徒的传说》(*Legend of the Irish Saints*)。

基督教爱尔兰童年故事中的"小人"是早期异教神祇达南神族(Tuatha De Danaan)的缩小版。

如故事所说,当他四岁的时候,便去对战他叔叔康纳尔王的"男孩军团",每个人都有他们自己擅长的运动项目。带着黄铜制成的曲棍球球棍、银球、标枪和玩具长矛,他向着宫廷所在的马尼亚城(Emania)前进。在那里他未经允许就冲到男孩们之中——"有一百五十个男孩,他们以康纳尔王的儿子弗拉梅因(Follamain)为首,在草地上练习爱尔兰式曲棍球和武术"。场地上的所有男孩猛烈地攻击库丘林。他用拳头、前臂、手掌和小盾牌挡开了同时来自各个方向的球棍、球和长矛。接下来他有生以来第一次充满了战斗的狂热（这是一种奇怪的、特有的改变，后来被称为他的“发作”或“变形”），在所有人反应过来之前，他已经撂倒了五十个最壮的男孩。男孩军团中五个男孩从国王身边急忙逃跑，国王正坐在那里和能言善辩的费格斯（Fergus）下象棋。康纳尔王站起来，插手干预这场混乱。但是库丘林不肯住手，直到康纳尔王把所有的男孩都置于自己的保护之下。[11]

库丘林持有武器的第一天就充分展示了自己。他既没有冷静地克制自己的表现，也没有显露出奎师那行为中有趣的讽刺。相反，库丘林和其他人第一次知道他力大无穷。巨大的力量从他生命的深处爆发出来，而且必须即兴地、快速地应对它。

另一件事也发生在康纳尔王宫廷里，当时德鲁伊教的卡巴德（Cathbad）预言，在那一天拿起武器、穿上盔甲的小伙子的英明会令全爱尔兰年轻人的名字黯然失色，但他的生命非常短暂。库丘林立即要求给他战斗的装备。他的力气非常大，提供给他的十七套武器都被他弄散了架，直到康纳尔王把自己的装备提供给他。然后他又把一辆辆战车摧毁成碎片。只有国王的战车能禁得起他的尝试。

库丘林命令康纳尔王的战车御者驾车带着他驶过遥远的“警戒浅滩”，不久来到了涅赫坦（Nechtan）之子邓恩（Dun）的堡垒，他砍掉了抵抗者的头，并且把他们的头颅固定在战车的侧面。在返回的路上，他跳到地面上，单凭奔跑和速度抓住了两只块头最大的雄鹿。他用两块石头击落了空中飞翔的二十四只天鹅。他用皮带和其他装置把雄鹿和天鹅拴在战车上。

当战车靠近马尼亚城市和堡垒时，女先知莱瓦彻（Levarchan）惊恐地看到了这壮丽的场面。“敌人流血的头颅使战车充满荣耀，”她宣称，“美丽的白天鹅在战车里和他做伴，整头野雄鹿被拴在战车上。”“我认识战车上的勇士，”国王说，“他是我妹妹的儿子，只是个小男孩，今天他出去行军，他的手肯定会被鲜血染红。如果他的愤怒没有被及时制止，马尼亚所有的年轻人都会被他杀死。”必须尽快想出一个减弱他狂热的方法，人们想到了一个主意。堡垒中以莱瓦彻为首的150个女人“赤身露体，毫无遮掩地走出堡垒迎接他”。成年女性这样袒露身体让小勇士感到难为情或不知所措，他别开视线，就在这时男人们抓住他，把他浸泡在一个大冷水桶里，桶的侧板和铁箍化为了碎片，他又被浸入第二个木桶中，桶里的水被他的狂热煮沸了。当他进入第三个木桶时，桶里的水只是变得很热。就这样库丘林的狂热被减弱了，城市得救了。[12]

> 他真是一个漂亮的男孩：库丘林每只脚有七个脚趾头，每只手有很多手指头。他的眼睛非常明亮，每只眼睛有七个瞳孔，每个瞳孔都闪耀着宝石般的光芒。每侧面颊有四颗痣：分别呈现蓝色、深红色、绿色和黄色。在两只耳朵之间长着五十绺亮黄色的长发，像蜂蜡一样黄，或者像白金胸针一样在阳光下闪烁。他披着绿色的斗篷，胸前扣着银搭扣，穿着金线做成的衬衫。[13]

但是当他发作或变形时，“他变得可怕而多样，变成了人们迄今为止未知的生物”。从头到脚，他的肉、四肢、每一个关节、每一个尖端都在颤抖。他的脚、小腿和膝盖自己移到了他的后面。头部前面的肌肉被拉扯到脖子后面，形成了一个比满月孩子的脑袋还大的隆包。

> 一只眼睛深深地陷在脑袋里，抵在枕骨上，一只野生苍鹭都不一定能把他的这只眼睛衔到脸颊表面。相反另一只眼睛会自己突然凸出来，挂在脸颊上。他的嘴七扭八歪，一只歪到耳朵那里……嘴里会喷射出火花。心脏在他体内跳动的声音就像恶犬的狂吠，或者像进攻猎熊的狮子发出的咆哮。他的狂怒蒸腾而起，在他的头顶上形成了剧毒的倾盆大雨和红彤彤的火花。他的头发纠缠在一起……如果他站在一棵果实累累的苹果树下，摇动苹果树，我们可以猜想到没有一个苹果

会落到地上。它们都会被一个个戳在他的头发上，因为当他发怒时，头发会根根直立。他“英雄的发作”从他的前额投射出来，比一流士兵的磨刀石更长、更厚。（最后）从他头皮正中心向上垂直喷射出的黑血比大船的桅杆更高、更粗、更长、更坚硬。而且黑血被散布到四个基本方向上，由此形成了一片阴暗的魔法迷雾，就像冬日的夜晚国王走近宫殿时看到笼罩在宫殿上的烟幕一样。[14]

战士英雄

英雄的功绩会为世界注入创造的力量

英雄的出生地或他将在那里完成成人功绩的遥远的放逐地就是世界的中心。就像水下泉水产生的涟漪，宇宙的形式也从源头一圈圈扩展开来。

“在广阔、静止不动的深渊之上，在天空的九重球体和七层地面之下，就是宇宙的中心。那是世间最安静的地方，那里夏天永驻，布谷鸟鸣叫不息，白色少年也因此恢复了意识。”西伯利亚雅库特人（Yakuts）的英雄神话就是这样开始的。白色少年开始去弄明白自己在哪儿以及自己居所的模样。他的东面是一大片开阔的闲田，中间耸立起一座高山，山巅有一棵巨大的树。这棵树的树脂透明，发出香甜的气味，树皮永远不会干枯、开裂，树液闪着银光，茂密的树叶永远不会枯萎，树上的柔荑花好似一串倒扣的杯子。树的顶端超出了七重天，被主神伊林艾托乔（Yryn–ai–tojon）当作了拴牛马的柱子。树根穿入地下的深渊，在那里它们形成了神秘生物住所的支柱，这些生物是那个地区所特有的。这棵树通过叶子与天上的生物交谈。

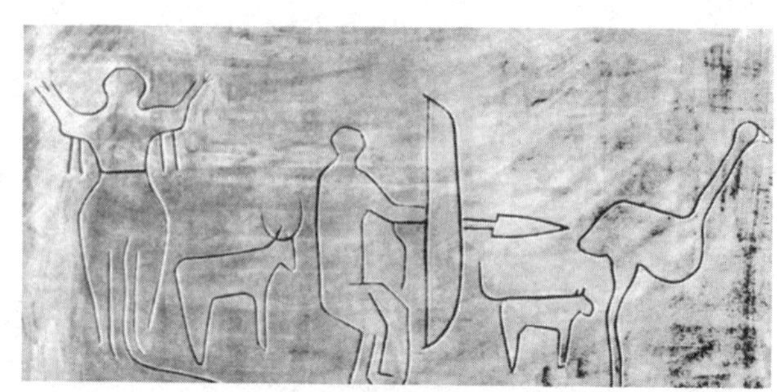

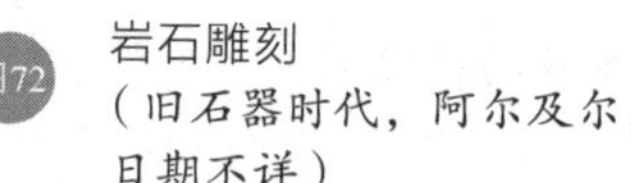

图72 岩石雕刻
（旧石器时代，阿尔及尔，日期不详）

当白色少年转向南面时，他看到在绿草如茵的平原中间是平静的牛奶湖，湖面上没有一丝风，波澜不惊。湖岸周围是凝乳构成的湿地。他的北面有一片幽暗的森林，森林里的树日日夜夜地发出沙沙声，那里生存着各种各样的动物。耸立的高山似乎戴着白色的兔毛帽子，它斜靠着太空，避免北方侵袭这片中间地区。低矮的灌木丛向西延伸，灌木丛之外是高大的冷杉森林，森林后面有几座起伏平缓的孤峰隐约闪现。

白色少年在日光中看到的世界是这样的。不久他厌倦了一个人待着，他走到巨大的生命之树前祈祷道："尊敬的女神，我的树和我的住所的母亲，所有生物都成双成对，繁衍后代，我却独自一人。现在我要去旅行，寻找和我属于同类的妻子。我想和我的同类比较一下力量，我想熟悉人类，按照人类的方式生活。不要拒绝给予我祝福，我谦卑地祈祷，俯首屈膝。"

然后大树的树叶开始低语，树上落下乳白色的雨，滴落在白色少年身上。一阵温暖的风吹过，大树开始呻吟，树根处出现了一个女人腰部以上的身体：这是一个中年女人，目光诚恳，头发披散，裸露着胸部。女神让少年从她巨大的乳房中吸取乳汁，喝下乳汁后少年感到自己的力量增加了百倍。女神同时向少年许诺，他将获得所有的幸福，祝福他不会遭受水、火、铁及其他任何事物的伤害。[15]

英雄从宇宙中心出发，去实现他的命运，他成年后的功绩为世界注入了创造的力量

歌唱年老的华奈摩伊宁；
湖水上涨，大地震动，
铜山颤抖，
巨大的岩石发出回响，
群山裂开，化为碎片，
岸上的石头变得粉碎。[16]

这是游吟诗人歌唱英雄的诗歌中的一节，其中充满了有关神奇力量的诗句，英勇武士的剑刃闪耀着造物之源的能量：剑刃所到之处，陈腐的势力分崩离析。

神话中的英雄所拥护的不是已有的事物，而是将要形成的事物，被他杀死的恶龙正是代表现状的怪兽：它紧紧地抓住过去不放。英雄从默默无闻中脱颖而出，而大权在握的敌人却强大威风。他是敌人、恶龙、暴君，因为他利用地位所赋予的权力谋取私利。他是固着者，不在于他固守“过去”，而在于他的“固守不放”。

在这里我保留了早期的泰坦式半兽英雄（城市的创建者，文化的给予者）与后来完全成为人形的英雄之间的区别。后者的功绩通常包括杀死前者，比如蛇身怪物和人身牛首怪物这些过去的恩惠给予者。（不再适应时代的神立即变成了摧毁生命的魔鬼。它们的形体必将被毁掉，能量必将被释出）并不罕见的是，属于宇宙演化循环早期阶段的功绩被赋予人类英雄，或者早期的英雄被人类化，并延续到后来的阶段。但是这类混杂和改变并不会影响普遍的规则。

暴君非常傲慢，因此他注定会灭亡。他之所以傲慢，是因为他认为他的力量源于自身，这样他就像小丑一样，误把影子当成了实物，被欺骗就是他的命运。神话中的英雄从黑暗中再次出现，那黑暗就是白天里的各种形体之源。他们带来了暴君注定灭亡的秘密。通过按按钮那样简单的举动，他消灭了咄咄逼人的事物。英雄的功绩是不断粉碎已经形成的事物。宇宙演化的循环在继续：神话聚焦于事物的成长。变形、流动和不顽固、不沉重是活着的神的特点。此刻存在的伟大人物将被摧毁，切成碎块，分散在四方。简单来说就是，食人魔或暴君是大量既成事实的捍卫者，英雄是创造性生命的拥护者。

英雄的基本行为就是在清除障碍

人形英雄的时期在村庄和城市遍布大地的时候才刚刚开始。许多来自远古的怪物仍潜伏在偏远的地区，出于恶意或绝望，这些怪物在试图对抗人类社会。它们必须被清除，此外，人类的暴君篡夺邻人的财物，是普遍痛苦的缘由，他们必须被制服。英雄的主要功绩就是把这些怪物和暴君清理干净。

血块男孩库伊斯从罐子中蹦出来，在一天内长大成人，他杀死了养父母凶残的女婿，然后对抗乡下的食人魔。他消灭了残忍的熊部落，除了一只即将分娩的母熊。“她恳求能饶她一命，于是血块男孩放了她。如果他把她杀掉，那么世界上就不会再有熊了。”然后他消灭了蛇的部落，不过同样留下了一条即将做母亲的母蛇。接下来他故意沿着一条别人认为很危险的路前行。

当他沿着路走的时候，一阵大风暴席卷而来，最后把他卷到了一条大鱼的嘴里。这是一条吸口鲤鱼，大风就是它的吮吸造成的。他进入鱼的胃里，看到那里有很多人，其中许多人已经死了，但有一些还活着。他对人们说：“啊，它的心脏一定长在这里的什么地方。我们来跳舞吧。”于是他把脸涂成白色，在眼睛和嘴周围涂上黑圈，在头上绑上一把白色的石刀，刀尖朝上。他们还拿出了用兽蹄做成的拨浪鼓。人们开始跳舞。血块男孩坐着用双手做出翅膀扇动的动作并唱了一会儿歌。然后他站起来跳舞，跳上跳下，直到头顶的刀刺中了鱼的心脏。他把心脏割下来，切开鱼肋骨之间的肉，把所有人都放了出去。

法老那尔迈（Narmer）杀死一个战败的敌人
（片岩雕刻，古王国，埃及，公元前3100年）

图73

血块男孩说他必须继续他的旅行。在开始旅行前，人们警告他说，过一会儿他会见到一个女人，她总是向人们发出挑战，让他们和她摔跤，但是他千万不要和她说话。他没有在意人们说的话，走了一小段路后他看到一个女人在招呼他过去。“不，”血块男孩说，“我着急赶路。”然而当女人第四次招呼他过去时，他说：“好吧，不过你得等一会儿，因为我累了，想休息休息。等我休息好了，我会过去和你摔跤的。”在休息的时候，他看到从地上冒出许多大刀，几乎被草丛掩藏住了。血块男孩立刻反应过来，这个女人会把和她摔跤的人扔到刀子上，令他们丧命。他休息好后便走过去。女人让他站在刀的附近，但他说："不，我还没太准备好。在我们开始摔跤之前先来稍微活动活动。"于是他开始和那个女人玩耍，他迅速抓住她，把她扔在刀上，她被切成了两截。

血块男孩继续着他的旅行，过了一会儿，他来到一个营地，那里有一些年老的女人。这些女人告诉他再走一小段路他会遇到一个荡秋千的女人，但是他绝不要和她一起荡秋千。过了一会儿他来到一个地方，在那里他看到一条湍急的河流的河岸上有一架秋千。一个女人在荡秋千。他观察了她一会儿，看到她把人荡出去，让他们掉进水里，借此杀死他们。当识破这个诡计后，他来到那个女人面前。"你有一架秋千，让我看你荡秋千吧。"他说。"不，"女人说，"我想看你荡秋千。""嗯，"血块男孩说，"但你必须先荡。"女人说："好吧，现在我就要荡了，看着我。然后我会看你荡秋千。"于是女人荡起来，荡到了河面上。当她这样做的时候，血块男孩看明白了秋千的原理架构。"你再荡一次，让我做好准备。"当女人这次荡出去的时候，他砍断了藤蔓，女人掉进了水里。这发生在卡特班克河（Cut Bank Creek）上。[17]

通过"杀死巨人的杰克"这类幼儿故事以及对诸如赫拉克勒斯和提修斯这些英雄的经典描述，我们已经熟悉了这类壮举。它们在基督教圣徒的传说中比比皆是，下面这个关于圣玛莎的动人的法国故事就是其中一个例子。

从前在罗纳河（Rhone）的河岸上，在阿维尼翁（Avignon）和阿尔勒（Arles）之间的森林里有一条恶龙，它的模样半兽半鱼，长得比牛还大，比马还长，有着兽角一样锋利的獠牙，身体两侧长着巨大的翅膀。这只怪兽杀死了所有的旅行者，弄沉了所有的船只。它从加拉提亚（Galatia）漂洋过海来到这里。它的父母是利维坦（Leviathan，生活在大海里的蛇形怪物）和奥纳哲（Onager，加拉提亚的一种可怕走兽，它所接触的事物都会着火燃烧）。

圣玛莎应人们诚挚的要求，前去对抗恶龙。她发现恶龙正在森林里吞食一个人，于是将圣水洒在恶龙身上并展示十字架。这个怪物立即被征服了，像小羊羔一样来到圣徒的身边，她把腰带绕在怪兽的脖子上，把它带到临近的村庄。在那里民众用石头和棍棒杀死了恶龙。

由于人们一直用塔拉斯各（Tarasque）来称呼恶龙，因此这个镇子被取名为塔拉斯孔（Tarascon），以此作为纪念。在那时之前，镇子一直被称为内尔卢茨（Nerluc），也就是黑湖，因为那里的河流两边是幽暗的森林。[18]

古时候作为战士的国王认为他们的任务就是杀死怪兽。确实，这种英雄对抗恶龙的光辉套路成了所有改革运动自我辩护的绝佳手段。由此无数纪念性的碑文被撰写出来，这些碑文充满了浮夸的自满情绪，比如下面这段古巴比伦阿卡德区萨尔贡王的楔形文字展现的那样。他摧毁了一座座古代苏美尔人的城市，而他的人民的文化却源自苏美尔文化。

萨尔贡，阿卡德的王，女神伊什塔尔的副摄政者，基什（Kish）的国王，安努（Anu）神的帕师舒（Pashishu）①，大地之王，恩利尔神的伟大伊沙库（ishakku）②：他重创乌鲁克（Uruk）城，摧毁了它的城墙。他与乌鲁克的人民交战，俘获了他们，给他们戴上镣铐，押送他们走出恩利尔之门。萨尔贡，阿卡德的王，与乌尔（Ur）的人民交战并击败了他们。他重创他们的城市，摧毁了它的城墙。他重创埃·尼拿尔（E-Ninmar），摧毁了它的城墙。他征服了从拉格什（Lagash）到大海的所有地区，他在大海里清洗他的武器……

---

① 祭司的一个等级，被委派的职责是准备和使用神圣的油膏。

② 祭司长，作为神的副摄政者进行统治。

情人英雄

从敌人手中争夺来的盟主权；征服邪恶的怪物而赢得的自由；从紧抓不放的暴君那里释放出来的生命能量都被象征为女性。她是无数英勇屠龙行为后获得的少女，是从猜忌的父亲那里被诱拐跑的新娘，是从罪恶情人手中被解救出来的童贞女。她是英雄本身的“另一部分”，因为“他们不可分割”：如果他是统治世界的君主，那么她就是世界；如果他是战士，那么她就是英雄的名声。她是英雄命运的象征，英雄将从环境的束缚中释放出他的命运。然而当他对自己的命运一无所知或者被错误的想法蛊惑时，他的任何努力都将克服不了障碍。①

健壮的少年库丘林住在他叔叔康纳尔王的宫殿之中，引得贵族们担忧他们妻子的贞操。他们建议应该给他找一个妻子。国王的信使来到爱尔兰的每一个省，但找不到一个库丘林愿意求婚的女人。于是库丘林自己去找住在“卢格花园”（Luglochta Loga）的一个他认识的少女。他在游戏场上找到了她，她正被她的义姐妹围着，教授她们针线活和制作手工艺品的手艺。埃梅尔（Emer）扬起她那可爱的面庞，认出了库丘林并说道：“祝愿你免于一切伤害！”

当女孩的父亲，诡计多端的弗尔戈尔（Forgall）被告知女儿和库丘林在交谈时，他想出一条诡计，送库丘林去阿尔巴（Alba）向英勇的当诺（Donall）学习战斗技能，盼望着他一去不回。当诺派他去完成一项不可能完成的任务，寻找女武士斯卡哈（Scathach）并迫使她教给他如何获得超自然的勇气。库丘林的英雄之旅非常清晰简单地展示了他是如何完成不可能任务的，以及他的那些经典成就中的关键要素。

① 在芬兰人的《卡勒瓦拉》第 4 章到第 8 章中，我们可以看到伟大英雄不幸失败的例子，这些例子既有趣又有教育意义。在这些章节中，华奈摩伊宁先后向阿伊努（Aino）和“波赫约拉（Pohjola）的女仆”求婚，结果都失败了。这个故事太长，因此就不在正文中呈现了。

库丘林在旅程中需要穿过一片给人带来厄运的平原：前一半平原会牢牢地粘住人的脚，后一半平原上的草会长高，把人牢牢地固定在草叶的尖端。然而一位英俊的青年出现了，他给了库丘林一个轮子和一个苹果。穿过前一半平原时，轮子会先滚过去。穿过后一半平原时，苹果会先滚过去。库丘林只要沿着它们滚过的狭窄小路走就可以了，双脚也不用迈向两边的草地，这样他穿过了平原，来到了又窄又危险的峡谷。

斯卡哈的住所在一座岛上，通往岛的路径只有一座险恶的桥。桥的两头低，中间高，只要有人跳上桥的一端，另一端就会抬起来，把人摔得仰面朝天。库丘林在被摔了三次后，终于变形发作了，他振作起来，跳上桥头，他做了一个鲑鱼跳，一下就落到了桥中央。当他来到桥的另一端时，这一端还没完全抬起来，他就从桥上被抛了下去，落在那个岛的地面上。

女武士斯卡哈有一个女儿（怪物通常有女儿），这位孤独的年轻少女看到一个英俊的少年从半空落入她母亲的堡垒，她觉得没有什么事物能比得上这个少年的俊美了。当她听说了这个少年的任务后，她告诉了他说服她母亲教给他超自然勇气的秘诀。他应该通过他的鲑鱼跳来到斯卡哈教导她儿子们的巨大紫杉树下，把他的剑指在斯卡哈的两乳之间，然后提出他的要求。

库丘林遵照少女的指示，从女武士那里学到了她的武艺，而且没有送彩礼就娶了女武士的女儿，知道了自己的未来，并且和女武士本人燕好。他在那里待了一年，在此期间他帮忙打了一场对抗亚马逊[①]阿芙（Aife）的战争，并和阿芙生了一个儿子。最后，库丘林杀死了一个和他在悬崖边的窄路上发生争执的丑老太婆，之后他动身返回爱尔兰的家。

在经历了又一场战争冒险和爱情之后，库丘林回到了爱尔兰，发现诡计多端的弗尔戈尔依然反对他。这次他直接把弗尔戈尔的女儿带走了，他们在国王的宫殿里结了婚。冒险本身给予了他消灭一切反对者的能力。唯一的困扰是他

① 希腊神话中女战士的一种统称。——编者注

的叔叔康纳尔王，在把新娘正式交给新郎之前，他要在新娘身上行使他的皇家特权。[19]

完成困难的任务是登上婚床的前提条件，在世界各地的各个时期，这一主题都被编写为英雄的事迹。在这类故事中，父母扮演了固守不放者的角色，英雄巧妙地完成任务就相当于屠龙。英雄面临着无比困难的考验。这些考验似乎代表了不容置疑的拒绝，食人魔般的父母不允许生命顺其自然地发展，但是当合适的候选人出现时，这个世界上似乎没有任务是英雄应付不了的。意料之外的帮助者、时间与空间的奇迹都推动着他的任务，命运本身（少女）伸出援手，泄露出父母系统中的一个薄弱点。在英雄权威性的存在面前，各种各样的障碍、束缚、分歧和托词都会消失。注定成功的胜利者一眼就能看出每个境遇堡垒的漏洞，他的攻击能够把漏洞扩大。

在库丘林缤纷多彩的冒险故事中，最意味深长，最具深层动因的元素是那条独一无二、看不见的道路，通过轮子和苹果的滚动为英雄开辟了这条路。这应该被看成是象征性的、有启发性的命运奇迹。对于一个不会被表面现象所引起的情感引入歧途，而是勇敢地应对自己本性的动态的人，也就是对于一个尼采口中的像“一个自动滚动的轮子”的人而言，在他前进的路上，困难会消失，意料之外的大路会出现。

国王英雄和暴君英雄

英雄是宇宙演化循环的动因，他将推动宇宙的最初动力，持续到了生活的各个阶段当中。由于我们的眼睛对双重焦点的矛盾性视而不见，因此我们认为这种功绩是由强壮的英雄在危险和巨大的痛苦之中完成的，而从另一个视角来看，它就像马杜克杀死提亚马特这种屠龙行为的原型一样，只是实现了不可避免的事情。

然而卓越的英雄并不仅仅是让宇宙循环的动力持续下去，他重新睁开了眼睛，透过宇宙中的纷纷扰扰、快乐与痛苦，再次看到唯一的神将。英雄因此需要拥有比其他人更深奥的智慧，由此产生的不是行为模式，而是意义重大的表征模式。前者的象征物是正义之剑，后者代表统治权的权杖或法典。前者的典型挑战是赢得新娘——新娘就是生命，后者的典型挑战是找到父亲——父亲是看不见的未知。

第二类挑战正好符合宗教象征的模式。即使在简单的民间故事中，当童贞女的儿子一天问他的妈妈“谁是我的父亲”时，故事也会突然具有了深度。这个问题触及了人类和看不见的神的问题。接下来，我们熟悉的“与天父和好”的主题就随之出现了。

> “谁是我的父亲？”他问母亲。“我不知道。”童贞女答道。他再一次问她：“谁是我的父亲？”她只是不停地哭，不作回答。“哪儿是我父亲的家？”他问。她不告诉他。“明天我要去找我的父亲。”“你找不到他的，”她说，“我从来没有跟任何男孩交往过，所以没地方去找你的父亲。”但是男孩说：“我有父亲。我知道他在哪儿生活，我要去见他。”母亲不想让他去，但他执意要走。于是第二天早上母亲为他准备了午饭，他向着东南方向出发，人们把那里称为平顶山马泉。他走近泉水，看到有人在离泉水不远的地方走着。他向那个人走过去，那是一个男人。他问男孩：“你要去哪儿？”“我要去见我的父亲。”“谁是你的父亲？”“嗯，我的父亲生活在这口泉水里。”“你永远也找不到他。”“嗯，我想进到泉水里，他就生活在里面。”“谁是你的父亲？”那个人再次问。“嗯，我想你就是我的父亲。”男孩说。“你怎么知道我是你的父亲？”那个人问。“我知道你就是我的父亲。”那个男人只是盯着他看，想吓唬吓唬他。男孩继续说：“你就是我的父

亲。”过了一会儿那个男人说道：“是的，我是你的父亲。我是从泉水里出来见你的。”他用手臂搂住男孩的脖子。他的父亲很高兴儿子来找他，随后带他进入了泉水里。[20]

当英雄努力的目标是发现未知的父亲时，基本的象征手法依然是考验和自我揭示。在以上的例子中考验简化为不断地提问和令人害怕的表情。在较早的蛤蜊妻子的故事中，父亲用竹刀来考验儿子们。回顾英雄的冒险历程，我们已经看到父亲的考验达到了足够高的苛刻程度。对于乔纳森·爱德华兹的会众来说，父亲已经变成了名副其实的食人魔。

得到父亲祝福的英雄代表父亲回到人们当中。作为老师（摩西）或作为皇帝（黄帝），他的话就是法律。现在他处于本源的中心，因此他使人们可以看到中心的宁静与和谐。他是宇宙之轴的映像，从宇宙之轴发散出一圈圈的同心圆——宇宙山、宇宙树，他是宏观世界完美的微观写照。看到他就相当于感知到了存在的意义。他的存在发出恩惠，他的言语就是生命之风。

但是父亲的代表性人格特征可能会发生变质。波斯的琐罗亚斯德教有关黄金时代国王杰米希德（Jemshid）的传说描述了这样的转折点。

所有人都仰视宝座，所听到的和看到的
只有杰米希德，他是唯一的王，
他吸收各种思想，
是人们赞美与崇拜的凡人，
他们忘记了膜拜伟大的造物主。
陶醉在他们高声的赞美中，
他傲慢地对他的贵族们说：
“我是无与伦比的，因为我
人间拥有了各种技术，
从来没有像我这样仁慈、荣耀的君主，

我在人口众多的国土上消灭了疾病与贫困。
家庭的快乐与安宁都来源于我，
所有美好杰出的事物都听命于我，
整个宇宙齐声称颂我的治理辉煌壮丽，
超过了人类所有的构想，
我是宇宙唯一的君主。”
——当这些话从他的口中说出，
这些不虔敬的、侮辱上天的话，
他在世间的显赫地位开始衰退，
接下来众口大声地放肆抱怨。
杰米希德的日子变得惨淡，
他不再辉煌灿烂。
道德家怎么说？
“当你是国王时，
你的国民服从你，
但任何傲慢地忽视膜拜神的人
都会给他的家族带来破败和不幸。”
——当他注意到人们变得傲慢无礼时，
他知道上天的愤怒已经被激起，
他充满了恐惧。[21]

波斯的神话源于共同的印欧体系，这个体系从咸海—里海大平原流传到印度、伊朗和欧洲。波斯人最早的宗教经典《波斯古经》（*Avesta*）中的主要神祇与最早期的印度教文献《吠陀经》中的神祇非常相似。但是这两个分支在它们的新家乡受到了非常不同的影响，吠陀的传统受到了达罗毗荼势力的影响，而波斯传统受到了苏美尔—巴比伦的影响。

> 在公元前1000年的早期，预言家查拉图斯特拉（Zarathustra）根据善与恶、光明与黑暗、天使与魔鬼的严格二元论对波斯的信仰进行了重新组织。这个关键阶段不仅深刻地影响了波斯人的信仰，也影响了希伯来人的信仰，由此影响了几个世纪后的基督教。它代表了与比较常见的对善恶的神话解释的彻底分离，这种通常的解释认为善与恶是超越并调和所有对立性的独特存在之源所产生的结果。
>
> 642年穆罕默德的狂热信徒侵占了波斯。那些没有改变信仰的人都被屠杀了。极少数残存者逃到印度避难，在那里他们作为孟买的帕西人（波斯人）幸存至今。然而大约三个世纪后，伊斯兰教—波斯的文献发生了“复原”。其中一些伟大的人物包括：菲尔多西（Firdausi，940—1020？）、尼扎米（Nizami，1140—1203）、贾拉尔·阿德丁·鲁米（Jalal ad-Din Rumi，1207—1273）、萨迪（Saadi，1184—1291）、哈菲兹（Hafiz，？—1389？）和雅米（Jami，1414—1492）。菲尔多西的《列王纪》（*Shah Nameh*）在简单而庄重的诗句中重现了波斯被伊斯兰教徒征服之前的古波斯故事。

皇帝不再把自己统治下的恩惠归功于超然的本源，他破坏了神的形象，而他的任务就是维护这个形象。他不再是两个世界之间的中介者。人类的视角变得狭隘，他们只能看到人类之间的较量和立刻无效的超自然力量的体验。社会中支持性的观点已经没有了，武力成了唯一的约束手段。皇帝变成了食人魔般的暴君（希律王、宁录），现在必须从这些篡权者手中救出世界。

救世主英雄

在父亲的宅邸中，有两种启蒙程度需要被区分开。第一种启蒙程度可以使儿子作为使者回归，第二种启蒙程度可以使儿子知道“我和父亲是一体的”并带着这个知识回归。获得第二种，也就是最高程度启蒙的英雄是世界的拯救者，即所谓的道成肉身。他们的神话展示了宇宙的范围。他们的言语比君主、比立法者所说的任何话都更有权威。

杀死敌人的英雄杰卡里拉·阿帕奇（Jicarilla Apache）说道：

> 所有人都看着我，不要东张西望，你们都听我说。宇宙像我的身体一样大。宇宙像我的话语一样大。宇宙像我的祷告一样大。时节只不过像我的身体、话语和祷告一样大。天空与大海也是如此。我的身体、话语和祷告比大海还要大。
>
> 任何相信我的人，任何听我的话的人，都能长寿。任何不听我的话的人，任何以邪恶的方式思考的人，都将短命。
>
> 不要认为我在东方、南方、西方或北方。大地是我的身体。我在那里，我无处不在。不要认为我只待在地下或高高的天空上，或者只出现在时节中，或者在大海的另一边。这些都是我的身体。阴间、天空、时节和大海确实都是我的身体。我无处不在。
>
> 我已经给予了你们，你们必须用我所给予的东西向我献祭。你们有两种烟斗，你们有山烟草。[22]

神的化身的使命是驳斥食人魔般的暴君的自负。食人魔般的暴君用他有限的人格阴影堵塞了恩典之源，而完全没有这类自我意识的化身是律法的直接体现。他以宏大的规模展现英雄的生活——实现英雄的功绩，杀死怪物，但这一切完成得很随意自然，以便人们清楚地看到单凭思想就能够完成哪些事情。

图74 年轻的玉米神
（石雕，玛雅，洪都拉斯，680—750 年）

奎师那残忍的舅舅刚沙（Kans）在马图拉城篡取了自己父亲的王位。一天他听到一个声音对他说：“你的敌人已经诞生，你死定了。”奎师那和他的哥哥大力罗摩（Balarama）从他们母亲的子宫里被神秘地带给牧牛者，以保护他们免受宁录式的印度暴君的伤害。刚沙派魔鬼追赶他们（布陀那的毒奶是刚沙的第一招），但是所有尝试都失败了。于是刚沙决定诱惑这两个年轻人来到他的城市。他派一个信使去邀请牧牛者参加献祭和比武大会。牧牛者接受了邀请。那两个兄弟就在牧牛者之中，他们在城墙外安营扎寨。

奎师那和他的哥哥大力罗摩进到城里看热闹。那里有宏伟的花园、宫殿和小树林。他们遇到了一个男洗衣工人，向他要一些精美的衣服。他大笑着拒绝了，兄弟俩便通过武力抢走了衣服，这下子他们的衣着变得鲜艳而华丽。接下来一位驼背的女人请求奎师那允许她在他身上涂抹檀香膏。他走向那个女人，把脚放在她的脚上，把两个手指放在她的下巴下面，然后把她抬起来，使她的身体变得挺直而美丽。他说：“当我杀死了刚沙，我会回来和你在一起。”

兄弟俩来到空空如也的竞技赛场。那里竖着湿婆神又大又重的弓，它足足有三棵棕榈树那么大。奎师那走向那张弓，拉开它，弓发出一声巨响，断开了。刚沙听到了这个声音，感到非常惊骇。

暴君派他的军队去城中杀死那两个兄弟。但是两个小伙子杀死了士兵，回到了自己的营地。他们告诉牧牛者他们的观光很愉快，然后吃完晚饭，去睡觉了。

那天晚上刚沙做了一场噩梦。醒来后，他命令人在竞技赛场准备比武大会，号角声很快就把人们召集起来。奎师那和大力罗摩作为杂耍人来到竞技赛场，他们的朋友牧牛人跟随着他们。在他们进入大门时，一只比普通大象强大一万倍的凶猛大象准备碾碎他们。赶大象的人直接将大象骑向奎师那。大力罗摩用他的拳头给了大象一击，它被迫停下来并开始后退。赶大象的人再次驱赶大象冲向他们，但兄弟俩把大象打倒在地，大象死了。

两个年轻人来到场地上。每个人从各自的角度看到不同的形象：摔跤手认为奎师那是一个摔跤手，女人认为他是美男子，众神知道他是他们的主宰，刚沙认为他是死亡之神玛拉。奎师那打败了每一个与他交锋的摔跤手，最后杀死了最强壮的对手，他跳上皇家成员所坐的高台，抓住暴君的头发，杀死了他。人、神和圣者都很欢喜，但国王的妻子们走上前来哀悼。看到她们的悲伤，奎师那用他原始的智慧安慰她们："这位母亲，不要悲伤，没有人能够生而不死。想象自己拥有一切是错误的，没有人既是父亲，又是母亲和儿子。只有生死轮回持续不断。"[23]

在救世主的传说中，不幸和破败的时期常被说成是人的道德缺陷造成的（伊甸园里的亚当，皇位上的杰米希德）。从宇宙循环的立足点看，善良与邪恶的定期交替是时间景象的特点。就像在宇宙的历史和民族的历史中，溢出通向分解，年轻通向年老，出生通向死亡，创造形式的活力通向死气沉沉的怠惰。生命急剧上升时，各种形式产生出来；生命衰退时，留下一堆废弃物。在生命每个时刻的脉动中，有道明君治理下的黄金时期与暴君统治下的荒凉废弃交替出现。作为创造者的神最后变成了破坏者。

从这个观点看，食人魔般的暴君对父亲的代表性并不比被他篡位的宇宙之王和取代他的杰出英雄（儿子）的代表性要少。暴君代表的是固守不放，而英雄代表的是改变。由于每一个时刻都是从以前时刻的束缚中挣脱出来的，因此恶龙、固守不放者被描写成救世主那代人之前的一代人。

更直接地说，英雄的使命是杀死父亲（恶龙、考验者、食人魔般的暴君）抓住不放的一面，将生命的能量从禁锢中解放出来赋予宇宙。

> 不论是依照父亲的意愿还是违背他的意愿，英雄都可以完成这项使命。他（父亲）可能会“为了孩子的缘故而选择死亡”，或者神将痛苦强加于他，使他成为献祭的牺牲品。这并不是矛盾的教义，而是讲述同一个故事的不同方式。事实上，屠龙者和恶龙，献祭者与牺牲品在幕后是一致的，他们之间并不存在互相对立的两极，只有舞台上不共戴天的敌人，演出着众神与泰坦之间永恒的战争。在任何一种情况中，恶龙—父亲始终体现了神的内在丰富性，它并不会因为他所发散出来的事物而减损，也不会因为他收回的事物而增加。他是死神，我们的生命依赖于他。对于“死神是一个还是多个”的问题，答案是“当他在那里时，他是一个；当他在他的孩子中时，他就是许多”。[24]

昨天的英雄变成了明天的暴君，除非今天他把自己钉死在十字架上。

从当下的视角看，在未来的解脱中的这种鲁莽似乎是一种虚无主义。救世主奎师那对刚沙的妻子们所说的话隐含着可怕的言外之意，耶稣的话也是如此：“你们不要想我来，是叫地上太平。我来并不是叫地上太平，乃是叫地上动刀兵。因为我来，是叫人与父亲生疏，女儿与母亲生疏，媳妇与婆婆生疏。人的仇敌就是家人。爱父母胜过爱我的，不配做我的门徒；爱儿女胜过爱我的，不配做我的门徒。”[25]为了保护尚未做好准备的人，神话以半遮半掩的方式遮盖着这个终极启示，坚持采用逐渐启发的做法。消灭暴君父亲，然后自己登上宝座的拯救者（比如俄狄浦斯）正在替代父辈的位置。为了缓和杀父的罪行，传说会把父亲说成是某个残忍的舅舅或篡位的宁录。但是半遮半掩的事实依然存在。一旦事实被瞥见，整个壮观的景象便会坍塌：儿子杀死父亲，但儿子和父亲是一体的。两个神秘的人物消失在原始的混沌中。这就是宇宙终结（和重新开始）的智慧。

圣徒英雄

在我们进入生命的最后一部分之前，还有一种类型的英雄值得一提：他们是圣徒或苦修者，与世界断绝关系的人。

> 天生具有纯净的理解，严格地克制自己，厌恶声色犬马，断绝爱恨，独自隐居，饮食简陋，控制言语、身体和思想，练习冥想和入定，从情欲中超脱出来，放弃自负、权力、骄傲、欲望、愤怒和财物，内心平静，达到无我之境——他便配得上成为与不朽者同在的人。[26]

这种模式就是追寻父亲的模式，但追寻的是父亲不显露的一面，而不是显露的一面：采取菩萨摒弃的步骤，从那里开始便没有回头路。这里所要表达的不是双重视角的矛盾性，而是看不见的父亲的最终要求。自我燃烧殆尽，就像风中枯死的树叶，身体还在大地上行走，但灵魂已经消散在极乐的海洋中了。

由于托马斯·阿奎那在那不勒斯举行弥撒时感受到了神秘体验，因此他收起了笔墨，把《神学大全》（*Summa Theologica*）最后的章节留给其他人完成。他说："我写作的日子结束了，因为对我来说我所写、所教的一切似乎与我无关，因此我祈求上帝，希望我的生命像我的教学走向结束一样，也能很快结束。"在那之后不久，他于四十九岁时去世了。

当灵魂进入隐秘之处时，剩下的便只有静默

除了超越生命，这些英雄还超越了神话。他们不再讨论神话，神话也不能恰当地描绘他们。他们的传奇可以被复述，但他们经历中所体现出来的虔诚的情感和经验肯定不能被充分地表达，这无异于矫揉造作。英雄们离开形体的领域，这是神灵化身降入的领域，也是菩萨始终停留其中的领域，这是巨大的脸的侧面所展示的领域。一旦隐藏的那个侧面被发现，神话便成了倒数第二位，静默才是终极的。当灵魂进入隐秘之处时，剩下的便只有静默。

图75 俄狄浦斯扯出他的眼睛（石雕局部，意大利罗马，公元2世纪—3世纪）

俄狄浦斯王最终知道了他娶的女人正是他的母亲，被他杀死的人是他的父亲，他扯出自己的双眼，在大地上流浪，以此悔罪。弗洛伊德学派宣称，我们每个人时时刻刻都在杀死自己的父亲，和自己的母亲结婚，只是意识不到罢

了。迂回的象征方法和对随后冲动行为的合理化构成了我们的个人生活和共同的文明。如果这些情感碰巧知道了世间行为与想法的真实含义，那么人们会了解到俄狄浦斯所知道的事情：肉体突然成了亵渎自我的海洋。这就是教皇格列高利一世的传说的意义，他是乱伦的产物，同时又过着乱伦的生活。知道真相后，他万分惊骇，逃到海洋中的岩石上赎罪。

那棵树如今变成了十字架：吸食乳汁的白色少年被钉在十字架上，吞食着胆汁。从前春花盛开的地方如今腐败蔓延。然而超越十字架的阈限后，便是上帝的至福，因为十字架是道路（太阳之门），不是终点。

> 他给我打上他的印记，我宁愿爱他，不爱别人。
>
> 冬天已经过去，斑鸠在歌唱，葡萄园里鲜花盛开。
>
> 我主耶稣基督给我带上他自己的戒指，和我成婚，给我戴上王冠，让我做他的新娘。
>
> 上帝给我穿上的袍子由金线编织而成，光彩亮丽。他给我戴上的项链是无价之宝。[27]

英雄的离去

充满生命渴望的英雄能抗拒死亡并将其推迟

英雄人生经历中最后的一幕是死亡或离开。在这里生命的全部意义被集中体现出来。不用说，如果死亡带给英雄任何恐惧，那么英雄便不是英雄了。第一个条件是与坟墓达成和解。

> 亚伯拉罕坐在幔利（Mamre）的橡树下，他瞥见一道闪光，闻到了香甜的气味，转头看见灿烂美丽的死神向他走来。死神对亚伯拉罕

说：“亚伯拉罕，不要认为我是美丽的，不要认为我会以这样的形象来到每个人的面前。如果是像你一样正直的人，我会戴上王冠去见他；如果是罪人，我会以非常腐坏的样子见他，我用他们的罪行做成我头顶的王冠，让他们惊恐万状，害怕得发抖。”亚伯拉罕对他说：“你确实是被称作死神的人吗？”他回答道：“那正是我令人痛苦的名字。”但亚伯拉罕对死神说：“我不会跟你走。展示出你腐坏的样子。”死神展示出了他腐坏的样子，他有两个头，其中一个头呈现蛇面，另一个头像一把剑。亚伯拉罕所有的仆人看到死神险恶的样子后都死去了，但亚伯拉罕向上帝祈祷，使他们复活。由于死神的样子不能使亚伯拉罕的灵魂离开身体，因此上帝在梦中取走了他的灵魂，天使长米迦勒将它带入天堂。当带走亚伯拉罕灵魂的天使们赞美了上帝之后，当亚伯拉罕鞠躬表示膜拜之后，上帝说道：“把我的朋友亚伯拉罕带入天堂，那里是正直者的居住地，是我的圣徒以撒和雅各的住所，那里没有烦恼、悲伤和叹息，只有安宁、欣喜和永生。”[28]

与以下的梦境进行比较。

我走在一座桥上，在那里我遇到一位盲人小提琴手。人人都把硬币扔到他的帽子里。我走上前，发现演奏者并不是盲人。他有一只斜视眼，他正用那斜着的目光从侧面看着我。突然有一个矮小的老妇人坐在了马路边。天很黑，我感到害怕。“这条路会通向哪里？”我想。这时，一个年轻的农夫沿着这条路走过来，拉住我的手。“你想回家喝杯咖啡吗？”他说。“放开我！你抓得太紧了！”我大叫着醒了过来。[29]

在生活中代表双重视角的英雄在死后仍是一个综合的形象：就像查理曼大帝，他只是睡着了，在决定命运的时刻便会醒来，或者以另一种形式存在于我们当中。

阿兹特克人之间流传着一个有关长着羽毛的蛇的故事，它就是古代托兰城黄金时期的君主魁札尔科亚特尔（Quetzalcoatl）。他教授人们技艺，发明了历法和玉米种植。在他的统治时期结束时，阿兹特克民族用更强大的魔法征服了他和他的人民。这个年轻民族和他们时代的武士英雄特斯卡特利波卡摧毁了托兰城，打败了黄金时期的羽蛇王，烧掉了他的住所，把他的财宝都埋藏在大山里，把他种植的巧克力树换成了豆科灌木，命令他的仆人五彩鸟在他面前飞翔，然后魁札尔科亚特尔悲伤地离开了。他来到名叫高提特兰（Quauhtitlan）的城市，那里有一棵非常高大的树，他向大树走去，坐在树下照镜子。“我老了。”他说。于是那个地方被命名为“老高提特兰”。他沿着这条路往前走，在另一处又停下来休息，回头看着托兰城的方向，他哭起来，他的眼泪穿过一块岩石。在那里他留下了他坐过的痕迹，留下了他的手掌印。他继续向前走，遇到了一群巫师，他们不允许他前行，除非他留下制作银器、木器和羽毛制品的技艺以及绘画的艺术。当他翻过群山时，他的侏儒随从和驼背随从都被冻死了。在另一个地方，他遇到了他的敌手特斯卡特利波卡，在一场球类比赛中，特斯卡特利波卡打败了他。在又一个地方，他用一整棵波乔特树（póchotl）作为箭，对准另一棵巨大的波乔特树，当第一树射穿第二棵树时，它们构成了十字。他一路走来，身后留下许多痕迹和地名。最后他来到大海边，乘着蛇组成的筏子离去。没人知道他如何到达了他的目的地，也就是他最初的家特拉塔伦（Tlapállan）。[30]

根据另一个传说，他在海岸上把自己作为祭品火葬了，从他的骨灰中飞出了五彩鸟。他的灵魂变成了晨星。[31]

充满生命渴望的英雄能够抗拒死亡，将死亡推迟。据记载，库丘林在熟睡中听到一声喊叫，那喊叫声“非常恐怖，吓得他像一个麻袋一样从床上摔落下来”。他没拿武器便急忙冲出去，他的妻子埃梅尔拿着他的武器和衣服追了出去。他看到一辆套着栗色马的战车，那匹马只有一条腿，车的辕杆穿过它的身体，从前额穿出来。战车里坐着一个女人，长着红眉毛，身上围着深红色的斗篷。一个非常高大的人跟在车旁边，也穿着深红色的衣服，拿着一根分叉的榛木棍，赶着一头奶牛。

库丘林说那头奶牛是他的，但那个女人表示质疑，库丘林问为什么说话的是她，而不是那个高大的男人。她回答说那个男人叫乌阿加斯欧·卢彻尔斯欧（Uargaeth-sceo Luachair-sceo）。库丘林说："名字的长度真是惊人！"大个子男人说："和你说话的女人名叫法博·贝格毕奥伊·库因迪尔·弗尔特·斯基布加尔特·斯欧·尤斯（Faebor beg-beoil cuimdiuir folt sceubgairit sceo uath）。""你在愚弄我吧。"库丘林说。他跳入战车，把两只脚放在那个女人的双肩上，用长矛抵住她头发的分界线。"不要把你那锋利的武器对着我！"她说。"那么告诉我你的真名。"库丘林说。"离我远点，"她说，"我是女讽刺诗人，这头奶牛是用一首诗赢来的。""让我听听你的诗。"库丘林说。"那么再离我远一点，"那个女人说，"你在我头上方摇动会影响我。"

库丘林移开身体，来到战车的两个轮子之间。那个女人对她唱起了充满挑战和侮辱的歌。库丘林准备再次跳上车，但一瞬间马、女人、马车、那个男人和奶牛都消失了，只剩下一只黑鸟站在树枝上。

"你是一个会施魔法的危险女人！"库丘林对那只黑鸟说。因为他现在认出那个女人是战争女神芭德布（Badb），又称莫琳根（Morrigan）。"如果我知道那是你，我们就不会像这样分开了，"鸟回答道，"你所做的事情会给你带来厄运。""你不能伤害我。"库丘林说。"我当然能，"那个女人说，"我在密切关注着你的死期，今后我还会一直留意下去。"

然后这个女巫告诉他，那头奶牛是她从克鲁亨（Cruachan）仙山带来的，会和那个名叫楚艾格纳（Cuailgne）的大块头男人的公牛交配。当小牛长到一岁时，库丘林就会死。当他在某个浅滩和一个像他一样"强壮、常胜不败、身手敏捷、令人生畏、不屈不挠、卓越伟大而勇敢"的人交战时，她会亲自来对抗他。"我将变成一条鳗鱼，"她说，"在浅滩处我会在你的脚周围设下套索。"

库丘林也对女巫发出了威胁，然后女巫消失在大地里面。然而第二年，在预言的那场浅滩之战中，库丘林战胜了女巫，活到其他日子才死。[32]

佛陀入灭（石雕，印度，公元5世纪末） 

在普韦布洛关于水罐男孩的民间故事的最后一段，远方世界中的救赎象征以奇怪的，或许有些滑稽的方式隐约地被呈现出来。

> 许多人生活在泉水中，有妇女，有女孩。她们都跑向男孩，用胳膊搂住他，因为她们很高兴她们的孩子来到家中。这样男孩不仅找到了他的父亲，还找到了他的姑姑、姨妈们。男孩在那里住了一晚，第二天他回到自己家，告诉母亲他找到父亲了。后来他母亲生病而亡。男孩对自己说："对我来说，和这些人生活在一起也没什么用了。"于是他离开故乡，前往泉水。他母亲也在那里。他和母亲通过这种方式

和父亲生活在一起。他的父亲是阿瓦约·皮伊（Avaiyo'pi'i，红水蛇）。他说他不能和他们一起在赛克亚克基（Sikyat'ki）生活。这就是为什么他让男孩的母亲生病的原因，她死后便能“来到这里和我一起生活了”。“现在我们将一起生活在这里，”阿瓦约对儿子说。就这样，男孩和他的母亲来到泉水里生活了。[33]

这个故事与蛤蜊妻子的故事一样，细细地重复了神话的叙述。两个故事都很迷人可爱，因为它们显然不知道自己的力量。相反的极端是有关佛陀之死的描述：就像所有好的神话一样，它很幽默，但完全意识到了自己的力量。

从非想非非想处定进入无感觉无觉知境界

世尊在一大批僧众的陪伴下，走近熙连禅河（Hirannavati）的彼岸，前往拘尸那竭罗城（Kusinara）和玛拉族人（Mallas）居住的乌跋单（Upavattana）的娑罗树林。走近树林时，他对阿难尊者说：“替我准备一张卧榻，安置在两棵娑罗树的中央，头部朝向北方。我累了，想要休息。”

“好的，世尊。”阿难尊者赞同地说。他在两棵娑罗树之间铺开卧榻，头部朝北。然后佛陀侧着右边身体躺下，像狮子睡觉一般，保持正念和觉知。

此时两棵娑罗树鲜花盛开，尽管并非开花的季节。花朵自动撒满如来的身体，以表示对如来的敬意。①旃檀香粉也从天而降，铺满了佛陀的身体，神圣悠扬的天乐在空中飘扬，向如来表示崇敬。天上还传来了向如来表示崇敬的合唱。

① 如来（Tathāgata），到达或处于（gata）这样的境界（tatha），也就是觉悟者，佛陀。

之后当如来像狮子一样侧躺着和阿难尊者交谈时，乌帕瓦那（Upavana）尊者在一旁为佛陀扇风，佛陀示意他离开。为此贴身随从阿难尊者向佛陀抱怨。“世尊，”他说，“为什么要对乌帕瓦那尊者那么严厉，对他说‘退下，僧侣，不要站在我前面’？”

佛陀回答道：

> 阿难！现在各界神祇几乎都来看如来了，这架势都延伸到了拘尸那竭罗城和玛拉族人居住的乌跋单的娑罗树林周围十二里格，连插入一根头发的位置都没有。阿难！他们被惹怒了。“我们远道而来见一见如来，因为世界上出现如来、圣者和至高无上的佛陀的机会非常稀少。今晚是见佛陀的最后一面，因为他即将涅槃。但是一个魁梧的僧人站在佛陀前面，挡住了他，我们都没有机会看到如来，虽然他的最后时刻已经临近。”阿难，这些神祇就这样被惹怒了。
>
> “世尊，你所看到的神祇们在做什么？”
>
> “阿难，有些神祇在空中，他们满脑子都是凡间俗事，他们披散着头发并大声哭泣，他们伸出双臂并大声哭喊，他们向前把头栽到地上，左右打滚，说道：‘世尊将太早进入涅槃，世界之光将太早从眼前消失！’阿难，有些神祇在大地上，他们满脑子都是凡间俗事，他们披散着头发并大声哭泣，他们伸出双臂并大声哭喊，他们向前把头栽到地上，左右打滚，说道：‘世尊将太早进入涅槃，极乐者将太早进入涅槃，世界之光将太早从眼前消失！’但是那些不受七情六欲影响的神祇处在正念和觉知状态，他们耐心地说，‘万物皆瞬间即逝。任何有出生、有形成、有组织、有消亡的事物怎么可能不死呢？那是不可能的。’”

最后的交谈持续了一段时间，在此期间世尊安慰自己的僧侣。然后他对他们说：

“哦，僧侣们，现在我要离开你们了。所有存在的构成要素都是短暂的，你们要用功修行，获得救赎。”

这就是如来最后的话语。

随即世尊进入初禅，从初禅进入二禅，从二禅进入三禅，从三禅进入四禅，从四禅进入空无边处定，从空无边处定进入识无边处定，从识无边处定进入无所有处定，从无所有处定进入非想非非想处定，从非想非非想处定来到了无感觉无觉知的境界。

于是阿难尊者对阿那律尊者说：

“阿那律尊者，世尊已经涅槃了。”

“不，阿难兄弟，世尊还没有涅槃，他进入了无感无知的境界。”

随即世尊从无感觉无觉知的境界进入非想非非想处定，从非想非非想处定进入无所有处定，从无所有处定进入识无边处定，从识无边处定进入空无边处定，从空无边处定进入四禅，从四禅进入三禅，从三禅进入二禅，从二禅进入初禅，从初禅进入二禅，从二禅进入三禅，从三禅进入四禅，世尊直接进入涅槃。[34]

图77

奥特姆（死亡面具）（上色木雕，因纽特人，北美洲，年代不详）

THE HERO
WITH A
THOUSAND
FACES

08

消 解

我们每个人都是拥有非凡力量的伟大英雄——
能够用一根手指举起牛增山，
让自己充满了不起的宇宙荣耀。

小宇宙的终结

当通过穿透本源，或者通过某个男人或女人的、人类或动物化身的帮助，英雄完成了冒险时，他仍需要带着能够改变生命的战利品回归。

我们每个人都是拥有非凡力量的伟大英雄——能够用一根手指举起牛增山，让自己充满了不起的宇宙荣耀。那并不是我们在镜子里看到的肉身自我，而是内心的王。奎师那宣称："我就是存在于所有生物心中的自我，我是所有生命的开始、中间和结束。"[1]这正是在个体消亡时，为死者诵读的祷文的意义：个体现在应该重新面对有关创世神祇的原始知识，在个体存活的时候，这些神祇一直映射在他的心中。

> 当他无论是因为年老还是因为疾病而变得衰弱时，这个人从肢体中解脱出来，就好似芒果、无花果或浆果从果皮中解脱出来一样。他急忙再次回到出生的地方得以复活。准备好饮食和住所迎候着国王的贵族、警察、驾马车的人和村长们看到国王到来时大喊："他来了！他来了！"所有具有这种知识的迎候着将死者的事物也是如此，它们大喊："不朽者来了！不朽者来了！"[2]

奥西里斯，地狱判官（纸莎草纸画，埃及，公元前1275年）

图78

古埃及的《棺木铭文》（*Coffin Texts*）便已经提出了这个观点，在那里死者歌唱自己与神合一：

我是亚图姆，我独自一人；
我是最初模样的拉神。
我是自我创造者，伟大的神，
他给自己取名为众神的主宰，
众神之中无人能与他匹敌。
我是昨天，我知道明天。
当我说话的时候，众神的战场便会形成。
我知道那位伟大的神的名字。
"赞美拉神"就是他的名字。
我是住在希礼欧波利斯的伟大不死鸟。[3]

但是就像在佛陀之死中一样，从溢出时期全程回转的力量大小取决于这个人活着的时候的品质。神话讲述了在灵魂的危险之旅中，他们需要克服一些障碍。格陵兰因纽特人列举的障碍有沸腾的水壶、盆骨、巨大的燃烧着的灯、怪物看守和两块撞在一起又分开的岩石。[4] 这类元素是世界各地民间故事和英雄传说的标准特征。在上一章“英雄的冒险”中，我们已经对它们进行了探讨。在灵魂最终之旅的神话中，这些因素得到了最精巧、最意味深长的发展。

据说阿兹特克人的临终祈祷文对回归“死者骨架之神”佐特默克（Tzontémoc）一路上的危险提出了警告。

> 亲爱的孩子！你已经经历过人生的劳苦，现在我们的主很高兴带你离开。因为我们不能永远地享受这个世界，生命是短暂的，就像在夏日里取暖。主已经给予了我们今生互相了解、互相交谈的福气。但是现在，就在此刻，叫作米克特兰堤库特里（Mictlantecutli）、阿卡纳瓦卡特（Aculnahuácatl）或佐特默克的神和叫作米克特卡西瓦特尔（Mictecacíhuatl）的女神已经把你带走了。你被带到他的座位前，因为我们都必须去那里：那个地方是为我们所有人准备的，它非常广阔。
>
> 有关你我们将不再有新的记忆。你将住在那个最黑暗的地方，那里没有灯，也没有窗户。你不会回来或从那里离开。你将永远不在我们中间。你的孩子和孙辈将成为可怜的孤儿，你不会知道他们将怎样结束生命，怎样度过此生的劳苦。至于我们自己，我们很快将到你所在的地方去。

阿兹特克的老人和官员在葬礼前准备好尸体，他们把尸体包裹起来，取一点水倒在尸体的头上，对已故者说：“当你活在世上时，你享受过水。”他们再取一小罐水，送给死者并说：“这给你带在路上喝。”他们把水罐放在他寿衣的褶皱里。然后用毯子裹住死者，把他牢牢地捆住，然后把准备好的文件放在死者面前，一次放一份，并说："看，有了这份文件，你就可以通过互相撞击的大山了。""有了这份文件，你将通过蛇看守的道路。""这份文件会让绿色小蜥蜴克契托纳尔（Xochitónal）感到满意。""看，有了这份文件，你将能够通过八个寒冷刺骨的沙漠。""借助这份文件，你将通过八座小山。""借助这份文件，你将活着通过黑曜石刀的大风。"

死者会带走一只长着鲜艳红毛的小狗，小狗的脖子会被人缠上一根柔软的棉线然后杀死，和尸体一起焚化。死者骑着这条小狗游过阴间的河流。经过四年的旅行，他来到神的面前，呈上自己的文件和礼物。于是他和他忠实的伙伴被允许进入"第九层深渊"①。[5]

中国的说法是在金童玉女的引导下走过仙人桥。印度神话描绘了有着高高天穹的天空和有着许多层地下世界的地狱。死后灵魂会下降到适合它相对密度的那一层地狱中，在那里领悟、同化过去一生的意义。当经验教训被吸取之后，灵魂回到世间，为下一层级的体验做准备。因此灵魂逐渐穿过人生价值的所有层次，直到它突破宇宙之蛋的限制。但丁的《神曲》详尽地描述了这些阶段："地狱"，被束缚在肉体的傲慢和行为中的精神痛苦；"净界"，将肉体体验转变成精神体验的过程；"天堂"，精神认识的各个层次。

埃及的《死亡之书》（*Book of the Dead*）描述了这段可怕而神秘的旅程。已死的男人或女人被认为等同于奥西里斯，事实上他们就被称为奥西里斯。《死亡之书》在开篇中赞美了拉神和奥西里斯，然后描述了在阴间解开灵魂的包布的神秘过程。在"给奥西里斯 · N 一张嘴"的章节中，我们可以读到这句话，"我从隐秘之地的蛋中复活。"（在给死者所起的名字中会出现在 N 的位置，例如奥西里斯 · 奥法卡，奥西里斯 · 阿尼）这是把死亡作为重生的观念。然后在

① 白狗和黑狗不能游过河，因为白狗会说："我已经洗过我自己了。"而黑狗会说："我已经弄脏自己了！"只有毛色鲜红的狗能够游到死亡之岸。

“打开奥西里斯 · N 的嘴”一章中，觉醒的灵魂祈祷道：“愿卜塔神（Ptah）打开我的嘴，愿我的城市之神解开我的裹尸布，连同我嘴上的裹尸布也一起解开。”“让奥西里斯 · N 在阴间拥有记忆”一章和“在阴间给予奥西里斯 · N 一颗心”一章描述了重生接下来的两个阶段。然后是一些描述孤独的旅行者必然会面对并克服的危险的章节，这些危险在前往令人敬畏的判官的宝座的路上会被遇到。

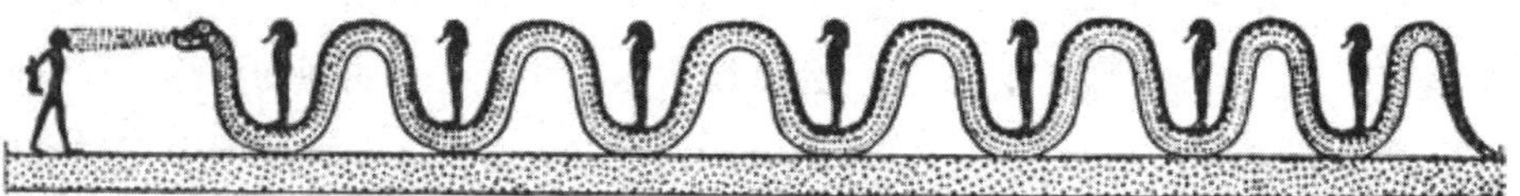

图79 阴间的科提蛇，喷火焚烧奥西里斯的敌人（石膏雕刻，新王国，埃及，公元前 1278 年）

《死亡之书》作为指导手册会和木乃伊一起被埋葬，在埋葬时人们要背诵书中的章节，它们会引导死者度过道路上的危险。在制作木乃伊的第一个阶段，死者的心脏会被切开，一个镶在黄金底座中的玄武石圣甲虫和祷文一起被放在心脏里，圣甲虫象征着太阳，祷文写着“我的心，我的母亲，我的心，我的母亲，我变化的心”。“不要让奥西里斯 · N 的心在阴间被取走”一章规定了祷文的内容。在“击退鳄鱼”一章中，我们会读到：

> 退后，哦，住在西方的鳄鱼……退后，哦，住在南方的鳄鱼……退后，哦，住在北方的鳄鱼……被创造出来的事物在我的手心里，还没形成的事物在我的身体里。我被穿上衣服，被完整地提供了你的魔法言语，哦，拉神，你在我头顶的天堂里，你在我脚下的地狱里……

接下来是“击退蛇”一章，再后面是“赶走阿沙特”。灵魂对着阿沙特大叫：“给我走开，哦，你这咬人的魔鬼。”在“赶走两个梅尔蒂（Merti）女神”一章中，灵魂宣布了自己的目标，它声称自己是父亲的儿子，以此来保护自己："……我在赛克泰克（Sektet）之舟中闪光，我是何露斯（Horus），奥西里斯的儿子，我来看我的父亲奥西里斯。"英雄在"在阴间靠空气生活"一章和"赶走阴间的雷雷克（Rerek）蛇"一章中继续前行，然后，伟大的声明在"赶走在阴间执行的杀戮"一章中出现。

> 我的头发是纽（Nu）的头发。我的脸是迪斯克（Disk）的脸。我的眼睛是哈索尔的眼睛。我的耳朵是阿普特（Apuat）的耳朵。我的鼻子是康提卡司（Khenti-khas）的鼻子。我的嘴唇是安普（Anpu）的嘴唇。我的牙齿是什各特（Serget）的牙齿。我的脖子是女神伊西斯的脖子。我的手是巴内塔突（Ba-neb-Tattu）的手。我的前臂是赛斯夫人内施（Neith）的前臂。我的脊椎骨是苏提（Suti）的脊椎骨。我的阴茎是奥西里斯的阴茎。我的腰是克尔阿巴（Kher-aba）之主的腰。我的胸是强大的恐怖者的胸……我身体的各个部分没有一个不是某位神的身体部分。托特神保护我的身体，我每天都是拉神。没有人会用手臂把我向后拽，没有人能凶暴地抓住我的手……

这与在很久之后出现的菩萨形象具有相似之处，菩萨的光轮中站立着五百个形态各异的佛陀，每个佛陀有五百个菩萨陪伴，每个菩萨又由无数的神灵陪伴，而灵魂通过同化众神来充分实现它的高度和力量，之前这些神祇被认为与灵魂分离或处在灵魂之外。这些神祇是灵魂自身存在的投射，当灵魂回归它真实的状态时，这些神祇都会重新成为灵魂的一部分。

在"用鼻子吸空气和控制阴间的水"一章中，灵魂宣称自己是宇宙之蛋的守护者："向你致敬！努特女神的无花果树！请授予我你体内的水和空气。我拥抱着赫尔莫波利斯（Hermopolis）中的宝座，我看守保护着巨鹅（Great Cackler）的蛋。它成长，我也成长，它活着，我也活着；它用鼻子吸入空气，我也用鼻子吸入空气。我就是取得胜利的奥西里斯·N。"

接下来是"不要让人的灵魂在阴间被夺走"和"在阴间喝水，不被火焚烧"

的章节，随后，我们会看到高潮的章节“白天时在阴间出现”，其中灵魂与宇宙的存在被认为是一体的。

> 我是昨天、今天和明天。我拥有重生的能力，我是创造众神的隐秘灵魂，它既能给阿曼泰（Amentet）的阴间居民，也能为天上的居民提供墓地的膳食。我是东方的舵手，我拥有两张神圣的脸，可以看到他的光芒。我是复活者的主人，我是从黑暗中走出来的人的主人，他们的存在形式就是死者所住的房屋的形式。向栖息在你长眠之地的两只鹰致敬，它们倾听着他说的话，它们将棺材架引导到秘密的地方。这两只鹰为拉神引路，它们追随他进入天空顶点的最神圣之处。向屹立在大地中间的圣殿的主人致敬。他就是我，我就是他，卜塔神用水晶遮盖了他的天空……

图80 阿尼和他妻子的替身在喝另一个世界的水（纸莎草纸画，托勒密王朝，埃及，公元前240年）

然后，灵魂随心所欲地在宇宙中漫游，就像在“抬起脚现身大地之上”、“前往黑里欧波里斯（Heliopolis），在那里接受王权”、“可以将自己变成任何喜欢的形式的人”、“进入巨大的房屋”和“前往神圣君王奥西里斯的所在地”章节中所描述的。这些所谓负面表白的章节宣称获得救赎的人具有纯洁无瑕的道德：“我未曾犯下罪孽……我未曾暴力抢劫……我未曾对任何人使用过暴力……我未曾偷盗……我未曾杀人……”这本书以赞美众神结尾，然后是“在拉神身边生活”、“促使人回去看看他在人世间的房屋”、“令灵魂完美”和“在拉神巨大的太阳船中航行”的章节。[6]

大宇宙的终结

就像被创造出来的个体形式注定会消亡一样，宇宙也会消亡：

> 当得知十万年后宇宙周期又将重新开始时，被称为罗伽毗由赫（Loka-byuhas）的众神，即感官欲乐天国的居住者在人世间游荡，他们披散着头发，头发在风中飞舞，他们的衣衫凌乱，一边哭泣一边用手擦掉眼泪。他们宣告道：
>
> “先生们，十万年过去后，宇宙周期将会重新开始。这个世界将被毁灭，浩大的海洋将会枯竭；广阔的大地和大山的君主须弥山将被烧毁，世界的毁灭将延伸至梵天的世界。因此先生们，你们要培养与他人之间的友谊和对他人的同情，享受快乐，不要计较。你们要服侍母亲、父亲，尊敬亲属中的长者。”这被称为周期性的骚动。[7]

《德累斯顿法典》（*Dresden Codex*）最后一页的插图描绘了玛雅人的世界末日。这部古代手稿记录了行星的周期，由此可以推导出宇宙周期的计算。[8]文本接近结束时出现的蛇的数字（之所以这样说是因为这些数字中有蛇的象征）代表了三万四千年的宇宙周期，即一千二百五十万天，这些周期被反复记录。

> 在这些可谓惊人的周期中，所有较小的单位被认为最终是大致相同的。在实际的永恒中，多几十年或少几十年有什么关系呢？最后，

图81 世界末日：雨蛇和虎爪女神（树皮纸上的墨水画，玛雅，中美洲，1200—1250 年）

手稿的最后一页描述了世界的毁灭，巨大的数字为世界的毁灭铺设了道路。在这里我们看到雨蛇横贯天空，喷射出水的洪流。巨大的水流从太阳和月亮中喷涌而出。长着虎爪和令人生畏的外貌的恶毒的年老女神，打翻盛放天空之水的碗，制造出洪水和大暴雨。象征死亡的交叉式骨头装饰着她的裙子，她的头顶有一条盘绕的蛇。黑神手持着一柄向下指的长矛大踏步地行走各处，这象征着宇宙的毁灭，一只尖叫的猫头鹰站在他可怕的头上。这里以形象的手法描绘了吞没一切的大洪水。[9]

在描写古代北欧海盗（Viking）的《诗体埃达》（*Poetic Edda*）中出现了最强烈的描写之一。主神奥丁想要知道他自己和他的万神殿会有怎样的末日。宇宙之母的化身“智慧女人”对他说：[10]

兄弟相争，彼此残杀，
姐妹们的儿子将玷污亲属们的名声；
人世冷酷无情，淫邪盛行；
刀光剑影，盾牌被击碎，
大风与恶狼在世界毁灭前肆虐，
人们互不相让，互不体谅。

在巨人之家约顿海姆（Jotunheim），一只红色的公鸡将要打鸣；在瓦尔哈拉殿堂（Velhalla）的是公鸡金梳子（Golden Comb）；在地狱中一只铁锈红色的鸟。名叫加姆（Garm）的巨犬将在阴间的入口崖洞处张开它的血盆大口狂吠。大地将颤抖，峭壁和树木将被撕成碎片，大海冲向陆地。那些在一开始锁住怪兽的镣铐将会全都裂开：芬莉斯狼将自由地奔跑，下颌抵着地面，上颌抵着天空（“如果有更大的空间，他的嘴会张得更大”）。他的眼睛和鼻孔冒着火。宇宙海洋里包裹着世界的大蛇将愤怒地抬起身体，在大地上和狼一起前行，吐出毒液，毒液将撒播到所有的空气和水中。纳吉尔法（Naglfar）大船将被解开缆绳（这艘船由死者的指甲打造），巨人将用它来运送。另一条船将载着地狱的居民航行。火人将从南方出发。

当众神的守护者吹响声音尖锐的号角时，奥丁的武士儿子们将被召集起来进行最后一战。众神、巨人、魔鬼、爱人和精灵将从各个方向来到战场。世界之树（Yggdrasil）将颤抖，天地之间万物惊恐。

世界毁灭：狼形怪物芬里厄吞掉了奥丁神（石雕，北欧海盗，英国，1000 年）

图82

奥丁神将对抗狼怪，雷神托尔将对抗巨蛇，战神蒂尔（Tyr）将对抗恶犬——最邪恶的怪物，丰饶之神弗雷将对抗火巨人苏特（Surt）。雷神将杀死巨蛇，但蛇的毒液让他在十步之内倒地而亡。奥丁神将被狼怪吞掉，然后森林与和平之神维达尔（Vidarr）用一只脚踏住狼怪的下颌，用手抓住它的上颌，把它的咽喉扯断。火神洛基（Loki）将与海姆达尔（Heimdallr）同归于尽被他杀死。苏特将把火抛向大地，烧毁整个世界。

> 太阳变成黑色，大地沉入大海，
> 天空中滚烫的星星旋转着坠落，
> 蒸汽和养育生命的火焰变得越来越猛烈，
> 直到火焰高高地跳跃上了天空。
>
> 现在加姆在格尼巴面前大声狂吠，
> 镣铐将爆裂开，狼怪逃脱，
> 关于战斗中强有力的众神的命运，
> 我知道很多，还会看到更多。

在《圣经新约》的马太福音（the Gospel according to Matthew）中我们也能看到对这种天启的描写：

> 正当耶稣坐在橄榄山上，信徒们来到他跟前，私下里说，告诉我们这些事情将什么时候发生？你的来临和世界末日的征兆将是什么？
>
> 耶稣回答他们说，注意不要让人欺骗了你们。因为很多人会以我之名说“我是耶稣”，很多人会上当受骗。你们会听说战争和有关战争的谣言。你们不要烦恼，因为所有这些事情一定会发生，但这还不是末日。因为民族会对抗民族，王国会对抗王国，各地将发生饥荒、瘟疫和地震。所有这些都是悲伤的开始，它们会使你们遭受痛苦并杀死你们，你们将因为我的名字而遭受众人的憎恨。那时必有许多人被触犯，人们彼此陷害，彼此仇恨。同时，会有很多假先知出来迷惑众人。因为不法行为的增多，许多人的爱心将会渐渐冷淡。但是忍耐到底的人必将得救。这天国的福音将传遍天下，让万民作见证，然后末日才会来到。

你们会看见先知但以理（Daniel）所说的那种肆意破坏的可憎者将站在圣地上（读这经文的人需要理解其含义）。到那时，犹地亚地区的人应该逃到山里，凡在房上的，决不要下来回到屋里抢救他的财物，田里的人也不要去回家取走自己的衣物。在那个时候，怀着孩子的和为孩子哺乳的妇女将会悲痛万分！你们应当祈求你们的逃离不是发生在冬天或安息日，因为那时必有大难降临，从世界之初直至如今，从来没有这样的灾难，以后也不会有。若不减少那些时日，凡血肉之躯没有一个将得到救赎。但看在上帝的选民的面子上，那些时日必将减少。

那时如果有人对你们说，基督在这里，或说基督在那里，你们不要轻信。因为假基督、假先知将会出现，将显现出神迹和奇事。可能的话，他们连选民也要欺骗。看啊，我之前已经告诉过你们。如果有人对你们说，看那，基督在旷野里，你们不要出去。或说基督在密室中，你们不要相信。因为闪电从东边出现，直照到西边。人子降临也是如此。尸首在那里，鹰也必聚在那里。那些时日的灾难一过去，太阳将变成黑色，月亮也不再发光，众星要从天上坠落，天势都要震动。那时人子的兆头会出现在天上，地上的万族都将哀哭。他们要看见人子威武而荣耀地驾着天上的云降临。他要差遣天使把他的选民从四方，从地极直到天边，都召集起来……但那日子，那时辰，没有人知道，连天上的使者也不知道，唯有我的父知道。[11]

图83

与普罗透斯搏斗（大理石雕，法国，1723 年）

THE HERO WITH A THOUSAND FACES

尾声

神话与社会

变形人

目前不存在解释神话的终极体系，它也永远不会出现。神话就像古代海神普罗透斯，“他的言语真实可靠。他会进行各种试验，将变成地上爬行的各种生物，变成湍急的洪流和熊熊燃烧的大火”。[1]

希望得到普罗透斯教诲的生命旅者必须“紧紧地抓住他苦苦地恳求”，最后他才将呈现出适当的样子。但是这位诡计多端的神从来不会向提问者透露出他的智慧的全部内容。他只回答向他提出的问题，这些内容可能重要，也可能琐碎，这依提出的问题而定。

> 当太阳移动到天空的中央，高高在上时，这位言语可靠的海洋老人常常会从海水中出现，他乘着西风，被暗黑的海浪覆盖着。当他出来后，会在一个洞穴里躺下睡觉。一群海豹（它们是海洋美丽的女儿们）围在他身边陪伴，它们从灰白色的海水中被偷来，所呼出的是深海的苦涩气味。[2]

希腊国王梅内莱厄斯（Menelaus）在这位海洋老人的女儿的引导下来到这

个荒凉的洞穴，并从她那里得到迫使这位神给出好解答的方法，仅仅为了了解自己的困境的秘密并一探朋友们的下落。这位神如实回答了这些问题。

现代的知识分子认为神话在以原始、笨拙的方式解释自然世界（弗雷泽），它被后世误解为来自史前时期的诗意的幻想（穆勒），是在塑造个体时使之适应群体的寓言性知识库（涂尔干），是体现人类心灵深处的原始欲求的群体梦境（荣格），是人类进行最深刻的形而上学的洞察的传统工具（库马拉斯瓦米），是上帝给他的孩子们的启示（教会）。神话是所有这一切。各种各样的评判取决于判断者的视角。因为当我们不是从它是什么的角度，而是从它如何发挥作用，在过去如何为人类服务以及如今如何为人类服务的角度来仔细审视时，神话证明它就像生活本身一样服从于个体、种族和时代的困扰与需求。

神话、膜拜与冥想的作用

个体的生命形式一定只是人类整体形象的局部和扭曲。个体被局限为男性或女性。在生命中的某个时期，他被局限为儿童、青年、成人或老人。此外，他的人生角色一定拥有某项专长，如手艺人、商人、仆人、小偷、祭司、领袖、妻子、修女或娼妓，他不可能担任所有角色。因此人类的完整性不在于单独的成员，而在于完整的社会体，个体只是其中的一个器官。他从群体中获得了生活技能、用于思考的语言、使自己获得成功的观念，不断变化的社会构成了个人身体的基因的一部分。如果他擅自在行为、思想或感受上脱离群体，那么他就切断了与存在之源的联系。

部落的出生仪式、成人仪式、婚礼、葬礼、就职仪式等都旨在将个体的人生关键时刻和重要行为转化为典型的非个人的形式。它们告诉个体，他不是这个个人或那个个人，而是战士、新娘、寡妇、祭司或酋长，同时向社群的其他成员复述了各个原型阶段的古老经验和教训。所有人根据阶层和个人功能来参加仪式。整个社会成了一个可见的不朽的单元。一代一代的个体出生又死去，就像生命体中令人无法分清的细胞，但那持久、永恒的形式会保留下来。视野的扩大使人们得以拥抱这个超个体，每个人都发现自己得到了提升、丰富、支持和扩展。然而他所扮演的平凡角色是人类固有的美好的节日形象，这个潜在的、存在于他内心的形象必然受到抑制。

社会责任将节日中展现的经验和教训延续到日常生活中，个体依然被证明是有效的。相反，冷漠、反感或放逐会破坏这种给予生命的连接。从社会单位的立足点来看，脱离联系的个体什么都不是，只是个废物。反之人们可以老老实实地说，他们扮演着某种角色——无论那是祭司、娼妓、女王还是奴隶。

成人仪式和就职仪式通常会教授这样的道理：个体与群体本质上是一体性的，而周期性的节日开阔了人们的视野。由于个体是社会的一个器官，因此部落或城市，乃至整个人类，都只是宇宙中巨大有机体的一个方面。

人们习惯于把周期性节日说成是土著试图控制大自然的努力。这是一种歪曲。人类的每个行为都包含着很多控制的意愿，尤其是那些被认为用来祈雨、治病或抑制洪水的巫术仪式。然而所有宗教仪式的（与黑魔法相反）主要动机是顺应不可避免的命运，在周期性节日中，这个动机尤其明显。

在记载中，还没有哪种部落仪式是试图避免冬天的降临的，相反，所有仪式的目的都是为了让社群和大自然一起忍受可怕的寒冷季节。春天，仪式并不会试图迫使大自然立即为贫乏的社群提供玉米、豆子和南瓜。相反，仪式要求所有人投入大自然季节性的劳作中。一年四季的循环中既有艰难的时期，也有快乐的时期，它受到人们的赞美，被描绘成为人类持续不断的生命轮回。

在接受神话教导的社群中有许多这种延续性的其他象征形式。例如，美洲的狩猎部落普遍认为他们的祖先是半人半神。这些祖先不仅是氏族的人类成员，也是氏族以其命名的动物物种，因此海狸部落的人类成员是海狸有血缘关系的堂兄弟姐们。部落的人类成员是海狸的保护者，反过来也从海狸那里学到了动物智慧以保护自己。再举一个例子，新墨西哥州和亚利桑那州纳瓦霍人的泥盖木屋是依据纳瓦霍人心目中的宇宙来修建的。木屋的入口朝向东面，八个面代表了四个方向和方向之间的点。每一根横梁和托梁相当于包容大地与天空的大泥盖木屋中的每一个要素。由于人类灵魂本身被认为在形式上与宇宙相同，因此泥盖木屋象征着人与宇宙的和谐，它提醒人们神秘的完美生活方式是怎样的。

然后还存在另外一种与社会责任和祭礼这种方式相反的方式。从责任的立足点来看，遭到社群放逐的人毫无价值。然而，放逐正是探索的第一步。所有一切都在每个人的心中，因此可以从内心寻找并发现它。性别、年龄和职业的差异并不重要，它们只是我们在世界舞台上穿着一段时间的戏服。戏服中人的形象不会和服装发生混淆。我们或许认为自己是美国人、是 20 世纪的孩子、是西方人、是文明的基督徒，认为自己善良正直或邪恶有罪。然而这类称呼并不能说明我们是怎样一个人，它们只表示地理、出生日期和收入等的偶然情况。我们的核心是什么？我们存在的基本特征是什么？

中世纪圣徒的禁欲主义、印度的瑜伽修行、希腊化时期的神秘启蒙以及东西方的古代哲学都是将个人意识的重点从服装上转移开的技术。初步冥想会使人的思想和情感超然于生活中的偶然事件，促使他探索核心。“我不是那，也不是那，”他沉思着，“不是我的母亲或刚死去的儿子，不是我患病或衰老的身体，不是我的手臂、眼睛和头，不是所有这一切的总和。我不是我的感受、我的思想，不是我的直觉力。”通过这样的冥想，他被推动着进入自己的内心深处，最终突破深不可测的认识。没有人会从这种体验中倒退回来，严肃地思考自己是美国社会某某小镇的某某先生，责任在渐渐消失。某某先生认识到了自己作为人类的傲慢，他变得沉默而超然。

这就是水仙那耳喀索斯（Narcissus）看向水潭中的阶段，也是佛陀坐在树下沉思的阶段，但这不是最终目标。它只是一个必需的步骤，但不是终点。它的目的不是看到本质，而是意识到个体就是本质。然后个体便可以作为本质在世界上自由漫游了。此外，世界也是由那种本质构成的。人本身的本质和世界的本质其实是一体的。因此分离和退隐不再是必要的。无论英雄在什么地方漫游，无论他做什么，他永远都在自己的本质面前，因为他具有能够看见本质的完美眼睛。人与他的本质不再分离。因此，就像社会参与最终会使人认识到所有一切都在个体中一样，放逐同样能够使英雄认识到自我在一切之中。

集中在这个中心点上，自私或利他主义的问题便消失了。个体在法则中失去了他自己，在与宇宙全部意义的同一性中获得了重生。宇宙被他创造出来，宇宙是为他而创造的。“哦，穆罕默德，”上帝说，“如果没有你，我便不会创造天空。”

今天的英雄

确实，所有这些观点与当代的观点都相去甚远，因为自决的人民的民主理想、电力驱动的机器的出现以及科学研究方法的发展显著改变了人类生活，以至于长期继承下来的、永恒的象征符号的宇宙崩溃了。尼采的查拉图斯特拉预言性地通报了这个时代的来临：“众神皆死。”[3] 这个故事被人们熟知，讲述它的方式有很多种。它是现代的英雄周期的故事，是人类走向成熟的奇妙故事。在不可避免的强大打击下，过去的符咒、传统的束缚变得支离破碎。神话的梦境之网消失了，心灵对完全清醒的意识敞开。现代人从古代的愚昧无知中产生，像破茧而出的蝴蝶，又像从夜晚母亲的子宫中升起的太阳。

众神不仅没有躲开望远镜和显微镜搜索的隐秘地方，他们曾经支持的那种社会也不复存在。社会单位不是宗教内容的载体，而是一个经济政治组织。它的理想不是僧侣哑剧的理想，即让尘世的人看到天堂的形式，而是世俗的理想，不断努力争取物质上的优势和资源。被梦境束缚在神话范围中的孤立社会不再存在，除了那些作为将要被开发的地区之外。在不断进步的社会中，古代人类的仪式、道德和艺术遗产的最终残余正在全面衰减。

因此今天人类的问题与相对稳定时期的人类的问题正相反，在相对稳定的时期，神话起着重要的协调作用，如今它们被视为谎言。在那时所有的意义都在于群体，在于各种无个性特征的形式，而不在于自我表现的个体。如今所有的意义都不在于群体，不在于世界，全部在于个人。然而这种意义是绝对无意识的。人们不知道自己的目标是什么，不知道什么在推动着自己。人类心灵中有意识区域与无意识区域之间的沟通线被彻底切断了，我们已经一分为二。

如今英雄需要完成的功绩不是伽利略那个年代的英雄功绩。当时的黑暗之处，现在是光明的；但同样地，当时的光明之处，现在是黑暗的。现代英雄的使命是，再次给灵魂的失落的亚特兰提斯带来光明。

显而易见，这个使命不能通过倒退或放弃现代革命的成就来实现，因为如果不赋予现代世界精神上的重要性，那么这个问题就毫无意义，或者如果不能通过当代生活条件使人们有可能实现完全的成熟，那么这个问题也是毫无意义的（用另一种方式表述了相同的原则）。确实，这些条件本身使得古代的方式变得无效、具有误导性，甚至有害。如今的社区是地球，而不是有边界的国家，因此过去有助于协调内群体的有计划的侵略，现在会使内群体分裂成不同的帮派。以国旗作为图腾的国家观念如今强化了婴幼儿时期的自我，而不是消除婴幼儿时期的状态。它在拙劣地模仿仪式，所服务的是固守不放者，即恶龙般暴君的目的，而不是服务于毫无利己之心的上帝的目的。许许多多这类反邪教的圣徒（也就是爱国者，到处都是他们和国旗悬挂在一起的照片，他们的照片被作为了官方的图标）正是当地阈限的看守者（我们的粘头发魔鬼），他们是英雄需要克服的第一个问题。

我们目前所了解的世界上的伟大宗教也不能满足这个要求。因为它们与小部分人的动机有关，成了自鸣得意的宣传工具（在西方宗教的影响下，最近佛教甚至也发生了这样的堕落）。世俗国家的普遍胜利将所有宗教组织置于一种次要的，最终也是无用的地位，宗教哑剧如今只不过是周日早晨一种假装虔诚的典礼。而商业道德和爱国主义才是日常的精神指南。这种假装的虔诚不是世界所需要的，相反，整个社会秩序必须发生转变，这样透过世俗生活的每一个细节和行为，我们便能以某种方式有意识地认识到普遍的神性，这是所有人内心都固有的并且它对每一个人发挥着作用。

这并非意识本身能够完成的任务。意识不能预测或控制当天晚上的梦，更不能创造或预测有效的象征符号。社会秩序的改变必然是一个漫长而可怕的过程，它不仅发生在现代社会中每个人的心灵深处，而且发生在最近整个地球所转变成的巨大战场上。我们正在看着撞岩的可怕撞击，灵魂必须从撞岩之间通过，我们不认同它的任何一面。

但有一件事是我们所知道的，那就是当出现新的象征符号时，它将在世界各个地区以不同的面貌出现，地区的生活环境、种族和传统必然以有效的形式被混合在其中。因此人类有必要明白并且要有能力领悟到，救赎之道可以通过各种象征符号来揭示。《吠陀经》写道："真理只有一个，圣人用各种不同名字称呼它。"人类合唱团的各种演绎方法都反映了同一首歌。因此对某一种局部方法的广泛宣传是不必要的，甚至是一种威胁恐吓。成为人类的方法是学会识别至高无上的神的容貌，无论他具有什么样的人类面孔。

有了这样的认识，至于现代英雄的任务的具体方向是什么，我们便得到了的最后一条线索，并且可以开始发现所有继承而来的宗教信条崩溃瓦解的真实原因。引力的中心，也就是奥秘与危险范围的中心已经发生了转移。对于远古时代的狩猎人类来说，剑齿虎、猛犸象和其他较少见的动物是主要的异类，它们既是危险之源，也是食物来源。当时人类的任务是与这些生物共享原始的大自然，因此他们的重要问题是在心理上与这个任务联系起来。由此发生了无意识的认同并最终导致了神话中有意识的半人半神的祖先图腾的出现。动物成了人类的导师。表面上的模仿行为，比如今天只出现在儿童游戏场（或疯人院）的模仿行为，能够有效地消除人类的自私自利，实现团结凝聚的社会。与之类似，以种植农作物为生的氏族会把情感聚集在植物上，将种植、收获这类生活仪式等同于人类的生殖、出生和发展成熟的过程。然而植物世界和动物世界最终都会被纳入社会控制之下。因此有教益的神奇故事的领域转移到了天空，人类上演了有关神圣的月亮国王、太阳国王、僧侣的行星国家和调节世界的天体的象征性节日的伟大哑剧。

如今所有这些神秘事物都失去了作用，我们的心灵对它们的象征物不再感兴趣。一切存在为之服务且人类自身必须服从的宇宙法则的概念早已经过了古老占星术所代表的早期的神秘阶段，如今人们只是以机械的方式把它看成是理所当然的事情。西方科学研究从天上发展到了地上（从 17 世纪的天文学到 19 世纪的生物学），如今，科学的焦点是人类本身（20 世纪的人类学和心理学）。这种发展标志着人类所好奇的事物的焦点发生了巨大的变化。现在最重要的奥秘不是动物世界，不是植物世界，不是天体的奇迹，而是人类自己。人类成了异类，利己主义的力量必须屈服于他。通过这个异类，利己主义将被钉死在十字架上并将复活。社会也将根据这个异类的形象来加以改造。然而人类不是作为“我”而是作为“你”来被理解的：因为氏族、种族，洲、社会阶层或世纪的理想与世俗制度都不会成为衡量无穷无尽、多种多样的神圣存在的标准，这种神圣的存在就是我们所有人内在的生命。

现代的英雄，也就是敢于听从召唤并寻找存在的宅邸的现代人，与我们的整体命运息息相关。他们不能也一定不要等着社会摆脱傲慢、恐惧、被合理化的贪婪和被神圣化的误解。尼采说：“抓紧生活，就像期限已到。”不是社会引导并拯救了具有创造性的英雄，而是正相反。因此我们每个人都要经受最重要的考验——在救世主陷入绝望的沉默时，而不是在他的宗族获得巨大胜利的荣耀时刻，背负起救世主的十字架。

地出（摄影，绕月轨道，1968 年）

神话与宗教故事人物谱

阿庇斯
Apis【埃及】力量与丰产之神，拥有牛的外形

阿波罗
Apollo【希腊】太阳神，奥林波斯十二神之一

阿布沙罗斯
Apsarases【印度】婆罗门教女神，善歌舞

阿多尼斯
Adonis【希腊】自然之神

阿耳忒弥斯
Artemis【希腊】月亮女神、狩猎女神，奥林波斯十二神之一

阿佛洛狄忒
Aphrodite【希腊】爱与美之神，丰饶女神，奥林波斯十二神之一

阿喀琉斯
Achilles【希腊】特洛伊战争中的一个半神英雄

阿克泰翁
Actaeon【希腊】猎手，农神阿里斯泰俄斯（Aristaeus）的儿子

阿里阿德涅
Ariadne【希腊】迈诺斯王的女儿，温柔多情的童贞女

阿难尊者
Ananda【佛教】释迦牟尼的十大弟子之一

阿努纳奇

Anunnaki【苏美尔】阴间的一群神灵

阿瑞斯

Ares【希腊】战神，奥林波斯十二神之一

阿斯塔耳忒

Astarte【希腊】丰产女神，罗马人将其与阿佛洛狄忒混同

阿提斯

Attis【希腊】佛律葵亚主宰自然界之神

阿札曼

Kamar al-Zaman【阿拉伯】一千零一夜故事中英俊的王子

埃德舒

Edshu【西非尼日利亚】约鲁巴人的恶作剧之神

埃利刻

Erlik【西伯利亚】冥界之王

埃梅尔

Emer【爱尔兰】库丘林的妻子

埃涅阿斯

Aeneas【罗马 / 希腊】特洛伊英雄，安基塞斯王子与爱神阿佛洛狄忒的儿子

安普

Anpu/Anubis【埃及】死亡和葬礼之神

奥德修斯

Odysseus【希腊】利用木马计攻陷特洛伊城的英雄

奥丁

Othin/Odin【北欧】阿萨神族的至高神

奥西里斯

Osiris【埃及】死亡与生命之神

巴巴

Papa【毛利】大地母亲，相当于希腊的盖亚（Gaia）、苏美尔人的基（Ki）

贝雅特丽齐

Beatrice【意大利】《神曲》中的重要出场人物之一，但丁的恋人

彼得

Peter【基督教】耶稣十二门徒之一

波塞冬

Poseidon【希腊】海神，奥林波斯十二神之一

布杜尔

Budur【阿拉伯】一千零一夜故事中美丽的公主

布伦希尔德

Brynhild【北欧】日耳曼神话中的女战士

参孙
Samson【基督教】被赋予神力的犹太人士师

达芙妮
Daphne【希腊】纽斯河之女，月桂女神

大力罗摩
Balarama【印度】奎师那的哥哥

大雄
Mahāvīra【耆那教】印度教派最近的先知兼救世主

代达罗斯
Daedalus【希腊】艺术家兼工匠，设计并建造弥诺陶洛斯的迷宫的人

但以理
Daniel【基督教】先知

狄安娜
Diana【罗马】相当于希腊的阿耳忒弥斯

狄俄尼索斯
Dionysos【希腊】酒神，奥林波斯十二主神之一

蒂尔
Tyr【北欧】战神

俄狄浦斯
Oedipus【希腊】弑父娶母的悲剧人物

俄耳甫斯
Orpheus【希腊】佛律葵亚的歌手，河神俄阿格洛斯和卡利俄珀的儿子

莪相
Ossian【凯尔特】古爱尔兰战士和诗人

厄拉托
Erato【希腊】司爱情诗的缪斯

埃列什吉伽尔
Ereshkigal【苏美尔】大地女王，伊南娜的姐姐

厄洛斯
Eros【希腊】爱与欲望之神，相当于经典神话中的丘比特（Cupid）

恩基
Enki【巴比伦】水神和智慧之神

恩利尔
Enlil【巴比伦】空气之神

法厄同
Phaethon【希腊】光明之神，福玻斯的儿子

梵天
Brahmā【印度】创造之神

芬恩·麦克库尔
Finn MacCool【凯尔特】“芬尼亚勇士”

杰出的领袖，我相的父亲

弗尔戈尔
Forgall【爱尔兰】埃梅尔的父亲

弗雷
Frey【北欧】丰饶、兴旺、爱情、和平之神

弗雷娅
Freya【北欧】繁育之神

伏羲
Fu Hsi【中国】天帝

福玻斯
Phoebus【希腊】太阳神

福纳斯
Faunus【罗马】森林之神，相当于希腊的潘

刚沙
Kans【印度】奎师那残忍的舅舅

歌利亚
Goliath【希伯来/基督教】巨人，被大卫杀死

格雷琴
Gretchen【德国】《浮士德》中人物，浮士德的恋人

古伽兰那
Gugalanna【苏美尔】伊南娜姐姐的丈夫

顾戴
Kudai【西伯利亚】黑鞑靼人至高无上的神

观世音菩萨
Avalokitesvara【佛教】西方三圣中的一尊，慈悲和智慧的象征

哈索尔
Hathor【埃及】母爱与幸运女神

海伦
Helen【希腊】人间最漂亮的女人，引发了特洛伊之战

海姆达尔
Heimdallr【北欧】光之神、破晓之神

海尤瑞
Hai-uri【南部非洲】霍屯督人（Hottentots）的鬼怪

何露斯
Horus【埃及】天空与王权之神，奥西里斯的儿子

赫耳墨斯
Hermes【希腊】商业之神、旅者之神，奥林波斯十二主神之一

赫拉克勒斯

Herakles【希腊】大力神，宙斯和阿尔克墨涅的儿子，相当于罗马的赫耳枯勒斯（Hercules）

赫马佛洛狄忒斯

Hermaphrodite【希腊】阴阳神，赫耳墨斯和阿佛洛狄忒的孩子

华奈摩伊宁

Väinämöinen【芬兰】《卡勒瓦拉》中的英雄

荒岛王子

Lonesome Isle【爱尔兰西部】年轻的勇士

黄帝

Huang Ti【中国】五帝之首

火井夫人

Tubber Tintye【爱尔兰西部】荒岛王子寻找的女王，也作火井女王

吉尔伽美什

Gilgamesh【巴比伦】美索不达米亚苏美尔王朝乌鲁克国的英雄

吉祥天女

Lakṣmī【印度】幸福与财富女神

鹡鸰

Uzume【日本】黎明与欢笑女神

迦索

Ghazur【阿拉伯】国王，布杜尔公主的父亲

金刚总持

Vajra-Dhara【佛教】三世一切诸佛的总身

卡里德薇

Caridwen【威尔士】诗歌与文学女神

卡莉

Kālī【印度】黑色的地球母亲，时间的征服者，丰产女神，湿婆的妻子

卡辛巴

Kyazimba【东非】瓦恰卡部落传说人物

科阿特立库

Coatlicue【阿兹特克】大地之母

科荷勒姆

Khnemu【印度】创造、水域之神

克隆那斯

Kronos【希腊】农神，众神的父亲

库柏勒

Cybele【希腊／罗马】佛律葵亚的女神，母神，相当于罗马的玛格那玛特。

库勒伏

Kullervo【芬兰】《卡勒瓦拉》中的英雄

库丘林
Cuchulainn【爱尔兰】勇士

奎师那
Kṛṣṇa【印度】宇宙之王毗湿奴的化身

拉伊奥斯
Laius【希腊】俄狄浦斯的父亲

兰奇
Rangi【毛利】天空父亲，相当于希腊的乌拉诺斯（Ouranos）、苏美尔人的安（An）

勒明卡伊宁
Lemminkainen【芬兰】《卡勒瓦拉》中的英雄

罗得
Rode【基督教】摩押人和亚扪人的始祖

洛基
Loki【北欧】恶作剧之神，火神

马杜克
Marduk【巴比伦】太阳神

马里德斯
Marids【阿拉伯】非常危险强大的一类神怪

玛胡伊卡
Mahu-ika【毛利 / 波利尼西亚】火的守护神

玛拉
Kāma-Māra【佛教】爱与死亡之神

玛利亚
Mary【基督教】耶稣的生母

迈诺斯王
Minos【希腊】克里特岛国王，宙斯的儿子

毛利
Maori【南罗得西亚】创世神

毛伊
Maui【波利尼西亚】半人半神的英雄

梅菲斯特
Mephistopheles【德国】《浮士德》中的男性引路人

梅蒙娜
Maymunah【阿拉伯】恶魔之女，神怪之王阿迪米里亚特（AL-Dimiryat）的女儿

美狄亚
Medea【希腊】伊阿宋的妻子，著名的悲剧人物

美杜莎
Medusa【希腊】蛇发女妖

弥诺陶洛斯
Minotaur【希腊】牛怪，帕西法厄之子

弥特剌斯
Mithra【古代印度 - 伊拉克】光明和善行之神

米克特兰堤库特里
Mictlantecutli【阿兹特克】死神，也作阿卡纳瓦卡特（Aculnahuácatl）/ 佐特默克（Tzontémos）

密涅瓦
Minerva【罗马】智慧女神，相当于希腊的雅典娜

敏
Min【埃及】生育神

缪斯
Muses【希腊】一群司诗歌、艺术和科学的女神

摩西
Moses【埃及 / 基督教】先知，犹太人的民族领袖

墨丘利
Mercury【罗马】相当于希腊的赫耳墨斯

穆罕默德
Mohammed/ Muhammad【伊斯兰教】先知

那耳喀索斯
Narcissus【希腊】水仙

那伊阿得
Naiads【希腊】水泽神女

南纳
Nanna【巴比伦】月亮神

内施
Neith【埃及】战争、狩猎、编织和智慧神

宁舒布尔
Ninshubur【苏美尔】伊南娜的信使

欧罗巴
Europa【希腊】迈诺斯王的母亲

欧律狄刻
Eurydice【希腊】俄耳甫斯的妻子

帕尔瓦蒂
Pārvatī【印度】雪山女神

帕加那
Pajana【西伯利亚】黑鞑靼人的造物主

帕西法厄
Pasiphae【希腊】王后，迈诺斯王的妻子，被波塞冬唆使和海中出生的公牛结合

潘
Pan【希腊】牧神，外形是山羊与人的结合

毗湿奴
Viṣṇu【印度】守护之神，宇宙之神

珀耳修斯
Perseus【希腊】杀死美杜莎的英雄，宙斯的儿子

菩提达摩
Bodhidharma【佛教】佛传禅宗第二十八代祖师

普罗米修斯
Prometheus【希腊】从太阳神阿波罗那里盗走火种送给人类，给人类带来了光明

普罗透斯
Proteus【希腊】海神

齐格弗里德
Siegfried【北欧】屠龙英雄

乔达摩·释迦牟尼/悉达多
Gautama Sakyamuni/Siddhartha【印度/佛教】佛教创始人，被后世尊称为佛陀

萨尔贡
Sargon【巴比伦】女神伊什塔尔的副摄政者

萨克蒂
Sakti【印度】湿婆神的妻子

塞姬
Psyche【希腊】爱神厄洛斯的妻子

塞壬
Sirens【希腊】人首鸟身的海妖，常用歌声诱惑过路的航海者

赛特
Set【埃及】战神，风暴之神，沙漠之神，奥西里斯的弟弟

沙里曼
Shahriman【阿拉伯】国王，阿札曼王子的父亲

神农
Shen Nung【中国】炎帝，五谷王

圣玛莎
Saint Martha【法国】杀死恶龙塔拉斯各（Tarasque）的英雄

湿婆神
Śiva【印度】毁灭之神

水爷爷
Dyedushka Vodyanoy【俄罗斯】水怪

水之母
Water-Mother【芬兰】《卡勒瓦拉》中创

世之母

苏特

Surt【北欧】火巨人，火之神

苏耶妲

Sujata【佛教】给予乔达摩乳糜的牧女

塔奥罗

Ta'aroa【卡巴拉教】宇宙的创造者

昙梵陀利

Dhanvantari【印度】众神的医生毗湿奴的一个化身

坦木兹

Tammuz【巴比伦】植物之神，伊什塔尔的丈夫

特拉佐蒂奥托

Tlazolteotl【阿兹特克】净化女神

特斯卡特利波卡

Tezcatlipoca【阿兹特克】英雄

提娃妲

Devatas【印度】女神

提修斯

Theseus【希腊】杀死弥诺陶洛斯的英雄

提亚马特

Tiamat【巴比伦】混沌母神

天照大神

Amaterasu【日本】太阳女神

托尔

Thor【北欧】雷神，奥丁的长子

托特

Thoth【埃及】智慧之神，拥有朱鹮首男人身或狒狒形象

威利

Vili【北欧】奥丁的兄弟，与奥丁和维共同推翻了伊米尔的统治

维

Ve【北欧】奥丁的兄弟，与奥丁和威利共同推翻了伊米尔的统治

维达尔

Vidarr【北欧】森林与和平之神

维耳比乌斯

Virbius【罗马】森林与狩猎之神

维吉尔

Virgil【意大利】《神曲》中的引路人

维拉科查

Viracocha【印加帝国】宇宙之父、创世神

维纳斯
Venus【罗马】爱神，相当于希腊神话的阿佛洛狄忒

沃坦
Wotan【北欧】众神之父

乌戈
Ukko【芬兰】创世神

西尔瓦努斯
Sylvanus【罗马】森林守护神

西缅
Symeon【基督教】以色列西缅支派的祖先

西王母
Hsi Wang Mu【中国道教】尊称王母娘娘，所有女仙及天地间一切阴气的首领

希杜丽萨比图
Siduri-Sabitu【巴比伦】伊什塔尔的化身

希律王
Herod【基督教】施行恶政、固执与自我的极端象征

须佐之男
Susanowo【日本】风暴神，天照大神的弟弟

雅各
James【基督教】耶稣十二门徒之一

亚伯拉罕
Abraham【犹太教/基督教/伊斯兰教】先知

亚瑟王
Arthur Pendragon【凯尔特】古不列颠传奇国王

亚图姆
Atum【埃及】太阳神

耶和华
Yahweh【基督教】至高、全能、公义、圣洁、信实、慈爱的神

伊阿宋
Jason【希腊】用计谋夺取金羊毛的英雄

伊拉特
Ilat【南阿拉伯】女性太阳神

伊林艾托乔
Yryn-ai-tojon【西伯利亚】雅库特人神话中的主神

伊米尔
Ymir【北欧】始祖巨人

伊南娜
Inanna【苏美尔】天空女王，爱神、智慧

之神、战争之神、生育和欲望之神

伊什塔尔
Ishtar【巴比伦】自然与丰收女神，相当于苏美尔人的伊南娜

伊西斯
Isis【埃及】守护死者的女神，生命与健康之神，奥西里斯的妻子

伊邪那美
Izanami【日本】伊邪那岐的妹妹和妻子

伊邪那岐
Izanagi【日本】原始的万物之父

以利户
Elihu【基督教】约伯的朋友

易卜劣斯
Iblis【伊斯兰教】恶魔，堕落天使的首领

易尔马里宁
Ilmarinen【芬兰】《卡勒瓦拉》中的英雄

因陀罗
Indra【印度】司雷雨的主神，天空之王，相当于希腊神话中的宙斯

约伯
Job【基督教】先知

约翰
John【基督教】耶稣十二门徒之一

约卡斯塔
Jocasta【希腊】俄狄浦斯的母亲

约拿
Jonah【基督教】先知

旃陀罗笈多
Candragupta【印度】孔雀王朝的创建者

朱庇特
Jupiter/Jove【罗马】天神，相当于希腊的宙斯

注 释

1949 年版前言

1 Sigmund Freud, *The Future of an Illusion* (translated by James Strachey et al., Standard Edition, XXI; London: Hogarth Press, 1961), pp. 44–45. (Orig. 1927.)

2 Rg Veda: 1.164.46.

开场 单一神话

1 Clement Wood, *Dreams: Their Meaning and Practical Application* (New York: Greenberg, 1931), p. 124. 作者说（p.viii）：“书中梦的素材主要来自每周别人发给我的1 000 多个梦，它们都是我进行研究分析的素材，与我每天为全国各家报纸写的专题文章有关。同时它们也成了我在开私人诊所时曾收集并分析过的梦的补充。”与那些主题为梦境分析的标准著作中所呈现的大多数梦相比，这篇对弗洛伊德的通俗介绍中的梦来自未接受过治疗的人。他们非常坦率，毫无保留。

2 Géza Róheim, *The Origin and Function of Culture* (Nervous and Mental Disease Monographs, No. 69, New York, 1943), pp. 17–25.

3 D. T. Burlingham, “Die Einfühlung des Kleinkindes in die Mutter,” *Imago*, XXI, p. 429; cited by Géza Róheim, *War, Crime and the Covenant* (*Journal of Clinical Psychopathology, Monograph Series*, No. 1, Monticello, NY, 1945), p. 1.

4 Róheim, *War, Crime and the Covenant*, p. 3.

5 Freud, *The Interpretation of Dreams* (translated by James Strachey, Standard Edition, IV; London: The Hogarth Press, 1953), p. 262. (Orig. 1900.)

6 Freud, *Three Essays on the Theory of Sexuality*, III: “The Transformations of Puberty” (translated by James Strachey, Standard Edition, VII; London: The Hogarth Press, 1953), p. 208. (Orig. 1905.)

7 Sophocles, *Oedipus Tyrannus*, pp. 981–83.

8 Wood, *op. cit.*, pp. 92–93.

9 A. van Gennep, *Les rites de passage* (Paris, 1909).

10 Géza Róheim, *The Eternal Ones of the Dream* (New York: International Universities Press, 1945), p. 178.

11 C. G. Jung, *Symbols of Transformation* (translated by R. F. C. Hull, *Collected Works*, vol. 5, New York and London, 2nd ed., 1967), par. 585. (Orig. 1911–12, *Wandlungen und Symbole der Libido*, translated by Beatrice M. Hinkle as *Psychology of the Unconscious*, 1916. Revised by Jung, 1952.)

12 Harold Peake and Herbert John Fleure, *The Way of the Sea* and *Merchant Venturers in Bronze* (New Haven, CT: Yale University Press, 1929 and 1931).

13 Leo Frobenius, *Das unbekannte Afrika* (Munich: Oskar Beck, 1923), pp. 10–11.

14 Ovid, *Metamorphoses*, VIII, 132 ff.; IX, 736 ff.

15 T. S. Eliot, *The Waste Land* (New York: Harcourt, Brace and Company; London: Faber and Faber, 1922), pp. 340–45.

16 Arnold J. Toynbee, *A Study of History* (Oxford University Press, 1934), vol. VI, pp. 169–75.

17 "Forms or images of a collective nature which occur practically all over the earth as constituents of myths and at the same time as autochthonous, individual products of unconscious origin" (C. G. Jung, *Psychology and Religion* [Collected Works, vol. 11; New York and London, 1958], par. 88. Orig. written in English, 1937. See also his *Psychological Types*, index.)

18 Jung, *Psychology and Religion*, par. 89.

19 Friedrich Nietzsche, *Human, All Too Human*, vol. I, p. 13; cited by Jung, *Psychology and Religion*, par. 89, n. 17.

20 Adolph Bastian, *Ethnische Elementargedanken in der Lehre vom Menschen*, Berlin, 1895, vol. I, p. ix.

21 Franz Boas, *The Mind of Primitive Man* (1911), pp. 104, 155, 228.

22 James G. Frazer, *The Golden Bough*, one-volume edition, p. 386. Copyright 1922 by the Macmillan Company and used with their permission.

23 Sigmund Freud, *The Interpretation of Dreams*, translated by James Strachey, Standard Edition, V, pp. 350–51.

24 Jung, *Psychology and Religion*, par. 89.

25 这是吉扎·罗海姆翻译的一个澳大利亚阿兰达术语 "altjiranga mitjina"，指的是在一个被称为 "altjiranga nakala" 的时期游走于世界的一位虚构的祖先。"altjira" 的含义有三个：(a) 梦；(b) 祖先，出现在梦境中的生物；(c) 故事。(Róheim, *The Eternal Ones of the Dream*, pp. 210–11).

26 Frederick Pierce, *Dreams and Personality* (Copyright 1931 by D. Appleton and Co., publishers), pp. 108–9.

27 Words written over the Gate of Hell:

Per me si va nella città dolente,

Per me si va nell' eterno dolore,

Per me si va tra la Perduta Gente.

—Dante, "Inferno," III, 1–3.

The translation is by Charles Eliot Norton, *The Divine Comedy of Dante Alighieri*

(Boston and New York: Houghton Mifflin Company, 1902); this and the other quotations listed in footnotes used by permission of the publishers.

28 Katha Upanißad, 3–14. (Unless otherwise noted, my quotations of the *Upanishads* will be taken from Robert Ernest Hume, *The Thirteen Principal Upanishads, Translated from the Sanskrit*, Oxford University Press, 1931.)

《奥义书》是印度哲学文献的一个类别，内容涉及人类和宇宙的本质，它构成了正统哲学思辨的晚期部分。最早的文献可以追溯到大约公元前 8 世纪。

29 James Joyce, *A Portrait of the Artist as a Young Man* (New York: The Modern Library; Random House, Inc.), p. 239.

30 Aristotle, *On the Art of Poetry* (translated by Ingram Bywater, with a preface by Gilbert Murray, Oxford University Press, 1920), pp. 14–16.

31 Robinson Jeffers, *Roan Stallion* (New York: Horace Liveright, 1925), p. 20.

32 Euripides, *Bacchae*, p. 1017 (translated by Gilbert Murray).

33 Euripides, *The Cretans*, frg. 475, ap. Porphyry, *De abstinentia*, IV, p. 19, trans. Gilbert Murray. See discussion of this verse by Jane Harrison, *Prolegomena to a Study of Greek Religion* (3rd edition, Cambridge University Press, 1992), pp. 478–500.

34 Ovid, *Metamorphoses*, XV, 165–67, 184–85 (translation by Frank Justus Miller, the Loeb Classical Library).

35 Bhagavad Gita, 2:18 (translation by Swami Nikhilananda, New York, 1944).

36 “单一神话”这个词出自詹姆斯·乔伊斯的《芬尼根的守灵夜》(New York: Viking Press, Inc., 1939), p. 581.

37 Virgil, *Aeneid*, VI, p. 892.

38 Greatly abridged from *Jataka*, Introduction, i, pp. 58–75 (translated by Henry Clarke Warren, *Buddhism in Translations* [Harvard Oriental Series 3], [Cambridge, MA: Harvard University Press, 1896], pp. 56–87), and the *Lalitavistara* as rendered by Ananda K. Coomaraswamy, *Buddha and the Gospel of Buddhism* (New York: G. P. Putnam’s Sons, 1916), pp. 24–38.

39 Exodus, 19:3–5.

40 Louis Ginzberg, *The Legends of the Jews* (Philadelphia: The Jewish Publication Society of America, 1911), vol. III, pp. 90–94.

41 目前这本书没有对这种情况进行历史探讨。这项任务留给了现在正处于准备中的一部作品。（这里提到的作品就是坎贝尔的四卷作品《众神的面具》[*The Masks of God*]——原版编者注）本书涉及比较研究，不是起源研究。它的目的是展示神话本身以及圣人提出的解释和应用之间存在的本质上的相似性。

42 Translated by Dom Ansgar Nelson, O.S.B., in *The Soul Afire* (New York: Pantheon Books, 1944), p. 303.

43 Quoted by Epiphanius, *Adversus haereses*, xxvi, 3.

44 参阅本书 p. 25 的内容。

45 这是受到佛陀保护的蛇，出现在佛陀得道后第五个星期。

46 Alice C. Fletcher, *The Hako: A Pawnee Ceremony* (Twenty-second Annual Report, Bureau of American Ethnology, part 2; Washington, DC, 1904), pp. 243–44.

波尼族大祭司这样对弗莱彻小姐（Miss Fletcher）解释仪式中被崇拜的神祇：“在

创世时应该会有一些法力较小的神。由于伟大的太阳神（Tirawa-atius）不能靠近人类，人类看不到、感觉不到他，因此允许法力较小的神出现，他们介于人和太阳神之间”(*ibid.*, p. 27).

47 See Ananda K. Coomaraswamy, “Symbolism of the Dome,” *The Indian Historical Quarterly*, vol. XIV, No. 1 (March 1938).

48 John, 6:55.

49 *Ibid.*, 10:9.

50 *Ibid.*, 6:56.

51 Koran, 5:108.

52 Heraclitus, fragment 102.

53 Heraclitus, fragment 46.

54 William Blake, *The Marriage of Heaven and Hell*, “Proverbs of Hell.”

55 Leo Frobenius, *Und Afrika sprach* (Berlin: Vita, Deutsches Verlagshaus, 1912), pp. 243–45. 可以与《散文埃达》(Prose Edda)“Skaldskaparmal”第一篇中对奥丁神(沃坦)惊人相似的描述进行对比。(“Scandinavian Classics,” vol. V, New York, 1929, p. 96)。可以和耶和华的命令进行对比(Exodus, 32:27)：“你们每个人把刀挂在身边，在营地里出出进进，从这扇门到那扇门，每个人杀他的兄弟，杀他的同伴，杀他的邻居。”

第一部分 英雄的历险

01 启程

1 *Grimm's Fairy Tales*, No. 1, “The Frog King.”

2 *The Psychopathology of Everyday Life* (Standard Edition, VI; orig. 1901).

3 Evelyn Underhill, *Mysticism, A Study in the Nature and Development of Man's Spiritual Consciousness* (New York: E. P. Dutton and Co., 1911), Part II, “The Mystic Way,” Chapter II, “The Awakening of the Self.”

4 Sigmund Freud, *Introductory Lectures on Psycho-Analysis* (translated by James Strachey, Standard Edition, XVI; London: Hogarth Press, 1963), pp. 396–97 (orig. 1916–17).

5 Malory, *Le Morte d'Arthur*, I, p. xix. 追逐公鹿和看到“搜索声野兽”标志着与寻找圣杯有关的神秘事件的开始。

6 George A. Dorsey and Alfred L. Kroeber, *Traditions of the Arapaho* (Chicago: Field Columbia Museum, Publication 81, Anthropological Series, vol. V; 1903), p. 300. Reprinted in Stith Thompson's *Tales of the North American Indians* (Cambridge, MA, 1929), p. 128.

7 C. G. Jung, *Psychology and Alchemy* (Collected Works, vol. 12; New York and London, 1953), pars. 71, 73. (Orig. 1935.)

8 Wilhelm Stekel, *Die Sprache des Traumes* (Wiesbaden: Verlag von J. F. Bergmann, 1911), p. 352. 斯泰克尔博士指出血红色光的闪烁与肺结核病人咳血的想法有关。

9 Reprinted by permission of the publishers from Henry Clarke Warren, *Buddhism*

in Translations (Harvard Oriental Series 3) (Cambridge, MA: Harvard University Press, 1896), pp. 56–57.

10 Proverbs, 1:24–27, 32.

11 "Spiritual books occasionally quote [this] Latin saying which has terrified more than one soul" (Ernest Dimnet, *The Art of Thinking*, New York: Simon and Schuster, Inc., 1929, pp. 203–4).

12 Francis Thompson, *The Hound of Heaven* (Portland, ME: Thomas B. Mosher, 1908), opening lines.

13 *Ibid*., conclusion.

14 Ovid, *Metamorphoses,* I, pp. 504–53 (translation by Frank Justus Miller, the Loeb Classical Library).

15 参阅本书 pp. 2–3 的内容。

16 Jung, *Psychology and Alchemy,* pars. 58, 62.

17 *Grimm's Fairy Tales*, No. 50.

18 *The Thousand Nights and One Night*, Richard F. Burton translation (Bombay, 1885), vol. I, pp. 164–67.

19 Genesis, 19:26.

20 Werner Zirus, *Ahasverus, der ewige Jude* (Stoff- und Motivgeschichte der deutschen Literatur 6, Berlin and Leipzig, 1930), p. 1.

21 参阅本书 p. 46 的内容。

22 See Otto Rank, *Art and Artist,* translated by Charles Francis Atkinson (New York: Alfred A. Knopf, Inc., 1943), pp. 40–41: "如果将神经症患者与创造性艺术家进行比较，显然前者冲动的生活受到了过度核查……两者都与普通人存在根本的差异，普通人接纳自己原本的样子，而这两者倾向于发挥他们的意志力来重新塑造自己。然而他们两者之间也存在着差异：在这种自愿的自我重塑过程中，神经症患者没有超越具有破坏性的初步工作，因此无法将整个创造过程与他自己分离，把它转化为意识形态的抽象形式。创造性艺术家则会重新创造自己，由此产生了意识形态上构建而成的自我。对艺术家而言，自我能够把创造性意志力从自己转移到这个人的意识形态表征上，因此使自我具有了客观性。必须承认这个过程在某种程度上是局限于个体自己的，不仅在于它建设性的方面，也在于它破坏性的方面。这解释了为什么几乎所有的创造性工作都会经历"神经症"性质的病态危机。

23 Abridged from Burton, *op. cit.*, vol. III, pp. 213–28.

24 Bruno Gutmann, *Volksbuch der Wadschagga* (Leipzig, 1914), p. 144.

25 Washington Matthews, *Navaho Legends* (Memoirs of the American Folklore Society, vol. V, New York, 1897), p. 109.

有关英雄历险的纳瓦霍象征，参见 Jeff King, Maud Oakes, and Joseph Campbell, *Where the Two Came to Their Father: A Navaho War Ceremonial,* Bollingen Series I, 2nd ed., (Princeton, NJ: Princeton University Press, 1969), pp. 33–49; Joseph Campbell, *The Inner Reaches of Outer Space: Myth as Metaphor and as Religion* (Novato, CA: New World Library, 2002), pp. 63–70; and Joseph Campbell, "The Spirit Land," *Mythos: The Shaping of Our Modern Tradition* (Silver Spring, MD: Acorn Media, 2007)—Ed.]

26 Dante, "Paradiso," XXXIII, 12–21 (translation by Charles Eliot Norton, *op. cit.*, vol.

III, p. 252; quoted by permission of Houghton Mifflin Company, publishers).

27 See Oswald Spengler, *The Decline of the West,* translated by Charles Francis Atkinson (New York: Alfred A. Knopf, Inc., 1926–28), vol. I, p. 144. "Supposing," adds Spengler,"that Napoleon himself, as 'empirical person,' had fallen at Marengo—then that which he *signified* would have been actualized in some other form." 在英雄做出划时代行为期间，在某种意义和某种程度上，他失去了个性，化身成为文化过程的推动力；"between himself as a fact and the other facts there is a harmony of metaphysical rhythm" (*ibid.*, p. 142). This corresponds to Thomas Carlyle's idea of the Hero King, as "Ableman" (*On Heroes, HeroWorship and the Heroic in History,* Lecture VI).

28 在希腊化时代，赫耳墨斯和托特的融合成了赫耳墨斯魔法护神（即"伟大的三次赫耳墨斯"）的形象，它被认为是所有艺术的庇护者和老师，特别是炼金术。"密闭地"密封曲颈瓶（其中放置了神秘的金属）被认为是一个可以与神话领域相媲美的突出力量的特殊领域；在它之中的金属经历了奇怪的变形，这象征着超自然监护下的灵魂。赫耳墨斯是启蒙的古老奥秘的主人，代表神圣智慧的下降到世界，也代表了神圣的救世主的化身 (see pp. 299–303)。(See C. G. Jung, *Psychology and Alchemy,* part III, "Religious Ideas in Alchemy." [Orig. 1936.] For the retort, see par. 338. For Hermes Trismegistus, see par. 173 and index, *s.v.*)

29 Wilhelm Stekel, *Die Sprache des Traumes,* pp. 70–71.

30 *Ibid.*, p. 71.

31 Koran, 37:158.

32 Adapted from Burton, *op. cit.*, vol. III, pp. 223–30.

33 与梦境中的蛇（第 52 页）进行比较。

34 Leonhard S. Schultze, *Aus Namaland und Kalahari* (Jena, 1907), p. 392.

35 *Ibid.*, pp. 404, 448.

36 David Clement Scott, *A Cyclopaedic Dictionary of the Mang'anja Language Spoken in British Central Africa* (Edinburgh, 1892), p. 97.

与下面这个 21 岁男孩的梦境进行比较："一天晚上我梦到了一只脚。我以为它躺在地上，却没有料到被它绊倒了。它看起来和我的脚的形状相同。这只脚突然跳起来，开始追赶我。我好像是跳出了窗户，跑过院子来到街上，我尽可能地快跑。我想我跑到了伍利奇（ Woolwich ），它突然追上了我并摇晃我，我醒了。我梦到过这只脚好几次了。"这个男孩听说他的那个身为水手的父亲在海中出了事故，磕坏了他的脚踝。(C. W. Kimmins, *Children's Dreams, An Unexplored Land,* London: George Allen and Unwin, Ltd., 1937, p. 107).

弗洛伊德认为："脚是古老的性象征，甚至出现在神话中。" (*Three Essays on the Theory of Sexuality,* p. 155). 我们应该注意，俄狄浦斯这个名字的意思就是"肿胀的脚"。

37 Compare V. J. Mansikka, in Hastings' *Encyclopaedia of Religion and Ethics,* vol. IV, p. 628; article "Demons and Spirits (Slavic)." 几位权威学者所写的一组文章被收集在上述书中"恶魔与精灵"的标题之下（分别探讨了非洲人、大洋洲人种、亚述 - 巴比伦人种、佛教徒、凯尔特人、中国人、基督教徒、科普特人、希腊人、希伯来人、耆那教徒、日本人、犹太人、伊斯兰教徒、波斯人、罗马人、斯拉夫人、日耳曼人的恶魔与精灵），它们是这一主题很好的入门读物。

38 *Ibid.*, p. 629. 可以与罗蕾莱(Lorelei)进行比较。曼西卡(Mansikka)对斯拉夫人森林

田野和水泽精灵的探讨的基础是哈努斯·马沙尔（Hanus Machal）的综合性著作《斯拉夫神话绘图本》（*Nákres slovanského bájeslovi*）（布拉格，1891 年）。在马沙尔的《斯拉夫神话》（*Slavic Mythology*）中可以看到这本书的英文节略本。(*The Mythology of All Races*, vol. III, Boston, 1918).

39 Wilhelm Stekel, *Fortschritte und Technik der Traumdeutung* (Vienna-Leipzig-Bern: Verlag für Medizin, Weidmann und Cie., 1935), p. 37.

40 A. R. Radcliffe-Brown, *The Andaman Islanders* (2nd ed., Cambridge University Press, 1933), pp. 175–77.

41 R. H. Codrington, *The Melanesians, Their Anthropology and Folklore* (Oxford University Press, 1891), p. 189.

42 *Jataka*, 1:1. Abridged from translation by Eugene Watson Burlingame, *Buddhist Parables* (Yale University Press, 1922), pp. 32–34. Reprinted by permission of the publishers.

43 Coomaraswamy, *Journal of American Folklore* 57, 1944, p. 129.

44 *Jataka*, 55:1, 272–75. Adapted, with slight abridgment, from the translation of Eugene Watson Burlingame, *op. cit.*, pp. 41–44. Reprinted by permission of Yale University Press, publishers.

45 Nicholas of Cusa, *De visione Dei*, 9, 11; cited by Ananda K. Coomaraswamy, "On the One and Only Transmigrant" (*Supplement to the Journal of the American Oriental Society*, April–June, 1944), p. 25.

46 Ovid, *Metamorphoses*, VII, p. 62; XV, p. 338.

47 参阅本书 p. 58 的内容。

48 Longfellow, *The Song of Hiawatha*, VIII. 朗费罗笔下的易洛魁人（Iroquois）酋长海华沙的冒险故事应该属于阿尔冈昆（Algonquin）文化中的英雄兔精（Manabozho）。海华沙是 16 世纪一个真实的历史人物。

49 Leo Frobenius, *Das Zeitalter des Sonnengottes* (Berlin, 1904), p. 85.

50 Henry Callaway, *Nursery Tales and Traditions of the Zulus* (London: Trübner, 1868), p. 331.

51 Ananda K. Coomaraswamy, "Akimcanna: Self-Naughting" (*New Indian Antiquary*, vol. III, Bombay, 1940), p. 6, note 14, citing and discussing Thomas Aquinas, *Summa Theologica*, I, p. 63, 3.

52 Sir James G. Frazer, *The Golden Bough* (one-volume edition), pp. 347–49. Copyright 1922 by the Macmillan Company and used with their permission.

53 *Ibid.*, p. 280.

54 Duarte Barbosa, *A Description of the Coasts of East Africa and Malabar in the Beginning of the Sixteenth Century* (London: Hakluyt Society, 1866), p. 172; cited by Frazer, *op. cit.*, pp. 274–75. Reprinted by permission of the Macmillan Company, publishers.

02 启蒙

1 Apuleius, *The Golden Ass* (Modern Library edition), pp. 131–41.

2 Knud Leem, *Beskrivelse over Finmarkens Lapper* (Copenhagen, 1767), pp. 475–78. An English translation will be found in John Pinkerton, *A General Collection of the Best*

and Most Interesting Voyages and Travels in All Parts of the World (London, 1808), vol. I, pp. 477–78.

3 E. J. Jessen, *Afhandling om de Norske Finners og Lappers Hedenske Religion*, p. 31. This work is included in Leem's volume, *op. cit.*, as an appendix with independent pagination.

4 Uno Harva, *Die religiösen Vorstellungen der altaischen Völker* ("Folklore Fellows Communications," No. 125, Helsinki, 1938), pp. 558–59; following G. N. Potanin, *Oˇcerki ševerozapodnoy Mongolii* (St. Petersburg, 1881), vol. IV, pp. 64–65.

5 Géza Róheim, *The Origin and Function of Culture* (Nervous and Mental Disease Monographs, No. 69), pp. 38–39.

6 *Ibid.*, p. 38.

7 *Ibid.*, p. 51.

8 Underhill, *op. cit.*, Part II, Chapter III. Compare p. 42, note 3.

9 Wilhelm Stekel, *Fortschritte und Technik der Traumdeutung*, p. 124.

10 *Svedenborgs Drömmar, 1774*, "Jemte andra hans anteckningar efter originalhandskrifter meddelade af G. E. Klemming" (Stockholm, 1859), quoted in Ignaz Ježower, *Das Buch der Träume* (Berlin: Ernst Rowohlt Verlag, 1928), p. 97.

11 Ježower, *op. cit.*, p. 166.

12 Plutarch, *Themistocles*, 26; Ježower, *op. cit.*, p. 18.

13 Stekel, *Fortschritte und Technik der Traumdeutung*, p. 150.

14 *Ibid.*, p. 153.

15 *Ibid.*, p. 45.

16 *Ibid.*, p. 208.

17 *Ibid.*, p. 216.

18 *Ibid.*, p. 224.

19 *Ibid.*, p. 159.

20 *Ibid.*, p. 21.

21 Stekel, *Die Sprache des Traumes*, p. 200. See also Heinrich Zimmer, *The King and the Corpse*, ed. J. Campbell (New York: Bollingen Series, 1948), pp. 171–72; also D. L. Coomaraswamy, "The Perilous Bridge of Welfare," *Harvard Journal of Asiatic Studies* 8.

22 Stekel, *Die Sprache des Traumes*, p. 287.

23 *Ibid.*, p. 286.

24 Koran, 2:214.

25 S. N. Kramer, *Sumerian Mythology* (American Philosophical Society Memoirs, vol. XXI; Philadelphia, 1944), pp. 86–93. 苏美尔神话对西方而言有着独特的重要性，因为它是巴比伦、亚述、腓尼基和圣经传说的来源（由圣经传说产生了伊斯兰教和基督教），而且对异教的凯尔特人、希腊人、罗马人、斯拉夫人和德国人也具有重要的影响。

26 Jeremiah Curtin, *Myths and FolkLore of Ireland* (Boston: Little, Brown and Company, 1890), pp. 101–6.

27 参阅本书 pp. 52–53 的内容。

28 Ovid, *Metamorphoses,* III, 138–252.

29 Cf. J. C. Flügel, *The PsychoAnalytic Study of the Family* ("The International Psycho-Analytical Library," No. 3, 4th edition; London: The Hogarth Press, 1931), chapters 12 and 13.

福卢格尔（Flügel）教授说："一方面思想、精神或灵魂的概念与父亲或男性概念之间存在着普遍的联系；另一方面，身体或物质的概念（materia— 属于母亲）与母亲或女性主义的概念之间存在着普遍的联系。由于这种联系，与母亲有关的情感和情绪压抑（在犹太教 - 基督教的一神论中）引发了一种倾向，那就是对人类身体、地球和整个物质宇宙采取的不信任、蔑视、厌恶或敌对的态度。同时还有存在着一种抬高并过度强调精神要素的倾向，无论精神要素是人类的还是万物的。哲学中很多明显的唯心主义倾向之所以对很多人具有吸引力，可能是因为这种厌恶母亲的反应的升华，而更教条式的、更狭隘的唯物主义形式可能代表了回归到最初与母亲相关的被压抑的情感。" (*ibid.*, p. 145, note 2).

30 *The Gospel of Sri Ramakrishna,* translated into English with an introduction by Swami Nikhilananda (New York, 1942), p. 9.

31 *Ibid.*, pp. 21–22.

32 Standish H. O'Grady, *Silva Gadelica* (London: Williams and Norgate, 1892), vol. II, pp. 370–72. Variant versions will be found in Chaucer's *Canterbury Tales,* "The Tale of the Wyf of Bathe"; in Gower's *Tale of Florent;* in the mid-fifteenth-century poem, *The Weddynge of Sir Gawen and Dame Ragnell;* and in the seventeenth-century ballad, *The Marriage of Sir Gawaine.* See W. F. Bryan and Germaine Dempster, *Sources and Analogues of Chaucer's Canterbury Tales* (Chicago, 1941).

33 Guido Guinicelli di Magnano (1230–75?), "Of the Gentle Heart," translation by Dante Gabriel Rossetti, *Dante and His Circle* (London: Ellis and White, edition of 1874), p. 291.

34 Antiphons for the Feast of the Assumption of the Blessed Virgin Mary (August 15), at Vespers: from the Roman Missal.

35 *Hamlet,* Act I, scene ii, ll. 129–37.

36 Sophocles, *Oedipus Coloneus,* 1615–17.

37 Shankaracharya, *Vivekachudamani,* pp. 396 and 414, translated by Swami Madhavananda (Mayavati, 1932).

38 Jacobus de Voragine, *The Golden Legend*, LXXVI, "Saint Petronilla, Virgin." (Compare the tale of Daphne, pp. 50–51.) 后来的教会不愿认为圣彼得生过一个孩子，因此把佩德罗尼拉说成是他的受监护者。(Chicago, 1941).

39 *Ibid.*, CXVII.

40 Gustave Flaubert, *La tentation de Saint Antoine (La reine de Saba).*

41 Cotton Mather, *Wonders of the Invisible World* (Boston, 1693), p. 63.

42 Jonathan Edwards, *Sinners in the Hands of an Angry God* (Boston, 1742).

43 Coomaraswamy, *The Dance of Siva* (New York, 1917), pp. 56–66.

44 Zimmer, *Myths and Symbols in Indian Art and Civilization,* pp. 151–75.

45 圣线是印度三个高种姓（即所谓的再生）的成员穿戴的一条棉线。圣线经过头部和右手臂，搭在左肩上，再经过身体达到右臀部（胸部和背部）。这象征着再生者的重生。圣线本身代表的阈限或太阳门，所以再生者同时居住在时间和永恒中。

46 For a discussion of this syllable, see p. 228.

47 Matthews, *op. cit.*, pp. 110–13.

48 Ovid, *Metamorphoses*, II (adapted from Miller: Loeb Library).

49 Kimmins, *op. cit.*, p. 22.

50 Wood, *op. cit.*, pp. 218–19.

51 W. Lloyd Warner, *A Black Civilization* (New York and London: Harper and Brothers, 1937), pp. 260–85.

52 Géza Róheim, *The Eternal Ones of the Dream*, pp. 72–73.

53 Koran, 4:116, 4:117.

54 Sir Baldwin Spencer and F. J. Gillen, *The Arunta* (London: Macmillan and Co., 1927), vol. I, pp. 201–3.

55 Róheim, *The Eternal Ones of the Dream*, pp. 49 ff.

56 *Ibid.*, p. 75.

57 *Ibid.*, p. 227, citing R. and C. Berndt, "A Preliminary Report of Field Work in the Ooldea Region, Western South Australia," *Oceania* XII (1942), p. 323.

58 Róheim, *The Eternal Ones of the Dream*, pp. 227–28, citing D. Bates, *The Passing of the Aborigines* (1939), pp. 41–43.

59 Róheim, *The Eternal Ones of the Dream*, p. 231.

60 R. H. Mathews, "The Walloonggura Ceremony," *Queensland Geographical Journal*, N. S., XV (1899–1900), p. 70; cited by Róheim, *The Eternal Ones of the Dream*, p. 232.

61 K. Langloh Parker, *The Euahlayi Tribe*, 1905, pp. 72–73; cited by Róheim, *The Eternal Ones of the Dream*, p. 232.

62 John Layard, *Stone Men of Malekula* (London: Chatto and Windus, 1942).

63 W. F. J. Knight, in his *Cumaean Gates* (Oxford: B. Blackwell, 1936).

64 W. J. Perry, *The Children of the Sun* (New York: E. P. Dutton and Co., 1923).

65 Jane Harrison, *Themis: A Study of the Social Origins of Greek Religion* (2nd revised edition; Cambridge University Press, 1927).

66 这是坎贝尔曾多次谈到的问题，这点在一篇名为“神话起源”（Mythogenesis）的文章中尤其突出，它发表于 *The Flight of the Wild Gander* (third edition; Novato, CA: New World Library, 2001)。

67 Euripides, *The Bacchae*, 526 f.

68 Aeschylus, Figure 57 (Nauck); cited by Jane Harrison (*Themis*, p. 61) in her discussion of the role of the bull-roarer in classical and Australian rites of initiation. For an introduction to the subject of the bull-roarer, see Andrew Lang, *Custom and Myth* (2nd revised edition; London: Longmans, Green, and Co., 1885), pp. 29–44.

69 All of these are described and discussed at length by Sir James G. Frazer in *The Golden Bough*.

70 Epistles to the Hebrews, 9:13–14.

71 Le P. A. Capus des Pères-Blancs, "Contes, chants et proverbes des Basumbwa dans l'Afrique Orientale," *Zeitschrift für afrikanische und oceanische Sprachen*. Vol. III

(Berlin, 1897), pp. 363–64.

72 Koran, 10:31.

73 参阅本书 p. 57 的内容。

74 参阅本书 pp. 36–37 的内容。巴桑布瓦人（伟大酋长死神的故事）和瓦萨加人（凯亚津巴的故事）都是东非人；约鲁巴人（埃德舒的故事）则居住在西海岸殖民地尼日利亚。

75 Koran, 6:59, 6:60.

76 Gospel According to Luke, 2:7.

77 Ovid, *Metamorphoses,* VIII, pp. 618–724.

78 Koran, 2:115.

79 Katha Upanißad, 3:12.

80 Gospel According to Thomas, 77.

81 Book of Job, 40:7–14.

82 *Ibid.*, 42:5–6.

83 *Ibid.*, 42:16–17.

84 Leon Stein, "Hassidic Music," *The Chicago Jewish Forum,* vol. II, No. 1 (Fall 1943), p. 16.

85 *PranjaParamitaHridaya Sutra;* "Sacred Books of the East," vol. XLIX, Part II, p. 148; also, p. 154.

86 *Vajracchedika* ("The Diamond Cutter"), 17; *ibid.*, p. 134.

87 Compare p. 73.

88 *AmitayurDhyana Sutra,* 19; "Sacred Books of the East," vol. XLIX, Part II, pp. 182–83.

89 "To men I am Hermes; to women I appear as Aphrodite: I bear the emblems of both my parents" (*Anthologia Graeca ad Fidem Codices,* vol. II).

"One part of him is his sire's, all else he has of his mother" (Martial, *Epigrams,* 4, 174; Loeb Library, vol. II, p. 501).

奥维德对赫马佛洛狄忒斯的描述出现在 the *Metamorphoses*, IV, pp. 288 ff. 赫马佛洛狄忒斯的许多经典形象被流传至今。 See Hugh Hampton Young, *Genital Abnormalities, Hermaphroditism, and Related Adrenal Diseases* (Baltimore: Williams and Wilkins, 1937), Chapter I, "Hermaphroditism in Literature and Art."

90 Plato, *Symposium,* 178.

91 Book of Genesis, 1:27.

92 *Midrash,* commentary on Genesis, Rabbah 8:1.

93 参阅本书 p. 74 的内容。

94 参阅本书 pp. 245–248 的内容。

95 与詹姆斯·乔伊斯的这段话进行比较："在天国的天道中……不再有婚姻，不再有获得荣耀的人，也就是雌雄同体的天使。" (*Ulysses,* Modern Library edition, p. 210).

96 Sophocles, *Oedipus Tyrannus*. See also Ovid, *Metamorphoses,* III, pp. 324 ff., 511, and 516. For other examples of the hermaphrodite as priest, god, or seer, see Herodotus,

4, 67 (Rawlinson edition, vol. III, pp. 46–47); Theophrastus, *Characteres*, 16.10–11; and J. Pinkerton's *Voyage and Travels*, Chapter 8, p. 427, "A New Account of the East Indies," by Alexander Hamilton. These are cited by Young, *op. cit.*, pp. 2 and 9.

97 See Zimmer, *Myths and Symbols in Indian Art and Civilization*, Figure 70.

98 参阅本书的图 34.

99 See B. Spencer and F. J. Gillen, *Native Tribes of Central Australia* (London, 1899), p. 263; Róheim, *The Eternal Ones of the Dream*, pp. 164–65. 阴茎下切口会形成人造的、类似于雌雄同体人的那种尿道下裂。(See the portrait of the hermaphrodite Marie Angé, in Young, *op. cit.*, p. 20.)

100 Róheim, *The Eternal Ones of the Dream*, p. 94.

101 *Ibid.*, pp. 218–19.

102 与以下法藏比丘菩萨的形象进行比较:"他的口中吐出比檀香木更香的芳香。他的所有毛孔散发出莲花的香味。对每个人来说他都是令人愉快、亲切美好的,他天生具有鲜艳丰富的色彩。一些美好的印记装饰着他的身体,他的毛孔和手掌中冒出各种花形的宝贵装饰,还冒出香气、花环、油膏、雨伞、旗帜以及各种乐器奏出的音乐。从他的手掌中还流出各种菜肴、饮料、食物、糖果和各种可喜之物。"(*The Larger Sukhavati Vyuha*, 10, "Sacred Books of the East," vol. XLIX, Part II, pp. 26–27).

103 Róheim, *War, Crime, and the Covenant*, p. 57.

104 *Ibid.*, pp. 48–68.

105 First Book of Samuel, 17:26.

106 Koran, 4:104.

107 "For hatred does not cease by hatred at any time: hatred ceases by love, this is an old rule" (from the Buddhist *Dhammapada*, 1:5, "Sacred Books of the East," vol. X, Part I, p. 5; translation by F. Max Müller).

108 Gospel According to Luke, 6:27–36.

109 Reprinted by Professor Robert Phillips, *American Government and Its Problems*, Houghton Mifflin Company, 1941, and by Dr. Karl Menninger, *Love Against Hate*, Harcourt, Brace and Company, 1942, p. 211.

110 Gospel According to Matthew, 22:37–40; Mark, 12:28–34; Luke, 10:25–37. 据说耶稣曾委派他的使者去"向万国万民传播福音"(《马太福音》第 28 章第 19 节),但不是去迫害和掠夺,也不是用"世俗的武器"去对付那些不听教诲的人。"我派你们作为羊进入狼群,因此你们要像蛇一样聪明,像鸽子一样无害。"(*ibid.*, 10:16).

111 Gospel According to Matthew, 7:1.

112 "And as troops of robbers wait for a man, so the company of priests murder in the way of consent. . . . They make the king glad with their wickedness, and the princes with their lies" (Hosea, 6:9; 7:3).

113 Menninger, *op. cit.*, pp. 195–196.

114 Swami Nikhilananda, *The Gospel of Sri Ramakrishna*, New York, 1941, p. 559.

115 Rumi, *Mathnawi*, 2. 2525.

116 "The Hymn of the Final Precepts of the Great Saint and Bodhisattva Milarepa" (c. a.d. 1051–1135), from the *JetsünKahbum*, or Biographical History of Jetsün-Milarepa, according to Lama Kazi Dawa-Samdup's English rendering, edited by W. Y. Evans-

Wentz, *Tibet's Great Yogi Milarepa* (Oxford University Press, 1928), p. 285.

117 "The Hymn of the Yogic Precepts of Milarepa," *ibid.*, p. 273.

118 Evans-Wentz, "Hymn of Milarepa in praise of his teacher," p. 137.

119 《奥义书》也常常表达了相同的观点，也就是"这个自我把自己给予那个自我，那个自我把自己给予这个自我。这样他们获得了彼此。他以这种形式得到了那边的世界，以那种形式体验到了这个世界"(*Aitareya Aranyaka*, 2. 3. 7). 伊斯兰教的神秘教派也出现了这个观点："30 年来超凡的神是我的镜子，现在我是我自己的镜子，也就是我不再是过去的我，超凡的神是他自己的镜子。我说我是我自己的镜子，神用我的舌头说话，而我消失了。" (Bayazid, as cited in *The Legacy of Islam,* T. W. Arnold and A. Guillaume, editors, Oxford Press, 1931, p. 216).

120 "I came forth from Bayazid-ness as a snake from its skin. Then I looked. I saw that lover, beloved, and love are one, for in the world of unity all can be one" (Bayazid, *loc. cit.*).

121 Book of Hosea, 6:1–3.

122 Bhadaranyaka Upaniad, 1. 4. 3. See p. 239.

123 Ananda K. Coomaraswamy, *Hinduism and Buddhism* (New York: The Philosophical Library, no date), p. 63.

124 Sigmund Freud, *Beyond the Pleasure Principle* (translated by James Strachey; Standard Edition, XVIII; London: The Hogarth Press, 1955). See also Karl Menninger, *Love against Hate*, p. 262.

125 Vajracchedika S«tra, 32; see "Sacred Books of the East," *op. cit.*, p. 144.

126 The smaller Prajñaparamita Hdaya Sutra; *ibid.*, p. 153.

127 "永生不死之物与终有一死之物和谐地相混合，因为它们既不是一体的，也不是分离的。" (Ashvaghosha).

库马拉斯瓦米博士在引用这些文字时写道："以下的格言非常有力地表达了这个观点'罪恶即智慧，成为的领域也是涅槃'。" (Ananda K. Coomaraswamy, *Buddha and the Gospel of Buddhism*, New York: G. P. Putnam's Sons, 1916, p. 245).

128 Bhagavad Gæta, 6:29, 6:31.

这代表了伊夫林·恩德希尔（Evelyn Underhill）所说的"神秘方式的目标：真正统一的生活：神圣繁殖力的状态：神化的完美实现。"(*op. cit., passim*). 然而恩德希尔像汤因比教授一样（见 11 页），犯了一个普遍的错误，认为这是基督教特有的理想。萨尔莫尼（Salmony）教授写道："可以肯定地说，到目前为止自作主张的需要歪曲了西方的判断。" (Alfred Salmony, "Die Rassenfrage in der Indienforschung," *Sozialistische Monatshefte*, 8, Berlin, 1926, p. 534).

129 Coomaraswamy, *Hinduism and Buddhism*, p. 74.

130 See E. T. C. Werner, *A Dictionary of Chinese Mythology* (Shanghai, 1932), p. 163.

131 See Okakura Kakuzo, *The Book of Tea* (New York, 1906). See also Daisetz Teitaro Suzuki, *Essays in Zen Buddhism* (London, 1927), and Lafcadio Hearn, *Japan* (New York, 1904). [See also Campbell's exploration of the symbolism of the tea ceremony in *Myths of Light: Eastern Metaphors of the Eternal*, edited by David Kudler (Novato, CA: New World Library, 2003), pp. 133–36.—Ed.]

132 Morris Edward Opler, *Myths and Tales of the Jicarilla Apache Indians* (Memoirs of the American Folklore Society, vol. XXXI, 1938), p. 110.

133 和本书 p. 13 的内容比较。

134 参阅本书 p. 98 的内容。

135 参阅本书 p. 97 的内容。

136 See Zimmer, *Myths and Symbols in Indian Art and Civilization*, pp. 210–14.

137 Compare the drum of creation in the hand of the Hindu Dancing Siva, p. 108.

138 Curtin, *op. cit.*, pp. 106–7.

139 See Melanie Klein, *The PsychoAnalysis of Children*, The International Psycho-Analytical Library, No. 27 (1937).

140 Róheim, *War, Crime, and the Covenant*, pp. 137–38.

141 Róheim, *The Origin and Function of Culture*, p. 50.

142 *Ibid.*, pp. 48–50.

143 *Ibid.*, p. 50. Compare the indestructibility of the Siberian shaman (see p. 82), drawing coals out of the fire with his bare hands and beating his legs with an ax.

144 See Frazer's discussion of the external soul, *op. cit.*, pp. 667–91.

145 *Ibid.*, p. 671.

146 Pierce, *Dreams and Personality*, p. 298.

147 "The Descent of the Sun," in F. W. Bain, A *Digit of the Moon* (New York: G. P. Putnam's Sons, 1910), pp. 213–325.

148 Róheim, *The Eternal Ones of the Dream*, p. 237. 这个护身符就是那个年轻人的图腾祖先，被称为丘闰伽（tjurunga）。年轻人在接受割礼时得到了另一个丘闰伽，代表他的母性图腾祖先。在更早的时候，在他出生时，人们会在他的摇篮里放一个具有保护作用的丘闰伽。牛吼器是丘闰伽的变形。罗海姆博士写道："丘闰伽是有形的替代品，在中部澳大利亚的信仰中，与之最密切相关的超自然存在物是土著们无形的替代品……像丘闰伽一样，这些超自然存在物被称为它们所保护的真正人类的替身。" (*ibid.*, p. 98).

149 Book of Isaiah, 66:10–12.

150 Ginzberg, *op. cit.*, vol. I, pp. 20, 26–30. See the extensive notes on the Messianic banquet in Ginzberg, vol. V, pp. 43–46.

151 Dante, "Paradiso," II, 1–9. Translation by Norton, *op. cit.*, vol. III, p. 10; by permission of the Houghton Mifflin Company, publishers.

152 Ramayana, I, 45, Mahabharata, I, 18, Matsya Purana, 249–51, and many other texts. See Zimmer, *Myths and Symbols in Indian Art and Civilization*, pp. 105 ff.

153 Marco Pallis, *Peaks and Lamas* (4th edition; London: Cassell and Co., 1946), p. 324.

154 *ShriChakraSambhara Tantra*, translated from the Tibetan by Lama Kazi Dawa-Samdup, edited by Sir John Woodroffe (pseudonym Arthur Avalon), Volume VII of "Tantric Texts" (London, 1919), p. 41. "万一有人怀疑这些形象化神祇的神性，"文章继续写道，"人们应该说，'这位女神只是肉体的回忆，'要记住是神祇形成了道路。" (*loc. cit.*). For a word about Tantra, see p. 95 and pp. 145–47 (Tantric Buddhism).

155 Compare, e.g., C. G. Jung, "Archetypes of the Collective Unconscious" (orig. 1934; Collected Works, vol. 9, part i; New York and London, 1959).

福卢格尔写道，"或许有很多人还持有这样的观点，认为准人形的天父是超智能的现实，尽管这类天父的纯精神起源已经变得很明显。”(*The PsychoAnalytic Study of the Family*, p. 236).

156 “Paradiso,” XXXIII, 82 ff.

157 参阅本书 p. 151 的内容。

158 J. F. Stimson, *The Legends of Maui and Tahaki* (Bernice P. Bishop Museum Bulletin, No. 127; Honolulu, 1934), pp. 19–21.

159 Bruno Meissner, “Ein altbabylonisches Fragment des Gilgamosepos,” *Mitteilungen der vorderasiatischen Gesellschaft*, VII, 1; Berlin, 1902, p. 9.

160 See, for instance, the Katha UpaniSad, 1: 21, 23–25.

161 The above rendering is based on P. Jensen, *Assyrischbabylonische Mythen und Epen* (Kellinschriftliche Bibliothek, VI, I; Berlin, 1900), pp. 116–273. The verses quoted appear on pp. 223, 251, 251–53. Jensen's version is a line-for-line translation of the principal extant text, an Assyrian version from King Ashurbanipal's library (668–626 b.C.). Fragments of the very much older Babylonian version (see p. 158) and still more ancient Sumerian original (third millennium b.C.) have also been discovered and deciphered.

162 Ko Hung (also known as Pao Pu Tzu), *Nei P'ien*, Chapter VII (translation quoted from Obed Simon Johnson, *A Study of Chinese Alchemy*, Shanghai, 1928, p. 63).
葛洪还发明了其他几种有趣的配方，有一种能让身体感到“非常轻松舒适”，另一种能赋予人在水上行走的能力。若想了解葛洪在中国哲学中的地位，请参阅 Alfred Forke, “Ko Hung, der Philosoph und Alchimist,” *Archiv für Geschichte der Philosophie*, XLI, 1–2 (Berlin, 1932), pp. 115–26.

163 Herbert A. Giles, *A Chinese Biographical Dictionary* (London and Shanghai, 1898), p. 372.

164 一条密宗格言。

165 Lao Tze, *Tao Teh Ching*, 16 (translation by Dwight Goddard, *Laotzu's Tao and Wu Wei*, New York, 1919, p. 18). Compare p. 131.

166 “Paradiso,” XXXIII, 49–57 (translation by Norton, *op. cit.*, vol. III, pp. 253–54, by per- mission of Houghton Mifflin Company, publishers).

167 Kena UpaniSad, 1:3 (translation by Swami Sharvananda; Sri Ramakrishna Math, Mylapore, Madras, 1932).

168 Poetic Edda, “Hovamol,” 139 (translation by Henry Adams Bellows, The American-Scandinavian Foundation, New York, 1923).

169 *Jataka*, Introduction, i, 75 (reprinted by permission of the publishers from Henry Clarke Warren, *Buddhism in Translations* [Harvard Oriental Series 3], Cambridge, MA: Harvard University Press, 1896, pp. 82–83).

03 回归

1 *Visnεu Purana*, 23; *Bhagavata Puraεa*, 10:51; *Harìvansha*, 114. The above is based on the rendering by Heinrich Zimmer, *Maya, der indische Mythos* (Stuttgart and Berlin, 1936), pp. 89–99.
与非洲的埃德舒、世界魔术师奎师那、波利尼西亚魔术师毛伊比较。

2 "Taliesin," translated by Lady Charlotte Guest in *The Mabinogion* (Everyman's Library, No. 97, pp. 263–64).

3 See Gertrude Schoepperle, *Tristan and Isolt: A Study of the Sources of the Romance,* (London and Frankfurt-am-Main, 1913).

4 Harva, *op. cit.*, pp. 543–44; quoting "Pervyi buryatsii šaman Morgon-Kara," *Isvestiya Vostocno Siberskago Otdela Russkago Geograficeskago Obscestva,* XI, 1–2 (Irkutsk, 1880), pp. 87 ff.

5 John White, *The Ancient History of the Maori, His Mythology and Traditions* (Wellington, 1886–89), vol. II, pp. 167–71.

6 *Grimm's Fairy Tales*, No. 79.

7 C. G. Jung, *The Integration of the Personality* (New York, 1939), p. 59.

8 See Apollonios of Rhodes, *Argonautika:* the flight is recounted in Book IV.

9 *Kojiki,* "Records of Ancient Matters" (a.d. 712), adapted from the translation by C. H. Chamberlain, *Transactions of The Asiatic Society of Japan,* vol. X, Supplement (Yokohama, 1882), pp. 24–28.

10 Jaiminiya Upanisad Brahmana, 3.28.5.

11 Frobenius, *Das Zeitalter des Sonnengottes,* pp. 85–87.

12 Tomobe-no-Yasutaka, *ShintoShodenKuju.*

13 *ShintoGobusho.*

14 Izawa-Nagahide, *ShintoAmenoNubokonoKi.*

15 Ichijo-Kaneyoshi, *NihonshokiSanso.*

16 Urabe-no-Kanekuni.

17 All of the quotations above will be found in Genchi Kato, *What Is Shinto*? (Tokyo: Maruzen Company Ltd., 1935); see also Lafcadio Hearn, *Japan, an Attempt at Interpretation* (New York: Grosset and Dunlap, 1904).

18 *Kojiki,* after Chamberlain, *op. cit.*, pp. 52–59.

19 Kramer, *op. cit.*, pp. 87, 95. The conclusion of the poem, this valuable document of the sources of the myths and the symbols of our civilization, is forever lost.

20 Gospel According to Matthew, 26:51; Gospel According to Mark, 14:47; Gospel According to John, 18:10.

21 MandukyaUpanisad, 5.

22 Washington Irving, *The Sketch Book,* "Rip van Winkle."

23 Book of Genesis, 5.

24 Curtin, *op. cit.*, pp. 332–33.

25 From Sir James G. Frazer, *The Golden Bough,* one-volume edition, pp. 593–94. Copyright 1922 by the Macmillan Company and used with their permission.

26 *Ibid.*, pp. 594–95. By permission of the Macmillan Company, publishers.

27 Adapted from Burton, *op. cit.*, III, pp. 231–56.

28 Gospel According to Matthew, 17:1–9.

29 在彼得立即提出的、将不可言喻的显圣之处变成石头地基的计划中（甚至在显圣时就宣布），我们能感觉到喜剧性观念的成分。仅仅在六天前，耶稣曾对他说：“你是彼得，我要把我的教堂建在这块石头上，”过了一会儿又说：“你觉察不到上帝的意思，但能觉察到人的意思。”(Matthew, 16:18, 23).

30 Bhagavad Gita, 11; 1:45–46; 2:9. From the translation by Swami Nikhilananda (New York, 1944).

31 Brhadaranyaka Upanisad, 1.1.1: translated by Swami Madhavananda (Mayavati, 1934).

32 Robinson Jeffers, *Cawdor*, p. 116. Copyright 1928 by Robinson Jeffers. Reprinted by permission of Random House, Inc.

33 *Summa contra Gentiles*, I, 5, par. 3.

34 Kena Upanisad, 2:3.

35 Bhagavad Gita, 11: 53–55.

36 Gospel According to Matthew, 16:25.

37 Shankaracharya, *Vivekachudamani*, 542 and 555.

38 Bhagavad GitA, 2:22–24.

39 *Ibid.*, 3:19 and 3:30.

40 “Taliesin,” *op. cit.*, pp. 264–74.

41 Gospel According to John, 8:58.

42 Ovid, *Metamorphoses*, XV, 252–55.

43 *Grimm's Fairy Tales*, No. 50, “Little Briar-rose” (better known as “Sleeping Beauty”); conclusion.

04 解答

1 For a discussion of this matter, see my Commentary to the Pantheon Books edition of *Grimm's Fairy Tales* (New York, 1944), pp. 846–56. [This commentary is also available as part of Campbell's collection of essays, *The Flight of the Wild Gander*, pp. 1–19.—Ed.]

2 Psalm XLI, 2–4; Douay.

3 See the Catholic Daily Missal under “Holy Saturday.” The above is abridged from the English translation by Dom Gaspar Lefebvre, O.S.B., published in this country by the E. M. Lohmann Co., Saint Paul, MN. [At the time of the original publication of this volume, of course, the Catholic Mass would have been entirely spoken and sung in Latin.—Ed.]

4 在印度，上帝的力量（萨克蒂）是以女性的形象出现的，并被视为上帝的伴侣；而以现代社会的惯例，天恩具有相似的象征。

5 Gospel According to John, 3:3–5.

第二部分 宇宙创世的周期

05 产生

1 See C. G. Jung, "On Psychic Energy" (orig. 1928, *Collected Works*, vol. 8), entitled in its earliest draft "The Theory of the Libido."

2 See Kant, *Critique of Pure Reason*.

3 Freud, *Moses and Monotheism*, translated by James Strachey (Standard Edition, XXIII, 1964). (Orig. 1939.)

4 Gospel According to Luke, 17:21.

5 参阅本书 p. 168 的内容。

6 参阅本书 p. 78 的内容。

7 参阅本书 pp. 71–74 的内容。

8 参阅本书 p. 74 的内容。

9 Fernando de Alva Ixtlilxochitl, *Historia de la Nación Chichimeca* (1608), Capítulo I (published in Lord Kingsborough's *Antiquities of Mexico*, London, 1830–48, vol. IX, p. 205; also by Alfredo Chavero, *Obras Históricas de Alva Ixtlilxochitl*, Mexico, 1891–92, vol. II, pp. 21–22).

10 Hastings' *Encyclopaedia of Religion and Ethics*, vol. V, p. 375.

11 See Mrs. Sinclair Stevenson, *The Heart of Jainism* (Oxford University Press, 1915), pp. 272–78.

12 See Maukya Upanisad, 3–6.

13 Maukya Upanisad, 8–12. [For Campbell's further thoughts on the sacred syllable *AUM*, see *Myths of Light*, pp. 33–35.—Ed.]

14 Maukya Upanisad, 7.

15 *Ha idra zuta*, Zohar, iii, 288a. Compare p. 155.

16 *Ha idra rabba qadisha*, xi, 212–14 and 233, translation by S. L. MacGregor Mathers, *The Kabbalah Unveiled* (London: Kegan Paul, Trench, Trübner & Company, Ltd., 1887), pp. 134–35 and 137.

17 *Summa contra Gentiles*, I.i.

18 参阅本书 pp. 19–22 的内容。

19 Johannes C. Anderson, *Maori Life in Aotea* (Christchurch [New Zealand], no date [1907?]), p. 127.

20 See *The Vedantasara of Sadananda*, translated with Introduction, Sanskrit Text, and Comments, by Swami Nikhilananda (Mayavati, 1931).

21 Translated from Richard Wilhelm, *Chinesische Märchen* (Jena: Eugen Diederichs Verlag, 1921), pp. 29–31.

22 Rev. Richard Taylor, *Te ika a Maui, or New Zealand and Its Inhabitants* (London, 1855), pp. 14–15.

23 The little circle underneath the main portion of Figure 59. Compare the Chinese Tao or *yinyang*; see p. 131.

24 Kenneth P. Emory, "The Tuamotuan Creation Charts by Paiore," *Journal of the*

Polynesian Society, vol. 48, no. 1 (March 1939), pp. 1–29.

25 *Ibid.*, p. 12.

26 Chandogya Upanisad, 3.19.1–3.

27 A. S. Eddington, *The Nature of the Physical World*, p. 83. Copyright 1928 by the Macmillan Company and used with their permission. 宇宙之蛋的神话形象还与现代物理学家的大爆炸理论产生了共鸣，大爆炸理论最早由一位比利时罗马天主教神父乔治·勒梅特（Georges Lemaitre）提出。

28 "Entropy always increases." (See Eddington, pp. 63 ff.) 这是以另一种形式表述了热力学第二定律，它最早由法国科学家萨迪·卡诺（Sadi Carnot）于 1824 年提出。

29 Kenneth P. Emory, "The Tahitian Account of Creation by Mare," *Journal of the Polynesian Society*, vol. 47, No. 2 (June 1938), pp. 53–54.

30 E. A. Wallis Budge, *The Gods of the Egyptians* (London, 1904), vol. I, pp. 282–92.

31 *Kalika Puraεa*, I (translated in Heinrich Zimmer, *The King and the Corpse*, edited by Joseph Campbell, The Bollingen Series XI, Pantheon Books, 1948, pp. 239 ff.).

32 Brhadaranyaka Upanisad, 1.4.1–5. Translated by Swami Madhavananda (Mayavati, 1934). 与前文关于变形逃跑的民间传说进行比较。参阅 Cypria 8 中，涅墨西斯"厌恶与父亲宙斯相爱"而变成鱼和其他动物逃脱的故事。

33 Muaka Upanisad, 2.2.5.

34 Zohar, i, 91 b. Quoted by C. G. Ginsburg, *The Kabbalah: Its Doctrines, Development, and Literature* (London, 1920), p. 116.

35 Taittiræya Upanisad, 3.10.5.

36 美洲西南部的神话非常详细地描述了这种出现的情况，阿尔及尔的卡拜尔柏柏尔人（Kabyl Berber）的创世故事也是如此。See Morris Edward Opler, *Myths and Tales of the Jicarilla Apache Indians* (Memoirs of the American Folklore Society, vol. XXXI, 1938); and Leo Frobenius and Douglas C. Fox, *African Genesis* (New York, 1927), pp. 49–50.

37 George Grey, *Polynesian Mythology and Ancient Traditional History of the New Zealand Race, as Furnished by Their Priests and Chiefs* (London, 1855), pp. 1–3.

38 *Theogony*, 116 ff. In the Greek version, the mother is not reluctant; she herself supplies the sickle.

39 Compare the Maori polarity of Mahora-nui-a-rangi and Maki, p. 232.

40 S. N. Kramer, *op. cit.*, pp. 40–41.

41 Prose Edda, "Gylfaginning," IV–VIII (from the translation by Arthur Gilchrist Brodeur, The American-Scandinavian Foundation, New York, 1916; by permission of the publishers). See also Poetic Edda, "Voluspa."

42 "The Epic of Creation," Tablet IV, lines 35–143, adapted from the translation by L. W. King, *Babylonian Religion and Mythology* (London and New York: Kegan Paul, Trench, Trübner and Co. Ltd., 1899), pp. 72–78.

43 See Dante, "Paradiso," XXX–XXXII. 这是十字架上为人类开放的玫瑰花。

44 Book of Genesis, 3:7.

45 George Bird Grinnell, *Blackfoot Lodge Tales* (New York: Charles Scribner's Sons, 1892, 1916), pp. 137–38.

46 J. S. Polack, *Manners and Customs of the New Zealanders* (London, 1840), vol. I, p. 17. To regard such a tale as a cosmogonic myth would be as inept as to illustrate the doctrine of the Trinity with a paragraph from the nursery story "Marienkind" (*Grimm's Fairy Tales*, No. 3).

47 Harva, *op. cit.*, p. 109, citing S. Krašeninnikov, *Opisanie Zemli Kamcatki* (St. Petersburg, 1819), vol. II, p. 101.

48 Harva, *op. cit.*, p. 109, citing Potanin, *op. cit.*, vol. II, p. 153.

49 P. J. Meier, *Mythen und Erzählungen der Küstenbewohner der GazelleHalbinsel (Neu Pommern)* (Anthropos Bibliothek, Band I, Heft 1, Münster i. W., 1909), pp. 15–16.

50 *Ibid.*, pp. 59–61.

51 "The universe does not on the whole act as though it were under efficient personal supervision and control. When I hear some hymns, sermons, and prayers taking for granted or asserting with naïve simplicity that this vast, ruthless cosmos, with all the monstrous accidents which it involves, is a neatly planned and personally conducted tour, I recall the more reasonable hypothesis of an East African tribe. 'They say,' reports an observer, 'that although God is good and wishes good for everybody, unfortunately he has a half-witted brother who is always interfering with what he does.' That, at least, bears some resemblance to the facts. God's half-witted brother might explain some of life's sickening and insane tragedies which the idea of an omnipotent individual of boundless good will toward every soul most certainly does not explain" (Harry Emerson Fosdick, *As I See Religion*, New York: Harper and Brothers, 1932, pp. 53–54).

52 Harva, *op. cit.*, pp. 114–15, quoting W. Radloff, *Proben der Volksliteratur der türkischen Stämme SüdSiberians* (St. Petersburg, 1866–70), vol. I, p. 285.

06 童贞女得子

1 The version quoted here is from the translation by W. F. Kirby (Everyman's Library, Nos. 259–60).

2 *Kalevala*, Runo I, pp. 127–36.

3 *Ibid.*, pp. 263–80.

4 *Ibid.*, pp. 287–328.

5 *Ibid.*, pp. 329–44.

6 Leo Frobenius and Douglas C. Fox, *African Genesis* (New York, 1937), pp. 215–20.

7 The Gospel of Pseudo-Matthew, Ch. ix.

8 Kingsborough, *op. cit.*, vol. VIII, pp. 263–64.

9 Kalidasa, *Kumarasamibhavam* ("The Birth of the War God Kumara"). There is an English translation by R. Griffith (2nd ed., London: Trübner and Company, 1897).

10 E. E. V. Collocott, *Tales and Poems of Tonga* (Bernice P. Bishop Museum Bulletin, No. 46, Honolulu, 1928), pp. 32–33.

07 英雄的蜕变

1 Giles, *op. cit.*, pp. 233–34; Rev. J. MacGowan, *The Imperial History of China* (Shanghai, 1906), pp. 4–5; Friedrich Hirth, *The Ancient History of China* (Columbia University Press, 1908), pp. 8–9.

2 Giles, *op. cit.*, p. 656; MacGowan, *op. cit.*, pp. 5–6; Hirth, *op. cit.*, pp. 10–12.

3 Giles, *op. cit.*, p. 338; MacGowan, *op. cit.*, pp. 6–8; Edouard Chavannes, *Les mémoires his toriques de Sema Ts'ien* (Paris, 1895–1905), vol. I, pp. 25–36. See also John C. Ferguson, *Chinese Mythology* ("The Mythology of All Races," vol. VIII, Boston, 1928), pp. 27–28, 29–31.

4 These three legends appear in the excellent psychological study by Dr. Otto Rank, *The Myth of the Birth of the Hero* (Nervous and Mental Disease Monographs; New York, 1910). A variant of the third appears in the *Gesta Romanorum*, Tale LXXXI.

5 The Charlemagne cycles are exhaustively discussed by Joseph Bédier, *Les légendes épiques* (3rd ed.; Paris, 1926).

6 Louis Ginzberg, *The Legends of the Jews* (Philadelphia: The Jewish Publication Society of America, 1911), vol. III, pp. 90–94.

7 George Bird Grinnell, *Blackfoot Lodge Tales* (New York: Charles Scribner's Sons, 1892, 1916), pp. 31–32.

8 Elsie Clews Parsons, *Tewa Tales* (Memoirs of the American Folklore Society, XIX, 1926), p. 193.

9 Adapted from Sister Nivedita and Ananda K. Coomaraswamy, *Myths of the Hindus and Buddhists* (New York: Henry Holt and Company, 1914), pp. 221–32.

10 Parsons, *op. cit.*, p. 193.

11 "Táin bó Cúalnge" (from the version in the *Book of Leinster,* 62 a–b): edited by Wh. Stokes and E. Windisch, *Irische Texte* (Extraband zu Serie I bis IV; Leipzig, 1905), pp. 106–17; English translation in Eleanor Hull's *The Cuchullin Saga in Irish Literature* (London, 1898), pp. 135–37.

12 *Book of Leinster*, 64b–67b (Stokes and Windisch, *op. cit.*, pp. 130–69); Hull, *op. cit.*, pp. 142–54.

13 From Eleanor Hull, *op. cit.*, p. 154; translated from the *Book of Leinster,* 68a (Stokes and Windisch, *op. cit.*, pp. 168–71).

14 Hull, *op. cit.*, pp. 174–76; from the *Book of Leinster,* 77 (Stokes and Windisch, *op. cit.*, pp. 368–77). Compare the transfiguration of Krsa, pp. 198–201; see also Fig. 32.

15 Uno Holmberg (Uno Harva), *Der Baum des Lebens* (Annales Academiae Scientiarum Fennicae, Ser. B, Tom. XVI, No. 3; Helsinki, 1923), pp. 57–59; from N. Gorochov, "Yryn Uolan" (*Izvestia VostocnoSiberskago Otdela I. Russkago Geograficeskago Obscestva,* XV), pp. 43 ff.

16 *Kalevala*, III, pp. 295–300.

17 Clark Wissler and D. C. Duvall, *Mythology of the Blackfeet Indians* (Anthropological Papers of the American Museum of Natural History, vol. II, Part I, New York, 1909), pp. 55–57. Quoted by Thompson, *op. cit.*, pp. 111–13.

18 Jacobus de Voragine, *op. cit.*, CIV, "Saint Martha, Virgin."

19 *The Wooing of Emer*, abstracted from the translation by Kuno Meyer in E. Hull, *op. cit.*, pp. 57–84.

20 Parsons, *op. cit.*, p. 194.

21 Firdausi, *ShahNameh*, translation by James Atkinson (London and New York, 1886), p. 7.

22 Opler, *op. cit.*, pp. 133–34.

23 Adapted from Nivedita and Coomaraswamy, *op. cit.*, pp. 236–37.

24 Coomaraswamy, *Hinduism and Buddhism*, pp. 6–7.

25 Gospel According to Matthew, 10:34–37.

26 Bhagavad Gita, 18:51–53.

27 Antiphons of the nuns, at their consecration as Brides of Christ; from *The Roman Pontifical*. Reprinted in *The Soul Afire*, pp. 289–92.

28 Ginzberg, *op. cit.*, vol. I, pp. 305–6. By permission of the Jewish Publication Society of America.

29 Wilhelm Stekel, *Die Sprache des Traumes*, dream no. 421. Death here appears, observes Dr. Stekel, in four symbols: the Old Fiddler, the Squinting One, the Old Woman, and the Young Peasant (the Peasant is the Sower and the Reaper).

30 Bernardino de Sahagún, *Historia General de las Cosas de Nueva España* (Mexico, 1829), Lib. III, Cap. xii–xiv (condensed). The work has been republished by Pedro Robredo (Mexico, 1938), vol. I, pp. 278–82.

31 Thomas A. Joyce, *Mexican Archaeology* (London, 1914), p. 46.

32 "Taín bó Regamna," edited by Stokes and Windisch, *Irische Texte* (zweite Serie, Heft 2; Leipzig, 1887), pp. 241–54. The above is condensed from Hull, *op. cit.*, pp. 103–7.

33 Parsons, *op. cit.*, pp. 194–95.

34 Reprinted by permission of the publishers from Henry Clarke Warren, *Buddhism in Translations* (Harvard Oriental Series 3), Cambridge, MA: Harvard University Press, 1896, pp. 95–110.

Compare the stages of cosmic emanation, pp. 231–32.

08 消解

1 Bhagavad Gita, 10:20.

2 Brhadaranyaka Upanisad, 4. 3. 36–37.

3 James Henry Breasted, *Development of Religion and Thought in Egypt* (New York: Charles Scribner's Sons, 1912), p. 275. Reprinted by permission of the publishers. Compare the poem of Taliesin, pp. 208–9.

4 Franz Boas, *Race, Language, and Culture* (New York, 1940), p. 514. See pp. 82–84.

5 Sahagún, *op. cit.*, Lib. I, Apéndice, Cap. i, ed. Robredo, vol. I, pp. 284–86.

6 Based on the translation by E. A. W. Budge: *The Book of the Dead, The Papyrus of Ani, Scribe and Treasurer of the Temples of Egypt, about b.c. 1450* (New York, 1913).

7 Reprinted by permission of the Harvard University Press from Henry Clarke Warren, *Buddhism in Translations*, pp. 38–39.

8 Sylvanus G. Morley, *An Introduction to the Study of the Maya Hieroglyphics* (57th Bulletin, Bureau of American Ethnology, Washington, D.C., 1915). Plate 3 (facing p. 32).

9 *Ibid.*, p. 32.

10 The following account is based on the Poetic Edda, "Voluspa," pp. 42 ff. (the verses are quoted from the translation by Bellows, *op. cit.*, pp. 19–20, 24), and the Prose Edda, "Gylfaginning," LI (translation by Brodeur, *op. cit.*, pp. 77–81). By permission of the American-Scandinavian Foundation, publishers.

11 Gospel According to Matthew, 24:3–36.

尾声　神话与社会

1 Odyssey, IV, 401, 417–18, translation by S. H. Butcher and Andrew Lang (London, 1879).

2 *Ibid.*, IV, 400–406.

3 Nietzsche, *Thus Spake Zarathustra,* 1.22.3. [The translation appears to be Campbell's own.—Ed.]

THE HERO WITH A THOUSAND FACES

插图注解

图 1.　美杜莎（意大利罗马的大理石雕像，年代不详），出自罗马的伦大尼尼宫殿（Rondanini Palace）。收藏于慕尼黑古代雕像展览馆（Glyptothek）。照片摘自 H. 布鲁恩（H. Brunn）和 F. 布鲁克曼（F. Bruckmann）所著的《希腊与罗马雕塑文物》（*Denkmaler griechischer und romischer Sculptur*），艺术与科学出版社，慕尼黑，1888—1932。

图 2.　毗湿奴梦到了宇宙（印度石像，400—700 年），位于印度中部代奥格尔的达萨瓦塔拉神庙（Dasavatara Temple）中。经由印度考古研究所（Archeological Survey of India）的斯瓦米（A. K. Coomaraswamy）女士提供。

图 3.　西勒尼与酒神的女祭司（黑像式双耳壶，古希腊，西西里岛，公元前 500—450 年）

于西西里杰拉的一处墓地发现。《古代文物》（Monumenti Antichi），林切伊皇家学会出版，卷 17，米兰，1907，图 37。

图 4.　弥诺陶洛斯之战（红色酒樽上的画，古希腊，公元前 470 年）取材自雅典一座火山口，公元前 5 世纪。此处提修斯手持一把短剑刺杀弥诺陶洛斯，这是瓶瓮绘画通常的版本。在文献记载中，提修斯是赤手空拳的。《朗贝尔格伯爵所藏希腊花瓶》，亚历山大 · 德 · 拉 · 博尔德解释并出版，巴黎，1813，图 30。

图 5.　神道的火仪式（约瑟夫 · 坎贝尔拍摄，日本，1956 年）（1956 年 5 月 21 日，

坎贝尔参加了一场由一些日本山禁欲主义者在东京举行的仪式。若想更多了解这个仪式，请参阅约瑟夫·坎贝尔所著的《清酒与顿悟》[*Sake and Satori: Asian Journals-Japan*]，加州诺瓦托市，新世界图书馆出版社出版，2002，第119—126 页——原版编者注）约瑟夫·坎贝尔基金会版权所有。

图 6. 怪物驯服者（镶嵌的贝壳和青金石，苏美尔人，伊拉克，公元前 2650—前2400 年）。中间的人物形象可能是吉尔伽美什（这是华美的七弦竖琴发声盒饰板最顶端的音栓，由莱昂纳德·伍利 [Leonard Woolley] 爵士在乌尔所谓的皇家墓穴中发现——编者注）。承蒙费城宾夕法尼亚大学考古与人类学博物馆提供。

图 7. 菩提树下的释迦牟尼（印度，片岩雕刻，公元 9 世纪晚期—公元 10 世纪早期）。出自印度比哈尔邦格亚区，来自尼斯里和艾丽斯·荷尔马尼克的收藏，承蒙洛杉矶县立艺术博物馆提供。

图 8. 宇宙树（蚀刻版画，斯堪的纳维亚，19 世纪早期）。理查德·福卡德（Richard Folkard），《植物知识、传说与抒情诗》（Plant Lore, Legends and Lyrics，大约1844 年），模仿芬纳·马格努森（Finnur Magnusson）在《Eddalaeren 及其起源》（*Eddalàeren og dens Oprindelse*）第三卷中的“埃达的宇宙树”（1825）。

图 9. 圆锥形神石（黄金的小瓶子，色雷斯人，保加利亚，公元前 4 世纪—3 世纪）。帕纳久里什泰珍宝的一部分。保加利亚普罗夫迪夫市考古博物馆。版权归埃里克·莱辛（Erich Lessing）/ 纽约艺术资源公司所有。

图 10. 塞姬走进丘比特的花园（布面油画，英格兰，1903 年）。约翰·威廉姆·沃特豪斯（John William Waterhouse，1849—1917）。版权归英国兰开夏郡普勒斯顿市的哈里斯博物馆和布里奇曼艺术图书馆所有。

图 11. 变成公牛样子的阿庇斯将已死的人作为奥西里斯运送到阴间（木雕，埃及，公元前 700— 650 年）

取材自大英博物馆的一座埃及棺木。（在本书最初的版本中，坎贝尔追随布奇，错误地将公牛的特性赋予了奥西里斯。阿庇斯是哈索尔的儿子，在前往往生的旅程中保护刚死去的生命。根据爱丁堡大学戴安娜·布朗 [Diana Brown] 的说法，“顶部的形象象征两块土地的统一，即上埃及的莲花和下埃及的纸沙草。

底部的波浪线代表水，有公牛站在上面。在古埃及，天空被认为是一片水，因此阿庇斯公牛正驮着奥西里斯前往天空。公牛被认为等同于创造性的、再生的力量，通过它死者被变成了奥西里斯，超自然的存在体。"）E·A·华理士·布奇（E. A. Wallis Budge）所著的《奥西里斯及埃及复活》（*Osiris and the Egyptian Resurrection*），伦敦菲利普·李·华纳出版社，纽约普特南子孙出版公司，1911 年，第 1 卷，第 13 页。

图 12. 变成老鹰的伊西斯在阴间与奥西里斯做伴（石雕，托勒密王朝，埃及，公元 1 世纪）

鹰形的伊西斯在冥府与奥西里斯的相会。受孕所得之子霍尔斯，对他父亲的复活起着重要作用。取材自丹得拉奥西里斯神宙墙壁的一系列低浮雕，描绘的是该城市每年敬神表演的诸多神秘景象。E·A·华理士·布奇所著的《奥西里斯及埃及复活》，伦敦菲利普·李·华纳出版社，纽约普特南子孙出版公司，1911 年，第 2 卷，第 28 页。

图 13. 阿波罗和达芙妮（象牙雕，科普特，埃及，公园 5 世纪）。意大利拉韦纳拿坡里国立考古博物馆，版权归斯卡拉 / 纽约艺术资源公司所有。

图 14. 压垮人的石头，切割人的芦苇（沙画，纳瓦霍族，北美洲，1943 年）。（请注意左侧有魔法的羽毛，小小的黑色长方形代表双胞胎，他们被安全地带过了危险地带——编者注）杰夫·金（Jeff King）沙画原作的复制品。来源于莫德·奥克斯（Maude Oakes）和约瑟夫·坎贝尔所著的《找父亲的两个孩子在哪儿》（*Where the Two Came to the Father: A Navaho War Ceremonial*），波林根系列，万神殿图书公司，1943 年，图 3。

图 15. 维吉尔引领但丁（牛皮纸墨水画，意大利，14 世纪）。但丁和维吉尔进入城墙上站着猫头鹰的堡垒，来源于但丁·阿利吉耶里的"地狱"（公元 1265—1321 年）。版权归法国尚蒂伊孔德博物馆 / 布里奇曼艺术图书馆所有。

图 16. 奥德修斯与塞壬（白色细颈长瓶上的彩色图形，希腊，公元前 5 世纪）。目前被收藏在雅典的中央博物馆里。尤金妮娅·塞勒斯（Eugénie Sellers）"来自埃雷特里亚的三个雅典带柄细颈长瓶"，《希腊研究杂志》（Journal of Hellenic

Studies），第 13 卷，1892 年，图 1。

图 17. 拿着雷电长矛的太阳神（石灰石石碑，亚述，公元前 15—13 世纪）。在拉达基雅城（古代的乌加里特）的卫城中被发现。版权归卢浮宫和布里奇曼艺术图书馆所有。

图 18. 萨杜恩正在吞食他的孩子（石膏油画局部，西班牙，1819 年）。弗朗西斯科·何塞·德·戈雅 – 卢西恩特斯（公元 1746—1828）。来源于西班牙马德里普拉多博物馆"黑暗绘画"系列。版权归埃里希·莱辛 / 纽约艺术资源公司所有。

图 19. 手持雷电的阈限守护者（涂漆木雕，日本，1203 年）。运庆（公元 1223 年）的作品。金刚力士（梵语是 Vajrapāṇi，"雷电操作者"），巨大的阈限守卫，位于日本奈良东大寺（大日如来的寺庙）南大门入口的对面，大日如来就是摩诃毗卢遮那。

图 20. 伊阿宋的归来（红彩陶器，伊特鲁里亚人，意大利，公元前 470 年），源于切尔韦泰里被发现的一个花瓶，被认为是杜里斯（Douris）的作品，目前被收藏在罗马的梵蒂冈伊特拉斯坎博物馆。照片由 D. 安德森拍摄。这种伊阿宋历险的观点并未出现在文献传统中。"这位瓶瓮绘图者似乎以某种奇怪的令人难忘的方式来诉说斩杀龙怪者的正是龙怪的子嗣。他正从他的口中重新诞生出来。"（简·哈里森，《忒弥斯女神：希腊宗教社会起源的研究》[*Themis: A Study of the Social Origins of Greek Religion*] 第 2 版，剑桥大学出版社，1927 年，第 435 页。）金羊毛悬吊在树上。英雄的守护神雅典娜由她的猫头鹰伴随着。注意雅典娜所持的羊皮盾上的戈耳工头像（比较图 1）

图 21. 圣安东尼的诱惑（铜版画，德国，1470 年）。马丁·施恩告尔（Martin Schongauer，大约公元 1448—1491）。版权归大英博物馆托管会所有。

图 22. 塞姬与冥府渡神（帆布油画，英格兰，1873 年）。约翰·罗丹·斯宾塞·斯坦霍普（John Roddam Spencer Stanhope，公元 1829—1908）。私人收藏，罗伊迈尔斯精美画作。版权归布里奇曼艺术图书馆所有。

图 23. 众神之母（木雕，埃格巴 - 约鲁巴人，尼日利亚，日期不详）。欧杜朵（Odudua）与在她膝上的婴儿，也就是战神兼铁神欧刚（Ogan）。狗是给欧刚

的祭品。一位人形的随从击打着鼓。伦敦霍尼曼博物馆。照片来自迈克尔·萨德勒（Michael E. Sadler）所著的《西非艺术》（*Arts of West Africa*），非洲语言和文化国际研究所，牛津出版社，伦敦；汉弗莱·米尔福德，1935。

图 24. 狄安娜与阿克泰翁（古希腊的大理石墙面，西西里岛，公元前 460 年）。狄安娜看着阿克泰翁被他的狗吞食。墙面来自西西里岛塞利农特的 E 寺。意大利西西里岛巴勒莫的考古博物馆。版权归斯卡拉 / 纽约艺术资源公司所有。

图 25. 毁灭性的卡莉女神（木雕，尼泊尔，18—19 世纪）。伦敦维多利亚和阿尔伯特博物馆，印度博物馆。

图 26. 打开的童贞女（多彩木雕，法国，15 世纪）。版权归巴黎克吕尼博物馆所有；吉拉登 / 布里奇曼艺术图书馆

图 27. 创世记（壁画局部，意大利，1508—1512 年）。米开朗琪罗（公元 1475—1564），罗马，西斯廷小堂：创造太阳和月亮（恢复后）。意大利梵蒂冈城梵蒂冈博物馆和美术馆。版权归埃里希·莱辛 / 纽约艺术资源公司所有。

图 28. 湿婆神，宇宙舞蹈之王（青铜铸造，印度，10—12 世纪）。印度马德里市马德里博物馆。照片来自奥古斯特·罗丹（Auguste Rodin）、阿南德·古马尔斯瓦米（Ananda Coomaraswamy）、E.B. 哈韦尔（E. B. Havell）、维克多·格鲁贝（Victor Goloubeu）所著的《印度湿婆雕像》（*Sculptures Civaïtes de l'Inde*），亚洲艺术卷 3，布鲁塞尔和巴黎，G·范·厄斯特公司，1921 年。

图 29. 法厄同的坠落（羊皮纸钢笔画，意大利，1533 年）。米开朗琪罗（上方的朱庇特坐在他的鹰上，向请求驾驶太阳战车的法厄同 [阿波罗的儿子] 投掷闪电。为了拯救人间，朱庇特杀死了法厄同。他的妹妹赫利阿得斯在地面上哭泣，变成了白杨树。画的下方流淌着法厄同坠入其中的波江 [河神厄里达诺斯]。源自奥维德《变形记》。）。版权归不列颠博物馆所有。

图 30. 巫师（上了黑颜料的石头雕刻，旧石器时代，法国，公元前 10 000 年）目前所知最早的巫师画像大约出现在公元前 10 000 年，位于法国阿里埃日省奥瑞纳 – 马格德林文化时期名为“三兄弟”的洞穴中。摘自约瑟夫·坎贝尔所著的《野鹅的飞行之旅》（*Flight of the Wild Gander*），加州诺瓦托，新世界图书馆

出版社出版，2002，图 5。

图 31. 哭泣的宇宙之父维拉科查（Viracocha）（青铜器，前印加，阿根廷，650—750 年）在阿根廷西北部卡塔马卡的安达尔加拉发现的饰板，目前暂时被认定为前印加文化的神祇维拉科查。他头戴着发光的太阳盘形物，手持雷电，流下眼泪。双肩上的生物可能是维拉科查的两个儿子兼信差——伊枚玛纳与塔卡普的动物化身。照片源自《美洲学家国际会议公报》（The Proceedings of the International Congress of Americanists），卷 11，巴黎，1902 年。

图 32. 观世音菩萨（唐卡，中国西藏寺庙，19 世纪）这尊菩萨被称为 Ushnīshasitātapatrā，四周被众菩萨和佛陀所围绕，有 117 个头，象征她对众生领域的影响。左手持“世界之伞”（即世界轴心），右手握法轮。菩萨脚下站立的是祈求觉悟的世界众生。图片底端三尊“狂怒”神脚下躺着的是仍然被贪嗔痴所折磨的众生。上方两边角落的日与月象征的是永恒与时间、涅槃与婆娑世界的一致（参阅第 142 页及以下）。顶端中央的喇嘛代表的是西藏传承教授正法的正统上师。承蒙纽约市美国自然历史博物馆提供。

图 33. 观世音菩萨（上色木雕，中国，11—13 世纪）。承蒙纽约市美国自然历史博物馆提供。

图 34. 双性祖先（木雕，马里，20 世纪）。来自法属苏丹（马里的旧称——编者注）班迪亚加腊宗教的木雕。纽约市劳拉·哈登（Laura Harden）的收藏。照片由沃克·埃文斯（Walker Evans）拍摄，承蒙纽约市现代艺术博物馆提供。

图 35. 菩提达摩（丝绸画，日本，16 世纪）。在日本菩提达摩被称为达摩（大约死于公元 532 年），是禅宗的日本创始人，他把禅宗带到了中国。据说他在洞穴里打坐冥想了 9 年，手臂和腿失去了功能。13 世纪禅宗在日本开始变得有影响力。从那个时期之后日本禅宗僧侣开始用笔墨画禅宗的画像，以此作为开悟的辅助方法。版权归大不列颠博物馆所有。

图 36. 茶道：空之居（约瑟夫·坎贝尔拍摄，日本，1958 年）。（日本东京艺妓和侍从在奉茶。坎贝尔在参加国际宗教史会议期间出席了这个仪式。——编者注）版权归约瑟夫·坎贝尔基金会所有。

图 37.　男根 – 女阴（石雕，越南，9 世纪）。发现于越南林同省的吉仙寺院。

图 38.　卡莉女神两腿分开跨在湿婆神身上（纸上水粉画，印度，年代不详）。源自私人收藏。

图 39.　伊西斯给予灵魂面包和水（埃及，年代不详）。E · A · 华理士 · 布奇（E. A. Wallis Budge）所著的《奥西里斯及埃及复活》，伦敦的菲利普 · 李 · 华纳出版社，纽约的普特南子孙出版公司，1911 年，第 2 卷，第 134 页。

图 40.　梵天、毗湿奴、湿婆神与他们的配偶（微型画，印度，19 世纪早期）。印度教的三人组梵天、毗湿奴、湿婆神与他们的配偶萨拉斯瓦蒂、拉克什米和帕尔瓦蒂。南印度（马德拉斯省，19 世纪早期，但早于 1828 年）。英国伦敦维多利亚和阿尔伯特博物馆。版权归纽约艺术资源公司所有。

图 41.　征服怪物：大卫与歌利亚 · 悲惨的地狱 · 参孙（Samson）与狮子（版画，德国，1471）。1471 年德国版本《穷人圣经》（*Biblia Pauperum*）中的一页，表现的是旧约对耶稣经历的预示。比较图 50。魏玛藏书发烧友协会的版本，1906 年。

图 42.　长生不老枝（石膏墙板，亚述，公元前 885—860 年）。天使被授予一株石榴。来自卡尔忽（Kalhu，现代的尼姆鲁兹）亚述王阿淑尔那西尔帕二世宫殿的雪花石膏墙板。承蒙纽约市大都会艺术博物馆提供。

图 43.　菩萨（石雕，柬埔寨，12 世纪）吴哥窟（Angkor）遗迹群中的残存部分。头顶上戴着佛像的头冠是菩萨特殊的象征之一（比较图 32 和图 33，在前者中佛陀位于头像组成的金字塔的顶端）。巴黎吉美博物馆。照片源自《吴哥窟》，"Tel" 丛书，巴黎，1935 年。

图 44.　浪子回头（布面油画，荷兰，1662 年）。伦勃朗 · 凡 · 莱因（公元 1606—1669）。圣彼得堡的艾尔米塔什艺术博物馆。《约克项目：10 000 幅绘画杰作》（*The Yorck Project: 10.000 Meisterwerke der Malerei*），光盘，2002 年。

图 45a.　蛇发女怪追逐珀耳修斯，珀耳修斯正带着美杜莎的头逃跑（红像双耳瓶，希腊，公元前 5 世纪）

珀耳修斯佩戴者赫耳墨斯赋予他的弯刀，在蛇发女怪睡觉时接近她们，砍下美杜莎的头，把它放在皮袋内，乘着他的神奇拖鞋的双翼而逃。在文献的版本中，珀耳修斯离开时没有被发现，这全靠他的隐形帽，但是我们在这里却看到一位存活下来的蛇发女怪在追逐他。源自慕尼黑文物收藏馆。阿道夫·富特文格勒（Adolf Furtwangler）、弗里德里克·豪泽（Friedrich Hauser）和卡尔·雷可德（Karl Reichhold）所著的《希腊瓶饰画》（*Griechische Vasenmalerei*），慕尼黑，布鲁克曼出版社，1904—1932 年，图 134。

图 45b. 珀耳修斯在逃跑，包里装着美杜莎的头（红像双耳瓶，希腊，公元前 5 世纪）。珀耳修斯和蛇发女怪出现在同一个双耳酒瓶相对的两边。这样设计的效果有趣而生动（见富特文格勒、豪泽和雷可德，同前，系列三，正文，第 77 页，图 39）。

图 46. 变成灰狗的卡里德薇在追赶变成野兔的圭昂·巴赫（石版画，英国，1877）。夏洛特·格斯特女勋爵，“塔里埃森传奇”《马比诺吉昂》（The Mabinogion），第 2 版，1877 年，卷 3，第 493 页。

图 47. 奥西里斯的复活（石雕，埃及托勒密王朝，公元前 282—145 年）。神从蛋中出现，伊西斯（图 12 中的鹰）用自己的翅膀保护着蛋。何露斯（Horus，图 12 神圣婚姻中孕育出的儿子）把十字章，即生命之符，举在父亲的面前。源自菲莱的浅浮雕。E·A·华理士·布奇所著的《奥西里斯及埃及复活》，伦敦的菲利普·李·华纳出版社，纽约的普特南子孙出版公司，1911 年，第 2 卷，第 58 页。

图 48. 天照大神从洞穴中出来（版画，日本，1860 年）。歌川国贞（公元 1785—1864）。伦敦维多利亚和阿尔伯特博物馆。纽约艺术资源公司。

图 49. 女神复活（大理石雕，意大利 / 希腊，公元前 460 年）。（这块大理石浮雕是椅子的靠背板，于 1887 年在之前属于路德维希别墅 [Villa Ludovisi] 的一块土地上被发现，由此这把椅子被认为是路德维希的宝座，也许是希腊早期的工艺。——编者注）罗马浴场博物馆。照片源自《古代遗迹》（*Antike Denkmaler*），柏林德国帝王考古研究所出版，格奥尔格·雷蒙（Georg Reimer），卷 2，1908 年。

图 50. 英雄再次出现：抱着庙门的参孙·耶稣的复活·约拿（版画，德国，1471 年）。

源自 15 世纪德国版本的《穷人圣经》(1471 年) 中的一页，表现的是旧约对耶稣经历的预示。比较图 41。魏玛藏书发烧友协会的版本，1906 年。

图 51. 奎师那引领阿周那上战场 (纸板水粉画，印度，18 世纪)。照片由艾丽斯 · 帕帕多普洛斯 (Iris Papadopoulos) 拍摄，德国柏林，柏林国家博物馆，亚洲艺术博物馆。普鲁士遗迹图像档案馆 / 纽约艺术资源公司。

图 52. 托起太阳的宇宙狮子女神 (单页手稿，印度，18 世纪)。承蒙纽约市摩根图书馆提供。

图 53. 耆那教的宇宙之女 (布面水粉画，印度，18 世纪)。拉贾斯坦邦。表现为女神形式的耆那教世俗形象。

图 54. 生命之泉 (木头上的绘画，佛兰德斯，1520 年)。杜埃的简 · 贝勒冈布 (Jean Bellegambe) 创作的三联画中的中间一块。右侧头上顶着小帆船、提供帮助的女人是“希望”，左侧相应的女人是“爱”。承蒙里尔美术博物馆提供。

图 55. 阿兹特克人的太阳石 (石雕，阿兹特克人，墨西哥，1479 年)。墨西哥特诺奇提特兰。墨西哥联邦区墨西哥城，国立人类学博物馆。布里奇曼艺术图书馆。

图 56. 耆那教的宇宙之女——宇宙之轮局部 (布面水粉画，印度，18 世纪)。这是图 53 中间部分的局部图。关于这幅图，坎贝尔曾这样说：“在伟大宇宙之神的腰部水平……12 个阶段的往复循环标志着时间的流逝，我们都通过它转世投胎，我们已经经历过很多次，而且仍然在经历着。”约瑟夫 · 坎贝尔所著的《众神的面具》(*The Masks of God*) 第 2 卷《东方神话的启示》(*Oriental Mythology*)，纽约，阿卡纳，1991 年，第 225 页。(要想了解坎贝尔对耆那教宇宙学的更多研究，详见《东方神话的启示》第 218—234 页)

图 57. 巨大的脸 (版画，德国，1684 年)。克里斯汀 · 克诺尔 · 冯 · 罗森若特 (Christian Knorr Von Rosenroth) 所著《Kabbala Denudata》，法兰克福，1684。

图 58. 创造众神与人类的唐加罗瓦 (Tangaroaa) (木雕，鲁鲁土岛，18 世纪早期)。波利尼西亚，源自南太平洋土布艾群岛。承蒙大不列颠博物馆提供。

图 59. 土阿莫土人的创世图——下部：宇宙之蛋。上部：人类出现，宇宙形成 (土阿莫土，19 世纪)。肯尼思 · 埃默里 (Kenneth P. Emory)，“佩尔所绘的土阿

莫土人创世图”《波利尼西亚社会期刊》(Journal of the Polynesian Society),第 48 卷,第 1 期 (1939 年 3 月),第 3 页。

图 60. 天空与大地的分离 (埃及,日期不详)。埃及棺材和古文稿中常见的图形。空气之神舒奉拉神的命令,将天空女神努特和大地之神盖布分开,拉神希望把这对乱伦的孪生子分开,创造世界。F· 马克斯 · 穆勒 (F. Max Muller) 所著《各民族神话》(*The Mythology of All Races*) 之《埃及神话》(*Egyptian Mythology*) 第 12 卷,波士顿,马歇尔 · 琼斯公司,1918 年,第 44 页。

图 61. 谋杀伊米尔 (平版画,丹麦,1845 年)。洛伦兹 · 弗罗利克 (Lorenz Frolich) (1820—1908)

图 62. 混沌怪兽与太阳神 (石膏板雕刻,亚述,公元前 885—860 年) 来自卡勒忽 (Kalhu) 亚述王阿舒尔 · 纳沙 · 阿帕里宫殿的雪花石膏墙板。此神可能是国家的神祇亚述 (Assur)。他所扮演的角色原先是由巴比伦马杜克神,或更早期苏美人的暴风神恩利尔所扮演的。照片来自奥斯汀 · 亨利 · 莱亚德 (Austen Henry Layard) 所著《尼尼微的纪念碑》(*Monuments of Nineveh*),系列二,伦敦,J · 穆雷,1853 年。最初的石膏板目前被收藏于大不列颠博物馆,损坏严重,从照片上几乎无法辨认出外形。它的风格与图 42 的相同。

图 63. 科荷勒姆 (Khnemu) 在陶工旋盘上制作了法老的儿子,托特 (Thoth) 标记出他的寿命 (纸莎草纸画,埃及托勒密王朝,公元前 3—1 世纪)。E · A · 华理士 · 布奇所著的《埃及人的诸神》(*The Gods of the Egyptians*),伦敦,梅休因出版公司,1904 年,第 2 卷,第 50 页。

图 64. 恶作剧之神埃德舒 (木雕、梭螺和皮革,约鲁巴人,尼日利亚,19 世纪到 20 世纪初)。私人收藏,保罗 · 弗里曼 (Paul Freeman)。布里奇曼艺术图书馆。

图 65. 特拉佐蒂奥托 (Tlazolteotl) 分娩 (夹杂着石榴石的细晶岩雕刻,阿兹特克人,墨西哥,15 世纪末到 16 世纪初)。承蒙纽约市美国自然历史博物馆提供。

图 66. 努特 (Nut,天空) 诞出太阳,太阳的光芒照射在地平线 (爱与生命) 上的哈索尔 (Hathor) 身上 (石雕,托勒密王朝,埃及,公元前 1 世纪)。女神嘴边的球形代表晚上的太阳,它即将被吞没并获得重生。(源自埃及丹达腊哈索尔

神庙中的新年小礼拜堂。大约于公元前 1 世纪建立。——编者注）E · A · 华理士 · 布奇所著的《埃及人的诸神》，伦敦，梅休因出版公司，1904 年，第 1 卷，第 101 页。

图 67. 月亮国王和他的子民（史前岩画，津巴布韦，大约公元前 1500 年）。南罗得西亚（现代的津巴布韦——编者注）鲁萨匹（Rusapi）行政区的戴安娜 · 沃（Diana Vow）农庄的史前岩画。或许与月人米西的传说有关。躺倒下来高举右手的大个子握着一只鹿角。它的发现者利奥 · 弗洛贝尼乌斯（Leo Frobenius）暂时把它的年代定为大约公元前 1500 年。承蒙法兰克福弗罗奔尼乌斯研究所提供。

图 68. 穿着蛇编织成的裙子的科阿特立库，即大地之母（石雕，阿兹特克人，墨西哥，15 世纪末）。她的头是由两个响尾蛇的头组成。她的脖子上环绕着由心脏、手和头骨组成的项链。一对巨大雕像中的一个屹立在特诺奇蒂特兰城大神庙的院子里。1824 年在墨西哥城的中心广场中被挖掘出来。墨西哥墨西哥城国立人类学博物馆。沃纳 · 福曼（Werner Forman）/ 纽约艺术资源公司。

图 69. 月亮战车（石雕，哥伦比亚，公元 1113—1150 年）。吴哥窟的浅浮雕。照片源自《吴哥窟》，“Tel”丛书，巴黎，1935 年。

图 70. 法老的女儿发现了摩西（布面油画局部，英格兰，1886 年）。埃德温 · 朗（Edwin Long），1886 年。《约克项目：10 000 幅绘画杰作》，光盘，2002 年。

图 71. 奎师那托起牛增山（纸上彩绘，印度，约 1790 年）。被认为是莫拉 · 拉姆（Mola Ram，1760—1833）的作品。（请注意，我们可以在左上方看见他的大象上的因陀罗。——编者注）史密森学会亚洲收藏品。

图 72. 岩石雕刻（旧石器时代，阿尔及尔，日期不详）。来自提乌特附近的一个史前遗址。在猎人与鸵鸟之间像猫一样的动物或许是某种受过训练的猎豹，左后方与猎人的母亲在一起的有角野兽，则或许是正在吃草的圈养动物。利奥 · 弗洛贝尼乌斯和雨果 · 奥伯迈尔（Hugo Obermaier）所著的《*Hadschra Maktuba*》，慕尼黑，K. 沃尔夫，1925 年，第 2 卷，图 78。

图 73. 法老那尔迈（Narmer）杀死一个战败的敌人（片岩雕刻，古王国，埃及，公

元前 3100 年）。“那尔迈调色板”的反面呈现前王朝晚期仪式。法老那尔迈头戴红色王冠，征服了下埃及。写着那尔迈名字的长方形图案位于调色板的顶端。来自科姆·埃尔阿玛尔，希拉孔波利斯。埃及开罗博物馆。埃里希·莱辛 / 纽约艺术资源公司。

图 74. 年轻的玉米神（石雕，玛雅，洪都拉斯，公元 680—750 年）。石灰石雕像的残存部分，来自玛雅古城科潘。承蒙纽约市美国自然历史博物馆提供。

图 75. 俄狄浦斯扯出他的眼睛（石雕局部，意大利罗马，公元 2 世纪—3 世纪）。罗马陵墓浮雕的局部，来自德国特里尔莱茵河州立博物馆。埃里希·莱辛 / 纽约艺术资源公司。

图 76. 佛陀入灭（石雕，印度，公元 5 世纪末）。印度马哈拉施特拉邦阿旃陀石窟，第 26 号窟（支提堂）。万尼（Vanni）/ 纽约艺术资源公司。

图 77. 奥特姆（死神面具）（上色木雕，因纽特人，北美洲，年代不详）。出土于阿拉斯加西南部的库斯科奎姆（Kuskokwim）河区。承蒙纽约美洲印第安海伊基金会提供。

图 78. 奥西里斯，地狱判官（纸莎草纸画，埃及，公元前 1275 年）。站在奥西里斯后方的是女神伊西斯和奈芙蒂斯（Nephthys）。在他前面是一朵莲花，上面站立的是他的孙子们，也就是霍尔斯的四个儿子。在他下面（或旁边）是一个圣水湖泊，也就是尼罗河在地上的神圣源头（它的终极源头在天上）。他左手握着一根连枷或鞭子，右手握着一把钩子。上方檐楣有一排由二十八只神圣毒蛇构成的装饰，每只蛇上方都顶着一个圆盘。（源自《哈尼佛草纸书》[*the Papyrus of Hunefer*]，埃及十九王朝底比斯，大约公元前 1275 年。——编者注）。E·A·华理士·布奇所著的《奥西里斯及埃及复活》，伦敦菲利普·李·华纳出版社，纽约普特南子孙出版公司，1911 年，第 1 卷，第 20 页。

图 79. 阴间的科提蛇，喷火焚烧欧西里斯的敌人（石膏雕刻，新王国，埃及，公元前 1278 年）。受害者的双手被返绑在身后。有七个神坐镇主持。这是“太阳船”在夜晚第八个小时横越冥府地城的场景的局部。出自所谓的《皮伦之书》（*Book of Pylons*）（也被称为《门之书》[*The Book of Doors*]。图像来自塞提一

世的石棺。——编者注）。E · A · 华理士 · 布奇所著的《埃及人的诸神》，伦敦，梅休因出版公司，1904 年，第 1 卷，第 193 页。

图 80. 阿尼和他妻子的替身在喝另一个世界的水（纸莎草纸画，托勒密王朝，埃及，公元前 240 年）。源自《阿尼纸莎草纸》（*The Papyrus of Ani*）。E · A · 华理士 · 布奇所著的《奥西里斯及埃及复活》，伦敦菲利普 · 李 · 华纳出版社，纽约普特南子孙出版公司，1911 年，第 2 卷，第 130 页。

图 81. 世界末日：雨蛇和虎爪女神（树皮纸上的墨水画，玛雅，中美洲，公元 1200—1250 年）。源自纽约美国自然历史博物馆的摹本（1898 年）。

图 82. 世界毁灭：狼形怪物芬里厄吞掉了奥丁神（石雕，北欧海盗，英国，公元 1000 年）。安德里亚斯石上的浮雕，描绘了传奇性的挪威诗歌《神秘仙境》（*Ragnarok*）"众神的末日"中的场景，其中奥丁神被狼形怪物芬里厄吞食。乌鸦落在奥丁的肩膀上。北欧海盗，来自英国属地曼岛，曼岛博物馆。沃纳 · 福曼 / 纽约艺术资源公司。

图 83. 与普罗透斯搏斗（大理石雕，法国，公元 1723 年）。阿里斯泰俄斯与变身的海神普罗透斯搏斗。塞巴斯蒂安 · 斯洛兹（Sebastien Slodtz，公元 1655—1726 年）。法国凡尔赛宫。

图 84. 地出（摄影，绕月轨道，1968 年）。1968 年 12 月 24 日阿波罗 8 号宇航员比尔 · 安德斯（Bill Anders）拍摄，照片中地球看起来正在升出月球表面。注意，这种现象只有在月球轨道上才能看到。由于月球围绕地球做同步自转（也就是说月球对着地球的一面始终不变），因此在月球表面上看不到地出。（这个图像对许多看到它的人产生了深远的影响，约瑟夫 · 坎贝尔就是其中之一。要想了解坎贝尔对这个景象的神话意义的认识，参阅《你是那个：正在改变的宗教隐喻》[*Thou Art That: Transforming Religious Metaphor*]，加州诺瓦托市，新世界图书馆出版社出版，2002，第 105 页及以下。——原版编者注）

致 谢

这一版的《千面英雄》由约瑟夫·坎贝尔基金会制作完成，是约瑟夫·坎贝尔作品集的一部分（执行编辑罗伯特·沃尔特 [Robert Walter]，总编辑戴维·库德勒 [David Kudler]）。所有标有（Ed.）的注释都源自约瑟夫·坎贝尔基金会的编辑。

新世界图书馆出版社（New World Library）负责本书的编辑是 Jason Gardner。

参考书目经由著作档案馆及研究中心（Opus Archive and Research Center）提供，所有权利归其所有。

书中出现的卡尔·荣格和西格蒙德·弗洛伊德的肖像获得了纽约 HIP/ 艺术资源（HIP/Art Resource）的许可。

弗朗茨·博厄斯的肖像获得了美国加州赫斯特人类学博物馆（Phoebe E. Hearst Museum）和加州大学董事会的许可。

书中出现的其他图像和引用均获得了版权所有人的许可，除非它们属于公共版权。来源见尾注和插图清单。

Sabra Moore、美国博物馆协会的 Diana Brown 和约瑟夫·坎贝尔基金会非正式会员们协助进行了图像研究。

约瑟夫·坎贝尔基金会简介

约瑟夫·坎贝尔在 1987 年去世时，留下了大量已发表的作品。这些作品体现了他毕生的酷爱，探究了普遍神话与象征的复杂性，这些象征被他称为“人类的一个伟大故事”。他还留下了大量未发表的作品：未经整理的文章、笔记、信件、日记以及演讲的录音和录像。

成立于 1990 年的约瑟夫·坎贝尔基金会致力于保存和保护坎贝尔的作品，并且着手创建了他的文章、录音和录像的电子档案，出版了《约瑟夫·坎贝尔作品集》(*The Collected Works of Joseph Campbell*)。

约瑟夫·坎贝尔基金会是一个延续约瑟夫·坎贝尔作品的非营利性企业，探索神话学和比较宗教学领域。基金会的三个主要目标是：

第一，基金会保存、保护坎贝尔开创性的作品。这包括为他的作品创建目录，进行存档，基于他的作品开发新的出版物，管理他已出版作品的销售和发行，保护他的著作权，在基金业的网站上提供坎贝尔作品的数字形式，以扩大人们对他作品的了解。

第二，基金会促进神话学和比较宗教学的研究，包括实施和 / 或支持各种神话学教育项目，支持和 / 或赞助那些旨在增加公众了解的活动，捐赠坎贝尔的存档著作（主要捐给约瑟夫·坎贝尔和马丽加·金芭塔丝档案与图书馆），将基金会的网站作为论坛进行跨文化相关交流。

第三，约瑟夫·坎贝尔基金会通过各种项目和活动丰富人们的生活，包括基于网络的全球性准会员项目，地区性的神话学圆桌讨论国际网络，以及定期举办的与约瑟夫·坎贝尔有关的各项活动。

罗伯特·沃尔特，执行编辑

戴维·库德勒，主编

若想了解更多关于约瑟夫·坎贝尔和约瑟夫·坎贝尔

基金的信息请联系：

Joseph Campbell Foundation

C/O Citrin Cooperman & Company, LLP

8033 Sunset Blvd. #1114

Los Angeles, CA. 90046-2401

www.jcf.org

THE HERO WITH A THOUSAND FACES

译者后记

本书的作者约瑟夫·坎贝尔是美国著名的比较神话学家，《千面英雄》是他的一部力作，最初的版本出版于1949年。我翻译的这个版本是由约瑟夫·坎贝尔基金会推出的最新版本，也就是第三版，出版于2008年。这个版本增加了插图、全面的参考书目和更多花絮。

虽然《千面英雄》最早出版于66年前，但直到今天，它依然像当初一样具有重要的意义，对宗教、人类学、文学、电影研究等都具有影响作用。正如作者所写："神话是一个秘密的孔洞，宇宙通过它将无尽的能量倾注到人类文化中。宗教、哲学、艺术、社会形态、历史人物、科学与技术的重要发现以及惊扰睡眠的梦境都源自神话的魔法指环。"

约瑟夫·坎贝尔在这本书中引用了东西方文化中的大量神话和童话故事，既有我们非常熟悉的青蛙王子和睡美人的故事，更有大量我们非常陌生的神话，比如因纽特人的英雄乌鸦的故事，汤加的蛤蜊妻子的故事。通过比较研究这些神话，作者发现虽然它们来自世界不同地区，来自人类历史上的不同时期，但存在一些共同的主题，其中一个就是具有共同特征的英雄，这也是这本书被起名为《千面英雄》的原因。它表达的意义是英雄只有一个，不同时代、不同民族神话中的英雄尽管千姿百态，但实际上是同一个英雄在不同文化和时代中的变体而已。英雄是我们每个人内心都隐藏着的神性，只是等待着我们去认识它，使它呈现出来。为了实现这种成就，我们要像神话中的英雄一样，接受冒险的召唤，跨越阈限，获得援助，经受考验，被传授奥义，最终回归。

从翻译的角度来说，这是一本非常难翻的作品。最初编辑给我推荐这本书时说："想不想翻一本流芳千古的书？"当知道将对阵《千面英雄》时，我担心自己会弄巧成拙，反而遗臭万年。幸亏编辑给我提供了相关资料作为理解本书的辅助，即使如此，在翻译开场部分时我便开始向编辑诉苦，半个多世纪前的语言习惯和用法与如今的语言习惯和用法差异较大，而且书中的一些引用使用的是古语，就相当于汉语中的文言文，单词的写法都改变了。此外，本书涉及世界各地各种文化中的神话，需要查证的东西非常多。作者擅长使用结构复杂无比的长句和比较生僻的词汇，常常看完一句原文，我的头"嗡"的一声涨到老大，必须强迫自己硬着头皮反复阅读原文。我的翻译速度创造了新低。虽然如此，译文中肯定还会有很多不尽如人意的地方，欢迎各位看官指点。

最后，我要对在本书翻译过程中给予我帮助和支持的朋友表示感谢，首先要感谢张承谟老先生，这位曾翻译过《千面英雄》早前版本的前辈向更多中国人展现了坎贝尔大师的奇妙迷人思想，是我的指路明灯，其次要感谢冯征、王璐、赵丹、徐晓娜、卫学智、张宝君、郑悠然和王彩霞。

未来，属于终身学习者

我们正在亲历前所未有的变革——互联网改变了信息传递的方式，指数级技术快速发展并颠覆商业世界，人工智能正在侵占越来越多的人类领地。

面对这些变化，我们需要问自己：未来需要什么样的人才？

答案是，成为终身学习者。终身学习意味着具备全面的知识结构、强大的逻辑思考能力和敏锐的感知力。这是一套能够在不断变化中随时重建、更新认知体系的能力。阅读，无疑是帮助我们整合这些能力的最佳途径。

在充满不确定性的时代，答案并不总是简单地出现在书本之中。“读万卷书”不仅要亲自阅读、广泛阅读，也需要我们深入探索好书的内部世界，让知识不再局限于书本之中。

湛庐阅读 App：与最聪明的人共同进化

我们现在推出全新的湛庐阅读 App，它将成为您在书本之外，践行终身学习的场所。

不用考虑“读什么”。这里汇集了湛庐所有纸质书、电子书、有声书和各种阅读服务。

可以学习“怎么读”。我们提供包括课程、精读班和讲书在内的全方位阅读解决方案。

谁来领读？您能最先了解到作者、译者、专家等大咖的前沿洞见，他们是高质量思想的源泉。

与谁共读？您将加入到优秀的读者和终身学习者的行列，他们对阅读和学习具有持久的热情和源源不断的动力。

在湛庐阅读 App 首页，编辑为您精选了经典书目和优质音视频内容，每天早、中、晚更新，满足您不间断的阅读需求。

【特别专题】【主题书单】【人物特写】等原创专栏，提供专业、深度的解读和选书参考，回应社会议题，是您了解湛庐近千位重要作者思想的独家渠道。

在每本图书的详情页，您将通过深度导读栏目【专家视点】【深度访谈】和【书评】读懂、读透一本好书。

通过这个不设限的学习平台，您在任何时间、任何地点都能获得有价值的思想，并通过阅读实现终身学习。我们邀您共建一个与最聪明的人共同进化的社区，使其成为先进思想交汇的聚集地，这正是我们的使命和价值所在。

THE HERO WITH A THOUSAND FACES by Joseph Campbell

ISBN 978-1-57731-593-3

Collected Works of Joseph Campbell / Robert Walter, Exective Editor/David Kudler, Managing Edior

图书在版编目（CIP）数据

浙 江 省 版 权 局
著作权合同登记章
图字：11-2015-150 号

千面英雄 /（美）坎贝尔著；黄珏苹译．—杭州：浙江人民出版社，2016.2（2023.10重印）

ISBN 978-7-213-06947-5

Ⅰ.①千… Ⅱ.①坎… ②黄… Ⅲ.①神话–研究 Ⅳ.①B932

中国版本图书馆 CIP 数据核字（2015）第 260529 号

上架指导：神话学 / 哲学 / 心理学

本书法律顾问　北京市盈科律师事务所　崔爽律师

千面英雄

［美］约瑟夫·坎贝尔　著

黄珏苹　译

出版发行：浙江人民出版社（杭州体育场路 347 号　邮编　310006）
市场部电话：（0571）85061682　85176516

集团网址：浙江出版联合集团　http://www.zjcb.com

责任编辑：朱丽芳

责任校对：张志疆　姚建国

印　　刷：天津中印联印务有限公司

开　　本：710mm × 965mm 1/16　　印　　张：28

字　　数：411 千字　　插　　页：1

版　　次：2016 年 2 月第 1 版　　印　　次：2023 年 10 月第 19 次印刷

书　　号：ISBN 978–7–213–06947–5

定　　价：119.90 元

如发现印装质量问题，影响阅读，请致电 010-56676359 联系调换。